彩图全解三字经 百家姓 千字文

史者何？记述人类社会赓续活动之体相，校其总成绩，求得其因果关系，以为现代一般人活动之资鉴也。

——梁启超

品读中华国学　汲取无穷智慧

·彩图全解·
三字经　百家姓
千字文

（南宋）王应麟等著

思履　主编

中国华侨出版社

图书在版编目（CIP）数据

彩图全解三字经百家姓千字文／（南宋）王应麟等著；思履主编．—北京：中国华侨出版社，2016.9

ISBN 978-7-5113-6294-0

Ⅰ．①彩⋯ Ⅱ．①王⋯ ②思⋯ Ⅲ．①古汉语—启蒙读物 Ⅳ．① H194.1

中国版本图书馆CIP数据核字（2016）第215967号

彩图全解三字经百家姓千字文

著　　　者：（南宋）王应麟等
主　　　编：思　履
出 版 人：方　鸣
责任编辑：梦　彤
封面设计：韩立强
文字编辑：李翠香
美术编辑：张　诚
插画绘制：陈来彦　陆铭蓓
经　　　销：新华书店
开　　　本：720mm×1020mm　1/16　印张：24　字数：843千字
印　　　刷：北京中振源印务有限公司
版　　　次：2016年10月第1版　2019年3月第2次印刷
书　　　号：ISBN 978-7-5113-6294-0
定　　　价：59.00元

中国华侨出版社　北京市朝阳区静安里26号通成达大厦3层　邮编：100028
法律顾问：陈鹰律师事务所
发 行 部：（010）56288244　　　传　真：（010）56288194
网　　址：www.oveaschin.com　　E-mail：oveaschin@sina.com

如果发现印装质量问题，影响阅读，请与印刷厂联系调换。

前 言

《三字经》、《百家姓》、《千字文》这三部书是有史以来最具影响力的启蒙读物,是家喻户晓历代传承的优秀教育著作。其词句言简意赅,内容包罗万象,涵盖了历史、地理、礼仪、德行等丰富的知识与行为准则。对于孩子人格的塑造与修养的生成有着潜移默化的影响与深远的教育意义。

《三字经》的作者为南宋著名学者王应麟。王应麟博学多识,尤其熟知历史掌故且擅长考证。《三字经》中的内容详尽丰富、精确标准,是一部优秀的启导蒙童的著作。此书以严谨的态度通过六个部分阐述对儿童施行正确教育的重要性、成人与环境对儿童性格与价值观的切实影响,还讲述了勤勉学习、尊老爱幼的先贤典范。此书遵循章法、引经据典、深入浅出、由远至近地讲述了各类知识见闻。全文共1722字,三字一句、朗朗上口、极易诵读。且文辞浅显、简明易懂,全书充满积极进取、励志向上的精神。古人有云:"熟读三字经,便可知天下事,通圣人礼。"此非虚言,《三字经》一书实为我国传承至今,不可多得的文化经典著作,尤其在教育上堪称"蒙学之冠"。

《百家姓》编撰于北宋初年,这本书是一本集录中国姓氏的著作,内中原本收集了411个姓氏,后增补到504个,其中单姓占444个,复姓为60个。其作者为北宋居于钱塘的一位儒生,当时赵为国姓,所以自然而然赵姓便成了《百家姓》的起始姓氏。中国最早的姓氏形成于五千年前,随着时间的推移、社会的发展、民众的迁徙,原本稀少的姓氏通过多年演变与发展,不断丰富壮大。《百家姓》不只是一本单纯的名录,而是可以与《三字经》、《千字文》并称的优秀启蒙读物。《百家姓》堪称我国最具权威的姓氏文化底本,从中可以看出我中华民族传承有序、重视血脉根源的文化精神。

《千字文》为南朝才子周兴嗣所撰写,是由一千个字组成的韵文。千字成文,极富故事性。据说当时梁武帝看重皇子们的教育,为教授众皇子读书习字,特意命令大臣殷铁石自"书圣"王羲之所写的碑文中拓下精挑细选的一千个字。

但是因为这一千个字毫无关联，不易记背，所以特意召来广有声名的周兴嗣，对其道："卿有才思，为我韵之。"周兴嗣果然不负圣意，逐字揣摩，只用了一个晚上便将原本孤立的一千个字，编写成了四字一句、四句一组，合辙押韵、易诵易记、连续贯通的文字。周兴嗣对文字的组合运用充满才情，所写内容涵盖天文、历史、地理、园艺、饮食、德行、礼教等诸多层面，这便是流传至今的《千字文》。此文从开天辟地寒暑之变讲到商汤盛世君臣之礼，从尊师敬长讲到德行道义的养成，从都城宫殿楼宇讲到国家疆土的宽广、景致的壮美，让读者从各个角度详尽清晰地了解不同层面的环境与生活的原貌。而且此文将识字、书法、知识及道德思想融为一体，这一点也成就了《千字文》在文史中独特的地位。

现今的文化教育，尤其是针对孩子的启蒙课程，有很多内容庞杂、毫无章法，重知识积累而轻道德的培养及心智的启迪。长此以往，势必塑造出能力单一、思维狭窄、毫无意趣的人来。现今社会信息丰富，我们既要汲取新的理念，也应承继优秀的经典。这三本书传承七百余年，经历代文人学者编撰，其中的知识不仅可以为孩子开蒙，全面系统地继承中华传统文化的精要，其中所蕴含的历史鉴照、深刻哲理对于孩子的成长更为重要。这三本书使孩子知礼仪，重德行，通文史，解人生，通晓祖国的地理地貌、风土人情、历史典故、诗书画曲。当然不光是孩子，对于成人来说，一样可以陶冶性情，增益心智，扩展视野，甚至调整生活态度。

这三本书流传至今版本很多，各有特色。编者在编撰本书时，选取了自清末民国以来最为通行的版本加以整理精编，《三字经》、《千字文》逐句设置导读，开门见山，剖析透彻，明白易懂，注释、译文详尽准确，可以作为标准读本。《三字经》增添"细说活解"栏目，对经文进行多层次纵深开解，联系古今，阐释了中华子孙为人处世之优良传统。《百家姓》因为篇幅的关系，只选择了部分姓氏对其进行详细介绍，并为其祖先绘制了精美的肖像，姓氏来源、郡望堂号、繁衍变迁、姓氏名人故事等栏目展现中华民族繁衍壮大的历史。《千字文》添加"知识与典故"栏目，对诸多历史文化常识进行详细的讲解。

为了帮助读者更好地阅读本书，我们请专家精心配制了多幅工笔手绘彩图，这些彩图随文绘制，力求还原历史原貌，展现中华文明灿烂辉煌的历史、悠久高尚的道德礼仪传统和优秀中华儿女堪为楷范的风姿。无论是人物的面貌和穿着打扮，还是器物的形貌、建筑的样式，以及当时的历史背景和社会日常生活背景，都进行了悉心考据，让读者身临其境地感受中华文化，引人入胜。

总之，我们立意编出一部既尊重历史，又富有时代精神的承上启下的启蒙书，让优秀的中华文明和传统得到继承和发扬，让我们的孩子从小就能打下坚实的文化基础，日后为中华民族的伟大复兴做出应有的贡献。

目 录

第一卷 三字经

《三字经》……………………………………………………………… 2

第二卷 百家姓

赵	116	施	152	方	185
钱	118	张	154	俞	187
孙	120	孔	155	任	188
李	122	曹	157	袁	190
周	124	严	158	柳	191
吴	125	华	160	鲍	193
郑	127	金	161	史	194
王	129	魏	163	唐	196
冯	131	姜	164	费	198
陈	132	戚	166	薛	200
褚	134	谢	167	雷	201
卫	135	邹	169	贺	203
蒋	137	窦	170	汤	205
沈	138	章	172	罗	206
韩	140	苏	173	齐	208
杨	141	潘	175	郝	209
朱	143	葛	176	毕	211
秦	144	范	178	安	212
尤	146	彭	179	常	214
许	148	韦	181	于	216
何	149	马	182	傅	217
吕	151	花	184	康	219

伍	220	庞	243	梅	264
余	222	熊	244	林	266
顾	223	纪	245	钟	267
孟	225	项	247	徐	269
黄	226	祝	248	邱	270
穆	228	董	250	骆	272
萧	229	梁	251	高	274
尹	231	杜	253	夏	275
姚	232	阮	254	蔡	277
邵	234	蓝	256	田	278
汪	235	季	257	樊	280
毛	237	贾	259	胡	281
臧	238	江	260	万	283
戴	240	颜	261	管	284
宋	241	郭	263		

第三卷　千字文

《千字文》·································· 288

第一卷

三字经

三字经

　　《三字经》世传为南宋王应麟撰写，共一千多字，可谓家喻户晓、脍炙人口，是影响最大的启蒙读物。此书是三字一句的韵文，极易成诵，内容包括了历史、天文、地理、伦理道德等中国文化的基本常识，广博生动而又言简意赅，音韵和谐，孩童们读和背诵都很容易，能够朗朗上口，可以为孩子打下良好的文化基础。

　　前人评论《三字经》，都说它有拓展见闻之作用，"初入社学，八岁以下者，先读《三字经》，以习见闻"。所以《三字经》被誉为是"袖里《通鉴纲目》"，是最好的中国历史纲要和系统而简明的中国文化史纲要。

　　《三字经》对于儿童的人格培养也有重要作用，这一点已经为越来越多的人所重视。1990年新加坡出版的英文新译本更是被联合国教科文组织选入"儿童道德丛书"，加以世界范围的推广。《三字经》不仅又走进了学生的课堂，还为广大成年人所喜爱，我国现在正准备将其申报非物质文化遗产。

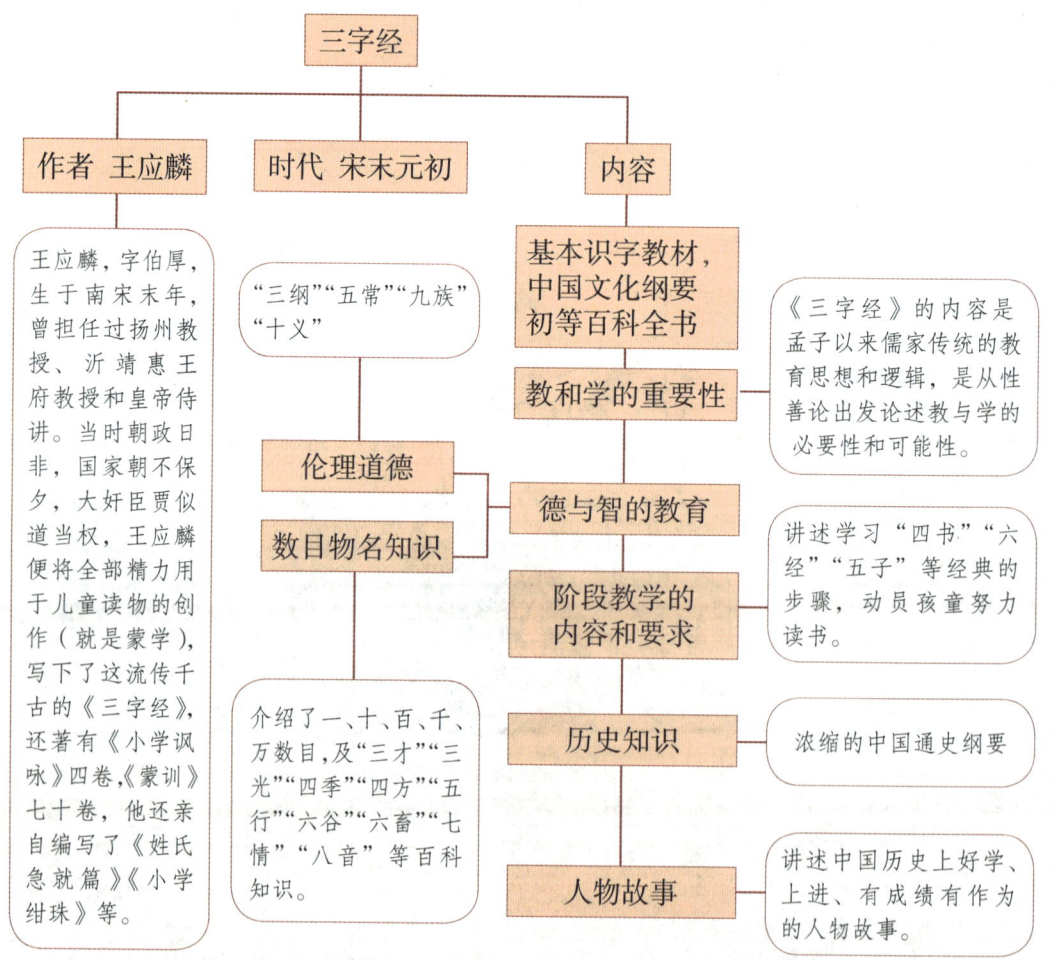

三字经

【原文】

人之初①，性本善②。性相近③，习相远④。

【导读】

《三字经》开篇，便为我们讲述了一个重要的道理——人的本性都很相近，若想成为有利于社会的人才，必须受到良好的教育。后天的教育环境对一个人的影响是非常重要的。

在刚刚出生的时候，人与人之间是没有差别的，都拥有善良的本性。而随着年龄的增长，生活环境的不断改变，每个人的行为习惯变得大不相同。有的人品德良好，彬彬有礼，受到人们的尊重；而有的人则道德败坏，粗鲁野蛮，甚至为非作歹，为人所唾弃。说明了环境对人品性和性格具有着重大的影响。

人之初，性本善。

【注释】

①人之初：人在刚刚生下来的时候。初，开始。②性：天性，人天生具有的性情和气质。本：原来、原本。善：善良。③相近：相似。④习：积习、习染，这里包括主动接受知识和被动受到影响两种情况。相远：互相远离，差别越来越大。

【译文】

每个人在刚出生的时候，本性都是善良纯洁的。可以说，大家的天性十分相似。但由于后天所处的环境和所受的教育不同，每个人的性格和行为习惯便出现了差别。随着年龄的增长，最开始相似的本性越来越不同，使每个人逐渐往不同的方向发展，因此才有了善与恶、好与坏的分别。

性相近，习相远。

【细说活解】

人皆有不忍人之心

孟子有云："恻隐之心，人皆有之；羞恶之心，人皆有之；恭敬之心，人皆有之；是非之心，人皆有之。"孟子认为人皆有不忍人之心，即每个人都有体恤和怜悯别人的心情，因为人心向善，人性本善。

之所以说每个人都有怜悯体恤别人的心情，孟子曾举了每个人都想将落水孩童救起来的例子。如果一个人突然看见一个小孩要掉进井里面去了，必然会产生惊惧同情的心理——这不是因为要想去和这孩子的父母拉关系，不是因为要想在乡邻朋友中博取声誉，也不是因为厌恶这孩子的哭叫声才产生这种惊惧同情心理的。

恻隐之心。

3

【原文】

苟不教①，性乃迁②。教之道③，贵以专④。

【导读】

　　环境对人的影响如此巨大，不接受教育的话，人的本性可能会被环境左右，向着未知的方向发展而去。因而只有依靠教育，教人以积极向上的做人道理，和正确的做事方法，才能够抵御不良环境所带来的影响，成为一个对人、对己、对社会都有用的人。

　　教育的道理讲究"专"，即精力专一，不分散。学习做事时要精神集中，不一心二用。生活中要持之以恒，不半途而废。无论是学习还是生活，都要做到专心致志，不三心二意，才能够学得真知识，掌握真学问。

【注释】

①苟：如果、假如。教：教育、教导。②乃：于是，就。迁：改变、转变。③道：规律、法则。④贵以专：以"专心致志"最为重要。贵，宝贵、重要，值得重视；专，专一、专心致志、一心一意。

教之道，贵以专。

【译文】

　　一个人如果没有接受良好的教育和恰当的引导，那么，他生来就具有的纯洁善良的本性，就会为外界的各种不良诱惑，导致最后迷失本性，逐渐变坏。教育的根本法则就是"专心致志"，全心全意地教诲，一心一意地学习，可以让人真诚善良。

【细说活解】

学习之道，贵在专心

　　学习讲求专心致志，讲究持之以恒，切勿三心二意、半途而废，才能学习到真正的学问，不然学习任何事都抱以浅尝辄止、三天打鱼两天晒网的态度，是不可能获得真知识真学问的，最终只会一事无成。

　　弈秋是我国战国时期下棋最好的人，名声远扬。有两个年轻人拜在他门下，跟着弈秋学下棋。弈秋曾教导这两个年轻人，学习下棋讲求心神专一，不能胡思乱想。

　　弈秋授课的时候，一个年轻人遵从弈秋的教诲，聚精会神地听着弈秋讲解棋艺，下课后还认真钻研弈秋讲过的内容。他在思考棋艺的时候，无论发生多么热闹有趣的事情，都不会被之打扰，就专心致志学习琢磨。另外一个年轻人则把弈秋的话当作耳旁风。弈秋授课的时候，这个年

弈秋教徒。

轻人虽然耳朵上听着弈秋讲课,但是心里却在想着其他的事情,三天打鱼两天晒网。

学了一段时间,弈秋将两个学生叫到一起,让他们对弈,以试探一段时间的学习是否有所长进。两人摆了棋盘开始下棋,素来认真的年轻人全神贯注地研究棋局,而另外一个心里则想着要是有只天鹅飞过来,他要怎样找弓箭去射下来,如何做一顿美味的天鹅大餐。

弈秋看到两个学生的两种状态,只摇摇头叹气说:"今后你们两个中,一定有一个大有成就,另一个则一事无成。"

这个故事通过对比弈秋的两个弟子的学习态度,向我们说明了学习专心的重要性,所以我们在学习的过程中,一定要做到专注持久、专心用功、专研刻苦这三"专",将来才能有所作为。

【原文】

昔孟母①,择邻处②。子不学③,断机杼④。

【导读】

环境对人的影响巨大,因此选择一个良好的生活环境是非常重要的。正所谓"近朱者赤,近墨者黑",生活中周围的人道德高尚,为人和善,那么小孩子也会跟着善良正直;如果身边的人都品德不良、言行粗鄙,那么小孩子就会一样恶行沾身,品行败坏。

同时家长对于小孩子的惩奖,应当采取正确的方法。做对了要给予表扬,做错了要批评指正。选择适当的惩奖方法,收到更好的效果。

孟母断机。

【注释】

①昔:过去、从前。孟母:孟子的母亲。孟子是战国时代著名的思想家、教育家。②择:选择、挑选。邻:邻居。处:居住。③子:孩子,这里指孟子。④断:割断、折断。机杼:织布机的梭子。

【译文】

从前,孟子的母亲对选择好的邻居这一点十分重视,为了挑选到适合孟子学习的居住环境,曾多次搬家。孟子一开始贪玩不爱学习。有次他偷懒逃学回家,孟子的母亲非常痛心,把织布机上的梭子折断了,严厉地训诫孟子:"不能认真有恒心地学习,就像这梭子一样,梭子断了,就不能织布了,前面的努力都白费了,这样半途而废是不可能成为有用的人的。"

【细说活解】

孟母三迁

母亲是孩子的第一个老师,也是一生的老师。古时候的妇女大多都没有受过良好的教育,但是母亲对于孩子的成长起着至关重要的作用。

孟子是战国时期的大思想家,是儒家学派的代表人物。孟子自幼丧父,由母亲倪氏一人辛苦养大。全家生计靠倪氏日夜纺纱织布,维持生活,十分辛苦。倪氏是一个十分有见识的妇女,她知道环境会对小孩子产生深刻的影响,所以为了给孟子提供一个良好的环境,前后搬家数次。

最开始,孟子和倪氏住在荒郊野外的墓地旁,常有穿着孝服的送葬队伍,一路吹吹打打地来往于

孟母教子。

孟子家门口。孟子年纪小,觉得好玩,就跟着学各种各样的丧仪。他看见人家用锄头挖出墓穴,把棺材埋了。小孟子便也模仿着他们的动作,用树枝挖开地面,认认真真地把一根小树枝当作死人埋了下去。

孟母看在眼里急在心上,就把家搬到了市集旁。他家的邻居是一个屠夫,每天要杀猪卖肉。小孟子觉得很好玩,就跟着肉铺伙计学起来,天天也在那儿剁肉,跟人家讨价还价,俨然变成了一个卖肉的小贩子。孟母知道这样下去是没有好处的,当时的社会重农轻商,商人在古代社会的地位是非常低下的。孟母一狠心,便再次搬家。

这次搬家搬到了一所学校旁边。学校里每天弦歌不绝书声琅琅,一个花白胡子的老头成日里摇头晃脑,拖着长长的音调念书。孟子觉得十分新奇,就每天都跑到学校外面玩,偷偷看学校里的孩子怎么念书、怎么学习规矩,回家之后也学着他们的样子打躬作揖,彬彬有礼。

孟母是我国古代劳动妇女的典型,她勤劳务实、无私慈爱,但是在教育孩子的问题上又十分地果敢决绝,因为她深知环境对于一个处于对任何事物都感到好奇,会跟着模仿时期的孩子的影响,因此才屡屡搬家,只为了孟子能够受到良好的教育,就是古人所说的"与善人居,如入芝兰之室,久而不闻其香"。孟母在教育孩子方面十分讲究方法,小孟子到了上学的年龄要去念书了。孟子虽然爱学习,但是小孩子都贪玩,有时候觉得学习太枯燥了就会逃学跑出去玩。孟母知道之后很生气,等孟子玩够了回家之后就把孟子叫到身边,一句话也没说就把织布机上的梭子给弄断了,梭子断了就意味

孟子跟着学校里的孩子念书。

着不能继续织布了,无数个日夜辛劳就这样白白浪费了。孟子看在心里很着急,就跪下来问妈妈:"为什么要这样?"孟母告诉他:"读书学习可不是一天两天的事,就像我织布必须从一根根线开始,先一小段一小段的最后才能织成一匹布,而布只有织成一匹了它才有用,才可做衣服。读书也是这个道理,如果不能专心致志持之以恒,像这样半途而废浅尝辄止又有什么用呢?"孟子听了母亲的话,心里真正受到了震动。他认真地思考了很久,终于明白了道理,从此专心读起书来。最终,他成为一代亚圣,中国儒家思想的代表性人物。

孟母看见孟子没有好好学习,并没有使用棍棒教育,而是用事实来教育孟子,让孟子自己去思考事情的道理,这样不仅培养了孟子独自思考的能力,还避免了棍棒教育令孩子产生叛逆心理的副作用。孟子最终成为中国古代著名思想家、教育家,和孟母三迁、择邻而居是分不开的。

三字经

【原文】

窦燕山①，有义方②。教五子，名俱扬③。

【导读】

古代一个家庭一般有很多孩子，但是家长并不会因为孩子多而忽视了对他们的教育，放松了对他们的要求。现代人通常都只有一个孩子，因此更多的目光汇集在一个孩子的身上。即便对孩子更加重视，也要掌握好教育的方法和内容，学习古人教育后代的责任心和方法，不仅仅要教育孩子们好好学习，更要培养他们的品质道德全面发展。

【注释】

①窦燕山：五代人，本名窦禹钧，由于他住在燕山附近，人们就称他为"窦燕山"。窦是人的姓。②义方：（教育孩子的）好方法、好办法。③名：名声。俱：全、都。扬：显扬、传播。

【译文】

五代时的窦燕山很重视对孩子的教育，不仅采用恰当、良好的教育方式，并且总是以身作则。窦燕山有五个儿子，在他的严格教育下，都成了品学兼优的人才，每个人都很有成就，声名传播四方。

窦燕山教五子。

【细说活解】

五子登科

五子登科是结婚时常用的祝福语，祝愿新人能够多子多孙，而且子孙各个有出息。这个成语出自于五代时期的窦燕山一家，窦燕山出身于富裕的家庭，是当地有名的富户。窦燕山为人不好，以势压贫。传说他做事缺德，所以到了30岁，还没有子女，窦燕山为此十分着急。一天晚上做梦，他死去的父亲对他说，是窦燕山心德不端，如不痛改前非，不仅一辈子没有儿子，还会短命。从此，窦燕山暗下决心，痛改前非，再也不做缺德的事。

窦燕山还在家里办起了私塾，请名师教课。有的人家，因为没有钱送孩子到私塾读书，他就主动把孩子接来，免收学费。后来窦燕山因为周济贫寒，克己利人，广行方便，受到人们的称赞。不久，他的妻子连续生下了五个儿子。

之后，他便把全部精力用在培养教育儿子身上，不仅时刻注意他们的身体，还注重他们的学习和品德修养。窦燕山每天督促孩子们读书学习，并且亲自教导。哪个孩子有不明白的地方，他都会耐心地讲解，即便是很小的问题也不会遗漏。

在窦燕山严格的教育下，五个儿子都成为有用之才，先后登科及第，做了大官。当时人赞窦燕山的五个儿子为"窦氏五龙"。

当时有一位叫冯道的侍郎曾赋诗一首说："燕山窦十郎，教子有义方。灵椿一株老，丹桂五枝芳。"这里所说的"丹桂五枝芳"，就是对窦燕山"五子登科"的评价和颂扬。

望子成龙、望女成凤是从古至今每个家长的愿望，古代家庭子女多，而现在我们的家庭一般只有一个孩子。古人子孙众多，却也都不放松对孩子的教育，无论在学习事业还是道德修养上，都能躬身亲为地教育孩子,让他们长成有用的人才。因此我们应该学习古代家长们的教育方式,多引导多和孩子沟通,让孩子们也能全面地发展。

【原文】

养不教①,父之过②。教不严③,师之惰④。

【导读】

养不教,父之过。教不严,师之惰。

父母的职责不仅仅是抚养孩子长大,更是教孩子以做人的道理,懂得是非观念,让他们以健康积极的心态走向社会,成为对社会发展有用的人才。长大成人并不仅仅是单纯地养大而已,更重要的是教导其"成人",成为能在社会上立足的有用之人。

孩子走进学堂,老师就担起了教育他的重任。正所谓严师手下出高徒,传道授业的时候老师的要求若是不严格,就是变相地害了孩子,是不负责的表现。

以上是三字经的第一部分,主要说明了环境对人的影响,由此表明教育对人的重要意义和从事教育的人应该遵循的原则。

【注释】

①养:养育、抚养。不教:不教导、不教育。教,教育、教导。②之:的。过:过错、过失。③不严:不严格。严,要求严格。④惰:懒惰、懈怠、马虎不尽责,与"勤"相对。

【译文】

父母如果认为只要将孩子们抚养长大,满足他们的物质需求就可以了,却没有教给他们做人的基本道理,这是父母的过错。而老师不能严格要求学生,导致学生因为放任自流而荒废了学业,这是老师怠惰,没有认真担负起自己的责任。

【细说活解】

遗子千金不如遗子一经

古人有云:"遗子千金不如遗子一经。"给孩子留万贯家财不如给孩子留下一本经书。这里的经书我们可以当作才能来讲。微软创始人比尔·盖茨曾经对家长说:"你能为孩子做的,就是在他们蹒跚走路的时候扶一把,你没必要边铺路边抱着他走。"

汉朝时有疏广和疏受叔侄俩,二人都因才华出众而被皇上封为太子太傅,任职期间,曾多次受到皇帝的赏赐,被称为"二疏"。后来二人称病请求还乡,皇上念他们年迈,就赐他们黄金二十斤,皇太子赠金五十斤允许他们还乡。叔侄二人回乡后,每日在家中摆酒设宴,邀请亲朋好友一同娱乐,还将金遍赠乡里。过了一年多,疏广的朋友就劝疏广,应当买田置宅,为子孙后代考虑,而不是这样每天耗费。疏广却说："我不是不为子孙考虑，只是家里本来有旧田老宅，子孙如果能够勤于耕作，那么衣食住行应该是够了的。现在他们凭空多出这么多钱财，只会让他们以后的人生懈怠罢了。贤能的人要是有很多钱财，就会抛弃他们原本的志向；愚蠢的人有很多钱财，只会增加他们的过错。再说这些钱财本来就是皇上赐给我养老的，所以我希望能和乡党宗族一同享受皇上的恩赐，不可以吗？"朋友被他说得心悦诚服。

养育子女不仅仅是将他们养大，让他们吃好喝好衣食无忧，更重要的是教授他们知识、道理，让他们学会自立自

遗子千金不如遗子一经。

强起来，掌握一项安身立命的技能，而不做永远依偎在父母怀中的温室花朵。俗话说，棍棒之下出孝子，严格的家教能够让孩子对于规矩和礼仪形成更深刻的认识，然而也并不鼓励父母以暴力的方式教育孩子，亦松亦弛，亦严亦宽，掌握好教育的力度，才是最好的教育之道。

【原文】

子不学①，非所宜②。幼不学③，老何为④？

【导读】

儿童生性爱玩，但是对孩子幼年时期的教育是极为重要的。在幼儿时期，人的记忆力很好，凡是记住的东西基本都能终生不忘。因此这段时期的学习不能耽误，因为所有的知识和本领都不是与生俱来的，都需要后天的学习和教导。正所谓"少壮不努力，老大徒伤悲"，在少年时期不好好学习知识和本领，荒废了最好的年华，将来一定会遗憾终身的。

【注释】

①子：子女、孩子。②非所宜：不应该。非，表示否定的意思；宜，合适、应该。③幼：年纪小的时候。④老何为：年纪大了能做什么。老，年老的时候；何，表示疑问的语气，什么；为，作为。

幼不学，老何为？

【译文】

如果父母和老师都尽到了自己的责任，创造了良好的学习环境，小孩子却不好好读书，这是不应该的。一个人小时候不好好读书学习，等到年纪大了，什么都不懂、什么都不会，还能有什么作为呢？

【细说活解】

莫等闲，白了少年头

"莫等闲，白了少年头"是我国著名抗金英雄岳飞的《满江红》里的词句，原意是指好男儿不要将大好青春消磨，应当抓紧时间建功立业。现在则是劝解年轻人，不要在年少时荒废青春，蹉跎岁月，等到华发早生再幡然悔悟，为时晚矣。

古人认为，13岁以前的记忆力最好，所以在孩子还很小的时候，就让他们将当时不能理解的文章统统背下来，随着年龄的增长和阅历的增加，很多道理都会明白。北朝时有一个有名的学者，名字叫颜之推。他著有《颜氏家训》一书，被誉为"家教规范"，大致讲的就是如何教育孩子。

颜之推有好几个孩子，在孩子3岁的时候，颜之推便让他们读书。一次，孩子问颜之推："爸爸，我们非要读书么？我看有好多人，没有读过什么书，也能够享高官厚禄、锦衣玉食的，我们为什么一定要读书？"颜之推回答说："的确有那种不用读书，只凭借父辈的福荫，就当上大官，坐享荣华富贵的人。但是每到紧要关头时，这些人就束手无策，因为他们没有读书，没有知识。"孩子又问："那我们能不能长大些再读书呢？"颜之推又说："读书学习应当只争朝夕，趁年纪小、记忆力好的时候多读些书，将来才能对于圣贤们的道理有更加深刻的理解。以后才能尽早为国家服务，成为有利于江山社稷的人才。"

有些家长会说，孩子还太小，应该让他们多玩玩；也有些家长会让孩子学习很多功课，丝毫不放松对孩子的教育。这两种家长都没有错，但是如果能够综合一下，在该玩乐的时候不将孩子关在屋里学习，该学习的时候也不因为孩子觉得苦就放松教育，这样才不失为全面的教育之道。

孩子幼年时期的教育是极为重要的。

【原文】

玉不琢①，不成器②。人不学，不知义③。

【导读】

玉石精美，是因为有能工巧匠对其精心打磨与雕琢，否则，只是一块顽石。人也一样，如若不经过学习与磨炼，就不能拥有健康的人格和正确的价值观。言行举止不符合道义，那么无论再怎么聪明伶俐，也不会得到社会认可，不能实现我们的人生价值，成为对社会有用的人才。所以从古至今，贤明君主都将教育视为治国中至关重要的环节。人只有经过学习才能激发自己的能力增益自己的德行，懂得自我约束。

玉不琢，不成器。

【注释】

①玉:玉石。琢:雕刻加工玉石。②成:成为。器:器皿、用具。③知:知道、懂得、明白。义:义理,公正合宜的事,思想行为的规范。

【译文】

璞玉刚开采出来的时候,看上去和普通的石头差不多,如果没有经过专门的雕刻加工,就不能成为珍贵的饰品和器皿。人也是一样。一个人无论有多高的天赋,如果不学习,就不会懂得为人处世的正确道理,原本优良的天赋也无法得到充分发挥。

【细说活解】

小时了了,大未必佳

"小时了了,大未必佳"出自于南朝时期刘义庆的《世说新语》,说的是孩子小时候聪明伶俐,但是长大之后未必会像小时候一样那样聪慧。自古以来这样的例子不在少数,最为著名的就是"伤仲永"的故事。

宋朝时,有一个小孩叫方仲永,他家世代以种田为业。从小仲永出生,不曾认识笔墨纸砚,有一天忽然放声哭着要这些东西。父亲对此感到惊异,马上从邻居那里借来笔墨纸砚,方仲永拿起笔便写了首诗,而且还给诗写了个题目。这首诗以赡养父母、团结同宗族的人为内容,传送给全乡的秀才观赏时,一致认为他写得不错。

从此,方仲永家热闹起来,经常有人来家拜访,有人当场指定物品让他作诗,他立即就能完成,他的诗不但很有文采,而且非常有道理。不久,方仲永的天生奇才传到了县里,引起了很大震动,人们都认为他是个神童。县里那些人,十分欣赏方仲永。那些人对方仲永另眼相看,还经常拿钱买诗。这样一来,方仲永的父亲便认为这是件有利可图的好事情,每天拉着仲永四处拜访同县的人,不让他学习。

小仲永长到十二三岁时,见到了著名的大政治家王安石,王安石见他作的诗与从前相比大为逊色。又过了几年,仲永到20岁时,他的才华已全部消失,跟一般人并无什么不同,人们都遗憾地摇着头,可惜一个天资聪颖的少年终于变成了一个平庸的人。

王安石得知后,十分感慨地说:仲永的本领是天生的。他的天资比一般有才能的人高得多。但最终成为一个平凡的人,是因为他没有受到后天的教育。像他那样天生聪明,没有受到后天的教育,都会成为平凡的人,那么,现在那些不是天生聪明,本来就平凡的人,又不接受后天教育,想成为一个平常的人恐怕都很困难吧!

玉石再美,不经过工匠的雕琢也不过是块石头,孩子小时候再聪明,不接受教育也只会趋于平庸。一个人纵是再有才华,不经过系统的学习也是很难攀上巅峰的。有人自恃聪明,便不肯好好学习,结果聪明反被聪明误,长大后反而成为无用之人。所以良好的教育对于一个孩子来说是必不可少的。

仲永的天才因为中断了学习而耽误。

【原文】

为人子^①，方少时^②。亲师友^③，习礼仪^④。

【导读】

人在少年时期，对周围世界怀有浓厚的兴趣，学习知识和本领的速度也很快。但是小孩子却不具备独立辨别是非的能力和自我学习的意识，因而，就离不开老师的教导和帮助。老师有时候不仅充当良师，教导小孩学习学识修养和道德规范，更充当了益友的角色，日常的言行举止对小孩子产生潜移默化的影响。这样，小孩与老师亲近，将会获得更多的好处。而除了与老师接近，小孩每天接触最多的就是一起学习玩耍的小朋友，因此，交友就显得格外重要，正如孟母三迁只为创造良好的环境，一个小孩选择了什么样的小朋友交往，就会对小孩产生什么样的影响，因此在选择朋友的时候要格外慎重，多选择品行端正、学德兼优的小朋友为伙伴，注意学习他们身上的优点，取长补短，才能不断进步。

中华民族是礼仪之邦，五千年来一直传承着良好的礼仪规范，与清晰严明的道德标准。所以中国人素来以礼貌谦逊著称，待人处事都讲求以礼待人。小朋友天性活泼好动，不知何为礼节，因此，更需要在与良师益友亲近的时候，教以待人处事的良好举止，慢慢地将其培养成一个懂文明、讲礼貌、有道德的全面人才。

为人子，方少时。

亲师友，习礼仪。

【注释】

①为：作为。人子：儿女。②方：正当。少时：年少、年纪小的时候。③亲：亲近、接近。④习：学习。礼仪：礼节和仪式，指应对进退的分寸，以恰当的方式来表达对他人的尊重。

【译文】

作为子女，应该趁着年少的时候，好好把握学习的机会。平时要跟老师多亲近，随时接受老师的言传身教，学习各种礼仪规范，了解如何待人处事；还要多结交好的朋友，在互相鼓励、互相帮助中一起成长。

【细说活解】

不学礼，无以立

孔子说："不学礼，无以立也。"就是说不学会礼仪礼貌，就难以有立身之处。这句话说明了礼仪是古代社会生活的重要组成部分，是古代人安身立命、经世治民的重要行为准则。

孔子十分重视"礼"的教育。他在中国教育史上的一个重大贡献是将"礼"与"乐""射""御""书""数"

合称"六艺",并奠定其在教育中的首要地位,形成了六艺教育的优良传统。在孔子私学里,他对三千弟子实施的就是六艺教育,其中"礼"是最主要的课程。"不学礼,无以立也",是当时孔子用来教育其儿子孔鲤的。

孔子的弟子陈亢问孔鲤,在老师那里听到过什么特别的教诲,孔鲤说没有。一天,孔子独自站在庭院中,孔鲤快步走过,便问孔鲤学礼了没有。孔鲤回答说没有。他说:"不学礼,无以立也。"于是孔鲤退而学礼。孔鲤受教学礼之事,被后人传为佳话。孔子教子之辞也被尊为"祖训",并逐渐形成了孔氏家族"诗礼传家"的说法。

父母应尽早教育子女道德礼仪。

我们作为"礼仪之邦"的子民,应知书达礼,以礼待人。如果一个人文化程度很高,但不懂得礼仪,那他也是一个对社会毫无用处的人。因为道德常常能填补智慧的缺陷,而智慧却永远也填补不了道德的缺陷。

礼仪是中华民族的传统美德,从古至今,源远流长。我们要从自己做起,从现在做起,学习礼仪规范,用高尚的道德武装心灵,用文明的言行做事,互相理解、宽容待人、继承传统、倡导文明、讲究礼仪。培养协作精神,挑起传承礼仪的使命,是我们义不容辞的责任。

【原文】

香九龄①,能温席②。孝于亲③,所当执④。

【导读】

这节讲孝顺父母。与古代儿女成群的情况相比,现在每个家庭基本上只有一个孩子,因而,小孩子自小就享受到了更多的关爱和保护。但是在接受这些关爱和保护的时候,我们是否想过,自己为爸爸妈妈做了什么?爸爸妈妈这样为我们,这样无私奉献,我们是否也应该做些什么来回报他们的关心和爱护,报答他们的培养之情。小黄香自小失去了母亲但是却能对爸爸无微不至地关心和孝敬,我们要向小黄香学习,未必要做到和他一样,为父母扇枕温席,而是着重学习他发自内心为父母着想的孝敬之心。日常生活中,我们应多为爸爸妈妈做些力所能及的事情,体谅和关心爸爸妈妈,以这种方式来表达我们对父母养育之情的感谢。

黄香温席。

【注释】

①香:即黄香,是东汉时著名的孝子。九龄:九岁。龄,岁数,指年纪。②能:知道、懂得。温席:焐暖被窝。温,温暖、加热;席,用草或苇子编成的成片的东西,用来铺床或炕等,这里指睡觉用的被褥。③孝于亲:

孝顺父母。孝，孝顺；亲，双亲、父母。④所当执：应该实行。当，应当、应该；执，执行、实行。

【译文】

　　黄香从小就非常孝顺，才九岁就知道在寒冷的冬天，自己先躺在冰冷的被窝里，用体温把被子焐暖和了，再让父亲睡觉。这种体贴孝顺父母的行为，每个做子女的都应该学着去做。

【细说活解】

百善孝为先

　　儒家的经典《孝经》中说，孝是各项美德的根本，"人之行，莫大于孝"，儒家认为"孝"是上天规定的规范，是每个人必须具备的德行。孝是中华民族传统文化的基础，我们常说"百善孝为先"，孝顺不单单是一种美好的德行，更是一个人的立身之本。

　　父母辛辛苦苦地把我们养育成人，他们无私的爱陪伴着我们长大。当我们长大了，要用感恩的心对待我们的父母，回报他们的养育之恩。

　　孝顺父母、回报父母的养育之恩，是每个人都应该做的天经地义的事情。正如父母无私无求地将我们抚养成人，我们也应该以赤诚的心去对待为我们付出一生的父母。

我们依靠父母的养育得以成人，成年后就以孝行来报答父母。

【原文】

融四岁①，能让梨②。弟于长③，宜先知④。

【导读】

　　在古代人的心中，一个大家庭的理想状态应该是父慈子孝、兄友弟恭，即哥哥爱护弟弟，弟弟尊敬哥哥。然而在现代社会，大多数家庭都只有一个孩子，习惯了独来独往和独享全家人爱护的独生子女，不要说是手足之情，就连分享谦让是什么都很陌生。在这种情况下，孔融4岁让梨，对哥哥尊敬友爱，对弟弟爱护有加，先人后己，谦虚礼让就显得愈加珍贵，而拥有如此美德的孔融也就成了我们学习的榜样。在孔融身上，我们要学习他的谦让精神。在和小朋友相处交往的过程中，态度友善，举止大方，不能自私自利，计较个人得失。在大家都想要同一个东西的时候，要做到先人后己，不争不抢。每天以这样的方式来要求自己，培养自己的爱心，努力成为一个谦逊大度的人，那么一定会受到大家的尊敬和喜爱。

融四岁，能让梨。

【注释】

①融：人名，孔融，东汉时著名的文学家。②能：知道、懂得。让：谦让、礼让。③弟：这里和"悌"字意思相同，指弟弟敬爱哥哥。长：兄长。④宜：应该。先知：早点知道，这里是从小就懂得的意思。知，明白、了解。

【译文】

孔融四岁的时候，有一天吃梨，他挑了一个最小的，别人问他为什么这么做，他说要把大的梨让给哥哥吃。这种尊敬兄长、兄弟之间要互相友爱的道理，是我们每个人从小就应该知道的。

【细说活解】

兄友弟恭

兄友弟恭的意思是哥哥爱护弟弟、弟弟恭顺哥哥，形容兄弟之间互相尊敬互相友爱，也就是孝悌中的悌。古时候人常常将孝和悌放在一起，认为悌也和孝一样，是人最基本的美德。所以古人认为，一个人如果能够尊敬兄长，那么他一定是善良的人，也就不会做犯上作乱的事情。恭顺兄长应当同孝敬父母一样，从小事做起，从一点一滴中体现。

兄友弟恭这个成语出自《史记·五帝本纪》："使布五教于四方，父义，母慈，兄友弟恭，子孝，内平外成。"

儒家思想对悌的美德历来也非常重视，孔子以知、仁、勇为三达德，在此基础上提出了悌等德目。孟子以仁、义、礼、智为四基德，将它扩展为"五伦十教"，即君惠臣忠、父慈子孝、兄友弟恭、夫义妇顺、朋友有信。

《弟子规》也有关于兄友弟恭的句子："兄道友，弟道恭"即为兄友弟恭。在家里我们首先要做到的就是能跟兄弟姊妹和睦相处。此地的"兄道友"，"道"就是做哥哥的如何跟弟弟相处。"弟道恭"，弟弟又应该如何对待哥哥。"兄道友"，这个"友"就是友爱。做哥哥的要友爱弟弟，做弟弟的要恭敬自己的兄长，还有姊妹，彼此都要互相尊重。"兄弟睦，孝在中。"如果兄弟姊妹在家里能和睦共处，一家人其乐融融，父母自然欢喜，孝道就在其中了。这也说明了孝与悌的关系。

现在的孩子大多数是独生子女，但是我们仍然要培养兄友弟恭的美德，从小建立友爱的观念。在生活中，以兄友弟恭的准则对待我们的朋友。

长辈应教育后辈兄友弟恭的道理。

【原文】

首孝悌①，次见闻②。知某数③，识某文④。

【导读】

孝敬父母和尊敬兄长，是做人最基本的道理。只有明白了这个道理，才能去学习知识增长见识。也就是说，只有学好如何做人，才能学习好如何做事。一个人如果在家不孝敬父母、尊敬兄长，那么他在学校里也不会尊敬老师关爱同学，到了社会上更不会遵守社会秩序。像这样自私的人，就算学习了再多的知识，有再多的聪明才智，也是没有用的。

【注释】

①首：首先。孝悌：尊敬、孝顺父母，友爱兄弟。②次：其次。见闻：指看到、听到的知识、学问。③某：一些。数：算术。④识：认识，掌握。文：文字。

【译文】

我们首先要培养尊敬、孝顺父母，友爱兄弟姐妹的良好品质，其次要学习的才是生活中的各种常识，懂得算术，认识文字，然后才能逐步充实自己。

【细说活解】

孝悌为立身之本，见闻乃立世之根

《论语》中有"弟子入则孝，出则悌，谨而信，泛爱众而亲仁，行有余力，则以学文"，意思就是说，年轻人在家孝顺父母，在外恭敬有礼，为人谨慎诚信，广施爱心，亲近有仁义的人。如果上述的那些都能轻松做到，那么就可以学习知识了。在中国的传统文化中，"孝悌"是一切的基础、出发点，《弟子规》中有一句话"有余力，则学文"，意思就是应当先以学习"孝悌"之道为基础，有了余力再去学习知识文化。如果做不到"孝悌"之道的话，那么知识文化也就没有什么必要学了。古代人认为，一个对长辈孝敬、对兄弟友爱恭敬的人，不可能是坏人。这样的人才可以放心地被传授知识；如果是不忠不孝的坏人，那么被授以知识文化，就是为虎作伥了。

首孝悌。

时代不断发展变迁，但是孝悌之道却不会随着时代的改变而改变，它是人人应该具备的品质，是人生而具有的天性，是传统中国文化中永恒的基础。至于接下来的"知某数，识某文"则是"孝悌"之后的事情了。

古人有"读万卷书，行万里路"的说法。"读万卷书"是指努力读书，增加自己的学识，正所谓"读书破万卷，下笔如有神"；"行万里路"则是增长见识，积累实际经验。这两者缺一不可。古时候人讲求广闻博知、知行合一，因此只有将知识与见识二者合一，将书本上的知识升华为生活中的智慧，才能进入更高的境界。

次见闻。

【原文】

一而十①，十而百。百而千，千而万。

【导读】

从这段开始，我们将逐渐简单了解一些自然知识和人文知识。

首先是数字。从一到十，这十个数字看起来简单，但是运算起来变化无穷。从十衍化到百，百衍化到千，千衍化到万，无穷无尽变化无穷。算术是一门非常有用的学问，所有的科学发展都离不开算术的支持。因而学好基础中的基础，才能够在攀登科学的高峰上更上一层楼。

【注释】

①而：到，这里表示按照顺序递进。

【译文】

一而十，十而百。百而千，千而万。

一是数字的开始，也是计算的起点，一到十是最基本的十个数字。

十个一是十，十个十是一百，十个一百是一千，十个一千是一万……这样一直计算下去，结果是无穷无尽的（认识了一到十这十个基本数字，掌握了初级算术，就能继续学习难度更高的数学问题）。

【细说活解】

数学是学习的基础

数学是所有自然学科的基础，古希腊学者认为数学是哲学的起点，数学在希腊语中的意思是"学问的基础"；在古代中国，数学也是六艺之一，是儒家要求学生掌握的六项基本才能，即礼、乐、射、御、书、数中的数。我国古代数学很发达，汉朝时就形成了以《九章算术》为标志的数学体系。

一提及我国古代教育，很多人都会以为是学习字形、字义、句读等，殊不知数学也是中国传统启蒙教育的重要组成部分之一，从《三字经》上看，学习知识最开始要掌握的就是数字。

先秦时期的《周礼》中有"养国子以道，乃教之六艺：一曰五礼，二曰六乐，三曰五射，四曰五驭，五曰六书，六曰九数"，就是我们常说的六艺，而"六艺"又有"大艺"、"小艺"之分，礼、乐、射、御是大学的课程，是为大艺；书、数是小学的课程，称为"小艺"。

这里的"大学"和"小学"并不是现代意义上的学校，"小学"是传统语

算数也是古代蒙学的重要课程。

言文字学，即文字、音韵、训诂等"详训诂，明句读"的学问，而"大学"则是相对于"小学"的大人之学，是"修身、齐家、治国、平天下"的学问。

"小学"即是最基础的学问，那么数学也是基础中的基础。在我国传统教学中，孩子8岁时就应当掌握四则运算和九数等数学基础知识，然后再学习其他自然学科和社会学科。

【原文】

三才者①，天地人。三光者②，日月星。

【导读】

构成我们这个宇宙的三个最基本的要素便是天、地、人。人类的生存要依靠阳光空气，我们的生活离不开日月星辰的运转，寒暑四季的更迭，白天和黑夜的交替。同时我们也从大地上汲取水分获得营养，与周围各种动植物互相依存。在"三才"中，天地就是大自然，人类的生存离不开大自然的支持。因而人类作为已知宇宙中最高级的动物，不仅要利用自然改造自然，使得自然万物更适合人类的发展，更要保护爱护大自然，顺应它的发展规律，与之和谐共处。

三才者，天地人。

【注释】

①三才：天、地、人。才，这里与"材"的用法相同，泛指一切原料或资料，这里指构成宇宙世界的基本要素。者：代名词，这里指代上面提到的"三才"。②三光：日光、月光、星光。光，光明，这里指光明的自然来源。

【译文】

"三才"，指天、地、人，是构成世界的三种基本要素。天地共同形成了生存空间：天空带来了万物生存必需的阳光、空气、雨雪以及四季、寒暑、昼夜的交替；大地提供了水分、养料以及合适的地理条件；而我们人类，被称为"万物之灵"，是最高级的动物。"三光"，指太阳、月亮、星星三个球体。

三光者，日月星。

【细说活解】

三才之道

"三才"出自《易经·说卦》："昔者圣人之作《易》也，将以顺性命之理。是以立天之道，曰阴与阳；立地之道，曰柔与刚；立人之道，曰仁与义，兼三才而两之，故《易》画而成卦。"《周易

三字经

讲的是顺应自然变化的规律,而天的规律即是阴与阳,地的规律即是柔与刚,人的规律就是仁与义,这里的天、地、人就是"三才"。《说文解字》解释"才"为"草木之初也",可以引申为基本的东西。天、地、人这"三才"也就是构成这个世界最基本的事物。

孔子说:"一贯三为王。"这里的"三",指的就是天、地、人这"三才",意思是说能够既顺天命,又顺人事,同时保证地上太平的,才能称为王,三者缺一不可。老子将天、地、人、道称为"四大"。无论是"三才"还是"四大",人始终是与天地并列的,说明了古代人具有"人贵"思想,认为人是"超然万物之上最为天下贵",传统中国文化中格外重视人的作用,主张以人为本。

【原文】

三纲者①,君臣义②。父子亲③,夫妇顺④。

【导读】

古代人讲求"三纲五常",而这三纲指的就是君臣关系、父子关系和夫妻关系。君臣关系在现代指的是上下级之间的关系,我们也应该重视并处理好这些关系,社会才能和谐地向前发展。

社会是由一个一个小的家庭组成的,对于每一个家庭来说,父慈子孝、夫妻和睦是非常重要的。家庭成员之间相互关爱,相互沟通,只有这样才能互相了解,家庭也就因此而和顺兴旺,社会也会因此而和谐发展。

君臣义。

【注释】

①三纲:指君臣、父子、夫妻,君为臣纲,父为子纲,夫为妻纲。纲是渔网的总绳,抓住它就能拉起整张渔网,引申为要领,事物的关键部分,处在决定地位的事物。②君:君王、皇帝。臣:臣子、大臣。义:正义,这里指行为公正,符合法律制度及道德标准。③亲:亲密和睦。④夫:丈夫。妇:妻子。顺:和顺、和谐。

【译文】

"三纲",是指三种最重要的社会伦理关系,即君臣关系、父子关系、夫妻关系。君臣之间(在现代社会是上司与下属之间)要遵守法律制度的规定,认真履行职责;父母和子女之间要亲密融洽;夫妻之间要互相尊重、和睦相处。只有三纲之间维持应有的秩序,整个社会才能和谐欢乐。

【细说活解】

为人处世,遵从"三纲"

"三纲"在中国传统文化中是一个十分重要的概念,纲指提网的总绳,后来比喻事情的关键部分。"三纲"是由董仲舒提出的一个有利于维护封建统治阶级利益的思想,其内容为"君为臣纲"、"父为子纲"、"夫为妻纲",意思是为人臣的万事要以君王为主,为人子的万事要以父亲为主,为人妻的万事要以丈夫为主,同时,君、父、夫也要为臣、子、妻做出表率。

《三字经》中的"三纲"则强调人与人之间恰当和合适的关系,倡导了一种符合人性的关爱和道义,和单纯的控制与服从不同。"君臣义"即君臣之间讲求一种道义。如春秋五霸之首的齐桓公不计前嫌

夫妇顺，父子亲。

地拜管为相。齐桓公和他的哥哥公子纠在齐国国政混乱时，分别在鲍叔牙和管仲的保护下逃去莒国和鲁国。后来两人争夺齐国王位，在回国的途中，齐桓公和管仲曾有一箭之仇，管仲带兵堵截住齐桓公，并一箭射中齐桓公的带钩。齐桓公假装倒地而死骗过管仲，最终成为齐国国君。成为国君之后，鲍叔牙向齐桓公推荐管仲为相，齐桓公摒弃前嫌，重用管仲，管仲也尽心尽力地辅佐齐桓公，最终使齐桓公称霸天下。"父子亲"是指父子之间要亲善。三国时有曹昂舍马救父。曹昂是曹操的长子，头脑聪明而且性情谦和，特别为曹操所喜爱。在曹昂随着父亲曹操南征张绣时，张绣用计偷袭了曹军，曹昂主动请缨负责断后，并且把自己的马让给父亲，让曹操乘马脱险。而自己却与大将典韦一同战死于宛城。曹昂死后，曹操非常心痛，直至临终之前还挂念着早死的曹昂，觉得没有好好对待曹昂的养母，无颜面对九泉之下的曹昂。"夫妻顺"则强调夫妻之间要和顺，最为有名的应该是举案齐眉的故事。汉时有著名的隐士梁鸿和他的妻子孟光，史书上记载梁鸿为了避免出仕为官，和妻子一同隐居在山中，靠给人舂米为生。每当梁鸿回家时，孟光就将早早准备好的饭菜放在盘子上，恭敬地举起跟眉毛齐平，而梁鸿也会弯下腰，彬彬有礼地用双手接过盘子。

　　与董仲舒的"三纲"相比，《三字经》中的"三纲"更多出了一种人情味，少了一些高低贵贱的成分在里面，有着浓郁的时代气息。在《三字经》里面，"三纲"倡导的是一种爱，一种关切，一种道义，这是一种温馨和谐的君臣关系、父子关系、夫妻关系。虽然在社会和家庭中，君臣、父子、夫妻的地位不同，但是大家在人格上是平等的，体现出的是一种尊重，更有利于孩子价值观的培养。"三纲"这一节也体现出《三字经》本身并不是对历史的简单照搬，它对传统的文化有着自己的判断和选择。

【原文】

曰春夏①，曰秋冬。此四时②，运不穷③。

【导读】

　　四季不断交替，运行不息，是因为地球的公转和自转运动。地球的自转轴是倾斜的，地球公转的轨道又是椭圆的，因此就造成了阳光洒在地球上的时间有长有短，光线有强有弱，光照有多有少。于是地球上就有万物复苏、百花绽放、生机勃勃的春天，绿草如茵、夏树苍翠、热情似火的夏天，天朗气清、硕果累累、萧瑟寂寥的秋天，以及白雪皑皑、千里冰封、山寒水冷的冬天，并且循环往复永不止歇。

曰春夏，曰秋冬。此四时，运不穷。

【注释】

①曰：说，这里是叫作、称为的意思。②此：这，代名词，这里代指春夏秋冬四季。四时：四个时序，这里指春、夏、秋、冬四季。③运：运转、循环。不穷：无穷尽、无终极，没有停止的时候。穷，终止、停止。

【译文】

　　一年分为春、夏、秋、冬四个季节，先从温暖的春季到炎热的夏季，再从凉爽的秋季到寒冷的冬季，每一年，四季都这样按顺序循环交替。还有，春耕、夏耘、秋收、冬藏，万物的生长及活动也都随着四季变化不息。

【细说活解】

四季的产生

　　我们生活的地球一共有两种基本运动，一种是自转，另一种是公转。地球自转是绕自转轴，即南北极点的连线自西向东地转动。地球自转一周大概需要二十四小时，也就是我们的一天。地球公转是地球按一定轨道围绕太阳转动，是源于太阳引力场和地球自转的作用，地球公转一周的时间大概是三百六十五日，也就是我们的一年。由于地球的自转轴与地球公转的轨道面形成一个角度的倾斜，而地球公转轨道是一个接近圆形的椭圆，所以当地球处在公转轨道的不同位置时，地球上不同位置受到的太阳光照也不同，接收到太阳的热量不同，才就有了冷热的差异和季节的变化。而地球不断重复着公转和自转的运动，于是四季也就不断交替，运行不息。

　　我国传统的四季划分方法，是以二十四节气中的"四立"作为四季的始点，以"二分"和"二至"作为中点的。如以立春为始点，春分为中点，立夏为终点的为春季；以立夏为始点，夏至为中点，立秋为终点的为夏季；以立秋为始点，秋分为中点，立冬为终点的为秋季；以立冬为始点，冬至为中点，立春为终点的为冬季。

　　关于四季的形成，还有这样一则上古神话：相传女娲创造人类后，人类一直靠打猎摘果子为生。当时有火神祝融和水神共工两个神明，其中性格温和、富有同情心的火神祝融见人类每天吃生肉和生水，十分不忍心，便为人类带去了火种，传播了温暖，改变了人类茹毛饮血的生活方式，人类非常崇拜火神祝融，常常用丰富的祭品祭祀他。脾气暴躁的水神共工知道后非常生气，他认为水和火都是人类生活必不可少的东西，为什么大家就崇拜祝融不崇拜自己。不满变成了愤怒，共工就带着众兵将去祝融住的光明宫，与祝融一较高低。共工调来五湖四海的水向光明宫扑去，但是扑上去的水很快又顺着地势流了下来，祝融的火龙趁机冲向共工，炽热的火焰将共工烧得焦头烂额，共工没办法只得逃走。

　　共工来到不周山下，不甘心的他越想越生气，一怒之下冲着不周山撞去，结果把不周山撞塌了。不周山是上古传说中支撑着天空的擎天柱，共工将这个擎天柱撞坏，导致天空漏洞、大地塌陷、山林着火、洪水喷薄而出、龙蛇猛兽也出来吞食人民。创造人类的女娲不忍心见人类受此磨难，炼出五色石补好天空，又斩下神龟的四脚，当作四根柱子把倒塌的半边天支起来，又平洪水、

共工撞倒不周山。

杀猛兽，最终使人类重新过上了安稳的生活。但是这场灾难造成天空向西北倾斜，大地向东南塌陷，于是日月星辰向西边运行，江河湖海向东南奔流，春夏秋冬四季开始不断交替运行。

【原文】

曰南北①，曰西东。此四方②，应乎中③。

【导读】

我们站在地球上，前后左右就相应地成为东西南北四个方向。东西南北这四个方向，都是相对于一个中心而言的，如果没有一个确定的中心，那么就没有办法区分东南西北。原因是，地球是圆的，只要你朝着一个方向不停地走，最后都会回到原地，那么原来认定的方向就会成为相反的方向。所以，我们确定的任何一个方向，都是以当下所站立的一点决定的。有了一个确定的中心，那么能确定四个方向，而中心一旦改变，则方向也会跟着改变。

曰南北，曰西东。此四方，应乎中。

【注释】

①南北（西东）：方位名，指东、西、南、北四个方向。早晨太阳升起的方向是东方。②此：这，代名词，这里代指东南西北四方。③应乎中：与中心相对应。应，对应；乎，于、对；中，中央、中心。

【译文】

早晨起来面向太阳，前面是东方，后面是西方，左手边是北方，右手边是南方。南、北、西、东四个空间方位，都是对应于一个中心基准点而言的。

【细说活解】

东西南北，四面八方

中国现为中华人民共和国简称，但在古代，中国又称中原、中土、中华等，意思是国之中、天地之中、华夏之中，即是天下的"中心"，广义上说是以河南为中心的黄河和洛河流域。在确定了中心后，古人又确定了东西南北四个方向。从造字上看，甲骨文的东字是由"日""木"组合成的，取太阳初升之意，因此古人将太阳升起的地方定为东方。"西"字为象形字，《说文解字》解释它为"鸟在巢上"，有休息的意思，古人便以太阳落下的地方为西方。确定"东西"后，又确立了"南北"两个方向。

关于四方的确立，有伏羲指方向的传说。伏羲是与神农和黄帝并称的中华民族的人文始祖，相传他根据天地万物的变化，创造了八卦，还结绳为网，教授给人们渔猎的技能。一次，伏羲挑了一些会打猎捕鱼的人，让他们分别取东西南北四个方向渔猎，大家不知东西南北如何分辨，伏羲便说：太阳东升西落，天气南热北冷。这样，大家就知道如何区分东西南北四方了。

关于方位,我国古代除了有四方还有六合和八荒。六合即是上下和东西南北四方,即天地四方,泛指天下或宇宙。八荒也叫八方,指东、西、南、北、东南、东北、西南、西北等八面方向,指离中原极远的地方。现在我们形容一个人机智灵活,遇事能多方观察分析为眼观六路、耳听八方,这里的"六路"和"八方"指的就是"六合"和"八荒"。

【原文】

曰水火,木金土①。此五行②,本乎数③。

【导读】

"五行"是中国古代的一种物质观,多用于哲学、中医学和占卜方面。古人把金、木、水、火、土这五种元素当作大自然组成的基本要素,并研究出其间复杂的相生相克的关系。金生水,水生木,木生火,火生土,土生金,此乃相生。金克木,木克土,土克水,水克火,火克金,此乃相克。古人对五行的研究有着极其深刻的道理,对于现在的中医养生有着非常重要的作用。

曰水火,木金土。此五行,本乎数。

【注释】

①金:金属。②五行:金、木、水、火、土,古人认为它们是构成宇宙万物的五种基本要素,是总称各项事物的抽象概念。③本乎数:根源于天地自然的数理。本,根源;数,天地自然之数。

【译文】

金、木、水、火、土是构成物质的五种基本元素,宇宙万物的形成、变化都是来源于此。对古人来说,宇宙天地的道理及奥妙,都包含在复杂的五行生克理论之中。

【细说活解】

五行学说

五行是中国古代的一种物质观,古代人认为宇宙万物,都由金、木、水、火、土五种基本物质不断地运动和变化所构成,并且由每种物质的不同属性,归纳出了五行的相生相克,相生为:金生水、水生木、木生火、火生土、土生金;而相克则与相生相反:金克木、木克土、土克水、水克火、火克金。

五行思想的起源是源于生活的实践,是上古劳动人民对日常生活的观察,五行之间相生相克的关系看似简单,其中蕴含的道理其实十分深刻,它以极其简单的方式表达了事物之间相互联系、相互作用的哲学关系。

既然古人认为宇宙万物都是由金、木、水、火、土这五种因素组成,那么也就深深地影响着人类本身。我们常讲的五脏,五行中的金、木、水、火、土分别对应着肺、肝、肾、心、脾;五色中分别对应着白、青、黑、赤、黄;五味中则对应着辛、酸、咸、苦、甘。

五行学说不仅是一种物质观,也是中国古代朴素的哲学思想,表现在诸多方面,如中医、哲学、政治诸多方面上，影响着人民的日常生活。

五行学说是中国古人根据他们当时的思想水平来认识和解释宇宙的，受到时代的限制，因此其中有一些迷信的部分，但是这并不妨碍我们对这门学说的认可。我们只要在了解和学习五行学说的同时，秉承"取其精华去其糟粕"的想法，学习其合理之处，学习我国古代劳动人民在实践和劳动中，善于总结教训，归纳经验，细致入微地寻找自然规律的精神。

五行相生。

【原文】

曰仁义①，礼智信②。此五常③，不容紊④。

【导读】

仁、义、礼、智、信即是古人经常所讲的"三纲五常"中的"五常"，是中国儒家思想中的主要组成部分。对人怀仁爱之心，做事怀有羞恶之心，对人恭敬守礼，对事明辨是非，处事公正守信，这五点是中华民族传统文化中亘古不变的处世智慧，是几千年来智者哲人总结出的处世之道。因此我们要将这"五常"牢牢记在心里，以此为标准约束自己。如若人人都能这样做的话，那么社会将更加和谐，人与人之间的关系也会更加美好温暖。而秉承着这样的准则，无论我们走到哪里，都会受到别人的尊重和认可。

儒家认为仁义是礼的根本。

【注释】

①仁：仁爱，仁慈友爱的善良之心。义：正义、正直，符合道义标准的行为。②礼：礼貌，表示尊敬的态度和动作。智：明智，明辨事理的智慧。信：诚实，不欺骗。③常：永恒不变的法则。④容：容许。紊：乱。

【译文】

仁、义、礼、智、信是五种为人处世的基本原则，就是一个人应该有仁慈友爱的善良心肠，为人正直，行事公正，对人诚恳有礼，有明辨事理

仁、义、礼、智、信被称为"五常"，是中国儒家思想的主要组成部分。

的智慧，对人要诚实守信。它们体现的智慧和价值是恒久不变的，因此被称作"五常"。每个人都应该遵守五常，随便乱来的行为是绝对不容许的。

【细说活解】

"仁、义、礼、智、信"

"五常"是中国儒家思想的主要组成部分。最早由孟子提出"仁、义、礼、智"，汉朝时董仲舒扩充为"仁、义、礼、智、信"，被称为"五常"。常是长久不变的意思，大家认为仁、义、礼、智、信这五种品质应当是经久不变的，因此称为"五常"。"仁"指仁爱之心，"义"指公正合宜，"礼"指标准得体，"智"指明辨是非，"信"指诚实守信。仁、义、礼、智、信这五常的顺序不能够被打乱。传统儒家观念认为"仁"是一种道德观念，是最高的道德标准。儒家其他的思想都是以"仁"为核心价值，义、礼、智、信要以"仁"为前提，只有拥有了一个美好的内核，附加在上面的外物才能朝好的方向发展。

历史上，三国时期的刘备素以仁德著称，曹操率大军南下征讨荆州时，荆州牧刘表病逝，次子刘琮接替荆州牧。面对曹操大军，刘琮在手下的劝说下，欲将荆州献与曹操。刘备眼见在新野无法立足，只得仓皇逃出，但是因为心中舍弃不下新野百姓，也怕曹操屠城，就带上百姓一起转移，渡过长江往襄阳而去。因没有被襄阳方面收留，只得再次转战江陵。其间手下多次劝阻刘备抛下新野百姓，迅速撤离。但是刘备不听其劝阻，终于在长坂坡被曹操派的精骑追上。刘备弃妻儿留张飞赵云殿后，率百姓斜抄近路，急奔汉津渡口，与前来接应的关羽水师会合，得以渡沔水，前往夏口。

与仁互为表里，仁是礼的内在精神，重礼是我国的重要传统美德。"明礼"就是要讲文明，讲礼仪。在个人修养上，礼貌待人，在处理与他人的关系时，谦恭礼让。中国人讲究长幼有序，因此年轻人需要格外注意自己对老年人的言行举止是否达到要求了。张良是秦汉之际著名的谋士，刘邦评价他为运筹于帷帐之中，决胜千里之外。相传张良年轻的时候，一次闲步沂水圯桥头，有一位老翁，穿着粗布衣，走到张良的跟前，直接把自己的一只鞋扔到桥下，回头对张良说："小子，下去把鞋取来！"张良愕然，但念其年事已高，便忍下心中怒火，替他取了上来。老人又说："给我穿上！"张良想既然为他取回了鞋，又何必计较，便跪下来小心翼翼地帮老人穿好鞋。老人非但不谢，反而仰面长笑而去。张良大为惊奇，随着老人的身影而凝视。老人离开大约一里，返身回来，对张良赞叹道："孺子可教矣。"并约张良五天后的早上再到桥头相会。张良不知何意，但还是恭敬地跪地应诺。五天后，鸡鸣时分，张良急匆匆地赶到桥上。老人已先到了，生气地说："跟老人家相会，反而后到，为什么呢？"老人离去说："五天后早点相会！"结果第二次张良再次晚老人一步。第三次，张良晚上还没到半夜就去了。过了一会儿，老人也到了，笑着说："应当像这样才对。"于是送给他一本书，说："读此书则可为王者师，十年后天下大乱，你可用此书兴邦立国；十三年后再来见我。"说罢，扬长而去。这位老人就是传说中的神秘人物：隐身岩穴的高士黄石公，亦称"圯上老人"，而这本书就是《太公兵法》。后来张良以其深明韬略、足智多谋为刘邦完成统一大业奠定了坚实基础。

古人非常看重"信"，言而有信，才能得到别人的尊重和认可。有一个尾生抱柱的故事，是说春秋时，鲁国曲阜有个年轻人名叫尾生。尾生为人正直，乐于助人，和人交往诚实守信，受到邻里百姓的普遍赞誉。一次，他的一位亲戚家

张良拾鞋。

尾生抱柱。

里醋用完了,来向尾生借,但是尾生家也没醋。尾生没有一口回绝,而是对亲戚说:"你稍等,我里屋还有,这就进去拿来。"然后便悄悄从后门出去,立即向邻居借了一坛醋,并说这是自己的,就送给了那位亲戚。

孔子知道这件事后,批评尾生不诚实,有点弄虚作假。但是尾生却不以为然。后来,尾生搬家到了梁地。在那里结识了一位年轻漂亮的姑娘。两人一见钟情,私订终身。但是姑娘的父母嫌尾生家境贫寒,反对这门亲事。为了追求真爱与幸福,姑娘决定私奔,随尾生回曲阜老家去。两人约定在韩城外的一座木桥边会面,然后远走高飞。

黄昏时分,尾生提前来到桥上等候。不料,六月的天气说变就变,突然乌云密布,狂风怒吼,雷鸣电闪,滂沱大雨倾盆而下。不久山洪暴发,裹挟着泥沙的滚滚江水铺天盖地而来,瞬间淹没了桥面,没过了尾生的膝盖。

逐渐漫上来的江水,让尾生想起了与姑娘定下的誓言,死死抱住桥柱,寸步不离。最终,被淹死在茫茫的江水之中。而此时,姑娘因为私奔念头泄露,被父母禁锢家中,不得脱身。终于伺机逃出家门,来到城外桥边的她看到洪水退去,抱柱而死的尾生,悲恸欲绝,号啕大哭。哭罢,便纵身投入滚滚江水之中。

【原文】

稻粱菽①,麦黍稷②。此六谷③,人所食④。

【导读】

自从神农氏教人民农耕劳作开始,古代中国由采集渔猎向农耕生产方向转变,人民开始种植农作物以代替奔波没有保障的游猎生活。大米、高粱、豆子、麦子、黄米和小米早在数千年前就出现在了人类的饭桌上,虽然现在的主食与过去不大相同,但是基本上没有太大的改变。而随着社会的发展,城市逐渐兴盛起来,现在孩子们很难分清这些谷物,真的变成"四体不勤,五谷不分"了。所以家长有机会还是要让孩子亲近自然融入自然,这样孩子才懂得保护自然。

【注释】

①稻:稻子,去壳后称大米,南方人以稻米为主食,分水稻和旱稻,但"稻"通常指水稻。粱:即粟,其籽实未去壳称谷子,去壳后称小米。菽:豆类的总称。②麦:麦子。黍稷:同类异种的谷物,有黏性的是黍,又称黄米;没有黏性的是稷又称小米。③谷:谷物,粮

六谷。

食。④食：吃。

【译文】

稻米、小米、豆类、麦子、黄米和稷，这六种谷物的果实颗粒饱满、产量丰富，是人类维持生存的主要粮食作物，合称为"六谷"。六谷既养活了中华民族的众多人口，又孕育了源远流长的中华文明。

【细说活解】

"六谷杂粮"

有一句成语："四体不勤，五谷不分"，说的是一个人好吃懒做，不能分辨出五谷。我们也经常用"五谷丰登"来表示农作物的大丰收。但是《三字经》中却说有"六谷"，因为在古代，种植技术不像现在这样发达，所以适宜在南方生长的稻子并没有在北方耕种，而古代的经济文化中心一直在北方，因此五谷中没有稻子。后来随着人们耕种水平的不断提高，稻子在北方也变成一种常见的主食，也就被列为"五谷"之中，称为"六谷"了。

稻，就是水稻，碾制去壳后叫大米；粱，去壳后就是我们常说的小米；菽，是豆类的总称；麦，一般指小麦，脱皮去壳后，可磨成面粉；黍，是一种黏性比较大的黄米，而稷则是一种粳性比较大的黄米，

其实在古代，当时的农作物不仅仅就这几种，也存有"百谷"和"九谷"的说法。现在所谓五谷，实际只是粮食作物的总名称，或者泛指粮食作物罢了。"五谷"说之所以盛行，显然是受到五行思想的影响所致。因此，笼统地说来，"五谷"指的就是几种主要的粮食作物，是粮食的总称，因为受到五行思想的影响，而被称为"五谷"。

【原文】

马牛羊，鸡犬豕①。此六畜②，人所饲③。

【导读】

早在原始社会，勤劳勇敢的原始人民就通过驯养野生动物，来改善自己的生活，随着所驯养动物数量的增加，原始人不用再每天奔波操劳地追逐野生动物来填饱肚子。现在我们所见到的马、牛、羊、鸡、狗、猪都是从野生动物驯化而来的。正是因为有了这种驯化动物的意识，人类的生产生活才有所改变，社会才有了长足发展。正是因为有了这些动物，人类才能够有温饱，因此我们应该对动物们怀着感恩的心态，保护它们爱护它们，养了宠物也不随便抛弃虐待。

【注释】

①犬：狗。豕：猪。②六畜：指马、牛、羊、鸡、狗、猪这六种家畜。畜，家畜。③饲：饲养、喂养。

【译文】

马、牛、羊、鸡、狗、猪开始都

马牛羊，鸡犬豕（六畜）。

生活在野外，但是聪明的古人将它们驯服后，喂养在家里，它们从各方面改善了人们的生活，有的还能帮助人类干重活，节省了人的力气和时间。马能供人骑乘、搬运重物，牛是农夫耕田的重要帮手，猪是人们日常生活中最主要的肉类来源，羊可以提供皮毛和肉类，狗能看家、保护人们的安全，鸡的肉、蛋可以食用。这六种动物对人们有不同的重要贡献，合称为"六畜"。

【细说活解】

六畜兴旺

常常与"五谷丰登"连用表示社会繁盛的成语即为"六畜兴旺"。六畜指马、牛、羊、猪、狗、鸡这六种动物，在《周礼·天官·膳夫》中，这六种动物又称"六牲"，《周礼·天官·冢宰下》称之为"六膳"，而《周礼·夏官·职方氏》又称之为六扰。

古人们在实际的生产和操作过程中，选择了马、牛、羊、猪、狗、鸡这六种动物驯化饲养，经过漫长的岁月，使它们失去本身具有的野性，成为有利于人类劳作的禽畜。牛能助人耕田，马能负重致远，羊能供备祭器，鸡能司晨报晓，犬能看家护院，猪能宴飨宾客，这六种禽畜各有所长，为人们的生活提供了保障。古人对于禽畜的划分与现在不同，并不如现在这样明确，六畜中的鸡实际为家禽类。现在，六畜指各种牲畜、家禽。

"六畜"中，除去马以外，又称为"五牲"，是古人祀神供祖所用的祭品。我国著名药学著作《本草纲目》中记载，古方多六畜心用药，以心治心，主要用于治疗心病。

【原文】

曰喜怒①，曰哀惧②。爱恶欲③，七情具④。

【导读】

七情是人对外界客观事物的不同反映，是生命活动的正常现象，是生而就有的。虽然是自然的生命现象，但是我们也要学会自我控制这些感情。在表达感情的时候，不能无所顾忌，也不能没有节制，就像三国时代的周瑜，就是因为没有控制好自己的脾气，怒极攻心失去了生命。古人有云："乐极生悲。"超过限度的表达感情，就算是因为快乐和高兴，也会给自己的身体带来伤害的。

喜、怒、哀、惧、爱、恶、欲为七情。

【注释】

①喜：高兴、开心。怒：生气、愤怒。
②哀：伤心、悲伤。惧：恐惧、害怕。③爱：喜欢、喜爱。恶：讨厌。欲：想得到某个东西或想达到某个目的。④七情：指喜、怒、哀、惧、爱、恶、欲这七种情绪。情，情绪、情感。具：具备。

【译文】

高兴、生气、悲伤、害怕、喜欢、讨厌、贪欲，这七种情感是人类共同拥有的，合称为"七情"。这七种情绪是人类与生俱来的基本情绪，我们不能排斥或消灭它们，但是放纵或过分压抑自己的情感都是不健康的，我们要学会掌握理智与情感之间的平衡。

三字经

【细说活解】

发乎情，止乎礼

七情是人与生俱来的七种感情，即喜、怒、哀、惧、爱、恶、欲。喜，即喜悦；怒，即气愤；哀，即忧伤；惧，即恐惧；爱，即爱恋；恶，即厌恶；欲，即欲求。虽然它们是人生而具有的感情，但是不能由它们任意发展，儒家讲究"发乎情，止乎礼"，正常的感情表达是可以的，但是要用理智加以制约，不能逾越礼法的界限。

情感如果不加以抑制，放任感情的宣泄，就会导致疾病的发生。范进中举是一个十分有名的故事，讲述了范进从二十多岁开始应考，连续考了三十多年，由年轻力壮的青年变为年过半百的中年，才考上了秀才。考上秀才之后，范进又打算考举人，大家都纷纷劝他癞蛤蟆不要想着吃天鹅肉，还是教书赚钱比较好。范进执意去参加了考试，没想到真的中了举人。在接到中举的喜报后，范进跑着一边拍手一边大笑，不小心跌倒在池塘里再爬起来继续拍手大笑。范进因为中举喜不自胜而发疯了。

范进长期失败得不到成功，使他在面对突如其来的成功之时，没有办法控制自己的情绪，最终喜极而疯。

范进中举。

【原文】

匏土革①，木石金②。丝与竹③，乃八音④。

【导读】

八音是古代制作乐器的材料。中国古人对于音乐对人的教化十分地看重，对音乐的研究也十分详尽。音乐对于当时的人来说，不仅仅是用于放松心情舒缓压力，更是教化国民，表达思想的一种方式，因此音乐是我国传统文化中的重要组成部分。然而随着西洋音乐的传入，大部分的传统乐器已经失传，八音也很少使用，而且人们也不再以音乐作为教育方式了。

但是美好的音乐仍然是我们生活中不可或缺的一部分，它给我们的生活增添色彩，放松我们疲惫的身心，抚慰心灵的创伤，对人产生积极的作用。

匏土革，木石金。

29

【注释】

①匏：匏瓜，形状像葫芦，这里指匏瓜制成的乐器。土革：这里分别指用陶土烧制的"埙"以及用皮革制成的鼓、二胡等乐器。②木石金：指用木材、玉石、金属制成的乐器。③丝（竹）：用丝弦（竹管）演奏发声的乐器。④乃：是。

【译文】

古人把制造乐器的主要材质分为：匏瓜、陶土、皮革、木材、玉石、金属、丝线和竹子，用它们制成的乐器合称为"八音"。"八音"的主要代表分别为笙、埙、鼓、板、磬、钟、琴、箫，它们的音色各具特点，听的人很容易就能分辨出来。八音经过组合变化能产生多种优美的旋律，使音乐更加丰富。

【细说活解】

千金易买，知音难求

常言道，千金易买，知音难求。这里的"知音"，就是指能在音乐中听出演奏者心意的人。音乐是一种寄托人们思想，表达人们情感的艺术。能在千变万化的音符中，体会到弹奏者的思想和情感，是十分难得的，因此南朝刘勰的《文心雕龙》中有："音实难知，实难逢，逢其知音，千载其一乎！"表达了知音难求的感慨之情。

知音的故事，最为著名的便是俞伯牙和钟子期的故事。俞伯牙，春秋战国时期晋国的上大夫，春秋时著名的琴师，擅弹古琴，技艺高超，既是弹琴能手，又是作曲家，被人尊为"琴仙"。俞伯牙虽是一代杰出琴师，但真心能听懂他的曲子的人却很少。

一天，俞伯牙乘船沿江旅游，行至一座高山旁时，一场大雨突如其来，俞伯牙便将船停泊在山边避雨。俞伯牙望见雨打江面的朦胧画意，听着雨滴顺着船檐滑下的淅沥声，只觉琴兴大发，揽琴而弹。渐入佳境之际，忽闻岸上有人拍手叫绝，俞伯牙走出船外，看见岸上树林边坐着一个叫钟子期的打柴人。俞伯牙将钟子期引至船内避雨，俞伯牙说："为你弹奏一曲，可好？"钟子期笑曰："洗耳恭听。"俞伯牙弹琴的时候，心里想到巍峨的泰山，钟子期听了赞叹道："好啊！就像巍峨的泰山！"俞伯牙弹琴时，心里想到宽广的江河，钟子期赞叹道："好啊，宛如一望无际的江河！"钟子期都能听出琴中所表达的含义。俞伯牙放下琴感叹地说："好啊，好啊，你能听出他人的想法，所想的如同我的心意。我的琴声从哪儿逃走呢？"俞伯牙将钟子期视为知音，两个人结拜为生死之交。俞伯牙说自己还要继续旅行，结束后一定会去拜访钟子期，为他演奏。

后来，俞伯牙如约前来钟子期家拜访他。但是钟子期却因病去世了。俞伯牙认为世界上再也没有人听得懂他的琴声，悲痛欲绝，奔到钟子期墓前为他弹奏了一首充满怀念和悲伤的曲子，然后将自己珍贵的琴砸碎于钟子期的墓前，断了琴弦，发誓终生不再弹琴。

孔子说："兴于《诗》，立于礼，成于乐。"大意为读《诗经》能

俞伯牙与钟子期。

三字经

使人精神振奋，懂礼节能令人进退有度，而通晓音乐则让人境界升华、道德完善。可见音乐的重要性。

【原文】

高曾祖①，父而身②。身而子③，子而孙④。

【导读】

这"九族"代表着人的长幼尊卑秩序和家族血统的承续关系。除了血统的继承关系，九代人之间更有一种血浓于水的亲情。在"九族"之中自身，也就是我，居于中间，起着承上启下的作用，是血统传承关键中的关键。因此，自身的作为在亲族中就显得格外重要，既要承接由上传下的优良传统，又要为后人起到模范带头作用。古人十分看重这种长幼尊卑秩序和家族血脉的传承，虽然我们生活在现代社会，但是尊敬长辈仍然是不变的主题。

【注释】

①高：高祖父，是祖父的祖父。曾：曾祖父，是祖父的父亲。祖：祖父，是父亲的父亲。②父：父亲。身：指自己。③子：儿子。④孙：孙子。

【译文】

从高祖父、曾祖父、祖父、父亲，再到我们自己为止，这样从上往下一共是五代，代表着家族中的长幼秩序，是家庭伦理的基础。中华文化非常重视伦理传统，因为血缘亲情就是这样直接继承下来的。

【细说活解】

昭穆制度

"昭穆"是我国古代一种宗法制度，指古代祭祀时，子孙按照父子、远近、长幼、亲疏的顺序排列行礼，也指墓地葬位的排列次序，一般始祖居中，昭在左，穆在右。《周礼》一书中就有"先王之葬居中，以昭穆为左右"的规范。

《说文解字》中，"昭"的解释为"日明"，即光明的意思。"昭穆"中的"昭"，是指始祖居中，二世、四世、六世子孙位于始祖的左方，朝南向，南向朝阳且明亮，因此称为"昭"；"穆"有深远、幽微的意思，昭穆制度中，三世、五世、七世，位于始祖的右方，朝北向，北向背光而冥昧，故称"穆"。

东汉著名经学家郑玄注《周礼》时，解释"自始祖之后，父曰昭，子曰穆"。周朝时，贵族阶级把始祖以下的同族男子逐代先后相承地分为"昭""穆"两辈。

明白了"昭穆"制度之后，我们就能读懂古代书籍中有关昭穆的内容。比如《左传定公四年》中有："曹，文之昭也；晋，武之穆也。"意思就是说，曹国的祖先是文王的儿子，晋国的祖先是武王的儿子。

昭穆制度。

【原文】

自子孙①，至玄曾②。乃九族③，人之伦④。

【导读】

这一段是讲古代家族的辈分关系，这是构成中国古代社会的家庭系统。

【注释】

①自：由，从。②玄：玄孙，指孙子的孙子。③九族：从高祖父到玄孙，一共九代人。④伦：人伦，指尊卑长幼之间的等级关系。

【译文】

从我们自己传到儿子、孙子，再往下传，就是曾孙与玄孙。从高祖父算起，曾祖父、祖父、父亲、自己、儿子、孙子、曾孙、玄孙，一共九代，就是"九族"。古代家族往来十分密切，大家互相照应、祸福与共，因此特别强调长幼尊卑的伦理秩序，要求每个家族成员都要尽到自己的本分，共同维护家族的平安与荣誉。

自子孙，至玄曾。乃九族，人之伦。

【细说活解】

话说"九族"

我们在阅读古代历史小说或看历史戏的时候，常会看到皇帝处罚大臣时采取的最严酷的措施就是"灭门九族"，其意在剪草除根。由此也可以反证，看出古代家族关系的紧密性和重要性。由此我们也就可以明白，赵氏孤儿的故事的历史背景了。程婴等忠臣义士为了救一个孤儿，不惜一切，实际上是为了一个大家族的命运。

【原文】

父子恩①，夫妇从②。兄则友③，弟则恭④。

【导读】

古人十分重视"十义"，即父慈、子孝、夫和、妇从、兄友、弟恭、朋谊、友信、君敬、臣忠。十义是每个人必须遵从，不可以忽视的，这不仅仅是为人处世的道理，更是一个家庭和谐美满、和睦兴旺的基础。只有在家做到父慈子孝、夫和妇随、兄友弟恭，在外做到朋谊有信、君敬臣忠才能受到别人的尊敬，为社会所认可。

【注释】

①恩：恩情，慈爱。②从：顺从，和睦相处。③兄：兄长，哥哥。则：表示并列关系。友：友爱、爱护。④恭：恭敬、敬重。

夫妇从。

【译文】

在家庭中，父母对子女要慈爱，子女对父母要孝顺，丈夫和妻子要和睦相处，兄弟姐妹之间要团结友爱，哥哥姐姐要爱护弟弟妹妹，弟弟妹妹则要尊敬哥哥姐姐。这些是家庭关系中最基本的道理。家庭是社会的基本组成单位，只有每个家庭都和谐融洽，社会才可能安定祥和。

【细说活解】

为人处世的准则

父慈子孝、夫和妇随、兄友弟恭、朋谊友信、君敬臣忠是古人为人处世准则的"十义"，它明确地规定了人与人之间相处时应当持有的心态。如果人人都能做到长幼有序、尊卑有秩、言而有信、侍君有忠等，那么家庭和睦兴旺，社会和谐繁盛，达到"老吾老以及人之老，幼吾幼以及人之幼"的大同社会也就不远了。

古时有关兄友弟恭的故事很多，比如唐宋八大家中苏轼和苏辙。

苏轼和苏辙从小一同学习一同长大，兄弟二人手足情深，那曲著名的《水调歌头·明月几时有》就是苏轼在密州时中秋怀弟之作。苏轼兄弟情义甚笃，写作此词时，他与苏辙已有六年没见面了。这一年的中秋，皓月当空，银辉遍地，苏轼独自一人立于院中，手捧一壶浊酒，也想学学古人"对影成三人"，但看着这一轮明月却想起了自己多年未见的弟弟苏辙。想到自己仕路受挫，牵连弟弟也一同坎坷，心中十分愧疚。不觉间，心潮起伏，于是乘酒兴正酣，挥笔写下了这首被称为"中秋词，自东坡水调歌头一出，余词俱废"的千古名篇。

第二年，苏轼出任徐州知府，苏辙在徐州停留百余日。临别之际，适逢中秋佳节，他们一同泛舟赏月，苏辙就写了《水调歌头·徐州中秋》来回赠苏轼。虽有重逢之乐，但苏辙想到中秋一过，两人就要再度分开，再聚不知何时，一想到当下二人的境遇，不由得悲从中来，泪沾衣衫。苏轼见弟弟如此，摇头微笑，在分手之时，苏轼再和之以《水调歌头安石在东海》，开解弟弟。

当兄长被一贬再贬时，弟弟也因为受牵连而日子很不好过，但做弟弟的从来未有过丝毫怨言。苏轼和苏辙不愧为一对的"兄友弟恭"模范兄弟。

【原文】

长幼序①，友与朋②。君则敬③，臣则忠④。

【导读】

这一段讲的是家庭之外的社会关系，社会关系也要讲秩序，这是"礼"的重要内容。

【注释】

①长幼：指年长的与年幼的。序：排列顺序，次序。②友：志趣相投，志向相同的人。朋：在同一个老师门下接受教育的人。③君：皇帝。敬：尊敬，敬重。④臣：大臣。忠：尽忠，诚心尽力做事。

【译文】

在人际交往中一定要注意长幼有序，不可以没大没小。朋友往来要讲信

五伦。

用，真诚相待。身为君主（在现代社会是上司），要懂得尊重、体恤臣民百姓（在现代社会是下属）；身为臣子（下属）要忠于职守，尽心竭力地做事。这些是社会上人际交往的基本原则。掌握了这些基本道理，在应对交往中才有所依据，不会惹来麻烦。

【细说活解】

唐玄宗"临轩"

唐玄宗前半生是位明智有为的君主，他29岁做皇帝，对极为贤明能干的大臣十分敬重，每次和宰相宋璟或姚崇谈完国事都要站起来送到屋外，就是"临轩"。他们君敬臣忠开创了大唐盛世。

【原文】

此十义①，人所同②。

【导读】

"十义"，是古代社会的整个秩序，从君主到平民都要遵守。

【注释】

①十义：指父慈、子孝、夫和、妇从、兄友、弟恭、朋谊、友信、君敬、臣忠十种美德。②同：共同遵守。

【译文】

古人认为父慈、子孝等十种人伦关系是每个人都必须遵从的美德，于是称之为"十义"。每个人都应该根据身份的变换，随时做出调整，努力遵循这十种人伦义理，因为这十义不是无理专制的规定，它可以帮助我们发挥人性善良美好的一面。

【原文】

凡训蒙①，须讲究②。详训诂③，明句读④。

【导读】

从这段开始，我们将简单地了解一下中国传统文化典籍的大致内容和学习方法。

对小孩子进行启蒙教育，不能操之过急，一口吃成胖子。小孩子虽然接受知识快，但是理解能力有限，所以教育他们的时候必须讲求循序渐进。正所谓千里之行，始于足下，读书要先从认字开始。在学习文章之前，先教之以字音、字形、字义。对于读书的小孩子来说，理清上下文的关系，理解句子的含义也是非常重要的。

凡训蒙，须讲究。

【注释】

①凡：凡是。训蒙：对小孩子进行启蒙教育。训，教育、教导；蒙，没有知识，这里指刚开始读书识字的儿童。②讲究：尽力做到精美完善。③详：详细。训诂：用通俗的话语解释古代语言文字或方言的字义。④明：明白。句读：标上标点符号，给文章断句。

三字经

【译文】

教育刚入学读书的儿童，必须注意方式方法，尽量做到无微不至、面面俱到。文章中每一个字的读音和意义都要详细讲解；一句话到哪里停顿意思才是完整的，都要解说得明明白白，这样才能正确标注标点符号，使段落间层次分明，方便儿童了解文意。

【细说活解】

训诂和句读

"训诂"一词出自《尔雅》的前三篇《释诂》、《释言》、《释训》，就是用简单易懂的当下用语去解释晦涩难懂的古代文字。训，即用较通俗的语言去解释字义。诂，即用当代的话去解释字的古义。

训诂有三种具体方式：形训、音训和义训。形训是通过文字形体结构，即字形来分析解释词义。我国古代主要有六种造字法，为象形、指事、会意、形声、转注和假借。分析字形对了解字的本义有着重要的作用。形训为三种训诂方式中最为基础的方式。音训是用音同或音近的词来解释词义；而义训则是直接说明词的含义。

详训诂，明句读。

句读是阅读古文时文词停顿的地方。古文是没有标点符号的，读书人在阅读时，会根据自己的理解在文章上加注句读。正确地标注句读对于文章阅读时语意通顺、文章本意传达是否恰当都具有重要的作用。因此正确地标注句读除了明白句子和文章原意，还可显现一个人基本的学识涵养。

【原文】

为学者①，必有初②。小学终③，至四书④。

【导读】

古人说："不积跬步，无以至千里；不积小流，无以成江海。"意思就是说，无论多大的事情，最初都是从一点点做起的。就如同学习，不管学什么，都要从最基础的来，只有基础打好了，才能以此学习更加深刻的道理，探究更加神秘深奥的知识。古代人的启蒙教育是从"小学"开始，即字形、字音、字义的学习，而后才能去读"四书"。

【注释】

①为学者：读书求学的人。为学，求学，研究学问。
②必：一定。初：开始、基础。③小学：指研究字形、字音、字义，并学会使用，这里指古人编的讲字音、字形、字义方面知识的儿童启蒙课本。终：结束。
④至：到，到达。四书：《论语》、《孟子》、《大学》、《中庸》这四部书合称为"四书"。

【译文】

好的开始是成功的一半。每一个求学的人，都要打下坚实的基础。刚入学的时候，必须先学习每个字的音、形、义。只有把小学里的知识学透了，才能开始研读经书。《论语》、

为学者，必有初。

35

《孟子》、《大学》、《中庸》是儒家的四部重要经典著作,合称为"四书",它能让人了解并思考更深奥的道理。

【细说活解】

小学之道,在于训蒙

小学的意义,主要是对孩子进行启蒙教育。儒家思想认为,万事以"仁"为起点,要先成为一个有道德的人,才能做一个有知识的人。所以先让孩子明了生活中应该注意的规范,养成良好的规矩,行为举止符合礼仪之后,再对其进行知识上的教育。

古时,小学的教育不仅是学习训诂和句读,也要学习算术等基本知识。怀抱之木始于毫末,只有将最基础的知识融会贯通了,才能去研究更加深刻的学问。从古至今,中国人一直都认为一个人字写得好不好,是和这个人的品德修养相关的。正所谓,心正字则正,心不正则字不正。

小学之道,在于训蒙。

宋朝时著名的儒学家朱熹小时候在一个叫"半亩方塘"的地方读书,半亩方塘这个地方花红柳绿,景色宜人。一日,桃花盛开,而朱熹正在窗前抄写唐诗《赠汪伦》。诗中有一句:桃花潭水三千尺,不及汪伦送我情。朱熹一想,外面桃花开得正艳,与其在这里写桃花,不如出去看桃花好了。于是,着急出去赏桃花的朱熹,一不小心将"桃"字写成了"挑"字,他自己也没有多检查,就跑去给父亲检查。父亲看到这处错误,就指给朱熹说:"心正字则正,心不正则字不正。"

朱熹听到父亲的批评后非常羞愧,打算重新抄写一千遍"桃"字。这时,窗外忽然雷雨大作,倾盆大雨打落了一地的桃花。而此时此刻的朱熹根本没有注意到窗外的场景,而是专心致志地抄写着"桃"字。当他把一千个"桃"字工工整整写好后送去给父亲看时,天空放晴,阳光明媚,枝头上的桃花又重新绽放。

【原文】

论语者①,二十篇②。群弟子③,记善言④。

【导读】

《论语》是儒家学派的经典著作,由孔子的弟子及其再传弟子编撰而成,记录了孔子及其弟子的言行,集中体现了孔子的政治主张、论理思想、道德观念及教育原则等。

【注释】

①论语:书名,儒家的经典著作之一,是孔子的弟子及再传弟子对孔子及其弟子言行的记录。②二十篇:《论语》整部书一共有二十篇。③群:众多。弟子:徒弟,学生。④记:记录、记载。善

《论语》是由孔子的弟子及其再传弟子编撰而成。

言：有益的、有保存价值的重要语言。

【译文】

《论语》总共有二十篇，是儒家最有代表性的著作之一，直接体现了孔子的思想、学说及处世原则。相传孔子有三千多弟子，其中以贤能著称的有七十二人。《论语》就是孔子的弟子及再传弟子编成的。他们将孔子的教诲，孔子和弟子相处时的情形，研究学问的内容，以及孔子应答当时人的言论等都整理记录了下来，孔子博大精深的思想和高尚的品德因此得以流传千古。

【细说活解】

孔子座下三千人

《论语》是儒家学派的经典著作之一，是由孔子的弟子以及再传弟子编撰而成。《论语》的"论"字，是编纂的意思，"语"字是语言、话语的意思。《论语》就是将孔子的话以及孔子与其弟子讲的话编纂到一起。《论语》以语录和对话的方式，表达了孔子的基本主张，同时教给生活在现代的我们人生的智慧和态度。

《论语》共二十篇，一万五千多字。《论语》用言简意赅的语言和生动形象的描写，为我们刻画了二千五百多年前圣人孔子和他诸多徒弟的形象。

孔子首创私学，打破了当时学在官府的教育体制，提出有教无类，让更多的人都有学习的机会。孔子一生诲人不倦，相传他的学生多达三千人。

孔子门下有七十二贤，都是孔子的弟子，而且这些弟子年龄差距很大，其中年龄最大的是子路，只比孔子小九岁；最小的是子张，比孔子小四十多岁。

弟子向孔子问学。

在诸多弟子中，孔子最为钟爱的是颜回。颜回是孔门七十二贤之首，被后世尊称为"复圣"。《论语》中，孔子曾一再褒奖颜回，"贤哉回也！一箪食，一瓢饮，在陋巷，人不堪其忧，回也不改其乐"、"回也好学，不迁怒，不贰过"等。

《吕氏春秋》中曾记载了孔子与颜回这样一则故事：孔子在陈国和蔡国之间的地方受困，七天都没有吃上饭。这日颜回出去讨米，孔子在原地休息。不一会儿颜回讨得米回来生火煮饭。快熟的时候，孔子看见颜回正用手抓锅里的米吃，孔子也没说什么。等到吃饭的时候，孔子就说："我刚刚梦见我的先人，我自己先吃干净的饭然后才给他们吃。"颜回听到这话，立刻明白孔子刚刚

孔子的弟子众多。

37

看到自己抓饭了，就解释说："不是那样的，刚刚炭灰飘进了锅里，弄脏了米饭，我觉得把米饭就这么丢了不好，就抓来自己吃了。"孔子听到颜回的解释后，心里非常感慨，说："人都说眼见为实，但是眼睛见到的也不一定是真的。应该相信自己的内心，但是自己的内心有时候也会是有偏向的。了解人真的很不容易啊！"

面对逆境与不幸的时候，是最能够体现一个人胸怀的。孔子七日不食饭，见到弟子"偷吃"也没有发脾气，在知道真相后还能自责自省，十分难能可贵。

【原文】

孟子者①，七篇止②。讲道德③，说仁义④。

【导读】

《孟子》也是儒家学派的经典著作，记录了孟子的语言、政治观点和行动。孟子继承了孔子的学说，以性善论出发，提出仁治，主张以德治人。

【注释】

①孟子：名轲，战国时代著名的思想家、政治家、教育家，这里是书名，指记录孟子言行的著作。②七篇止：共有七篇的意思。止，结束、停止。③讲：讲述、阐述。道德：人们共同生活及其行为的准则和规范。④说：论述、说明。仁义：宽厚正直、仁爱正义的行为。

【译文】

孟子是儒家的另一位代表人物，他继承孔子"仁"的思想，创立了"仁政"学说。《孟子》整部书共分七篇，文章气势浩然，长于辩论，言语犀利，说理透彻，充分阐述了儒家精神。《孟子》这部书主要讲的是道德、仁义问题，主张个人修养浩然正气，希望君王实行王道和仁政，建设"老吾老以及人之老，幼吾幼以及人之幼"（对待别人家的老人、小孩和对待自己家的老人、小孩一样，一视同仁）的理想社会。

孟子者，七篇止。讲道德，说仁义。

【细说活解】

浩然之气

《孟子》是儒家学派的经典之一，全书一共七篇，表达了孟子的治国主张和政治策略。孟子继承了孔子的学说，主张仁义和道德。与言简意赅的《论语》相比，《孟子》中有非常多的长篇大论，但是孟子的语言直白，逻辑严明；善用排比，使文章节奏感增强，有气势磅礴之感；善于运用比喻和对比，将复杂的道理以非常生活化的比喻表达出来，易于被人接受。

孟子中有一则揠苗助长的故事。从前有个宋国人，他每天看着自己家的禾苗，但是禾苗却不长高，他为此感到很着急。有一天他想到了一个办法，他想：既然禾苗不长高，我把他们拔高一些不就长高了么！想到这里，他觉得十分有道理，就着手做了起来。一天下来，他把地里的禾苗全部都拔高了。晚上他筋疲力尽地回到家，看到自己的家人就非常高兴地说："今天可把我累坏了啊，不过在我的帮助下，禾苗全部都长高了！"他儿子一听，心想禾苗怎么可能一天就长高呢？于是顿感不妙，匆匆忙忙赶到田里去看禾苗，结果发现，他家地里所有的禾苗都枯萎了。

孟子认为，天下没有人不希望自己家的禾苗长得快一些。那些看着禾苗不长高就想放弃耕耘的人，就是不给禾苗除草的懒汉；而揠苗助长，不但没有好处，反而还害了禾苗。

这则故事是孟子在与公孙丑讲"浩然之气"时讲的一个小故事。孟子认为"浩然之气"应当用内

揠苗助长。

心的道与义去培养，怀仁爱之心，行正直之事，才能培养出一身的浩然正气。只有当心中有了这种刚正博大的浩然之气，人们在面对威胁和诱惑的时候，才能做到处变不惊，真正达到"富贵不能淫，贫贱不能移，威武不能屈"的境界。

【原文】

作中庸①，子思笔②。中不偏③，庸不易④。

【导读】

《中庸》原是《小戴礼记》中的一篇。作者是孔子的孙子子思，后经秦代学者修改整理。《中庸》也是中国古代讨论教育理论的重要论著。"中庸"是要求为人处世不偏不倚，合乎法度，去除偏激极端，取道最正大、最适宜、最完满的光明正路，并非有些人认为的"中庸就是抹稀泥"。孔子认为"过犹不及"，事情做得超过和事情做得不够是一样的，都是不符合中庸之道的。对于现代人而言，中庸就是言行举止适度得当，不偏激不走极端。

作中庸，子思笔。

【注释】

①作：写作、创作。中庸：书名，作者是子思。②子思：本名孔伋，字子思，孔子的孙子，是儒家学说的重要传承者。笔：执笔、写作。③中：中正、不偏不倚。不偏：没有偏差。④庸：平常。易：改变。

【译文】

子思写了《中庸》。"中"就是坚持原则，不偏不倚、不走极端；"庸"是永恒不变。

【细说活解】

中庸之道,过犹不及。

《中庸》是一篇三千多字的小文章,由孔子的孙子子思所作,后经秦代学者修改整理。宋朝的儒学大家程子曾经说:"不偏之为中,不易之为庸。"说的就是为人处世,应当不偏不倚,不走极端。面对问题时,采取最持中合适的方法。

在《论语》中,孔子将"中庸"看作是道德的最高标准,也是解决问题的最高智慧。《中庸》的意义,在于教育人们自觉地修养自身,将自己培养成圣人,至善至仁。《中庸》也是忠恕之道,提倡忠恕宽容、体仁而行。

儒家所提倡的中庸,并不是我们现在人所理解的那种中立、平庸,现代人常常将中庸与明哲保身画等号,认为中庸就是"桥头草随风倒"。事实上并不是,虽然明哲保身也不失为一种生活态度,但是"中庸"其实更讲究至诚尽性,认为中庸是上天赐予人的本性,人应当保持这种本性,与天合一,修养自己的道德成为至善至美的人,造福人类。

中庸之道,过犹不及。

【原文】

作大学①,乃曾子②。自修齐③,至平治④。

【导读】

《大学》原为《礼记》中的一篇,经后人编排整理成为单独一本书。《大学》是由孔子的弟子曾子,记录孔子的言行,加以解释,再由曾子的弟子记录而流传下来的。"大学"是相对于之前讲"详训诂,明句读"的"小学"而言的,"大学"讲的是治国安邦的大道理,是大人之学。

《大学》中所讲述的内容对于现在的我们也是有着重要的意义,比如,其中提出的"修身齐家治国平天下"的道理,既是一种学习原则,也是学习目的。一个人要是想有所作为,成为社会的栋梁之材,首先要修养好自己的品德,学习好知识,然后才能整治好家庭,最终治理好国家。

作大学,乃曾子。

【注释】

①大学:书名,原本是《礼记》中的一篇,作者曾参。②曾子:名参,字子舆,是孔子的弟子。③自:从。修齐:指修身齐家。修身,陶冶身心、涵养品德;齐家,治理家庭,使家族成员能够齐心协力、和睦相处。修,修身养性。④平治:治国平天下,治理国家,使天下太平。

【译文】

曾子是孔子的学生,他写了《大学》这部书。《大学》的主要内容是,一个人要想有所作为,首先必须学习为人处世的道理,提高自身品德修养,广泛吸收知识。只有这样,才能治理好家庭;家庭和睦融洽,才能为国家发展做出贡献;最后推广到世界上的其他地方,使天下太平。

【细说活解】

一屋不扫,何以扫天下

《大学》是四书中最短的一篇,全文只有一千七百多字。古时的"大学"与现在的"大学"不同,古时的"大学"是相对于"小学"的大人之学,学习的内容是治国安邦的道理,教导学生提高自身品德才是立世的根本。因此《大学》一开篇,就阐明了大学的三个纲领:在明明德,在亲民,在止于至善。就是说,大学的主旨,在于使人们的美德得以显明,在于鼓励天下的人革除自己身上的旧习,在于使人们达到善的最高境界。

《大学》中有"修身齐家治国平天下"的说法,它认为只有修养好自身的品德,达到至美至善的境界,才能够整治好家庭;深谙齐家之道后,才能拥有治国的长远眼光;将一个国家治理得井井有条,才能谈及平定天下的事情。这就是"一屋不扫,何以扫天下"的道理,提高自身品德才是根本,如果不以修养自身品德为基础,却妄想做到齐家治国平天下,那是不可能的。

大学之道,在明明德。

【原文】

孝经通①,四书熟②。如六经③,始可读。

【导读】

《孝经》也是儒家学派经典的伦理学著作,相传为孔子所作。《孝经》以孝为中心,集中地阐述了儒家的伦理思想,认为孝是所有美好德行的本源。

《孝经》作为儒家学说的基本思想,与"四书"一样,都是古人作为学习入门的典籍。只有熟记并读懂这些基础的典籍,打下扎实的基础,才能更加深入地研究如"六经"一般比较难以理解的儒家经典,这样才不会觉得阅读困难。此处依旧是教导我们,读书要从简单的做起,一步一步将基础打好,而后才能去研究更深刻的道理。

孝经通,四书熟。如六经,始可读。

【注释】

①孝经：书名，记载了孔子和弟子曾子谈论孝顺的道理。通：通晓，了解，明白。②熟：熟悉，了解透彻。③六经：指经过孔子整理而传授的六部先秦古籍，分别是《诗经》、《尚书》、《仪礼》、《乐经》、《周易》、《春秋》。

【译文】

《孝经》是儒家的重要典籍，它从头到尾只讲了一个问题：什么是孝。俗话说"百善孝为先"，孝是中华民族的传统美德，是每个人都应该具备的品质。因此，把《孝经》的道理了解透彻，熟读《论语》、《孟子》、《大学》、《中庸》四部经书，这样才算打牢了做学问的基础。接下来就可以开始阅读更加深奥的六部经书了，它们分别是：《诗经》、《尚书》、《仪礼》、《乐经》、《周易》、《春秋》。

【细说活解】

孝感动天

俗话说："百善孝为先"，孝顺是中华民族传统美德，也是古代重要的伦理思想之一。《孝经》是儒家学派非常重要的一本经典。孔子认为孝是各种美德的根本，是上天赐予人类的美好品德，"夫孝，天之经也，地之义也，人之行也。"人类拥有孝顺之心，是天经地义的本质。国君可以用孝治天下，臣民可用孝立世治家。

古时有《全相二十四孝诗选》，是通过二十四个孝子的故事，向孩子讲述孝道的意义。二十四孝中有一个"子路负米"的故事：子路生长在非常贫穷的家庭里，吃得不好，穿得也不好。他怕父母营养不够，想让父母吃到米饭，每次都要到百里之外才能买到米，然后背回家奉养父母。虽然这样辛苦，但是子路甘之如饴，孝敬之心始终没有间断和停止过。后来子路发达了，环境和物质条件好了，他很想报答父母之恩，可是他的父母已经先后过世了，所以他非常痛心。

子路负米。

古时流传的木兰代父出征的故事，表现出了巾帼英雄本色，也体现出了木兰的孝顺。木兰看见军中的文告，皇上在大规模地征兵，征兵的名册很多卷，上面都有父亲的名字。而花木兰家中除了年迈的父母，就是年幼的弟弟，衰老的父亲怎能去远征杀敌，可是朝廷的召唤义不容辞，面对这双重的考验，木兰挺身而出，替父从军。

花木兰替父从军。

【原文】

诗书易①，礼春秋②。号六经③，当讲求④。

【导读】

"六经"是指经过孔子整理而传授的六部先秦古籍，有《诗经》《尚书》《仪礼》《乐经》《周易》和《春秋》。其中《乐经》到现在已经失传了，所以现在我们常说的"四书五经"中的"五经"，就是没有了《乐经》的"六经"。这些书在古代被人奉为经典，是必不可少的学习基础。对现代人而言，"六经"则是研究古代儒家文化的重要依据，在今天仍然有很重要的教育意义，我们在阅读的过程中应该抱以"取之精华，弃之糟粕"的态度，才能将经典运用到生活当中。

【注释】

①诗：这里是书名，即《诗经》。书：也是书名，即《书经》，又名《尚书》。易：书名，《易经》。②礼：书名，《仪礼》。春秋：书名，相传是孔子根据鲁国史书修订整理而成。③号：号称，称为。④当：应该，应当。讲求：仔细阅读、研究。

诗书易，礼春秋。号六经，当讲求。

【译文】

《诗经》是我国第一部诗歌总集；《书经》又名《尚书》，中国上古历史文件的汇编，是我国最早的官方史书；《易经》讲述了宇宙和哲学，内容非常深邃；《仪礼》记载古代的典礼仪节；《春秋》相传是孔子根据鲁国史书修订整理而成。这五部书和早已失传的《乐经》合称"六经"，是儒家的重要经典。"六经"是了解古代政治、历史、思想、制度的重要途径，应当仔细阅读和研究。

【细说活解】

"六经"

"六经"是六部儒学经典，是经过孔子整理而传授的六部先秦古籍，分别是：《诗经》、《尚书》、《仪礼》、《乐经》、《周易》、《春秋》。《乐经》在流传过程中失传，所以我们现在经常说"五经"。

这"六经"在中国文化史上占据了非常重要的地位。《庄子·天下》篇对"六经"的价值进行了精辟的概括："《诗》以道志，《书》以道事，《礼》以道行，《乐》以道和，《易》以道阴阳，《春秋》以道名分。"庄子认为，《诗经》用来表达思想感情，《尚书》用来记述政事，《仪礼》用来规范行为举止，《乐经》用来传递和谐的音律，《易经》用来阐明阴阳的奥秘，《春秋》则用来讲述名分的尊卑与序列。

古人认为，熟读"六经"，可以使人气质温厚，通达事理，举止端庄，聪慧爱人。但是在学习"六经"的过程中，我们也应当注意到"六经"中一些不良的影响。

世界上没有完美的书籍，无论什么样的书籍，都是由人编订的，势必会有这样那样的问题。《礼记·经解》中就说"六经"可能会有的不良影响，如"诗之失，愚。书之失，诬。乐之失，奢。易之失，贼。礼之失，烦。春秋之失，乱"。所以学习"六经"一定要讲求方法，就是《三字经》中的那句"当讲求"。至于如何讲求，

如六经，始可读。

每本书又有每本书不同的方法。

【原文】

有连山①，有归藏②。有周易③，三易详④。

【导读】

《易经》最早有三个版本：《连山易》、《归藏易》、《周易》，分别形成于夏、商、周三代，其中《连山易》最早，《周易》最晚。现存于世的只有《周易》，相传是周文王所著。因此，现代人所说的《易经》就是指《周易》。《易经》是中国传统思想文化中自然哲学与伦理实践的根源，是中国最古老的占卜术原著。古代人以卜卦来进行对未来事态发展的预测，《易经》便是将预测的规律总结整理起来，以供后人参考学习。《易经》被誉为"群经之首，大道之源"。在古代是帝王之学，政治家、军事家、商家的必修之术。《易经》对于现今的各个领域都有着重要的影响。无论是医学社会还是生活，都有着深刻的影响。

《易》有三个版本，即《连山》、《归藏》、《周易》。

【注释】

①连山：书名，相传是伏羲氏所作。②归藏：书名，相传是黄帝所作。③周易：书名，相传是周文王所作，古人用它来预测未来、决策国家大事、反映当前现象。④三易：指《连山》、《归藏》、《周易》三本书。详，详细，详尽，完备。

【译文】

传说伏羲氏作《连山》，黄帝作《归藏》，周文王作《周易》，三本书虽然作者不同，但都是以"卦爻"来阐明天地万物生灭变化的道理，因此合称为"三易"。《连山》《归藏》已经失传，《周

《周易》为阴阳变化之学。

易》就是现在流行的《易经》。儒道两家都把《易经》尊为经典，其中所讲的阴阳之道及其变化规律，以及与时俱进、天人合一等哲学思想，对中国人产生了深远的影响。

【细说活解】

阴阳八卦

《易经》是一部古代讲占筮之书，占筮是古代一种占卜活动，古人在进行一些重要的活动之前，都要通过占卜来预知活动的吉凶祸福。

《易经》通过两个基本的符号，即阴和阳之间多样离奇的排列组合，以及高深莫测的卦辞，来揭示宇宙的规律。"阴阳"是古代中国的一种自然观，古人在生活和实践中发现，宇宙万物，如天地、日月、昼夜、寒暑、男女、上下等自然现象，都是既对立又相连的，于是就提出了阴阳的概念。

八卦是由阴阳组成的八种排列形式，每一种卦式都具有不同的意义，例如乾代表天，坤代表地，坎代表水，离代表火，震代表雷，艮代表山，巽代表风，兑代表泽。这八种卦式又相互搭配，组成

六十四种卦式，象征自然现象和社会现象。相传八卦是由伏羲所创，通过测量太阳位置，从而知季节、记录劳作规律的手段，后来用作占卜。

《易经》中包含丰富的哲学知识和人文知识，就连一向不语怪、力、乱、神的孔子，在晚年的时候也经常读《易经》，其中的道理是十分值得我们去研究的。

前面说："易之失，贼。"《易经》中确实包含一些占卜和迷信的东西，如果过分看重这些东西，是十分有害的。古人常说，尽人事，听天命，意思就是把自己能做的事情都做到，最后再以卦辞做参考。我们现在也一样，在看待《易经》时，多去研究它包含的深刻哲学知识和道理，孔子曾说："加我数年，五十以学易，可以无大过矣。"《易经》中的道理若能学深用好，可以避免犯大的错误。

【原文】

有典谟①，有训诰②。有誓命③，书之奥④。

【导读】

《尚书》又称《书》、《书经》，为一部多体裁文献汇编，是中国现存最早的史书，主要记录了先秦时期君臣的言行事迹。其主旨在于阐述仁君治民之道，宣扬贤臣事君之道，留以后世取法。就文学方面的贡献而言，《尚书》是中国古代散文已经形成的标志。《尚书》的语言文字晦涩难懂，古奥迂涩，被后人称为"佶屈聱牙"，但是却对后代的散文家有着重要的影响。

有典谟，有训诰。有誓命，书之奥。

【注释】

①典谟：古代文体，《尚书》中《尧典》、《舜典》和《大禹谟》、《皋陶谟》等篇的并称。典是立国、治国的基本原则，谟是计谋策略。②训诰：古代文体，《尚书》中《伊训》、《召诰》等篇的并称。训是臣子劝导君王的进谏之词，诰是君王颁发的号令、通告。③誓命：古代文体，《尚书》中《秦誓》、《说命》等篇的并称。誓是起兵讨伐时的文告，命是君王对臣子下达的命令。④书：这里指《书经》，又名《尚书》。奥：精深奥妙的道理。

【译文】

《尚书》是夏、商、周三个朝代的历史文献汇编。它的内容分六个部分：一典，记载立国、治国的基本原则；二谟，记载计谋策略；三训，记载臣子劝谏君王的言辞；四诰，记载君王颁发的号令、通告；五誓，是起兵讨伐时的文告；六命，是君王对臣子下达的命令。《尚书》丰富翔实的材料、精深奥妙的道理，就是通过这六种特别的体式展现的。

【细说活解】

焚书坑儒

《尚书》是我国现存最早的史书，"尚"是年代久远的意思，"书"就是文字记录，《尚书》即为年代久远的历史记录。《尚书》分为《虞书》、《夏书》、《商书》、《周书》。战国时期总称《书》，汉代改为《尚书》，为"上古之书"的意思。后来《尚书》被列为儒家经典，因此又称为《书经》。

《尚书》有六种文体，就是《三字经》中的典、谟、训、诰、誓、命。典是记载嘉言懿行和典章制度的，谟是大臣为君主出谋划策的言谈，训是贤臣训导劝谏君主的言谈，诰是君主的命令，誓是君主讨伐出征时誓师的文告，命则是君主对大臣的训命。

秦始皇焚书。

《尚书》主要内容是阐明仁君治民之道，记古贤臣事君之道，供给后人学习之用。《尚书》战国后期成书，但是到了秦朝时，秦始皇在李斯的建议下焚烧《秦记》以外的各国史书，《尚书》也难逃厄运。到了汉朝初年的时候，原秦朝儒学博士伏胜，才将藏在墙中的部分《尚书》公之于世，共二十九篇。后来的学者互相授受，分大小夏侯及欧阳三家。因后来的《尚书》是用汉隶书写，因此称今文《尚书》，以区别于古文《尚书》。

但是到了西晋初年，纷繁的战乱使《尚书》又再一次失散。东晋王朝建立后，一名叫梅赜的人进献了一本《尚书》，我们现在所能看到的《尚书》就是从这本来的。

虽然有学者质疑这本《尚书》的真实性，并确定了它是伪造的，但是我们仍然没有办法舍弃掉它。从《尚书》坎坷悲惨的命运中，我们应该意识到，传统文化遗产能够流传到今天，是多么艰辛和不易，我们应当怀着敬畏之心去看待这些典籍，爱护保护它们。

【原文】

我周公①，作周礼②。著六官③，存治体④。

【导读】

　　周公是西周初期杰出的政治家、军事家和思想家，被尊为儒学奠基人。周公本指周朝的爵位，这里的周公指的是第一代周公。周公本名姬旦，是周武王姬发的弟弟，在武王死后辅佐周成王治理天下，平定叛乱，制礼作乐，建立典章制度，最后还政于成王。周公在巩固和发展周王朝的统治上起了关键性的作用，对中国历史的发展产生了深远影响。因为周公卓越的政治贡献以及美好的德行，受到了后代的敬仰，是孔子一生最崇敬的古代圣人之一。

我周公，作周礼。

　　《周礼》也是儒家经典之一，所涉及的内容十分的丰富，分为：天官、地官、春官、夏官、秋官、冬官等六篇，分别记录了周代的国家机构、政治体制和礼仪制度等，大至天文历象，小至草木虫鱼。凡邦国建制，政法文教，礼乐兵刑，赋税度支，膳食衣饰，寝庙车马，农商医卜，工艺制作，各种名物、典章、制度，无所不包。堪称上古文化史之宝库。

【注释】

①周公：姓姬名旦，亦称叔旦，是周文王第四个孩子。②周礼：书名，系统地记录了礼的体系，相传是周公所

作。③著：写作、撰写。六官：《周礼》中以天官冢宰、地官司徒、春官宗伯、夏官司马、秋官司寇、冬官司空帮助君王掌管朝政，称"六官"或"六卿"。④存：保存，保全。治体：治理国家的纲领、要旨。

【译文】

周公在《周礼》一书中将周代的礼乐制度、行政官制与政府组织体系完整记录下来，为后代留存了宝贵的资料。周朝设立天官冢宰、地官司徒、春官宗伯、夏官司马、秋官司寇、冬官司空这"六官"，各自掌管不同的职务，帮助君王治理朝政，使国家运作迈入正式的轨道。

【细说活解】

六官制度

《周礼》由西周时期的著名政治家、思想家、文学家、军事家周公旦所著，是一部通过官制来表达治国方案的著作，是第一部明确规定了组织管理与典章制度的专著。《周礼》的内容非常丰富，上到天文地理，下到花鸟鱼虫，深入到社会生活的各个方面，而且记载的体系也十分地全面，对后世的政治制度、管理体制具有极其深远的意义。

《周礼》全书大约五万字，共六个部分，也就是六官，分别为：天官冢宰、地官司徒、春官宗伯、夏官司马、秋官司寇、冬官司空。天官冢宰是六官之首，其职责是"帅其属而掌邦治，以佐王均邦国"，即掌管属下各官以及建邦六典，来辅佐君王治国，因此被称为"治官"。其中六典分别是治国安邦的治典，教化国民的教典，和谐社会的礼典，平国正官的政典，刑讯纠纷的刑典，以及富国治事的事典。地官司徒的职责是"帅其属而掌邦教，以佐王安抚邦国"，掌管国邦的版图和人民的数量，并执掌建邦的教法，因而被称为"教官"。春官宗伯的职责是"帅其属而掌邦礼，以佐王和邦国"，即掌管天神、人鬼、地祇等方面的祭祀礼仪，以及建国的神位，因此称为"礼官"。夏官司马的职责是"帅其属而掌邦政，以佐王平邦国"，主要是掌握国家的法政制度，称为"政官"。秋官司寇的职责是"帅其属而掌邦禁"，掌管法度法规，被称为"刑官"。《周礼》的冬官篇在流传的过程中遗失，所以冬官司空的具体职能也无从知晓。

《周礼》根据日月星辰运行的规律来治理人事。

六官是按照天、地、春、夏、秋、冬来分配的，它根据宇宙运行的原理，以及顺应自然的原则进行配系，例如古代有"秋后问斩"这一说法，是因为秋天万物凋零，毫无生机，因此刑法要安排在秋天以后才不违背自然的发展规律，因此秋官是掌管法规刑法的。

《周礼》中的六官制度直接影响到了后世的政治制度的确立，比如隋唐之后，中央政权也同样设置六部，为吏、户、礼、兵、刑、工，分别对应天、地、春、夏、秋、冬六官，此后，各朝的管理体系的构架也没有跳出六官的框架，我们就可以看出《周礼》对于后世政治的深远意义。

周代设立了六官制度。

【原文】

大小戴①，注礼记②。述圣言③，礼乐备④。

【导读】

古代关于讲述《礼记》的文章，出现了很多。西汉时期的戴德和戴圣叔侄俩各自选取了几十篇，分别编成了《大戴礼记》和《小戴礼记》。《大戴礼记》到唐代时已亡佚，现在我们所能看到的是戴圣所编的《小戴礼记》，也称《礼记》。东汉末年著名学者郑玄为《小戴礼记》作了注解，使得这个版本经久不衰，并由解说经文的著作逐渐成为经典。《礼记》主要是记载和论述了先秦时期的礼制、礼仪，解释仪礼，记录孔子和弟子等的问答，记述修身做人的准则等，体现了儒家的政治、哲学和伦理思想，是研究先秦社会的重要资料。

大小戴，述圣言。

【注释】

①大小戴：西汉今文经学家，大戴是戴德，小戴是戴圣，两人是叔侄关系。②注：解释古书原文的意义。③述：记述，阐述。圣言：圣人所说的话。④礼乐：礼节仪式及典礼乐章。备：完备，完整。

【译文】

西汉学者戴德和戴圣叔侄二人，都曾仔细研究过《礼记》这部书。叔叔戴德编辑的称为《大戴礼记》，侄子戴圣编纂的称为《小戴礼记》。《大戴礼记》与《小戴礼记》的篇章内容虽略有不同，但都整理并详细注解了《礼记》，忠实记载了圣人的言论，其中各种礼节仪式及典礼乐章的制度都记述得十分完整详细，使后代人充分了解了前代的典章制度及礼乐文化的精神与意义。

大小戴，注礼记。

【细说活解】

大戴礼记和小戴礼记

《礼记》是战国至秦汉年间，儒家学者解释说明《仪礼》的经典书籍，主要记载和论述先秦的礼制、礼仪。同时记录了孔子和弟子之间的问答，阐明修身做人的准则。《礼记》全书共九万字左右，它的门类繁杂，内容广博，涉及政治、法律、道德、天文历法、地理、日常生活等诸多方面，集中体现了先秦时期儒家学派的政治、哲学和伦理思想,是一部研究先秦时期儒家学派思想和当时社会生活的重要资料。

《礼记》同时具有相当的文学价值,我们现在经常说的一些成语警句,大都出自于《礼记》,如"瑕不掩瑜"、"苛政猛于虎"、"放之四海而皆准"等。《礼记》还善于运用生动的故事阐述一个深刻的道理,使人一目了然;结构严谨,气势磅礴,语言方面言简意赅,同时擅长心理描写。《礼记》中的很多思想,已经潜移默化到我们的思维和生活之中。

我们今天所能看到的《礼记》,是汉朝时戴圣从《礼记》中选编了四十九篇,叫《小戴礼记》,戴圣的叔叔也从《礼记》中选编了八十五篇,叫《大戴礼记》。这两本《礼记》在内容上各自有所侧重,各有特色。东汉末年时,著名学者郑玄为《小戴礼记》作了注解,《小戴礼记》因此长盛不衰,到唐代被列为九经之一。而《大戴礼记》却没有这么好的命运,到了唐朝时,只剩下三十九篇了。

【原文】

曰国风①,曰雅颂②。号四诗③,当讽咏④。

【导读】

《诗经》是我国第一部诗歌总集,收入自西周初年至春秋中叶五百多年的诗歌三百零五篇,又称《诗三百》。西汉时被尊为儒家经典,始称《诗经》,并沿用至今。

《诗经》在我国文化史上占有重要地位,是中国传统文化的经典之一。以先民的歌声入乐为诗,全面反映了当时的社会生活,是先秦时代的生活文化百科全书。

《诗经》按用途和内容分"风"、"雅"、"颂"三部分,其中"风",即国风,是指各地方的民间歌谣,其中的"雅"大部分是贵族的宫廷正乐,又分为大雅和小雅,多为叙事诗,主要内容是褒扬或批评朝政。"颂"则是周天子和诸侯用以祭祀宗庙的舞乐。

曰国风,曰雅颂。

【注释】

①国:这里指古代诸侯的封地。风:民间歌谣。②雅:朝廷正乐,宫廷宴飨、朝会时的乐歌,分为大雅和小雅,多数是朝廷官吏及公卿大夫的作品,有一小部分是民歌。颂:宗庙祭祀的乐歌和史诗,内容多是歌颂祖先的功业。③四诗:指国风、大雅、小雅、颂。④讽咏:朗诵吟咏。讽,不看着书本念,背书;咏,唱,声调有抑扬地念。

【译文】

《诗经》是我国第一部诗歌总集,收入自西周初年至春秋中叶五百多年的诗歌共三百零五篇,又称《诗三百》,分为风、雅、颂三部分。风,指国风,是各诸侯国地区的民间歌谣;雅,分为大雅、小雅,大雅多为西周王室贵族的作品,主要是赞颂天子功绩的乐歌,小雅是天子宴飨宾客时的乐歌;颂,分为周颂、鲁颂、商颂,是宗庙祭祀时赞颂祖先功业的乐歌和史诗。国风、大雅、小雅、颂合称为"四诗"。《诗经》的内容非常丰富,充满了浓郁的感情和生活气息,我们应该经常加以朗诵吟咏。

【细说活解】

四始六义

东汉名儒郑玄曾在文章中提到，"四始者，风也，小雅也，大雅也，颂也。此四者人君行之则为兴，废之则为衰"。"四始"就是指风、大雅、小雅、和颂。

风，即国风，是黄河流域，各个诸侯国的民歌民谣。国风是《诗经》中的精华，是最主要的部分，国风中描写了周朝时期，各诸侯国劳动人民真实的生活，也记载了当时发生的很多事件，同时也表达了他们追求美好，反对剥削和压迫的信念，是我国现实主义诗歌的源头。国风的内容十分丰富，主要表现了劳动人民对待剥削和压迫的反抗，以及讽刺统治阶级的荒淫无道的生活，描述了古代人民对于战争的反感，以及反映男女婚恋的诗歌。如果说国风是十分具有地方色彩的音乐歌谣的话，那么雅就是"王畿"之乐，是"正声"，即典范的音乐。大雅是诸侯觐见周天子时进献的诗歌，内容通常为赞颂周王室的功绩。小雅的内容则更丰富一些，一部分内容与国风相似，有关于战争和劳役的诗歌，也有反映上层社会欢乐和谐的飨宴诗，以及揭露当时政治腐朽黑暗，统治者残暴的怨刺诗。"颂者，美盛德之形容，以其成功告于神明者也。"颂主要是在宗庙祭祀的时候，表达对祖先和神明的赞颂。

关于四始的定义，司马迁认为四始是指《风》、《大雅》、《小雅》、《颂》的四篇列首位的诗，即《关雎》为《风》之始，《鹿鸣》为《小雅》之始，《文王》为《大雅》之始，《清庙》为《颂》之始。

《诗经》的六义是风、雅、颂、赋、比、兴。一般认为风、雅、颂是诗的分类；赋、比、兴是诗的表现手法。"赋"是铺陈直叙地描写一件事情。"比"相当于现代修辞中的比喻，即用一个事物比喻另一个事物。"兴"是借他物来引出此物，相当于现代修辞中的象征。

《国风》大部分作品是劳动人民的集体创作。

【原文】

诗既亡①，春秋作②。寓褒贬③，别善恶④。

【导读】

随着周王朝的衰落，社会日渐混乱，诸侯并起，天下纷争，采集民歌来听取民间百姓赞扬和批评的制度也随之取消了。而后，孔子为表达自己对社会现实的看法，在记录鲁国历史的基础上执笔编撰了《春秋》。所以，《春秋》算是鲁国的编年史。《春秋》以其精炼的笔法著称，语言极其简练却几乎每个句子都暗含褒贬之意，被后世称为"春秋笔法"，冠以"微言大义"之名。

但是《春秋》并不是一部严格意义上的史书。史书讲求说实话记实事，但是《春秋》的宗旨并不在记录史实，而是以史为鉴审判当时的统治者。因此《春秋》是经，不是史。书中包含了孔子对现实政治的褒扬和贬抑，对好坏是非进行了区分辨别。

【注释】

①诗：这里指周朝曾经实行的到民间采诗的制度。既：已经。亡：失去，消失。②春秋：书名，相传是孔子根据鲁国史书修订整理而成。作：书写，创作。③寓：寄寓，包含。褒：赞美，称赞。贬：批评，指责。④别：区分，辨别。善：好的。恶：坏的。

【译文】

自从把国都迁到东方的洛邑之后,周天子的势力逐渐衰弱,各诸侯国都不将周天子放在眼里,互相争夺霸主的地位,《诗经》的礼乐教化已经不再受到重视,逐渐没落了。孔子看见当时纷乱的情形,于是根据鲁国史书修订整理了《春秋》,书中以隐喻的方式评论史事,或是给予赞扬,或是给予指责,辨明了各国行为的是非善恶。

【细说活解】

春秋笔法

"春秋笔法",也叫"春秋书法"或"微言大义",是由孔子首创的一种古代历史叙述方式。

就是在文章的记叙之中表现出作者的思想倾向,通过细节描写和词汇的褒贬来表达作者的主观看法,并不在文章中直接对人物和事件进行评论。

"春秋笔法"来源于孔子所撰写的《春秋》一书。《春秋》是孔子依据鲁国的历史,根据自己心中的"大义",加以修订。历来经学家认为《春秋》中每用一字,都暗含褒贬,因此将这种曲折而意含褒贬的文字为"春秋笔法"。为《春秋》作传的左丘明评价《春秋》为:"微而显,志而晦,婉而成章,尽而不污,惩恶而劝善,非贤人谁能修之?"意思是《春秋》用词精炼而且意思明显,记录史实含蓄深远,婉转而顺理成章,详尽却没有歪曲史实,警诫邪恶而褒奖善良。如果不是圣人谁能够编写?

《春秋》虽然是参照鲁国历史所写,但并不是真正意义上的史书。《春秋》在记载史实的基础上还表达了作者的褒贬意图,而且"微言大义"中的"大义",也并非是传统的"史义",而是孔子将自己对政治的理想赋予到了历史之中。对孔子来说,历史只是他表达思想的形式,理想中的政治才是真正的核心。孔子认为当时礼乐崩坏,世道衰亡,所以想要写这样一部"寓褒贬,别善恶"的史书,来警醒世人。因此,我们不应当将《春秋》单纯地看作一部史书,而是将其作为儒家经典,才能读懂孔子在其中的良苦用心。

春秋笔法,微言大义。

【原文】

三传者①,有公羊②。有左氏③,有谷梁④。

【导读】

孔子所编撰的《春秋》的原文有一万八千字,现存的版本则只有一万六千字,因其语言过于简练,后人不易理解,给阅读造成了很大的障碍。因此诠释之作相继问世,给以注释和解说,称之为"传"。其中左丘明的《春秋左氏传》、公羊高的《春秋公羊传》和谷梁赤的《春秋谷梁传》影响最大,合称为"春秋三传",列入儒家经典。

三传中,《公羊传》和《谷梁传》以阐述孔子原意为主,《左传》以史实为主,补充了很多《春秋》中没有的史实大事,同时因为它"情韵并美,文采照耀",是先秦时期最具文学色彩的历史散文,因而后人认为《左传》的价值要高于其他两部。

【注释】

①传：替经书作注解的著作。三传就是指解释史书《春秋》的三部书《左传》、《公羊传》、《谷梁传》。②公羊：指《公羊传》，也叫《春秋公羊传》或《公羊春秋》。③左氏：指《左氏春秋》，也叫《春秋左氏传》，简称《左传》。④谷梁：复姓，这里指《谷梁传》，也叫作《春秋谷梁传》或《谷梁春秋》。

【译文】

孔子撰写的《春秋》文字极其简练，却蕴藏精微深远的寓意，这样的微言大义不用功钻研是难以理解的。"三传"是解释《春秋》的三本书，分别是《公羊传》，相传为鲁国人公羊高所作；《春秋左氏传（左传）》，相传为鲁国人左丘明写成；《谷梁传》，相传为鲁国人谷梁赤所著。"三传"能帮助读书人更好地阅读、理解《春秋》这部书。

三传者，有公羊。有左氏，有谷梁。

【细说活解】

"春秋三传"

《春秋》因为语言精练、言简意深，如果没有注释，很多人都没有办法理解，因此出现了很多注释《春秋》的书。这些注释《春秋》的书籍很多都已经失传，我们现在能够研读的只有左氏、公羊、谷梁三家所作的《春秋左氏传》、《春秋公羊传》、《春秋谷梁传》，合称"春秋三传"。"春秋三传"虽然都是编年体史书，但是却有不同的特色，东晋经学家范宁评价"春秋三传"说："《左氏》艳而富，其失也巫。《谷梁》清而婉，其失也短。《公羊》辩而裁，其失也俗。"

《左传》原名为《左氏春秋》，汉代改称《春秋左氏传》，简称《左传》。相传由春秋末年史学家左丘明所作。《左传》的内容丰富，不仅记录了当时发生的历史事件，还对各类礼仪规范、文化典章、道德观念、神话传说等方面都有记述和评论，对后世的史学和文学都有重要的影响。《左传》的语言"情韵并美，文采照耀"，尤其善于描写战争场面，以严密简练又不失文采的笔触将变化多端的战争描绘得生动形象。但是范宁认为，《左传》有失的地方在于，对于鬼神之事描写过多。但是《左传》中增加了很多《春秋》中并没有提及的历史事件，是我们了解和研究先秦时期和春秋时期历史的重要文献，它代表了先秦史学的最高成就。

《公羊传》亦称《春秋公羊传》、《公羊春秋》，相传其作者是战国时齐人公羊高，受学于孔子弟子子夏。《公羊传》在讲述历史方面十分地简略，主要是对春秋中的微言大义进行阐述，以问答的方式解读经典。范宁认为《公羊传》叙事分明而

左丘明、公羊高、谷梁赤三人为《春秋》作传。

且善于裁断,但缺点是流于粗疏。

《谷梁传》是《谷梁春秋》、《春秋谷梁传》的简称,由战国时鲁人谷梁赤所著,相传谷梁赤也受教于子夏,《谷梁传》是由子夏将内容传给谷梁俶,再由谷梁俶将它写成书记录下来的。

《谷梁传》以语录体和对话文体为主要方式来逐层逐句注解《春秋》。《谷梁传》的特点是强调礼乐教化的作用,主张仁德治国。《谷梁传》的文风准确、凝练,范宁评价它辞清义通而且明净畅朗,但缺点是资料短缺不足。

【原文】

经既明①,方读子②。撮其要③,记其事④。

【导读】

在中国源远流长的岁月长河中,儒家思想自从汉朝开始就被奉为正统学说,人们必须学习它研究它。所以在学完了儒家的经典之后,才能读其他诸子百家的学说典籍。然而诸子百家的著作繁多,内容杂乱,并非社会主流思想,因此,在阅读的过程中,只需要有选择性地阅读,掌握其要点,记住主要内容便可。在阅读的过程中,我们也应该学习掌握这种能力,清楚什么书籍应该精读细读、什么书籍只需要大致浏览,这样才能不浪费精力,将更多的精力花在有意义的学习上。

经既明,方读子。撮其要,记其事。

【注释】

①经:圣贤所作,具有特殊性和权威性的典籍,这里主要指儒家经典。既:已经。②方:然后,才。子:记载诸子百家及佛道宗教思想的书籍。③撮:选取,选择。要:要点。④记:记下,记住。

【译文】

"四书"、"六经"、"三传"这些重要典籍都读熟之后,就可以开始接触诸子百家的思想了。这些记载各家各派思想言行的书,统称为"子书"。"子书"数量庞大,内容包罗万象,必须选择比较重要的来读,并且仔细分辨读过的内容,抓要点,记住每件事的因果本末,才能收到事半功倍的效果。

【细说活解】

百家争鸣

百家争鸣是中国文化史上非常辉煌的一页,它是指春秋战国时期,知识分子中不同学派纷纷涌现,并争相斗艳的局面。

春秋中期,学习知识从官学变成了私学,人们想要学什么不需要再去跟随官员,因此各种学说在民间开始得到广泛流传。战国时期,社会动荡、战火纷飞,各诸侯国都争相进行变法改革。新兴的地主阶级利用政权力量将封建领主制向封建地主制过渡，各国处于封建割据的状态。由于这些新兴的地主阶级，本身政权还不牢固，他们的思想也还没有成为封建社会的统治思想，因此，代表各阶级、阶层、政治力量的学者或思想家，都按照本身的利益和要求，对宇宙、社会进行解释。各个学派在这样一个波涛汹涌的背景下著书立说、广收门徒，指点江山、激扬文字，形成了一个思想领域里"百家争鸣"的局面。

孔子　　韩非子　　孙子

荀子　　庄子　　老子

"百家争鸣"时期，各家各派纷乱繁多，《汉书·艺文志》将战国主要思想学派分为十家——儒、墨、道、法、阴阳、名、纵横、杂、兵、小说。西汉人刘歆在《七略·诸子略》中将小说家去掉，称为"九流"。俗称"十家九流"就是从这里来的。

我国近代著名朴学大师章太炎先生认为，诸子百家中，儒、道、墨、法、名这五家是最为重要的，对后世的影响最为深远。

儒家的创始人是孔子，理论核心是"仁"；道家的创始人是老子，提倡"无为而治"；墨家学派创始人是墨子，主张"兼爱、非攻、尚贤"，代表人民的利益；法家的代表人物是韩非子，"以法为本""法不阿贵"，法家学派代表新兴地主阶级的利益；名家则以善辩著称，代表人物是惠子和公孙龙。

【原文】

五子者①，有荀扬②。文中子③，及老庄④。

【导读】

在诸子百家中，最为重要的是荀子、扬雄、王通、老子和庄子。

荀子，名况，字卿，战国末期赵国人。是儒家代表人物之一，著名的思想家、文学家和政治家。主张性恶论，著有《荀子》一书。《荀子》论题鲜明，结构严谨，说理透彻，有很强的逻辑性。语言丰富多彩，善于比喻。

扬雄，字子云，西汉时著名的文学家、哲学家和语言学家。早期以《长扬赋》《甘泉赋》《羽猎赋》等佳作闻名于世。后放弃辞赋之体，转而研究哲学、语言学，并仿《论语》作《法言》，仿《易经》作《太玄》，又著有记述西汉时期各地方言的《方言》，无论在文学还是语言学方面都有很高的成就。

王通，字仲淹，隋朝时期著名的哲学家和思想家，死后被尊称为"文中子"，著有《中说》一书，主要反映了王通在政治上、哲学上的思想。

老子像。

三字经

老子又称老聃、李耳，春秋时期楚国人，是我国古代伟大的哲学家和思想家，道家学派创始人。著有《道德经》又称《老子》，提出了"道"的观点，主张"无为而治"。

庄子，名周，字子休，战国时期宋蒙人。庄子是我国先秦（战国）时期伟大的思想家、哲学家、和文学家，是道家学说的主要代表人。庄子继承和发展了老子的学说，然文采更胜老子。著有《庄子》一书。主张"天人合一"以及"清静无为"。

【注释】

①五子：这里指荀子、扬子、文中子、老子与庄子。②荀：指荀子，姓荀名况，著名思想家、文学家、政治家，儒家代表人物之一。扬：扬子，即扬雄，西汉学者、辞赋家、语言学家。③文中子：指隋朝的王通，著名教育家、思想家。④老：指老子李耳，春秋人，我国古代最伟大的哲学家和思想家之一，道家学派的创始人，后被封为太上老君，在道教中被尊为道祖，著有《道德经》（又称《老子》）。庄：指庄子，名周，战国时期伟大的思想家、哲学家和文学家，道家学派的主要代表人物之一，与道家始祖老子并称为"老庄"，代表作为《庄子》，道家尊称此书为《南华经》。

【译文】

诸子百家的言论著作繁多，不胜枚举，其中比较重要和著名的有五位，即所谓的"五子"，分别是：荀子、扬子、文中子、老子、庄子。荀子主张人性本恶，和孟子人性本善的观点恰好相反，著有《荀子》一书；扬子模拟《易经》作《太玄》，模拟《论语》作《法言》；文中子著有《续六经》（又称《王氏六经》），众弟子在他去世后，仿效孔子门徒作《论语》编撰了《中说》，保存了他讲课的主要内容，以及他与众弟子、学友、时人的对话；老子与庄子是道家的代表人物，老子著有《道德经》，庄子著有《南华经》，他们的哲学思想体系被思想学术界尊为"老庄哲学"。

【细说活解】

老庄之道，在于天人合一

我国传统文化主要受到儒、释、道三家思想的影响，这里的"道"指的就是道家。我国著名的史学家吕思勉在《先秦学术概论》中说："道家之学，实为诸家之纲领。诸家皆于明一节之用，道家则总揽其全，诸家皆其用，而道家则其体。"

道家思想的核心是"道"，认为"道"是宇宙万物的本源，是自然界一切运动的法则。道家哲学和儒家哲学不同，道家直接从自然运行的层面入手，是以自然主义为主的哲学，是用自然原因或自然规律来解释一切现象的哲学观念。相对于儒家的社会哲学，道家认为社会只是一个存在的客体，生活在其中的人民不受任何意识形态的束缚，重视人性的自由和心境的自由，讲究"天人合一"，即人和自然在本质上是一致的，因此应该顺乎自然规律，达到人与自然和谐发展。

无为，是道家思想中的重要概念。无为并不是字面意思上的什么都不做，而是行一切人事都遵从自然发展的规律。依靠民众的自为实现无为无不为，依靠民众的自治实现无治无不治。《淮南子》中认为，"所谓无为者，不先物为也"，遵循事物的自然规律而为，即是无为。汉朝初期，统治者采取了"无为而治"的政策，让百姓休养生息，

天人合一。

对当时社会的稳定和发展都有着重要的作用。

道家对中国文化的影响不仅仅表现在政治上，对养生保健也有非常重要的影响。道家主张的清静无为和返璞归真，就是鼓励人们"少私寡欲"，无欲、无知、无为，回复到人生最初的状态，才有利于心神的保养。而道家文化在中国文学、绘画等艺术领域的影响，更是占有绝对性优势，魏晋和隋唐时期的文人艺术家，都受到道家思想的影响。

【原文】

经子通^①，读诸史^②。考世系^③，知终始^④。

【导读】

通晓了儒家经典和诸子百家之后，就可以来了解中国五千年源远流长的历史了。

古人常常以史为鉴，将历史作为一面明镜，来审视自己的所作所为是否得当。所以，学习历史是非常重要的，学习历史不仅可以了解中华民族的文化传统，认清人类发展道路上的普遍规律，还可以吸取前人的教训，掌握辨别是非的能力。

中国的历史是一部长长的朝代兴亡更替的封建史，因此了解我国泱泱五千年历史，就要从几千年朝代兴衰、帝王变更的主线来看。

经子通，读诸史。

【注释】

①经子：经书和子书。通：通透，了解透彻。②诸史：指历代以来的历史著作。③考：探究，研究。世系：家族世代相承的系统，这里指朝代的系统次序。④终始：从头到尾，这里指国家从兴起到灭亡。

【译文】

熟读经书与子书，了解、掌握了各种思想之后，就应该开始阅读各朝各代流传下来的史书了。研读史书的时候要注意历代王朝的次序，深入研究其中的关系与因果，才能明白国家兴亡盛衰的道理，掌握治国的方法和原则。确切地研读史书才能从中汲取历史教训，避免再犯同样的过错。

【细说活解】

学习历史的意义

英国著名哲学家弗朗西斯·培根说过："读史使人明智，读诗使人灵秀，数学使人周密，科学使人深刻，伦理学使人庄重，逻辑修辞之学使人善辩。"读史使人明智，就是要从历史中吸取经验和教训，思考如何避免重犯历史错误，将历史作为一本指导人生的教材加以学习。唐太宗李世民也说过"以铜为镜，可以正衣冠；以史为镜，可以知兴替；以人为镜，可以明得失"，是一样的道理。学习历史并不仅仅是记下几个朝代、几个人物或者几次重大的事件，而是要在这些发生过的事件中明白一定的道理，读史可以明兴亡、知更替，鉴古识今，少走弯路。

中国人对历史非常重视，古语说"欲知大道，必先治史"，历史是一种经验，历史的轮回，王朝的交替必然存在着一定的规律，只要掌握了这其中的规律，总结历史经验的同时并根据现状加以利用，才能算是真正的学习历史、掌握历史。

学习历史对个人来说，可以提高人的素质和修养，增长人的智慧，培养人的爱国主义情怀，并以潜移默化的方式树立人积极向上的意志品格。

《三字经》中认为，读史之前，应该先形成一种比较可靠的评判历史事件和历史人物功过是非的标准，只有这样，读书才能变成一项有意义的活动，而不只是看看故事、瞧瞧热闹。

【原文】

自羲农①，至黄帝②。号三皇③，居上世④。

【导读】

伏羲、神农和黄帝是传说中的"三皇"。他们并不是真正意义上的君主，而是部落的首领。他们勤政爱民，而且有很多推动人类历史发展的发明创造，虽然以现代人的眼光来看，那些发明创造不应该为个人所为，应该是整个社会生产力不断提高，生产关系不断调整的原因。但是"三皇"良好的美德和对人民的贡献都是值得敬仰和尊重的。例如伏羲渔猎、神农尝百草，以及黄帝战蚩尤。

自羲农，至黄帝。号三皇，居上世。

【注释】

①羲：指伏羲氏，号太昊，中华民族的人文始祖，是我国古籍中有记载的最早的王之一。农：指神农氏，即炎帝，远古传说中的太阳神，被后世尊为农业之神。②黄帝：有熊氏，姓公孙，名轩辕，他首先统一华夏族的伟绩被载入史册，也是华夏民族文明的始祖，传说中远古时代华夏民族的共主，五帝之首。③三皇：指伏羲氏、神农氏、黄帝。④居：处于。上世：上古时代。

【译文】

上古时的人过着茹毛饮血的原始生活。伏羲氏发明了八卦，成为中国古文字的源头，结束了"结绳记事"的历史。他又结绳为网来捕鸟打猎，并在人类中普及了这个方法，他的活动，标志着中华文明的开始。后来神农氏播种五谷、尝遍百草，教导人们耕种饲养，以及如何使用火，人类至此开始定居的生活。黄帝统一华夏族，又率领族人打败外敌，保卫家园。他的功绩包括创造文字，制作衣冠，建造舟车，发明指南车等，在中华文明中起着承前启后的重要作用。伏羲氏、神农氏、黄帝都是勤政爱民的首领，被尊称为"三皇"。他们是上古时代功劳最大、最受敬爱的伟大领袖。

【细说活解】

黄帝战蚩尤

三皇中，黄帝对中华民族的影响最大。中国人称自己为炎黄子孙，就是因为黄帝对后来所做的巨大贡献。古人认为，黄帝发明了数学，组建了军队，推算出历法，创建了文字，规定了音乐，我们现在的衣食住行，无不与黄帝有关。关于黄帝最有名的传说，还是战争，如黄帝与炎帝的战争、黄帝和蚩尤的战争。

黄帝战蚩尤。

数千年前，中国黄河、长江流域一带住着许多氏族和部落。其中有两个部落是黄河流域最为有名的部落，就是黄帝所率领的部落和炎帝所率领的部落。后来，两个部落争夺领地，展开阪泉之战，黄帝打败了炎帝，两个部落渐渐融合成华夏族。

炎帝部落中有一个支系，为九黎族，他们的首领名叫蚩尤，十分强悍。蚩尤有八十一个兄弟，他们个个兽身人面，铜头铁臂勇猛无比。他们擅长制造刀、弓弩等各种各样的兵器。在阪泉之战后，九黎部落不肯跟着炎帝投降。黄帝于是联合各部落首领，在涿鹿的田野上和蚩尤展开一场大决战，这就是著名的"涿鹿大战"。

战争之初，蚩尤凭借着良好的武器和勇猛的士兵，连连取胜。后来，黄帝请来熊罴貔貅䝙虎六种猛兽助战。蚩尤的兵士虽然凶猛，但是遇到黄帝的军队，加上这一群猛兽，也抵挡不住，纷纷败逃。黄帝带领兵士乘胜追杀，忽然天昏地黑，浓雾迷漫，狂风大作，雷电交加，天上下起暴雨，黄帝的兵士无法继续追赶。原来蚩尤请来了"风伯"和"雨师"来助战。黄帝也不甘示弱，请来天上的"女魃"帮忙，驱散了风雨。一刹那之间，风止雨停，晴空万里。蚩尤又用妖术制造了一场大雾，使黄帝的兵士迷失了方向。黄帝利用天上北斗星永远指向北方的现象，造了一辆"指南车"，指引兵士冲出迷雾。

经过许多次激烈的战斗，黄帝先后杀死了蚩尤的八十一个兄弟，并最终活捉了蚩尤。黄帝命令给蚩尤带上枷锁，然后处死他。因为害怕蚩尤死后作怪，将他的头和身子分别葬在相距遥远的两个地方。蚩尤戴过的枷锁被扔在荒山上，化成了一片枫林，每一片血红的枫叶，都是蚩尤的斑斑血迹。蚩尤死后，他勇猛的形象仍然让人畏惧，黄帝把他的形象画在军旗上，用来鼓励自己的军队勇敢作战，也用来恐吓敢于和他作对的部落。后来，黄帝得到了许多部落的支持，渐渐成为所有部落的首领。

【原文】

唐有虞①，号二帝②。相揖逊③，称盛世④。

【导读】

尧帝和舜帝是黄帝之后部落的首领。尧帝在选择继承人的时候并没有传给与自己有血缘关系的人，而是传给了拥有美德和才能的舜帝，古人称之为"禅让"。在古人心中，尧舜二帝是最值得尊敬的君主，因其具有美好的德行和治国的才能，将国家治理得当，百姓安居乐业，社会和谐安稳，受到后人的万世敬仰。

【注释】

①唐：这里指陶唐氏，也就是尧。虞：指有虞氏，也就是舜。②二帝：指尧帝、舜帝。

唐有虞。

③相：互相。揖逊：揖让，这里是禅让的意思，即古代帝王让位给别人。④盛世：安定兴盛的时代。

【译文】

　　黄帝之后，先是尧得了天下，国号唐；后来舜得了天下，国号虞，两位帝王都是古代贤明君王的代表，并称为"二帝"。尧年老时，认为自己的儿子品行不好，不如德才兼备的舜，因此没有把帝位传给儿子，而传给了舜。舜果然不负尧所托，勤政爱民，到了年老时，就效法尧，将帝位传给比自己儿子更加优秀的禹。尧和舜都是大公无私的优秀帝王，在他们的治理下，开创了安定繁荣、人人称颂的太平盛世。

【细说活解】

禅让制度

　　禅让制度，是中国原始社会部落联盟民主推选首领的制度，指古代帝王让位给不同姓的人。它的产生是由于远古时代生产力落后，人类若想生存下去，必须依靠集体的力量，共同劳动、平均分配食物。因此，一个集体中的人们一定要选出贤能、公正的人当首领，进行生产劳动和平均分配食物。

　　关于"禅让"的故事，我们最为熟悉的就是尧舜禅让的故事。

　　帝尧年事已高，在位已经七十年，由谁继位的问题开始提到议事日程。有人推荐丹朱继位，帝尧不同意。帝尧觉得丹朱不讲道德，行事粗野，喜好闹事，没有同意。大家对尧说："民间有个尚未娶妻的人，名叫虞舜。"帝尧说："对，我听说过。他究竟怎样？"四岳说："他是个盲人的儿子。父亲不讲道德，后母爱说坏话，弟弟骄纵凶狠，但是他能够用孝行与他们和睦相处，使他们人心向善，免于邪恶。"尧听了暗暗赞许，但是还是说："让我考验一下他吧。"

　　于是尧把两个女儿嫁给舜，来观察他怎样治家，又派了九个男儿与舜相处，来观察他于家庭之外怎样待人接物。舜住到沩水北岸，在家里行为越发谨严。尧的两个女儿不敢因为出身高贵而以傲慢的态度对待舜的亲属，很遵守做媳妇的礼节。尧的九个男儿更加淳朴厚道了。舜在历山种田，历山的人都互让肥沃的农田；在雷泽捕鱼，雷泽四周的人都互让最好的房屋和捕鱼场；在黄河边制作陶器，生产的陶器都十分精良，没有粗制滥造的。他住过一年的地方，便形成了村落，住过两年的地方，便形成了集镇，住过三年的地方，便形成了都市。期间，帝尧还让虞舜做了各种事情以便考验他，虞舜都经过了考验，尧认为舜德行伟大，就召见他说："你考虑事情周到，说了的事能办得有成效，已经过了三年了。你登上帝位吧。"舜却一再推让，认为自己的德行不足以胜任帝位，心中十分不安。正月初一，舜在文祖庙接受尧的禅让。

　　禅让制度反映了原始公社的民主制度，体现了"以人为本、任人为贤"的思想。这在当时部落联盟的社会状态下，协调了社会生产，促进了当时生产力的发展。

禅让制度。

【原文】

夏有禹①，商有汤②。周文王③，称三王④。

【导读】

夏朝的夏禹，商朝的商汤以及周朝的周文王，并称为"三王"。

舜帝因大禹治水有功，将首领的位置禅让给禹。禹死后，部落贵族们拥戴禹的儿子启做了部落首领，建立了夏王朝。而禹被追认为夏王朝的第一代帝王。周文王也一样，他的儿子周武王推翻了商朝建立了周王朝，周公旦才追封他为文王的。

【注释】

①夏：这里指夏朝。禹：夏禹，传说中夏朝的第一个君主，因治理洪水有功被尊称为"大禹"。②商：商朝。汤：指成汤，商朝的建立者。③周：周朝。④三王：指大禹、成汤、周文王。

【译文】

夏朝的开国君王是大禹，商朝的开国君王是成汤，周朝的开国君王是文王。这三个人都是德才兼备的好君王，勤于政事，爱护百姓，分别开创了一段太平盛世，因此被尊为"三王"。

【细说活解】

大禹治水

禹是与尧、舜齐名的贤圣帝王。禹最卓著的功绩，就是被人们周知和传颂的治理滔天洪水。后人称其为大禹，即伟大的禹的意思。同时，大禹也是我国历史上第一个奴隶制国家——夏朝的建立者，因此也被称为夏禹。

在帝尧还在位的时候，黄河流域经常发生严重的洪水，房屋被冲毁，天地被淹没，也淹死了很多人，老百姓没有办法只得移到高地去住。于是帝尧召开会议，商量治水的问题。他征求四方部落首领的意见：派谁去治理洪水呢？首领们都推荐鲧。

鲧花了九年时间治水，没有把洪水制服。他用土掩的方法，哪里有洪水就把土堵到哪里，结果没有起到什么作用，洪水仍旧四处泛滥。他就偷了天上的一种土叫"息壤"，此土能自生自长。天帝知道了非常生气，就命令火神将鲧处死，鲧临死前嘱咐儿子一定要把水治好。

于是禹就接替了父亲的工作。当时，黄河中游有一座大山，叫龙门山。它堵塞了河水的去路，把河水挤得十分狭窄。奔腾东下的河水受到龙门山的阻挡，常常溢出河道，闹起水灾来。于是禹带领群众凿开了龙门，挖通了九条河，经过十年的努力，终于把洪水引到大海里去，地面上又可以供人种庄稼了。

禹到了三十多岁还没结婚，在涂山遇到一个名叫女娇的姑娘，两人相互爱慕，便成了亲。禹新婚仅仅三天，还来不及照顾妻子，便为了治水，到处奔波，三次经过自己的家门，都没有进去。第一次，妻子生了病，没进家去看望。第二次，妻子怀孕了，没进家去看望。第三次，他妻子涂山氏生下了儿子启，婴儿正在哇哇地哭，禹在门

大禹成婚三日，便离开家去治理洪水。

外经过,听见哭声,也狠下心没进去探望。这就是著名的"三过家门而不入"的故事。

【原文】

夏传子①,家天下②。四百载③,迁夏社④。

【导读】

从尧到舜再到禹,部落首领的位置都是通过禅让的方式传承的。而自夏朝开始,统治者就将天下看作自己的私有财产,皇位只传给自己的儿子,不再让位于贤能之人。于是夏朝就成了中国第一个子承父位的世袭王朝——以天下为家,将自己作为万民的君主,统领国家,夏朝也是中国历史上的第一个王朝。

【注释】

①传子:把王位传给自己的儿子。②家天下:帝王把国家政权据为己有,作为一个家族的私有财产,世代相传。③载:年。④迁:变迁、改变,这里是结束的意思。社:社稷,"社"是土神,"稷"是谷神,古代君主都要祭祀社稷,后借指国家。

【译文】

大禹年老时,将王位传给了儿子夏启。从此,尧舜以来的禅让制度被父传子的世袭制度所代替,国家成为一个家族的私有财产,世代相传。相传夏朝先后历经了十七位君王,维持了四百多年,直到成汤起兵才宣告结束。

【细说活解】

"家天下"

"家天下"是指帝王把国家当作自己家的私产,世代相袭。大禹是中国历史上最后一个真正实行禅让制的国君,虽然后世也有各种各样禅让的说法,但都是打着禅让的名声行篡权的事情,历史上最后一次真正的禅让,就是大禹。《礼记·礼运篇》中讲,禹以前的社会是天下为公的大同社会,一切财产都是公共所有,首领是依据贤德与才能选举产生。而到了禹以后的社会,国家财产成了一家私产,即天下为家,父死子继就成了理所当然的事,才有了"家天下"的制度。

"家天下"是历史发展的必然产物。西周时期,"家天下"的制度已经发展成"普天之下,莫非王土。率土之滨,莫非王臣",天下的土地、臣民都是君王一家的私产。

史料记载,大禹年老后,打算将王位让给曾与自己一同治水的伯益,禹觉得自己的儿子启没有什么特别的功绩和巨大的贡献。但是人们怀念大禹的功绩,想要拥戴启为君主。于是伯益和启两方打了一仗,获得胜利的启继承了王位。启继位后,有扈部落不服,于是宣布独立。启向有扈部落进攻,有扈部落不敌

禹把帝位传给自己的儿子,从此天下就成为一个家族所有的了。

启的军队,以失败告终。这样,启巩固了自己的帝位,而且确定了君主世袭的局面。夏启是中国历史上将传位制度由"禅让制"变为"世袭制"的第一人。"父传子,家天下"的局面由他开始沿袭了几千年。

【原文】

汤伐夏①,国号商②。六百载,至纣亡③。

【导读】

夏朝的最后一个君主叫作夏桀,是夏朝第十六代君主发之子,在位五十二年。夏桀文武双全却荒淫无度暴虐无道,最终被商汤所伐,被放逐而饿死。

商汤推翻夏朝后建立了商朝,同夏王朝一样,也是一个奴隶制国家。商王朝最早定都于亳,后几经辗转迁都至殷,因此,商朝又被称为"殷商"。商朝前后延续了近六百年,经历了三十一代君主,最终葬送在著名的商纣王手上。

【注释】

①汤:指成汤,商朝的建立者。伐:讨伐,出兵攻打。②国号,即国家的称号,或一个朝代的名称。国家或朝代创建后的第一件事就是确立国号。商:成汤的国号。③至:到。纣:指纣王,是商朝的最后一位君王。亡:灭亡。

【译文】

夏朝最后一位君王——夏桀的统治非常残暴。汤是夏朝一个附属小国的国王,他率领人民起兵讨伐夏桀,最后灭了夏朝,建立了新的国家,取名"商"。汤王建立的商朝相传一共维持了近六百年,直到商纣王即位,商朝才走向灭亡。

【细说活解】

夏桀和商纣

夏桀和商纣都是历史上著名的暴君,两个人都天资聪颖,文武双全,却又都荒淫无度,暴虐无道,而且两个人都是各自王朝的终结者,都与贪恋美色有关。

夏桀有一个名叫妹喜的宠妃,是被夏朝攻灭的有施部落酋长为了复仇而进献给夏桀的礼物。妹喜长得十分好看,夏桀对她格外宠爱。相传妹喜有三个癖好:一是笑看人们在规模大到可以划船的酒池里饮酒;二是笑听撕裂绢帛的声音;三是喜欢穿戴男人的官帽。因此夏桀建造酒池肉林,并邀请三千名饮酒高手在池中日日欢歌畅饮,夏桀还令宫人搬来织造精美的绢子,在她面前一匹一匹撕开,以博得妹喜的欢心。夏桀为了满足自己的欲望,无休止地征发夏民,强迫他们无偿劳役,人民对他的暴政忍无可忍,都愤怒地说:"时日曷丧,予及女偕亡!"后来商汤起兵推翻夏朝,夏桀和妹喜同舟渡江,逃到南巢之山中饿死了。

妲己是商纣的宠妃,是商纣征服有苏氏时,有苏氏献出的美女,人称"一代妖姬"。商纣同夏桀一样,沉迷于美色之中,荒废朝政,通宵达旦地饮酒作乐。相传妲己喜欢看"炮烙之刑",纣王为了

夏桀荒淫无度。

博得妲己一笑，滥用重刑。不久，纣王的残忍无道，也激起了人民的反抗。周武王乘机举兵伐纣，一举灭商，商纣逃到鹿台自焚，妲己也被斩首而死。

妹喜和妲己也因此被后人称为妖姬，与周朝的褒姒以及春秋时期的骊姬合称四大妖姬。但是史书上并没有关于两人的种种恶行，都是后人的杜撰。国家兴亡是历史发展的必然结果，不是一两个女子能够左右的事情，要她们为君王沉迷美色，荒废政事的后果负全责，是不公平的。

商纣荒淫暴虐。

【原文】

周武王①，始诛纣②。八百载，最长久③。

【导读】

周朝原为商朝的一个诸侯国，兴盛于周文王姬昌做首领的时候，他的统治使周部落势力强盛，死后他的儿子武王姬发才有条件伐纣灭商而建立周朝。周朝分为"西周"和"东周"，前后共经历三十七代帝王，延续了将近八百年，是中国历史上时间最长的王朝。而东周时期又被称为春秋战国时期，分为"春秋"和"战国"两个部分，诸侯纷争割据的情形严重，周王室只剩下虚名。

在中国古代的历史上，周朝的统治很有特点，主要有四大制度——封建制、宗法制、井田制与礼乐制。周朝的政治、礼法、文化对以后两千余年的中国社会产生了深远的影响。

周武王誓师伐纣。

【注释】

①周武王：姓姬名发，周文王的第二个儿子，西周的开国君王。②始：开始，才。诛：杀死有罪的人。③最长久：指周朝是历史上持续时间最长的朝代。

【译文】

商朝最后一位君王——纣王是历史上著名的暴君。周武王是商朝属国的国王，他雄才大略，趁机率领军队讨伐商朝。最后，纣王放火烧死了自己，商朝灭亡。武王建立了新的国家，取名为"周"。周朝总共持续了八百年。放眼整个中国历史，没有任何朝代能与周朝的历史长度相比。

【细说活解】

武王伐纣建周

一个朝代的灭亡，内部的腐坏败落是根本原因，外部因素也是推动加速灭亡的重要因素。

残暴荒淫的商纣王统治商朝时，活动在渭河流域的姬姓周部落，在周文王姬昌的带领下逐渐强大起来。文王勤于政事，礼贤下士，拜姜尚为军师，使"天下三分，其二归周"。他分化商朝的附庸国，使一些小国纷纷投靠自己,同时占据膏腴之地,将商都包围起来。

当时商纣王发明了"炮烙之刑",滥用重刑只为博妲己一笑,使各国诸侯和百姓没有不痛恨纣王的。这时,文王献上自己的一块土地,请求废除"炮烙之刑"。纣王同意了文王的请求,答应废除炮烙。文王借此大肆宣传,赢得了广大诸侯和百姓的拥护。

周文王在完成灭商大业前不久去世,他的儿子姬发,即周武王即位后,继承父亲的遗志,重用姜尚,按照既定方针增强国力。纣王见周人虎视眈眈地包围了自己,感觉受到了严重的威胁,决定对周用兵。就在这时东夷叛乱,纣王只得调动全部兵力平息东夷的反叛。商王朝的精锐部队都被纣王调往东部平定夷族,致使西部兵力空虚匮乏,武王趁此机会联合各个部落,朝着商朝的国都朝歌进发。

纣王听到消息,立即调集军队,但是经过之前与东夷大战,兵力严重受损。无奈之下,纣王只得把奴隶、囚徒和俘虏武装起来,强迫他们去应战。行至牧野的时候,这些由奴隶、俘虏组成的军队临阵倒戈,配合周军一同向朝歌进攻,纣王大败,最终自焚而死。

武王灭商后建立了周朝,统治了中国将近八百年,是中国历史上统治时间最长的王朝。

纣王自焚。

周武王灭商建立了西周王朝。

【原文】

周辙东①,王纲坠②。逞干戈③,尚游说④。

【导读】

周幽王即位后,宠幸妃子褒姒,为了博得冷若冰霜的褒姒一笑,竟然"烽火戏诸侯",造成诸侯愤懑,民怨沸腾。西部的少数民族大举入侵,周幽王被杀。即位的周平王迁都洛邑,东周开始。周幽王被戎族所灭之前都城在镐京,后来平王东迁洛邑,因在镐京的东方,就有"西周"和"东周"之称。平王东迁之后的周王室不再有实际的控制能力,大权旁落,诸侯纷争加剧,进入了列国征战的春秋战国时期。诸侯国之间经常爆发战争以争夺土地和霸权,于是擅长游说的谋士政客应运而生,他们奔走于各个诸侯国之间,向君主们陈述自己的主张政见,期望能被君主所采纳从而实现自己的人生理想,成就自己的人生。

【注释】

①辙：车轮经过留下的痕迹，这里指帝王的车驾。②王纲：君王的政治法度纲纪。坠：落下，掉下，引申为崩溃，衰落。③逞：放纵，任意。干戈：干和戈是古代常用武器，故而以"干戈"用作兵器的通称，引申为战争。④尚：尊重，注重。游说：用言语劝服他人听从自己的主张。这里指战国时代策士们周游列国，劝说君主采纳其政治主张的一种活动。

春秋战国时代策士说客纵横天下。

【译文】

周平王将周朝国都迁到东方的洛阳之后，东周时代开始了。从此，周天子在诸侯中的权势威望和统治力日益衰落。诸侯们不再听从周天子的号令，为了争夺霸主的地位，相互间战争不断。在乱世动荡中，有才能的士人各凭本事四处向国君推荐自己，希望能说服君王采用自己的政治主张，从而施展才华、实现抱负。

【细说活解】

烽火戏诸侯

周朝建立后，虽也发生过许多大事，但是一直处于一个相对稳定的局面。直到历史上又一个著名的无道昏君继位，周王朝的命运由盛转衰。

周宣王去世后，他的儿子周幽王即位。周幽王昏庸无道，到处寻找美女。大夫越叔带劝他多理朝政。周幽王恼羞成怒，革去了越叔带的官职，把他撵了出去。这引起了大臣褒珦的不满。褒珦来劝周幽王，但被周幽王一怒之下关进监狱。

褒珦在监狱里被关了三年。褒珦的儿子知道周幽王爱美色，就将美女褒姒献给周幽王，周幽王才释放褒珦。周幽王一见褒姒，喜欢得不得了。但是褒姒却老皱着眉头，不爱笑，史书上形容褒姒"艳若桃李，冷若冰霜"，周幽王想尽法子引她发笑，褒姒就是不笑。虢石父对周幽王说："从前为了防备西戎侵犯我们的京城，在骊山一带建造了二十多座烽火台，以防万一敌人打进来，就可点燃烽火，让邻近的诸侯瞧见，好出兵来救。现在天下太平，烽火台早没用了。不如把烽火点着，叫诸侯们上个大当。娘娘见了这些兵马一会儿跑过来，一会儿跑过去，就会笑的。您说我这个办法好不好？"

周幽王眯着眼睛一想，觉得不错就认可了。烽火一点起来，半夜里满天全是火光。邻近的诸侯看见了烽火，赶紧带着兵马跑到京城。听说大王在骊山，又急忙赶到骊山。没想到一个敌人也没看见，也不像打仗的样子，只听见奏乐和唱歌的声音。诸侯们面面相觑，

烽火戏诸侯。

都不知道是怎么回事。周幽王叫人去对他们说："辛苦了，各位，没有敌人，你们回去吧！"诸侯们这才知道上了大王的当，十分愤怒，各自带兵回去了。

褒姒瞧见这么多兵马忙来忙去，于是笑了。周幽王很高兴，赏赐了虢石父。隔了没多久，西戎真的打到京城来了。周幽王赶紧把烽火点了起来。这些诸侯一回上了当，这回又当是在开玩笑，全都不理他。烽火点着，却没有一个救兵来，京城里的兵马本来就不多，只有一个郑伯友出去抵挡了一阵。可是他的人马太少，最后被犬戎人围住，被乱箭射死了。周幽王和虢石父都被西戎杀了，褒姒也被掳走了。

【原文】

始春秋①，终战国②。五霸强③，七雄出④。

【导读】

关于春秋时期的起讫，一般有两种说法：一种说法认为是公元前770年至公元前476年，另一种说法认为是公元前770年至公元前403年。孔子曾经编了一部记载当时鲁国历史的书，名叫《春秋》，其中记载的时间跨度与构成一个历史阶段的春秋时代大体相当，所以后人就将这一历史阶段称为春秋时期，基本上是东周的前半期。这个时期，周天子失去了往日的权威，天子反而依附于强大的诸侯。一些强大的

春秋五霸。

诸侯国为了争夺霸权，互相征战，争做霸主，先后称霸的五个诸侯叫作"春秋五霸"。从古至今"春秋五霸"是哪五位君主一直众说纷纭，《史记》认为"春秋五霸"分别是指齐桓公、宋襄公、晋文公、秦穆公和楚庄王。

根据春秋时期的起讫不同，战国时代的起始也有两种说法：一种认为中国的战国时代指公元前475年至公元前221年，另一说法认为具体时间应该是从韩赵魏三家分晋开始算起直到秦始皇统一天下为止，即公元前403年至公元前221年。战国时代是中国古代重要的历史时期之一，其主体时间线处于东周末期。战国时代是中国历史上分裂对抗最严重且最持久的时代之一。此时出现的七个实力强大的诸侯国，被人们称为"战国七雄"，分别是齐、楚、燕、韩、赵、魏、秦。

【注释】

①始：开始。春秋（战国）：历史时期的名称。②终：结束。③五霸：春秋时期势力强大而称霸一时的五位诸侯，一般指齐桓公、晋文公、宋襄公、秦穆公、楚庄王。强：强盛，强大。④七雄：指战国时期秦、楚、齐、燕、韩、赵、魏这七个强大的诸侯国。

【译文】

历史上将东周分为两个时期：第一个是春秋时期，第二个是战国时期，从春秋时代结束，到秦始皇统一六国为止，总共一百八十二年。春秋时代先后称霸的诸侯君王依次是齐桓公、晋文公、宋襄公、秦穆公、楚庄王。战国时代则是秦、楚、齐、燕、韩、赵、魏这七个强大的诸侯国并立。

【细说活解】

春秋五霸和战国七雄

春秋时期烽烟四起,战火连天,在这不到三百年的时间里,发生了有史料记载的军事行动四百八十多起。司马迁在《史记》中记载:"春秋之中,弑君三十六,亡国五十二,诸侯奔走不得保其社稷者,不可胜数。"据说,春秋初期总共有一百四十多个诸侯国,经过不断的征战合并,只剩下几个国力强大的诸侯国。这些诸侯国为了争夺霸权,互相征战。先后称霸的五个诸侯叫作"春秋五霸"。

《史记》中春秋五霸是指齐桓公、宋襄公、晋文公、秦穆公和楚庄王。王褒的《四子讲德文》认为,春秋五霸是齐桓公、晋文公、楚庄王、吴王阖闾、越王勾践。还有人说是齐桓公,晋文公,秦穆公、楚庄王、吴王阖闾。另有人认为,所谓"五霸",应是一种虚指,并非实指五位国君。郑庄公、齐桓公、晋文公、秦穆公、楚庄王、晋悼公、吴王阖闾、越王勾践,这八个足智多谋、有胆有识的君主串联起了整个精彩纷呈的春秋时代,见证了这数百年的兴衰荣辱,难以取舍。

春秋末年,晋国被韩、赵、魏三家瓜分,就是著名的"三家分晋"事件,史学界将此作为春秋与战国的分界点。春秋的无数次战争使诸侯国的数量大大减少,到战国时期实力最强的七个诸侯国被史学家称作"战国七雄"。

与春秋五霸的众说纷纭相比,战国七雄的定义就比较简单,分别为燕、齐、楚、秦、赵、魏和韩。七个诸侯国之中,除了秦国在崤山以西之外,其余的六国均在其东边。因此这六国又称"山东六国"。

战国中期,七国争雄的格局形成之后,就开始了为时数百年的征战,期间合纵连横、变法改革、运筹帷幄,发生了一个个惊心动魄、纷繁精彩的历史故事,直到公元前221年,秦国将其余六国各个击破,一统天下,结束七国争雄的局面。

战国七雄。

【原文】

嬴秦氏①,始兼并②。传二世③,楚汉争④。

【导读】

战国七雄中,秦王嬴政是位十分有作为的君主,他继承了秦国的大业后陆续统一了韩、魏、楚、燕、赵、齐六个诸侯国,结束了自春秋起五百年来分裂割据的局面,在公元前221年建立了中国历史上第一个统一的、多民族的、中央集权制国家。嬴政兼采传说中三皇五帝的尊号,宣布自己为中国的第一个皇帝,自称"始皇帝",后世子孙代代相承,递称二世皇帝、三世皇帝,乃至万世皇帝。秦始皇采取的一系列措施例如车同轨、书同文、统一度量衡都对后世产生了巨大的积极意义。但是其在位期间,行政残暴,百姓受尽欺压。秦始皇死后,其子胡亥用计夺得皇位,所作所为更加的荒淫无道。全国各地反对暴政的武装起义纷纷爆发,天下大乱。

在推翻秦朝暴政的武装起义的队伍中,最有实力的,就是楚霸王项羽和汉王刘邦。

【注释】

①嬴秦氏：指秦国或秦王朝。秦国的国君姓嬴，故称嬴秦。这里指秦始皇嬴政。②兼并：大国吞并小国。③传：传位。二世：指秦始皇的儿子秦二世胡亥。秦朝自秦始皇始，只传了二世就因其严酷黑暗的统治而被农民起义所推翻。④楚：这里指西楚霸王项羽。汉：指汉高祖刘邦，他被封为汉王，最后建立了汉朝。争：这里指争夺王位。

【译文】

　　战国末年，秦国日渐强大，通过各个击破的方式吞并六国，统一天下，建立了中国历史上第一个封建王朝，秦国国君便自称为"始皇帝"。秦始皇去世，他的儿子胡亥继承皇位。由于施行严刑峻法，加上宦官赵高专权，不过短短三年时间，秦朝的统治就被推翻了。秦朝灭亡后，群雄并起，其中以西楚霸王项羽与汉王刘邦实力最强大，彼此争斗不止，各不相让。

秦始皇像。

【细说活解】

书同文，车同轨，统一度量衡

　　秦始皇是中国历史上第一个以汉族为主、多民族中央集权制帝国——秦朝的创立者，无论是中国历史还是世界历史，秦始皇都具有深远而重大的影响，因此被明代思想家李贽誉为"千古一帝"。《史记·秦始皇本纪》中记载着"一法度衡石丈尺，车同轨，书同文字"这样的内容，就是秦始皇在经济文化上做出的巨大贡献。

　　战国时期，诸侯国各自为政，文字的形体复杂紊乱，秦始皇统一六国后，各个区域的民间文字依旧存在着差异，不但阻碍了各地的经济文化交流，也影响了中央政策的推行，因此秦始皇命李斯等人对文字进行整理统一。李斯以秦国文字为基础，参照六国文字，制定出小篆作为官方规范文字，同时废除其他异体字；程邈根据当时民间流行的字体，整理出隶书。两种文字均在全国推广。

　　战国时期，由于连年征战，各诸侯国为互相防范在各地修筑很多关塞堡垒，各国间的道路宽窄不一，车辆形制也不统一，严重影响交通往来。秦始皇统一中国后，下令拆除关塞、堡垒，并陆续修建了以咸阳为中心的三条驰道，形成了以咸阳为中心的四通八达的交通网络，把全国各地联系在一起，规定车宽以六尺为制，一车可通全国，便利了交通往来，促进经济的交流发展。

　　战国时期，各诸侯国自铸货币、自立度量衡，使得各国货币和度量衡也很不统一（度量衡是指在日常生活中用于物体计量长短、容积、轻重的统称）。秦始皇下令将货币统一分为上币和下币两种：上币为黄金，以镒为单位；下币为圆形方孔铜钱，以半两为单位。秦始皇还把商鞅变法时制定的度量衡制度在全国推广，促进了商品的交换和经济的交流，促进了统一国家的发展。

【原文】

高祖兴①，汉业建②。至孝平③，王莽篡④。

【导读】

　　楚汉之争中，汉王刘邦在垓下打败项羽，也就是著名的"垓下之战"。最终刘邦取得了胜利，建立了汉王朝，定都长安，史上称之为汉高祖。汉朝也分为"西汉"和"东汉"两个历史时期。汉平帝时期，由于平帝年龄小，大臣王莽辅佐朝政，伺机篡夺了皇位，改国号为"新"。至此西汉结束。

　　西汉时期是中华民族发展史上的一个重要时期，在典章制度、语言文字、文化教育、风俗习惯多方面都逐渐趋于统一，构成了共同的汉文化。

【注释】

①高祖：这里指汉高祖刘邦。兴：兴起。
②汉业：指汉朝的天下大业。建：建立。
③孝平：指汉平帝。④王莽：汉元帝王皇后的侄子，曾任汉朝宰相，后来自立为皇帝，建立了新朝。篡：特指封建时代臣子夺取君位。

【译文】

刘邦在楚汉之争中最后胜出，打败项羽，登上帝位，成了汉高祖，开启了刘家的天下大业。到汉平帝时，野心勃勃的王莽掌握了国家大权，他杀了平帝，篡夺了帝位，建立了新朝。

【细说活解】

罢黜百家，表章六经

"罢黜百家，表章六经"是西汉武帝实行的封建思想统治政策，也是儒学在中国文化中居于统治地位的标志。我们经常说的"罢黜百家，独尊儒术"是后人在解读时的曲解。"罢黜百家，表章六经"是由董仲舒提出的，这时的儒家已经和春秋战国时期的儒家思想不同了，而是融合了道家、法家、阴阳五行家部分思想，与时俱进，适应当时统治阶级需要的新思想。

汉朝初期，为了减轻百姓负担，同时休养生息，在政治上实行无为而治，经济上轻徭薄赋，思想上清静无为，总之，文景之治时期，黄老学说占据主要的地位。到了汉武帝时期，与世无争的道家思想已经不能满足政治上的需要，为了维护封建统治的秩序，加强中央集权，必须有一种新的思想来占据主导。这时，董仲舒就向好大喜功的汉武帝献上了"儒术"。儒家中的大一统思想、仁义思想及君臣伦理观念非常符合汉朝当时所面临的局势。想要建立大一统帝国的汉武帝和争夺学术地位的董仲舒两人一拍即合，开始了"罢黜百家，表章六经"的文教政策。儒家思想从这时候开始，超越了各个学派，取代道家了统治地位，成为两千多年来中国传统文化的正统思想。

"罢黜百家，表章六经"的思想在当时虽然有利于统治阶级建立一个稳定、牢固的宗法制的国家，增强各民族

高祖兴。

王莽篡位。

汉武帝罢黜百家，表章六经。

之间的凝聚力。但另一方面，汉武帝时代连年战争与攻伐，造成了社会动荡、民不聊生之恶劣后果。而"独尊儒术"也造成了后代中国思想发展被禁锢，造成中国思想界万马齐喑的现象。

【原文】

光武兴①，为东汉②。四百年，终于献③。

【导读】

由于腐败的王莽政权不得人心，天下大乱，割据一方的汉高祖刘邦的后代刘秀在昆阳大战中打败了王莽，其后随着实力不断壮大，统一了全国，史称汉光武帝。光武帝沿用汉朝国号，定都洛阳，后人称之为"东汉"。

光武帝后，东汉延续了二百年，到汉献帝刘协的时候，天下大乱，出现了军阀混战的局势，刘协为魏王曹丕所废，东汉王朝至此灭亡了。

光武帝刘秀开创东汉基业。

【注释】

①光武：东汉光武帝刘秀，东汉的开国君主。②东汉：刘秀恢复汉朝，建都洛阳。由于洛阳在东边，而汉朝以前的都城长安在西边，为了区别，后人就把光武帝之前的汉王朝称为"西汉"，把光武帝重新建立的汉王朝称为"东汉"。③终：终止，结束。于：在。献：指汉献帝，是东汉最后一位皇帝。

【译文】

王莽建立新朝后，人民无法安稳生活，于是国家重新陷入纷争局面。王莽在混乱中被杀，新朝灭亡。刘秀沉稳冷静，又有谋略，最终打败其他势力，光复汉室，史称东汉，刘秀就是汉光武帝。汉朝到最后一位皇帝献帝为止，总共持续了四百年之久。

【细说活解】

王莽篡位和昆阳大战

汉朝在文景之治和汉武帝的开疆拓土后，进入了一个相当鼎盛的阶段。但是表面的安定繁荣不能掩盖统治阶级内部的混乱。外戚和宦官专权是汉朝自建立以来就有的一股随时可能爆发的暗流。从汉元帝开始，西汉开始走向衰败，外戚与宦官的势力不断增强。到了汉成帝时，汉成帝贪恋美色，沉迷于皇后赵飞燕姐妹的温柔乡中，荒废朝政，致使皇太后王政君权力增加，为外戚王室的兴起提供了有利的条件。汉成帝刘骜死后，汉哀帝刘欣即位，汉哀帝终日与宠信董贤玩乐不理朝政，外戚王室的势力进一步膨胀，终于在汉哀帝去世后，外戚王莽被太皇太后王政君任命为大司马。其后拥立9岁的汉平帝登基，由王莽代理政务。汉平帝后因病医治无效而崩，王莽拥立年仅2岁的刘婴为皇太子，太后王政君命王莽暂代天子朝政，称"假皇帝"或"摄皇帝"。王莽在朝中的势力如日中天，没多久，王莽逼迫王政君交出传国玉玺，接受孺子婴禅让后称帝，改国号为"新"，改长安为常安，是为始建国元年。王莽在朝野广泛的支持下登上了最高的权位,开了中国历史上通过篡位做皇帝的先河。

刘秀是汉高祖刘邦的后代,看到王莽篡位,一心想恢复刘氏江山。他率领的起义军和绿林军合并后驻扎在昆阳,并且声势越来越大。王莽知道后,连忙集结军队前去镇压。

为了虚张声势,王莽军找到一名叫巨毋霸的巨人,巨毋霸身材高大粗壮,而且还有一个本领,就是能够驯养一批老虎、豹、犀牛、大象。王莽派他为校尉,让他带了一批猛兽上阵助威。昆阳城的绿林军只有九千人,面对声势浩大而且带着猛兽的王莽军队,人们都很恐慌。刘秀觉得死守昆阳城只有死路一条,于是自己带领十二个勇士趁夜冲出去搬救兵。第二天开战,王莽军队实力雄厚,绿林军不敌王莽大军。这时,刘秀率领的几千援军赶到城下。他们一以当百,奋勇争先,一下就把王莽的军队冲得大乱。城中的绿林军见此状,也趁机冲出来与援军里应外合。大战正酣,忽然刮起大风,紧接着就电闪雷鸣,大雨倾盆而下。王莽军队所带的野兽都被吓得浑身发抖,四处逃窜。这下王莽军队的优势彻底没有了,逃跑的士兵互相践踏,死伤无数。

昆阳之战中王莽军巨毋霸驱使猛兽作战。

昆阳之战中刘秀最终消灭了王莽部队。

昆阳大战消灭了王莽的主力的消息,鼓舞了各地人民,纷纷起来响应汉军。王莽新朝维持了十五年,最终土崩瓦解。

【原文】

魏蜀吴①,争汉鼎②。号三国③,迄两晋④。

【导读】

东汉末年,外戚专权,宦官秉政,政治腐败,天灾不断。汉灵帝时期,黄巾起义爆发,从此开始了近一百年的战乱时代。各地方政权相互吞并,最终剩下有魏、蜀、吴三个势均力敌的政权。魏蜀吴三国鼎立的状态持续了五六十年,人们称这段时期为三国时期。

公元263年司马昭发兵攻蜀后,魏帝以并州等十郡封其为"晋公",灭蜀后进爵为晋王。公元265年其子司马炎自立为皇帝,国号"晋",定都洛阳,史称西晋,共传四帝五十二年。西晋为匈奴大军所灭后,司马睿在建康重建晋廷,为晋元帝,史称东晋,共传十一帝一百零四年,两晋总历时一百五十六年。

【注释】

①魏：国名，是三国中最强大的国家，曹操的儿子曹丕废除汉献帝后建立。蜀：这里是国名，刘备建立，定都成都，其国号"汉"意味着是汉朝的延续，又因其占据的益州俗称蜀地，也称"蜀汉"。吴：国名，孙权建立，定都金陵。②鼎：传国宝物，是王位和权力的象征。③三国：指魏、蜀、吴三个国家。④迄：到。两晋：指西晋与东晋。

【译文】

东汉末年，天下大乱，赤壁之战奠定了三国鼎立的局面：曹操占据了北方绝大部分地区，他的儿子曹丕取代汉献帝自立为王，国号"魏"；刘备占据西南，国号"汉"，史称"蜀汉"；孙权统治了长江下游地区，国号"吴"。魏、蜀、吴三分天下，史称三国时代。公元263年魏军攻入益州，蜀国灭亡。然后司马炎逼迫魏王退位，改国号为"晋"。晋武帝司马炎灭吴，重新统一天下，结束分裂局面。之后，晋元帝往东迁都，定都建康（现在的南京），史称东晋。

魏蜀吴，争汉鼎。

公元263年，司马炎逼迫魏王退位，改国号为"晋"。

【细说活解】

分久必合，合久必分

《三国演义》第一回中有："话说天下大势，分久必合，合久必分。周末七国纷争，并入于秦。及秦灭之后，楚、汉纷争，又并入于汉。汉朝自高祖斩白蛇而起义，一统天下，后来光武中兴，传至献帝，遂分为三国。"

中国的封建史从周朝开始就一直处于统一和割据的交替循环中，这是社会发展的一种必然现象和过程。引用辩证唯物主义的观点，事物内部或事物之间的对立统一的辩证关系，事物之间同时并存着相互吸引和相互排斥的关系，这两种关系使得事物处在一种动态的平衡中。事物内部这种对立统一的关系，使事物不断运动发展，朝着一定的轨道运行。分离久了就会趋向于合并，而合并久了就会趋向于分离，周而复始，循环往复。

但是史学界认为，在中国古代史上，国家统一是中国历史发展的不可抗拒的历史潮流。即使在封建国家分裂割据的时期，也孕育着统一的因素，这些因素的积聚必然为统一创造条件。

而分裂割据是封建社会所没有办法避免的。封建社会实行的是一种自给自足的自然经济，这种自然经济本身具有极强的分散性和割据性，因此极容易造成割据势力的形成，最终造成国家分裂，硝烟四起，最终使一个王朝土崩瓦解。

但是分裂却是中国历史上非常重要的历史现象。中国历史上的几次分裂，对经济的发展、文化的繁荣，以及民族的融合都具有重要的意义。

【原文】

宋齐继①，梁陈承②。为南朝③，都金陵④。

【导读】

南朝是东晋之后建立于南方的四个朝代的总称。东晋王朝灭亡之后，在南方先后出现了宋、齐、梁、陈四个朝代，而它们存在的时间都相对较短。首先取代东晋王权的是宋王朝的宋武帝刘裕，六十年后，宋王朝又被齐高帝萧道成所建立的齐王朝所取代。二十年后，齐王朝又为梁武帝萧衍所建立的梁王朝取代。五十多年后，梁王朝被陈武帝陈霸先建立的陈王朝取代，陈王朝延续了三十多年。南朝时期是我国历史上朝代更迭较快的一段时间。虽然维系的时间短，但是南朝在中国历史上有着极其重要的地位，客观上为中华文明的发展和传播做出了不可磨灭的贡献。

宋齐继，梁陈承。为南朝，都金陵。

【注释】

①宋齐（梁陈）：南北朝时期南方的四个朝代名称。继：继续，继承。②承：承接，承继。③南朝：东晋之后建立于南方的四个朝代的总称，分别是宋、齐、梁、陈四个朝代。④都：定都，建都。金陵：地名，即现在的南京。

【译文】

刘裕灭了东晋，改国号为"宋"。六十年后，萧道成灭宋，改国号为"齐"。二十三年后，萧衍亡齐，改国号为"梁"。五十六年后，陈霸先灭梁，改国号为"陈"。三十三年后，陈的国运也最终宣告结束。宋、齐、梁、陈四朝都把国都设在金陵，国土都局限于长江以南地区，统治时间又都非常短暂，于是历史上合称为"南朝"。

【细说活解】

"南朝四百八十寺"

"南朝四百八十寺"这句诗出自唐朝诗人杜牧的《江南春》中的"南朝四百八十寺，多少楼台烟雨中"，形容南朝时期，佛法兴盛，庙宇众多，寺院林立。

西汉末年，佛教传入中国。佛教传入之初，就受到了西汉统治阶级的重视，但是那时候的佛教仅仅影响了上层统治阶级，并没有在民间广泛流传。南北朝时期是我国佛教发展的一个重要阶段，这个时期的佛教在帝王的支持下，发展得极为兴盛：寺院林立，僧尼剧增；译经事隆盛，无论是译经卷数还是译经范围，都相当可观；成立了独立的佛教学派，不再依附于儒道。这段时期是中国佛教发展最快的时期。

南朝的佛教在梁武帝在位达到全盛。梁武帝年老后崇奉佛教，多次舍身出家，当住持，讲解经书。梁武帝信佛后，不近女色、不吃荤，不仅自己这样做，还要求全国人民效仿他。梁武帝潜心专研佛经，荒废朝政、重用奸臣，致使朝廷昏暗。

有一个成语叫作上行下效，意思就是说居上位的人做不好的事情，居下位的人也会跟着做不好的事情。梁武帝提倡佛教，建造了很多寺庙塔院，在后妃和公主之间也引发了一场兴造寺塔的风潮，官员百姓也纷纷兴建庙宇。"南朝四百八十寺"并不是杜牧的夸张，根据相关史料的记载，梁武帝时期，南梁的都城建康的佛寺数甚至超过了五百座。

然而，这烟雨楼台却成为当时百姓非常沉重的负担。林立的寺院占据了大量的民田民宅，浪费大量人力财力去铸造寺庙和佛像，而且要供养数十万的和尚和尼姑，大大增加了人民的负担。每一座寺院都拥有庞大的土地和财产，从事商业和高利贷活动，致使人民所受到的压迫和剥削也就更为沉重了。

梁武帝崇奉佛教。

【原文】

北元魏①，分东西②。宇文周③，与高齐④。

【导读】

　　北朝是我国历史上与南朝同时代的北方王朝的总称，其中包括了北魏、东魏、西魏、北齐、北周等数个王朝。北朝结束了从八王之乱起将近一百五十年的中原混战的局面。北魏王朝统一了北方地区，之后分裂为东魏和西魏两个王朝。不久，东魏被高洋建立的北齐王朝所取代，而西魏被宇文觉建立的北周王朝所取代。两晋结束后，南朝北朝一直处在相互对峙的状态上，政权更替频繁，社会动荡不安，百姓流离失所，整个国家始终没有统一。

【注释】

①北：北方，北朝。元魏：北魏是拓跋氏建立，拓跋氏是鲜卑族，后改姓元，所以又称元魏。②分东西：元魏后来分为东魏、西魏。③宇文周：指宇文觉所建立的北周政权。宇文，复姓。④高齐：高洋所建立的北齐政权。高，姓。

【译文】

　　长江作为天然界线将南方政权和北方政权隔开。拓跋氏在北方建立了魏朝，又称元魏。元魏到了孝武帝时，大臣高欢独揽大权，孝武帝向西投奔宇文泰，于是北魏分裂为东魏和西魏。宇文泰的儿子宇文觉趁势夺取皇位，建立周朝，史称北周（宇文周）。高欢的儿子高洋同样趁机灭了东魏，建立齐朝，史称北齐（高齐）。

【细说活解】

民族大融合

中国是一个以汉族为主体的统一的多民族国家。我们称自己为中华民族,这里的中华民族并不是现代社会学和人类学上所说的,具有相同血系、语言、住所、习惯、宗教、精神体系的民族,而是一个政治概念。中华民族是由几千年来,各个民族之间不断地交流融合而产生的,具有民族凝聚力和民族感情,是一个和谐的大家庭。

中国古代历史上有几次非常重要的民族大融合时期,如春秋战国时期、三国两晋南北朝时期、宋元时期等。三国两晋南北朝时期是我国古代第一个民族大融合的高潮时期。这一时期,许多民族都建立了政权,并纷纷与汉族融合。无论是南方还是北方,各民族间都有双向或者多向的迁徙或对流。这一时期最为重要、影响最为巨大的就是北魏孝文帝的改革。

北魏孝文帝力排众议推行改革。

孝文帝改革的内容主要是创建新制、实行汉制、移风易俗等方面。政治上,制定官吏俸禄制,俸禄由国家统一筹集;经济上,推行均田制和新的租调制,减轻农民的负担,增加朝廷的收入,提高了生产力;文化上,孝文帝迁都洛阳,接受汉族先进文化,穿汉服、讲汉语、改汉姓、积极与汉人通婚等。

北魏孝文帝改革,移风易俗。

孝文帝的改革一方面促进了北魏政治、经济的发展,另一方面有效地推动了民族之间的融合。孝文帝所代表的鲜卑族以武力征服汉族和其他少数民族后,又被汉族所拥有的较高的文化所征服,不断吸取汉族先进文化,加快自身的发展,并巩固了封建统治。另外,汉族也从其他民族中吸收了其中优秀的部分,各民族间取长补短,使自己发展得更加完善。

民族融合是历史发展的必然趋势,中华民族就是在这样一次次融合的过程中变成现在这样一个多元化的民族,我们应当尊重各民族的习惯,友爱各民族的人民,为我们这个和谐美好的大家庭感到自豪和骄傲。

【原文】

迨至隋①，一土宇②。不再传，失统绪③。

【导读】

隋朝是中国历史之中最短命的朝代之一，上承南北朝、下启唐朝。公元581年隋文帝杨坚代北周称帝，改国号为隋。后灭南朝陈，统一中国，结束了中国自魏晋南北朝以来的长期分裂局面。

但是隋王朝延续的时间也相当短暂，它的第二个皇帝隋炀帝骄奢淫逸，多次发动战争劳民伤财，最终引起统治危机。全国各地纷纷叛乱，群雄割据。隋廷在此局势下迅速土崩瓦解。

隋朝在政治上、军事上、经济上施行的措施对后世都有很大的影响。隋朝还兴修了举世闻名的大运河，巩固了中央对东南地区的统治，加强了南北经济、文化的联系。

隋文帝杨坚最终灭陈而统一了天下。

【注释】

①迨：等到。隋：指隋文帝杨坚建立的隋朝。②一：统一。土宇：土地和房屋，指国家、天下。③失统绪：亡国的意思。统绪，政权、统治。

【译文】

南北朝时期朝代不停变换，直到杨坚以武力再度统一天下，才结束了这段纷乱的历史。杨坚建立隋朝，史称隋文帝。可惜只传到隋炀帝就亡国了。

【细说活解】

"功过"大运河

隋朝是我国历史上非常重要的王朝之一，它结束了自魏晋南北朝以来长达三百年的南北分裂的局面，完成了中国的大一统，重新建立了统一的多民族国家，使中国在之后的几个世纪里都保持着政治的统一。在隋朝不到四十年的统治里，确立了对后世具有深远影响的三省六部制，制定了完整的科举制度，军事上开拓疆土，征讨四周国家，扩张隋朝版图。不仅如此，还开发畅通了丝绸之路，开通了运河，修筑了长城。

隋朝种种举措中，对后世影响最为深刻久远的，当属大运河的开发。大运河以洛阳为中心，南起余杭，北至涿州，跨越地球十多个纬度，纵贯东南沿海和华北平原，连接黄河流域、长江流域两个文明，使黄河流域、长江流域逐渐成为一体，是中国古代南北交通的大动脉，隋唐大运河是世界上开凿最早、规模最大的运河，

隋炀帝开凿大运河耗尽民力。

是我国古代劳动人民创造的伟大的水利建筑工程。元朝时，经取直疏浚，进一步通到北京，成为现在众所周知的京杭大运河。大运河的修建，军事上可以缩短军队调动行程和日期；政治上有利于对江南地区的控制，巩固中央集权统治；经济上加强了南北经济中心的联系，促进了生产力的提高。同时大运河使中国水运畅通、发达，为中国后世的繁荣富强打下了牢固坚实的基础。

然而，对一个刚从战乱走出，正逐渐恢复的新建国家，兴修这样一条运河是十分耗费国力的。由于大运河修建得急促，无休止地劳动加上疾病侵袭，掘河的民夫中死亡人数占一半以上。不仅如此，隋炀帝修运河后几次三番乘龙舟南行，花费巨大，劳民伤财，天下百姓怨声载道，终于纷纷起义，导致隋朝灭亡。唐朝文学家皮日休在《汴河怀古》中说："尽道隋亡为此河，至今千里赖通波。若无水殿龙舟事，共禹论功不较多。"

大运河修成后贯通南北，利国利民。

【原文】

唐高祖①，起义师②。除隋乱③，创国基④。

【导读】

唐朝是世界公认的中国最强盛的时代之一。隋朝末期，军阀割据，民不聊生，爆发隋末农民起义。隋朝大臣李渊趁机起兵反隋，夺位称帝，定国号为唐，隋朝灭亡。唐朝建立后，李渊派李世民征讨四方，剿灭各方群雄，统一中华大地。唐朝在文化、政治、经济、外交等方面都有辉煌的成就，中国是当时世界上最强大的国家。

【注释】

①唐高祖：指唐朝的开国皇帝李渊。②起：起义，兴起。义师：反抗残暴或为正义而战的军队。③除：去除，消除，平定。隋乱：指隋朝末年混乱的局面。④创：创立，开创。国基：国家基业。

唐高祖，起义师。

【译文】

隋炀帝好大喜功、荒淫残暴，到处发动战争，大量增加税收，百姓们生活在水深火热之中，于是纷纷起义对抗朝廷。最后，李渊率领的军队脱颖而出，逐个铲平各地势力，李渊登基为唐高祖，开创了大唐帝国的基业。

【细说活解】

忠言逆耳利于行

"忠言逆耳利于行,良药苦口利于病"最早出自于《增广贤文》,意思是好的药虽然非常苦,但是对于治病却非常有用;忠诚的话虽然伤人,但是有利于人们改正自身的缺点。这句话是教导我们要勇敢地接受批评,从而避免走弯路。

纵观我国历史,大凡有成就的人,都敢于接受批评,乐于听取别人的意见。他们能够吸取别人的经验和教训,从善如流,才成就了一番事业。

唐太宗李世民就是这样一个君主,他与大臣魏徵之间的故事广为流传。魏徵以"犯颜直谏"而闻名,即便惹怒了皇帝,他也泰然自若,是我国历史上最负盛名的谏臣。李世民曾经问魏徵什么是明君、什么是昏君,魏徵回答他:"君之所以明者,兼听也;君之所以暗者,偏信也。"意思就是说,能够听取别人意见的君主是明君,不能听取别人意见或者偏信小人的就是昏君。成语"兼听则明,偏信则暗"就是从这里演化而来的。

史书上记载了很多关于魏徵直言进谏的事情。贞观十一年时,魏徵见唐太宗怠于朝政,生活渐加奢靡,便奏上著名的《谏太宗十思疏》,以"固本思源"为喻,说明了"居安思危,戒奢以俭"的重要性。《谏太宗十思疏》中向唐太宗提出了"十思",即十条劝诫,这十条劝谏条条坦诚、句句惊心,唐太宗也都接受了。《谏太宗十思疏》所提到的"用人""纳谏"策略也成了唐朝初期的基本治国方略。

后来魏徵因病去世后,唐太宗经常思念魏徵,他对侍臣说:"夫,以铜为镜,可以正衣冠;以史为镜,可以知兴替;以人为镜,可以明得失。魏徵没,朕亡一镜矣!"这"三镜"之说,成为被后世称道的名言。

唐太宗与魏徵。

【原文】

二十传^①,三百载。梁灭之^②,国乃改^③。

【导读】

唐朝是我国历史上最为强盛的朝代之一,它不仅经济发达、文化昌盛,在疆域上也是十分广大。唐朝的疆域在最盛时期东至朝鲜半岛,西达中亚咸海以西的西亚一带,南到越南顺化一带,北至贝加尔湖至北冰洋以下一带,总面积达一千二百五十一万平方公里。唐朝的强盛影响深远,直到现在我们仍然受着唐朝文化的影响,世界其他各地华人汇集的地方都称作"唐人街"。

在唐朝三百年的历史中,共延续了二十个皇帝,其中还包括了著名的女皇武则天。唐朝后期,战争不断,经济政治衰退,唐宣宗时爆发唐末农民起义,经过黄巢的打击,唐朝的基础被打破,唐朝统治名存实亡。公元907年,朱全忠逼唐哀帝李祝禅位,改国号梁,是为梁太祖,改元开平,定都于开封。唐朝灭亡。

【注释】

①二十传：指唐朝自建立到灭亡，一共传了二十位皇帝。②梁：指五代时后梁开国皇帝梁太祖朱温（全忠）。之：代指唐朝。③国：国号。乃：才。

【译文】

唐朝从建立到灭亡，总计历经二十位皇帝，统治将近三百年之久。唐朝是一个文治武功都很有成就的大帝国，不过在"安史之乱"后，国势逐渐衰落，又经历了几次大规模的动乱，最后朱全忠掌握大权，篡夺了唐昭宣帝的皇位，改国号为"梁"，为了与南北朝时期的梁朝相区别，史称"后梁"。

朱全忠掌握大权，篡夺了唐昭宣帝的皇位，改国号为"梁"。

【细说活解】

盛极必衰，物极必反

事物发展到极端，会向相反方向转化。司马迁的《史记》中有"夫月满则亏，物盛则衰，天地之常也"，他认为"物极必反"是一个普遍的规律，就像是月满则亏这种自然规律一样。历史上有很多人都认同"物极必反"这一命题，《吕氏春秋·博智》中明确地提出了："全则必缺，极则必反，盈则必亏。"我们现在经常说的"乐极生悲"、"否极泰来"也都有这样的意思。

"物极必反"的思想最早由老子提出，他在《道德经》中说："物壮则老，谓之不道，不道早已。"事物壮盛到了极点就会衰朽，发展到极限就会向相反方面转化，这是"道"运行的必然结果，是自然运动的规律，世间万物内部就包含着对立的关系，万物消长盛衰，周而复始，都与事物内部的对立关系有关。

我国历史上也有很多"盛极必衰，物极必反"的例子，比如王朝的更替、家族的兴衰、个人的荣辱，"物极必反"作为一个自然界的普遍规律，存在于万事万物之中。

唐朝经历了唐太宗贞观之治和唐玄宗的开元之治后，达到了一个极为鼎盛

唐朝经历了唐太宗贞观之治和唐玄宗的开元之治后，达到了极为鼎盛的状态。

唐玄宗晚年荒废政务，终于酿成了安史之乱。

的状态。在这之后，唐朝也像之前的朝代一样，出现了外戚专权、朝纲紊乱、朝廷昏暗的现象，最终导致了"安史之乱"的发生，使唐朝走下坡路，最终灭亡。

【原文】

梁唐晋①，及汉周。称五代②，皆有由③。

【导读】

唐朝灭亡之后，在中原地区相继出现了后梁、后唐、后晋、后汉和后周五个朝代。同一时期，南方地区相继出现了前蜀、后蜀、吴、南唐、吴越、闽、楚、南汉、南平、北汉，合称为"十国"。所以这段时期历史又被总称为"五代十国"。中国古代以正统史观为主，因五代建立于中原地区，占据着原唐朝都城的中央地区，以正统自据，故后来的史学家著五代史。而十国及其余政权被称为割据势力。但无论是"五代"还是"十国"，每次王朝的更替者，都是掌握了国家实权的武将，说明在当时，兵权和时机就是成就一代帝王最有利的武器。

五代战乱不断，政权更迭频繁，是中国历史上最黑暗的时代。

【注释】

①梁唐晋（汉周）：分别指后梁、后唐、后晋、后汉、后周。②五代：唐朝灭亡之后，在中原地区相继出现了五个朝代，即上面所说的后梁、后唐、后晋、后汉、后周。③皆有由：都是有原因的。皆，全、都；由，原因、缘由。

【译文】

朱全忠篡唐建梁，史称后梁；李存勖篡梁建唐，史称后唐；石敬瑭篡唐建晋，史称后晋；刘知远篡晋建汉，史称后汉；郭威篡汉建周，史称后周，五个朝代合称"五代"。这些朝代最长的不过十几年，最短的甚至只有四年，是一个动荡不安的黑暗时代。五代的开国君王都是篡夺了别人的帝位才当上皇帝，所以五个朝代的突然兴起和突然灭亡都是有原因的。

【细说活解】

正统史观与"五代十国"

正统史观是指历代史学研究者对历史事件持有的共同观点，是我国传统史学中最深层的历史观念之一，在史学研究中占主导地位，影响深远。

"正统"一词出自儒家经典《春秋》，本义是以宗周为正，尊先王、法五帝，为天下一统。宗周包括血统上的嫡长子继承制以及文化上的华夷之辨。华夷之辨是指以文明礼仪作为标准，对人群进行分辨。华夷之辨又叫夷夏之辨，顾名思义，是区辨华夏族和蛮夷之族的。正统史观就是以这种一脉相传的继承性或华夷之辨为主要观念的史学观。

"五代十国"最早出自北宋薛居正的《旧五代史》和欧阳修的《新五代史》这两部史书，古人撰写史书时一般就以正统史观为主，后梁、后唐、后晋、后汉、后周这五个朝代因为建立于中原地区，就被视为正统,被称为"五代"。而前蜀、后蜀、吴、南唐、吴越、闽、楚、南汉、南平、北汉等十几个政权则被称为"割据势力"。《新五代史》中提出了"十国"的说法,是选取了当时众多割据势力中比较有代表性的十个政权,著为"十国世家"。但是,站在后来的角度看历史,"十国"也具有相当的影响和意义,因此不能以固有的、带有主观色彩的观点来看历史,会以偏概全,不利于史学的创新。因此,后人常常将"五代"与"十国"合称使用,这样更加严谨和全面。

【原文】

炎宋兴①,受周禅②。十八传③,南北混④。

【导读】

宋朝是中国历史上承五代十国、下启元朝的时代,根据首都及疆域的变迁,又分为"北宋"与"南宋",合称"两宋"。

宋太祖赵匡胤原是后周王朝统帅禁军的将领,他发动了"陈桥兵变",自己做了宋朝的开国皇帝,因其发迹在宋州,故国号曰"宋",定都汴梁。宋太祖建宋之初为避免唐安史之乱以来藩镇割据和宦官乱政的悲剧,遂采取重内轻外和重文抑武的国家政策,影响所及长远。靖康年间,金兵攻陷汴京,北宋遂亡。徽宗第九子赵构在临安重建宋王朝,史称"南宋"。

北宋的皇帝有九位,南宋的皇帝也有九位,共十八位,时历三百多年。因宋朝重文抑武的治国政策,使宋朝成为中国古代历史上经济与文化教育最繁荣的时代。

赵匡胤黄袍加身。

【注释】

①炎宋:自秦开始,历代王朝为标榜自己是正统,取代前朝是天命所归,便用五行的转换来解释朝代的更替,宣称自己是五行之一。宋朝认为自己代表"火德",因此称宋朝为炎宋。炎,是火的意思。②周:这里指五代中的后周。禅:禅让,古代帝王让位给别人。③十八传:一共传了十八位皇帝。传,这里是指传授帝王权位。④混:混同,掺杂在一起。

【译文】

后周的恭帝七岁即位,大权便落入了禁军将领赵匡胤手中,他与部下合力演出"黄袍加身"的戏码,后周皇室知道大势已去,只好将帝位禅让给他。赵匡胤登基后,改国号为"宋",就是宋太祖。宋朝自建立至灭亡,总计经历了十八位皇帝,这时北方少数民族势力非常强大,经常南下袭击宋朝边境,造成南北混战的局面。

【细说活解】

君权神授和君权"民"授

君权神授是封建专制时期的一种政治理论,认为君主的权利是神赐予的,君主代表神管理人民,享有江山。在《尚书》中,就有"有夏服天命"的说法,到了周朝时,就有了"丕显文武,皇天宏厌厥德,配我有周,膺受天命"这样直接宣传"君权神授"思想的铭文。汉朝时,这个思想有了非常系

民为贵，社稷次之，君为轻。水可载舟，亦可覆舟。

统的发展，董仲舒提出了"天人相与"的理论，认为天和人之间是相通的，天是最高的主宰，而人应该按照天的意志来行动。君主是天的儿子，是奉天的命令统治天下的，所以百姓应该对天子绝对地服从。君权神授的理论在中国产生了深远的影响，以至于无论是后代君王，还是起义的领袖，没有不假托天命的。

但是古代中国素有"民贵君轻"的说法。"民贵君轻"是由孟子提出的，他从仁政的角度出发，站在国家的立场上，认为百姓才是国家的基础，百姓比君主更重要。在孟子看来，朝代的更迭、皇位的易主，都是取决于民众。孟子的"民贵君轻"理论体现了一种民本思想，也有相当深刻的意义。后世很多君王都能认识到民众的重要性，比如汉高祖说过"王者以民人为天"、隋炀帝提出"非天下以奉一人，乃一人以主天下"，唐太宗也有"君依于国，国依于民"的说法等。

秦末农民起义时，陈胜吴广就利用"君权神授"的道理，将写有"陈胜王"的字条放置在鱼肚子里，待戍卒剖鱼腹时发现这一帛书感到惊异。陈胜以此来证明起义符合天意，说明他已不再是雇农，而是他们的真命天子。而到了宋太祖赵匡胤时，更注重的是士兵将领的拥护。他派自己的亲信在众将士中散布言论，说：皇帝年幼，国家又处在多事之秋，我们如此拼命效力国家，有谁知晓？不如拥立赵匡胤为皇帝，然后再出发北征，或许还能多得些好处。于是将士们的兵变情绪被煽动起来，当夜就选出了代表，去见赵匡胤的弟弟赵义和亲信赵普。众人合谋将一件早就准备好的黄袍盖在假装醉酒刚刚醒来的赵匡胤身上，众人一起跪下，呼喊万岁，遂拥立他为皇帝。赵匡胤就这样"勉为其难"地黄袍加身，建立了宋王朝。

【原文】

辽与金①，皆称帝。元灭金②，绝宋世③。

【导读】

辽和金在当时都是强大的少数民族政权，是宋朝外在最大的威胁。辽是五代十国、北宋时期以契丹族为主体建立，统治中国北部的封建王朝。辽存在了近二百二十年，共有九代帝王，后为宋和金两朝联手所灭。金是位于今日中国东北地区的女真族建立的一个政权。宋金联手消灭辽后，金大举南下灭掉了北宋王朝，但是南宋王朝又马上建立了起来。金在1234年灭于蒙古与南宋的联合进攻，共经历十位帝王。

【注释】

①辽：朝代名，契丹人耶律阿保机建立，后为金所灭。金：朝代名，女真人完颜阿骨打建立，后为蒙古所灭。②元：指元朝，蒙古人建立的朝代。成吉思汗铁木真建立，初号蒙古，1271年忽必烈定国号为元，1279年灭南宋统一全国。③绝：断绝，消灭。宋世：宋朝的天下。

【译文】

宋朝建立前后，北方少数民族势力强大，契丹人、女真人与蒙古人先后称帝，建立了自己的政权。他们全都野心勃勃，想攻打南方，以夺取更广阔的土地和更丰富的物产。契丹人建立了辽，女真人灭辽建金，最后成吉思汗统一各部落，建立了蒙古国，并先后灭掉金朝与宋朝，结束了南北分裂的局面。忽必烈改国号为"元"，他就是元太祖。

【细说活解】

因俗而治

宋朝时期，北方很多少数民族崛起，并建立了自己的政权，其中比较强大的两个政权分别是以契丹族为主体建立的辽朝，和以女真族为主体建立的金朝。

这两个王朝在与中原的交往中，融合了汉族先进的文化，使本身的经济、文化在短时间内得到了快速的发展，接连统治了整个中国北部。

辽朝建立了一个"南北面官制"，以"本族之制治契丹，以汉制待汉人"，实行"因俗而治"的政策。金朝初期也采用辽朝"因俗而治"的体制，熙宗改制以后才全盘采用女真制。

所谓的"因俗而治"，就是根据不同的民俗进行不同的治理。采用这种制度，可以使少数民族政权尽快地适应中原的社会习俗和社会制度，以及适应不同程度的生产力和生产方式，既有利于统治阶级维护统治，维持社会稳定，又有利于少数民族向先进的汉民族文化进行学习。我国历史上有很多"因俗而治"的例子，大多出现在少数民族统治时期，例如元朝和清朝，向前也可以追溯到周朝时期。统治者根据自身的情况，结合当地的民俗民风进行治理。唯物辩证法的方法论讲求一切从实际出发，这种"因俗而治"的体制就体现了一切从实际出发的要求，具有科学性和极高的可操作性。

完颜阿骨打建立金政权。

【原文】

莅中国①，兼戎狄②。九十载，国祚废③。

【导读】

元朝，又称大元，是中国历史上第一个由少数民族建立并统治全国的封建王朝。

元朝的疆域空前广阔，今天的新疆、西藏、云南、东北、台湾及南海诸岛，都在元朝统治范围内。元朝自忽必烈定国号起，历十一帝九十八年。

蒙古族是一个历史悠久的民族，长期生活在蒙古高原，包括许多大大小小的氏族、部落。为了掠夺更多的财富，各个部落的奴隶主互相展开战争。蒙古诸部领袖铁木真通过残酷战争统一了蒙古高原各蒙古部落。铁木真被各部落推举为"成吉思汗"，建立政权于漠北，蒙古汗国成立，蒙古草原结束了长期混战的局面。蒙古汗国成立后，不断发动战争扩张其疆域，先后灭西辽、西夏、金、吐蕃、大理，最后灭南宋。

【注释】

①莅：治理，统治。中国：这里指中原地区，主要是现在的黄河中下游地区。②兼：兼并，大国吞并小国。戎狄：先秦时对中国北方、西北等地少数民族的统称。③国祚：祚是帝王的宝座。"国祚"引申为王朝统治的时间。废：废止，灭亡。

【译文】

蒙古人入主中原,又吞并了西方和北方各少数民族,统一全国。元朝疆域空前广阔,它的全盛时期,经济繁荣,国力强盛,在当时是世界上数一数二的大帝国。元朝统治期间四处征战,导致民不聊生,结果只维持了短短九十年的时间就被农民起义推翻了。

【细说活解】

"一代天骄"成吉思汗

成吉思汗是世界史上杰出的政治家、军事家,是元朝的开国皇帝。铁木真年轻时就扫平蒙古草原上各个强大的部落,统一蒙古草原建立了"大蒙古国",被推举为举世闻名的"成吉思汗",成吉思汗的意思是"拥有海洋四方的大酋长"。蒙古汗国建立后不久,成吉思汗就开始对外发动大规模征服战争,征服了将近整个欧亚大陆。成吉思汗和他的子孙建立了人类历史上疆域面积最大、人口最多、经济模式堪称第一的庞大帝国,元朝的疆域北至北冰洋沿岸,包括西伯利亚大部,南到南海诸岛,西南包括今西藏、云南,西北至今中亚,东北至外兴安岭(包括库页岛)、鄂霍次克海,领土不下两千万平方公里。

成吉思汗统一蒙古草原之前草原部族间常年战乱不断。

由于元朝的势力扩展到了西亚地区,使得欧洲和中国之间的交往便利起来,无论在经济、科学技术、文化艺术、天文历法、商业等方面,元朝都达到了前所未有的水平,成为当时世界上最富庶的国家之一,在著名的《马可·波罗游记》都有体现。

成吉思汗作为古今中外著名的政治军事家,近千年来,收到很多中外名人的赞颂。法兰西帝国的皇帝拿破仑曾说:"我不如成吉思汗。不要以为蒙古大军入侵欧洲是亚洲散沙在盲目移动,这个游牧民族有严格的军事组织和深思熟虑的指挥,他们要比自己的对手精明得多。"美国五星上将麦克阿瑟说:"那位令人惊异的领袖(成吉思汗)的成功使历史上大多数指挥官的成就黯然失色。"

成吉思汗建立了版图空前的蒙古帝国。

【原文】

明太祖①,久亲师②。传建文③,方四祀④。

【导读】

明太祖朱元璋为明朝的开国皇帝,生于元朝末年,当时连逢灾年,战乱频仍,朱元璋家境贫寒生活困顿,父母兄长皆因病去世。朱元璋因对元朝腐败的统治不满,奋而参加起义,多年来一直随军征战,走南闯北，功勋卓著，所以职位不断升高，直至做到一军的统帅。朱元璋所指挥的北伐持续到洪武年间，其麾下战将徐达、常遇春将河南、山西攻陷，并直取元大都，最终灭元朝。朱元璋于南京称帝，改国号为大明，年号洪武。

朱元璋布衣称帝且是亲手打下的江山，所以对于治理天下格外严谨慎重，对贪官污吏深恶痛绝，一经发现便会严惩不贷，对黎民百姓的疾苦、农业发展与边防建设都很重视，其在位三十一年勤政不懈。朱元璋驾崩之后，将帝位传于嫡次孙朱允炆，史称建文帝，建文帝是少年天子，对自己手握兵权的各位藩王叔父十分忌惮，尤其是势力强大的燕王朱棣更是建文帝的心头大患，建文帝为稳固自己的帝位，意欲以削藩的手段削弱众藩王的势力，但终因处理不当遭到燕王朱棣发兵逼宫，最终建文帝不知所终，朱棣登基称帝，史上称此为"靖难之役"。而建文帝自登基至失踪才过了四个年头。

明太祖，久亲师。

【注释】

①明太祖：明朝开国皇帝朱元璋。②久：多年，长久。亲师：亲自领兵出征。③传：传给，传位。建文：建文帝朱允炆，朱元璋皇长子朱标之子。④方：才，仅仅。四祀：四年。

【译文】

明太祖朱元璋，是一位亲身迎敌、久经杀场的君王，其基业帝位皆是靠自己打下的，多年征战之后灭元建立大明王朝，是一位事事亲力亲为的开国之君。其去世后将帝位传于皇孙建文帝，可惜其孙生性懦弱胆怯，在与众皇叔的政治争斗中毫无反手之力，在位区区四年便被夺了帝位。

【细说活解】

靖难之役

明太祖朱元璋灭元朝建立大明王朝，为了稳固朱氏江山，便大肆封赏自己的宗亲，宗室中有二十多人被封为藩王，分散驻守国中各地。朱元璋所封的这些藩王虽然没有对封地的统治权，但是掌握实在的兵权，最少的藩王有数千护卫兵，最多的能达至两万卫兵。尤其是朱元璋的嫡三子晋王朱棡、第十六子宁王朱权和第四子燕王朱棣更是手握重兵，远远驻扎在北方边境。

洪武二十五年（1392），因朱元璋所立的太子朱标病逝，朱元璋改立朱标之子朱允炆为帝位的继承人。而此时远在边境的朱棣因其文武双全、谋略过人，势力与声望如日中天，且两次亲自率兵北征，在北方军队中广有威名。不久，秦王朱樉、晋王朱棡相继去世，朱棣无论在能力与兄弟排位上都先于诸位藩王，因此众藩王都以其为尊，行事皆以朱棣马首是瞻。

洪武三十一年，明太祖朱元璋驾崩，朱允炆继位，是为建文帝，建文帝乃是少年天子，继位时年轻气盛，未继位时已经对诸位手握重兵的藩王的所作所为极其不满，尤其是燕王朱棣，更是令他感觉如芒在背，寝食难安。兼之曾经为其伴读的大臣黄子澄等人一力主张削藩，建文帝心中虽大以为然，但是毕竟对势力强大、有很高威信的朱棣怀有忌惮，两难之下竟做出了一个加速矛盾激化的错误决定，他并未敢先动燕王，而是突然削去了几个势力单薄的亲王的爵位。此举在藩王中引起极大反响，燕王朱棣当即警醒震怒，借以明太祖的《皇明祖训》中"朝无正臣，内有奸逆，必举兵讨讨，以清君侧"为名，指责主张削藩的齐泰、黄子澄是奸佞之臣，需以诛讨，继而发兵攻取了京城周边的居庸关、怀

传建文，方四祀。

来、密云等外围之地，随后从容不迫地直逼京城。

年轻的朱允炆无论在智谋还是战略经验上都远远不及朱棣，兼之朱元璋在建明之后怕众位帮助他夺得天下的谋臣良将有功高盖主之嫌，将这些栋梁之材几乎屠戮殆尽。此时朱允炆更是无人可用，只得派古稀之年的老将耿炳文率军出征迎敌，其结果自不用说。之后朱允炆又妄信奸臣李景隆，受其将己过夸耀成功绩的蒙蔽，做出种种错误的决定，致使自己的军队连连败退，而燕军趁势步步紧逼。

燕军自瓜洲渡江直抵金门，驻守金门的李景隆和谷王开门迎降，朱棣从容不迫地进入京城，百官跪迎拜服，争相拥戴其称帝。至此，这场历时四年的"靖难之役"，终告完结。燕军入宫之时，建文帝眼见大势已去，无望之下将宫中帷幔点燃，在混乱的火场中失去了踪迹。之后，朱棣登基改年号为永乐，是为明成祖。

【原文】

迁北京①，永乐嗣②。迨崇祯③，煤山逝④。

【导读】

当年明太祖朱元璋建立大明王朝虽然最初定都于南京，但心中始终认为南京并非心中理想的都城之地，因其地处偏南，距离幅员辽阔的北方疆土甚远，增加了管理与控制的难度，曾有意设南北两个都城，后来因年事渐高而将此想法搁置。明成祖朱棣是朱元璋诸子中最有才能魄力，也是最类似其父的一个，父子心意相同，看法自然也接近。况且，支持建文帝的多是江南士族，对于朱棣夺位之举大加反对，朱棣因此杀人无数，这也是他厌恶江南的一个重要原因。

而朱棣对于北京则有着另外一种情谊，他久居北京达二十余年，多次在这里出征抵御外敌，对北京的风土人情、地理地貌十分了解和喜爱。北方虏患不绝，居于北京便于就近部署军队抵御控制，于是自朱棣登基之后，便决定将都城迁往北京。

迁北京，永乐嗣。

永乐四年（1406）起，浩大的迁都工程便开始实施，北京城的设计者为人称"黑衣宰相"的姚广孝。姚广孝为僧人，在设计理念中加入了儒家的思想，因此北京城被设计成一座方城，层层而入，紫禁皇城便位于北京城的正中央。

北京城的建造与迁徙历经了十五年，期间，朱棣下令，命大量国民自江南向北京迁居，并不遗余力地建造疏导运河，将南北水上运输干线打通，一切完备之后，朱棣发迁都诏书，北京正式取代南京成为都城。

这之后明朝传承了十七代君王，直至到了崇祯帝时，李自成带领农民起义军进攻北京紫禁城，崇祯帝挥剑砍杀妃嫔与公主之后自紫禁城的北门逃至景山上，自缢身亡。

【注释】

①迁：迁都。②永乐：永乐为明成祖登基时所用年号，此处所指明成祖朱棣。嗣：继承，接续。③崇祯：崇祯为明朝最后一个皇帝朱由检的年号，此处指朱由检。④煤山：北京景山，朱由检于此山上吊自尽。逝：死去。

【译文】

明成祖朱棣登基之后，将首都从南京改迁至北京，自此代代延续直至明朝最后一个皇帝崇祯帝。在国破家亡之后，崇祯来到故宫北边的景山上吊自尽。

【细说活解】

崇祯自缢

明朝的最后一位皇帝崇祯，是一位充满悲情色彩的亡国之君，历史上很多文人墨客、学者与评论家都对崇祯帝朱由检的性格与举措诸多诟病，但唯一无法否认的是，朱由检的确是一位勤政有志向的皇帝。

朱由检登基之时，明王朝已经全面衰败，天下动荡处于内忧外患之中，朝中阉党当权乱政，边境金兵屡屡进犯，国中义军四起，大臣之间纷争不断。朱由检刚一登基，面临的便是这样一个混乱不堪的局面，他眼见局势不断恶化心中焦虑，但国中上下矛盾交织，隐患弊端积压已久，根本无法在短时期内看见治理的成效。朱由检生性急躁，刚愎自

崇祯帝兴国心切，急于求成，朝中大臣多是虚与应付。

用，求治心切，急于有所作为，接连做出错误的决定与举措，致使危如累卵的明王朝更加摇摇欲坠。

朱由检在登基之初大力铲除乱政的阉党，曾经使明朝衰败的政权有所提升，但是可惜其随后又任命了一批新的宦官，之前的努力顿时付之东流。更加雪上加霜的是朱由检心胸狭隘、多疑善妒，因为猜忌，将能抵御十万金兵入侵的兵部尚书袁崇焕骗回京城，以剐刑处死，此举无异于自毁长城，国中上下一片哗然，朝中臣子因此对朱由检心存芥蒂。

朱由检察觉天下动荡，人心不安，一番思量之后自觉处置多有不当，愧悔之下连发六道"罪己诏"，但悔之晚矣，明朝终究大势已去。

崇祯十七年（1644）三月十七日，李自成率领起义军攻陷京城直取紫禁皇城而来，崇祯闻讯心神俱乱，精神处于崩溃状态，命人带领三位皇子逃出皇城之后，下令各宫嫔妃自尽全贞，随后手提宝剑逐宫巡视，凡见有不肯赴死的妃嫔，随手砍杀，甚至连自己的亲生女儿也没有放过。据《明史》中记载，长平公主深得崇祯喜爱，时年16岁正待成婚，当时被崇祯砍断左臂，幼女昭仁公主被刺死，周皇后自缢。

此时崇祯已经穷途末路，万念俱灰，在贴身太监王承恩的陪伴下来到紫禁城不远处的景山寿皇亭旁自缢身亡，临死前他将自己王冠除下，头发打散，意为自己不是称职的君王，致使朱氏江山落入旁人之手，死后没有颜面见列祖列宗，并咬破手指以血写书留与李自成，请求他不要伤害人民。

崇祯为人偏执，才能低微，所以难以胜任中兴大明朝的重任，其成为亡国之君亦是必然之事。

【原文】

清太祖①，膺景命②。靖四方③，克大定④。

【导读】

　　清朝是由女真族建立起来的封建王朝，它是中国历史上继元朝之后的第二个由少数民族统治中国的时期，也是中国最后一个封建帝制国家。1616年，清太祖努尔哈赤称汗，国号大金，史称"后金"。1644年，李自成的大顺军攻占北京，明朝灭亡；驻守山海关的明将吴三桂降清，清摄政王多尔衮指挥清军入关，打败大顺农民军；同年清顺治帝迁都北京，从此清朝取代明朝成为全国的统治者。入关后二十年时间里，清朝先后灭亡大顺、大西和南明等政权，基本统一全国。

清太祖努尔哈赤像。

【注释】

①清太祖：即清太祖爱新觉罗·努尔哈赤。②膺：承受，接受。景命：上天的命令。③靖：平定，使秩序安定。四方：指国土各地。④克：能够，这里引申为完成。定：平安，安定。

【译文】

　　清太祖爱新觉罗·努尔哈赤声称自己接受了上天的旨意，建立了后金（清朝的前身）。到清世祖顺治皇帝时，派兵进入山海关，打败了李自成，夺取了原本由他占领的北京，定为国都，成了第一位入主中原的大清皇帝。此后，清朝又先后平定了拥戴福王、鲁王、唐王、桂王等建立的南明小朝廷，以及全国各地的抗清斗争，建立了空前巩固的多民族国家。

【细说活解】

"清风不识字，何事乱翻书"

　　"清风不识字，何事乱翻书"是清朝雍正时期，翰林院庶吉士徐骏写下的两句诗。清朝廷认为这里的"清风"暗指了清政府，是存心诽谤，以"大不敬"的罪名实行了斩立决。这就是文字狱。

　　文字狱是指封建社会统治者迫害知识分子的一种冤狱，《汉语大词典》定义为"旧时谓统治者为迫害知识分子，故意从其著作中摘取字句，罗织成罪"，顾名思义，就是统治者为了维护自己的统治，排除异己之见、迫害文人的一种方式，以明清时期最甚。

　　中国的文字狱由来已久，如魏晋时期嵇康因《与山巨源绝交书》被执政者司马师"闻而恶之"，而被斩于东市；北宋诗人苏轼也是因为统治者认为他诗中"包藏祸心，诽谤谩骂"而被捕入狱。到了清朝时期，清朝统治阶级为了维护地位，大兴文字狱，已经达到了空前绝后、登峰造极的程度。史料记载，顺治帝兴文字狱七次，康熙帝兴文字狱十二次，雍正帝兴文字狱十七次，乾隆帝兴文字狱一百三十多次。清朝文字狱大兴的原因是多重的，按照儒家"正统"观念，清王朝以少数民族入主中原，是"乾坤反覆，中原陆沉"，因此很多知识分子都对清政府持敌对态度。而文字狱的根本原因则是封建专制制度空前强化的产物。

　　从秦朝的焚书坑儒，到清朝的文字狱大兴，中国的传统文化一直在遭受浩劫，传统文化遗产能够流传至今，实属不易。我们更应当爱护我们现在所拥有的一切，尽自己最大的努力去发扬中国传统文化。

【原文】

读史者，考实录①。通古今②，若亲目③。

【导读】

以上所讲的几千年朝代兴衰，帝王变更就是前面所说的"考世系"，但是仅仅通过"考世系"来"知终始"是远远不够的。中国的历史十分悠久，前面所提到的不过是一个王朝的简单轮廓，若想彻底掌握历史，仅读史书是不够的。史书多带有作者自己的政治立场，以及是非好恶，真正的历史可能被掩埋在文字之下。同时统治者为了造就自己光辉灿烂的形象，也会偷偷地篡改销毁实录，把历史的真相掩藏起来。因此在阅读史书的同时还要参考实录、帝王起居注、历代奏议等具体的史料，进行深入地了解和研究，才能真正地了解历史。以历史为镜，吸取更多的历史经验和教训。

读史者，考实录。

【注释】

①考：研究、推求。实录：符合实际的记载。②通：懂得，彻底了解。古今：古代和现代，这里指古往今来的历史脉络。③若：好像。亲目：亲眼看见。目，看。

【译文】

阅读史书还要注意进一步查找历史资料，和书籍互相对照参考，从多个角度和侧面去理解历史事件，对历史发展演变的过程及原因有一个比较客观的认识。如果能做到这一点，就能深入透彻地掌握古往今来的历史脉络，好像自己身临其境，亲眼看见了历史上人、事、物盛衰兴亡的过程。

【细说活解】

史有"三长"

刘知几是唐朝时期著名的史学家，他撰写了我国第一部系统性的史学理论专著《史通》。《史通》不仅是我国第一部系统性的史学理论专著，同样，在世界上也是第一部。全书内容主要评论史书体例与编撰方法，以及论述史籍源流与前人修史之得失，分为史学理论和史学批评两大部分，系统地总结了唐朝以前史籍的全部问题，具有极高的史学地位，影响深远。

刘知几在《史通》中还提出了"三长"的论点，三长即史才、史学、史识。所谓史学，是指拥有丰富的历史知识以及与历史相关的知识；史识，是既包含了历史见解，又拥有秉笔直书、忠于史实的品质；史才，是具有研究能力和表达技巧。刘知几认为，这三才必须兼备，而史识是最为重要的，因为史识的核心就是忠于历史真相，秉笔直书。刘知几还在《史通》中对史学工作进行了一些论述，比如他将史学家的工作分为三个等次：一是敢于秉笔直书，好是正直，善恶必书的，如董狐；二是善于

唐代刘知几作《史通》。

编纂史书，流传不朽的，如左丘明、司马迁；三是具有才高学广，举世闻名的，如周代的史佚、楚国的倚相。刘知几强调"直笔"，提倡"不掩恶、不虚美"的写作立场，认为"爱而知其丑，憎而知其善"。

董狐是春秋晋灵公时期的史官。据史书记载，晋灵公书荒淫无道，喜欢奢侈糜乱的生活，聚敛民财，致使举国上下怨声载道、民不聊生。执政大臣赵盾多次苦心劝谏。晋灵公不但屡教不改，还反过来派人刺杀赵盾。赵盾无奈只得出逃。赵盾逃到晋国边境的时候，听说晋灵公被自己的族弟赵穿杀死了，就赶回晋国都城。

史官董狐将这件事情记载下来，以"赵盾弑其君"宣于朝廷。赵盾认为晋灵公的死是赵穿所为，不应该怪在他头上。董狐说："子为正卿，亡不越境，反不讨贼，非子而谁？"意思就是，赵盾是国家执政大臣，出逃没有过边境，君臣之义就没有断。回朝之后，赵盾却没有讨伐逆贼，不尽责任，因此"弑君"的罪名就应该由赵盾来承当。

春秋时期，礼乐崩坏，权臣掌握着生杀大权，坚持以礼为书写原则的史官并不都能受到赞扬，比如战国时期齐国的太史公，因为如实写了权臣崔杼弑君的事情，崔杼命其修改，致使兄弟三人接连被杀。董狐的直笔，也是冒着巨大的风险的，因此孔子称赞董狐为"书法不隐"的"古之良史"，为后人所赞颂。

【原文】

口而诵①，心而惟②。朝于斯③，夕于斯④。

【导读】

读史书的时候，不仅要开口朗读出来，也要用心思考，还要早晚思量。

现代人认为，语言是思维的工具，能够流畅读出来的东西才是思维所理解了的东西，因此将看到的文章读出来，不仅可以矫正发音，还能帮助我们理清思路、理解文章的深层含义。

读史书还应当用心思考，历史绝对不是偶然的，一个大事件的发生是由一个又一个微小的事件共同导致的，因此只有一边阅读一边思考，才能够全面地了解历史真相，发现隐藏在历史现象背后的深刻道理，感悟出历史的发展规律。

早晚思量是指读史时精神专一，不能三天打鱼两天晒网，把遇到的难题时时刻刻放到心上，否则是难以读懂历史、参透历史的。无论是读史书还是学习其他的知识，都要精神专注，用心思考和

口而诵，心而惟。朝于斯，夕于斯。

开口阅读。

【注释】

①诵：朗诵、朗读，有高低起伏地大声读出来。②惟：想，思考。③朝：早晨。于：在，到。斯：此、这，这里代指所读之书。④夕：夜晚，晚上。

【译文】

掌握了研究历史应该注意的事项之后，就该总结学习方法了。读书时，不仅要大声朗读、背诵，还要用心思考，深入了解所学的内容，这样可以让记忆更深刻。勤奋地学习是最重要的，必须持之以恒，才能对书中的内容熟记不忘，并不断有新的收获。

【细说活解】

语言是思维的工具

语言是人类最为重要的交际工具，人们通过语言相互交流，传递信息，继而组成共同的文化、形成共同的民族，因此，语言也是民族的重要特征之一。

语言不仅仅是人类一种重要的交际工具，同时也是人类进行思维活动时重要的工具。语言是思维的载体和物质外壳以及表现形式，没有语言就不可能进行抽象的思维。

一般认为，思维的结果需要借助语言才能储存和传递。因此在学习的时候，经常诵读于口，更有利于理解和背诵，也有利于矫正发音，同时有助于我们培养抽象思维，提高对事物的认知能力。在浏览史书的时候，配合着诵读和思考，这样能更加全面地思考历史、了解历史，发现隐藏在历史现象背后的普遍规律，感悟出深刻的道理。

【原文】

昔仲尼①，师项橐②。古圣贤，尚勤学③。

【导读】

项橐是春秋时期鲁国的一位神童，虽然只有7岁，却能无师自通，聪明过人。孔子把他当作老师一般请教，后世尊项橐为圣公。

这里说孔子不浪费任何一个学习的机会，即便是一个7岁的孩童，他依然虚心地向其学习请教，并不因对方年纪小就轻视他。如孔子一般的圣人都这样做到孜孜不倦地学习了，而我们就更应该抓住身边的每一个机会学习，无论对方是谁、身份如何、年龄大小，只要有值得我们学习的地方，我们都应该虚心学习。所谓"活到老学到老"，学习永远没有尽头，只有不断地学习，才能不断地进步。

【注释】

①昔：以前，过去。仲尼：孔子。孔子名丘，字仲尼。②师：把……当作老师，就是向人学习。项橐：人名，春秋时鲁国的神童。③尚：尚且，还。

昔仲尼，师项橐。

【译文】

鲁国有个叫项橐的小孩,他只有七岁,但小小年纪便已十分聪明,很有主见,孔子并不因为自己是公认的大学问家,而对方比自己年纪小,就觉得向他学习是丢脸的事,仍然把他当作老师一样虚心请教。像孔子这样伟大的圣贤,尚且不耻下问、勤奋好学,我们普通人应该更加努力才对。

【细说活解】

三人行,必有我师

"三人行,必有我师焉。"这句话出自《论语·述而》,意思是多人同行,其中一定有一个人能够做我的老师。孔子认为,几个人同行的时候,其中一定会有人在某方面高于自己,这个时候就要虚心请教,如果那人为善,就虚心学习;如果为恶,就引以为戒,反省自己。这样,无论同行的人是善或者不善,都是自己的榜样。

孔子曾说"何常师之有",求学没有固定的老师,能够让自己有所增益的,就是老师。相传孔子与弟子东游纪障城的时候,见几个孩子蹲在路中间,用沙子垒城堡,孔子的车到跟前,孩子们也不动。孔子就问他们原因,一个小孩回答说:"城池在此,车马怎么能过去?再说只有车马让城,哪有城让车马的道理?"孔子无奈,只得绕"城"而过。

车子继续向前,有一农夫正在路边锄地,方才被孩子戏弄的子路,一路上心里一直不高兴,就上前蓄意为难农夫,问他一天锄头能抬起来几次,农夫一时无语。这时,项橐赶来为农夫解围,反问子路拉车的马蹄一天要抬几次,子路哑口无言。项橐就是刚才让孔子绕"城"而过的孩子,孔子见他聪明伶俐,就说:"看你这个小孩才智过人,现在你我二人各出一题,互相回答,答对的人就做答错的人师傅,怎么样?"项橐说:"不可以骗我。"孔子说:"童叟无欺。"接着说:"小孩儿,你可知天上有多少星辰、地上有多少五谷?"项橐答道:"苍天高远不可以用丈来测量,大地宽广不能用尺来测量,天有一夜星辰,地有一茬五谷。"答完,项橐问:"夫子,你可知人又多少根眉毛?"孔子答不出,正要问如何拜师,却见项橐已纵身跳入一旁的水塘中,孔子一头雾水,项橐浮出水面道:"沐浴后才可行礼,夫子你也来沐浴。"孔子说:"我没有学过游泳,怕沉到水里浮不上来了。"项橐说:"不会不会,你看那鸭子也没有学过游泳,也能浮起来。"孔子说:"那是因为鸭子有阻隔水的羽毛,所以不沉。"项橐又说:"葫芦可没有羽毛,也不会沉啊。"孔子说:"葫芦圆圆而且中间是空的,所以不会沉下去。"项橐又问:"那钟也是圆圆的而且中间是空的,为何就浮不起来呢?"孔子被自己绕进去,面红耳赤地答不上来。等项橐沐浴完毕,孔子设案行礼,拜项橐为师。

身为唐宋八大家之一的韩愈有一篇《师说》,其中也说过"圣人无常师""无贵无贱,无长无少,道之所存,师之所存也",学习不分高低贵贱,不论年长年少,圣人孔子都向贤德不如他的人虚心请教,我们也应该如此。

三人行,必有我师。

【原文】

赵中令①，读鲁论②。彼既仕③，学且勤④。

【导读】

赵普，字则平，北宋初年宰相，是赵匡胤"黄袍加身"的预谋者、"杯酒释兵权"的导演者，三度为相，为一代名臣。虽足智多谋却不好读书，后来在赵匡胤的劝告下开始读《论语》，而后非常重视《论语》，纵使政务繁忙也经常阅读它。有"半部《论语》治天下"之说。

他的故事告诉我们，无论处在多高的位置、取得了多大的成就，读书和学习都是十分重要的。打好基础是必要的。不能因为自己已经获得了功名利禄和社会地位就放弃对知识的学习和探究，学习是永无止境的。

赵中令，读鲁论。彼既仕，学且勤。

【注释】

①赵中令：指宋太宗时中书令赵普。中令，宋朝官名，相当于宰相。②鲁论：书名，指《论语》。《论语》有三种流传版本，即《鲁论》、《齐论》、《古论》，现在我们通常读的《论语》是《鲁论》。③彼：他，这里指赵中令。既：已经。仕：做官。④且：尚且，还。

【译文】

宋太宗时的中书令赵普虽然做了大官，工作十分忙碌，但仍然没有放弃学习。在所有书籍中，赵普最爱读《论语》，一有机会就捧在手中反复品味，于是就有了"半部《论语》治天下"的典故。赵普已经当了高官，尚且刻苦攻读，我们普通人更加不能放松对自己的要求。

【细说活解】

业精于勤，荒于嬉

唐朝著名诗人、文学家韩愈曾在文章中说："业精于勤，荒于嬉；行成于思，毁于随。"意思是说：学业因为勤奋而精通，却因放松嬉戏而荒废；事情因为反复思考而成功，却因放纵随意而毁灭。我们常说：学无止境。任何时候都不放松对学习的要求，无论处在什么环境下，都将读书当作终生的事业来看待，在学习上精益求精，才能有所成就。

赵普是北宋著名的政治家，是宋太祖赵匡胤的手下，为赵匡胤出谋划策，发动兵变，帮其当上皇帝。后来，赵普又辅佐宋太祖东征西讨，统一了全国，被宋太祖任命为宰相。宋太祖死后，他的弟弟赵匡义继位，史称宋太宗。赵普仍然担任宰相。赵普读书不多，学问也不大，宋太祖赵匡胤曾劝他说："不读书是不行的，一定要多读书，才能有学问。"于是赵普便记在心里，无论朝政多么繁忙，也要钻研《论语》。

后来有人对宋太宗说赵普不学无术，所读过的书仅仅是一部《论语》而已，当宰相不合适。宋太宗不以为然地说："赵普读书不多，这我一直都知道。但是若说他只读过一部《论语》，我可不相信。"于是，一次宋太宗和赵普闲聊，宋太宗想起这件事，随意问道："有人说你只读一部《论语》，是真的吗？"赵普老老实实地回答说："臣读的书不多，所知道的，确实不超出《论语》这部书。

过去臣以半部《论语》辅助太祖平定天下建立王朝,现在臣用半部《论语》辅助陛下,使天下太平。"后来赵普因为年老体衰病逝,家人打开他的书箧,发现里面果真只有一部《论语》。

这就是"半部《论语》治天下"的故事。古时候,出仕为官是一个人成功的标志,而赵普在当时已经是一国之相,身居高位却还能手不释卷,苦读《论语》,他这种学而不倦的精神,是值得我们学习的。

"业精于勤,荒于嬉"是唐代韩愈教导学生的名言。

【原文】

披蒲编①,削竹简②。彼无书③,且知勉④。

【导读】

路温舒,字长君,西汉著名的司法官。他读书的时候家贫,买不起书就借书抄到编好的蒲草上。公孙弘,字季,一字次卿,生于乡鄙之间,后身居宰相之职。公孙弘少时家贫寒,为富人放猪维持生活,买不起书就把书借来抄在削成的竹片上。

正是因为二人刻苦学习,家境贫寒仍不放弃学习,日后二人才有所作为。这两个人的故事告诉我们,要珍惜现在所拥有的学习机会。就算有时候没有学习的机会,只要拥有着一颗向上求学的赤诚之心,一定会有学习的机会,还会取得优秀的成绩,为众人所仰望。

公孙弘削竹简抄书。

【注释】

①披:翻开,翻阅。蒲编:编起来的蒲草,这里指用蒲草编成的书,讲的是西汉路温舒的故事。蒲,草名,又叫草蒲。②削竹简:将竹子削成薄片,编成书册。削,用刀切去或割去;竹简,竹片,战国至魏晋时代用来书写的材料,这里指的是西汉公孙弘的故事。③彼:他们,指路温舒与公孙弘。无书:意思是贫穷买不起书。无,没有。④勉:勤勉,勤奋。

【译文】

　　纸发明以前,所有的书都是逐字抄录在绢帛、羊皮、竹简和木牍上的,因此价格十分昂贵。西汉路温舒家里很穷,买不起书,但一心上进的他,把向别人借来的书抄在编起来的蒲草上阅读。西汉还有个名叫公孙弘的人,和路温舒一样穷得买不起书,就把竹子削成薄片,再把文字一个个刻在竹片上,编成书册,供自己平时苦读。路温舒和公孙弘家境贫寒买不起书,尚且勤勉好学。我们在学习中

三字经

遇到困难,千万不能放弃,经过不懈的努力,最后定能取得优异的成绩。

【细说活解】

贫贱不能移

"贫贱不能移"出自《孟子》,是说一个人即便贫穷卑贱,也不能轻易改变自己的品质、信念或者理想。每个人都知道学习的重要性,都懂得各种道理,但是仍然有很多人都会找各种借口逃避学习,借口自己没有学习的条件,殊不知历史上有很多连书都读不起的人,却仍然坚持读书。

路温舒是西汉著名的司法官,他从小聪明好学,热爱读书,但路家家境十分贫寒,经常连饭都吃不饱,不可能有钱让他买书,更不可能供他进学堂学习。小小年纪的路温舒不得不以放羊割草为生。看着有钱人家的孩子到学堂里读书,路温舒心里很是羡慕,同时也非常不甘心,他决心要想办法习字念书,将来做一个大官。路温舒在放羊的时候发现,蒲草又宽又长,可以用它写字,而且蒲草很薄,可以作书,比抄书用的竹木简方便许多。于是他采了一大捆蒲草背回家,晒干压平以后,细心地切成竹木简一样长短的蒲草片,用细线编连成书页。路温舒向人借来各种书籍,挤出时间认真地抄写在上面,做成一册一册的书。从此,他每逢出去放羊都会带着这种书,一边放羊一边读书,读完一本,再抄一本,反复读写,不断提高自身的水平。通过刻苦努力、坚持不懈的自学,路温舒成为一位著名的法律专家,也成为一代著名的学者。

我们常用"寒窗苦读"来形容读书环境的艰辛,古人在没有条件也要努力创造条件的情况下,也坚持学习,充实自己,厚积薄发,最终取得了成功。我们现在的学习环境要比古人优越得多,因此,还有什么理由不刻苦学习呢?

路温舒蒲草抄书。

【原文】

头悬梁①,锥刺股②。彼不教③,自勤苦④。

【导读】

孙敬是东汉著名的政治家。孙敬读书时,随时记笔记,常常一直看到后半夜,有时不免会打起瞌睡。一觉醒来,又懊悔不已。因为古时候男子的头发很长,于是他就想出了一个特别的办法:找一根绳子,一头绑在房梁上,一头系住自己的头发。当他读书疲劳时打盹了,头一低,绳子就会牵住头发,这样会把头皮扯痛了,马上就变得清醒了,再继续读书学习。

苏秦,字季子,战国时期著名的纵横家。他出游学习,却一事无成,被兄弟嫂妹所讥笑,便下定决心,发奋读书。每当想睡觉的时候,他就拿一把锥子,往大腿上刺一下,这样猛然间感到疼痛,使自己醒来,再坚持读书。

现代人用"头悬梁,锥刺股"来形容一个人发奋读书的毅力和决心。孙敬和苏秦都非常珍惜时间的宝贵,抓紧一切时间读书汲取知识。而且在学习上,他二人都十分具有自觉性,不需要别人的督促和鞭策,就能自觉地学习。我们应当培养孙敬和苏秦他们刻苦学习的精神和毅力,却不提倡他们鞭策自己的方法。学习注重的是效率，疲劳时候学习会影响理解和记忆，学习效率不高，还耽误了休息。因此学习之余还是应该注意休息，让自己有良好的精神状态和旺盛的精力，才能对学习的内容有更好的理解和认知，学习的效率才能提高。

【注释】

①头悬梁：头发挂在房梁上。头，这里指头发。悬，悬挂、吊挂。梁，房梁，架在墙上或柱子上支撑房顶的横木。这里说的是汉朝孙敬的故事。②锥刺股：用锥子刺自己的大腿。锥，锥子，尖头锐利的铁器；股，大腿。这里说的是战国苏秦的故事。③彼：他们，指孙敬和苏秦。不教：没有人教导。教，教导、教授。④自：自己。勤苦：勤奋刻苦。

【译文】

汉朝的孙敬为了防止自己读书时不小心打瞌睡，于是用绳子绑住头发，再把绳子拴在屋梁上，这样，只要打瞌睡时低下头，绳子就会拉扯头发，然后痛醒过来，抖擞精神接着读书。战国时的苏秦，只要读书时累得快睡着时，就拿锥子刺自己的大腿，用疼痛战胜疲倦，强迫自己打起精神继续读书。孙敬和苏秦两个人，没有人督促和教导他们学习，全靠自己勤奋刻苦。

孙敬悬发于梁苦读。

【细说活解】

悬梁刺股

"悬梁刺股"是一个我们十分熟识的典故，是汉代孙敬和战国时苏秦苦读奋进的故事，经常用来激励后学者，用以激发他们的不畏惧学习困难的勇气。"悬梁刺股"的意思是只要付出时间和精力，就会有收获。

孙敬是汉朝著名儒学家，年少时他博闻强识，勤奋好学，常常彻夜看书学习，街坊邻里都把他称为"闭户先生"。孙敬习惯边读书边做笔记，时常一看书就看到后半夜，时间久了，免不了会打瞌睡。每次醒来，孙敬都懊悔不已。有一天，他凝神苦思的时候，抬头看到了房梁，顿时眼前一亮。孙敬立马找来一根长绳，绳子的一头拴在房梁上，另外一头拴在自己的头发上。当他困了乏了想要打瞌睡时，头一低下来，绳子就会使劲地拽住他的头发，随之而来的疼痛会让他惊醒并且睡意全无。从此以后，每当晚上读书时，孙敬都会用这种办法。

苏秦是战国时期有名的纵横家。年轻时的苏秦很想有所作为，想求见周天子，可是由于学问不精，没人为他引荐。一气之下他变卖了所有家产，投奔到别的国家。东奔西跑了许多年，也没谋到一官半职。落魄不堪地回到家后，家人对苏秦非常冷淡，父母狠狠地骂他一顿，妻子坐在织机旁不看他一眼，连嫂子都瞧不起他，扭身就走。苏秦受到了很大的刺激，决心要发奋读书，争一

苏秦以锥刺股发奋苦读。

三字经

口气。他苦心钻研兵法，天天读书到深夜，又累又困想睡觉时，他就拿一把锥子刺自己的大腿，用疼痛让自己保持清醒。

就这样，苏秦积累了丰富的知识。后来他游说六国，六国诸侯接受了他宣传的"合纵"的主张，订立联盟。苏秦因此成为显赫的人物，挂上了六国的相印。

古人认为，只要付出时间和精力，就一定能有所收获。这样的想法是没有错的，但是该休息的时候强迫自己继续学习，其实是十分不科学的。我们都知道"事半功倍"和"事倍功半"的道理，也听过"磨刀不误砍柴工"的俗语，学习注重的是效率，并不是以损伤身体的方法来激发勤奋，换来好的成绩和成就。但是两个古人勤奋的精神却是值得我们永远学习的。

【原文】

如囊萤①，如映雪②。家虽贫③，学不辍④。

【导读】

车胤，字武子，东晋人。自幼聪颖好学，勤奋攻读，博览群书，孜孜不倦。家境贫寒，常无油点灯，夏日捕几十只萤火虫，置入绢内，以萤光照明，夜以继日苦读，学识与日俱增。历任中书侍郎、侍中、国子监博学、骠骑长史、太常、护军将军、丹阳尹、吏部尚书。孙康，晋代人，官至御史大夫。孙康幼时酷爱学习，家中贫穷，没钱购买灯油。一到天黑，便没有办法读书。特别到了冬天，长夜漫漫，他觉得让时间这样白白跑掉，非常可惜。一日他发现月光映照在雪上反射的光十分明亮，因此整个冬天，他

车胤囊萤夜读。

夜以继日地读书，不怕寒冷，也不感到疲倦，常常一直读到鸡叫。即使是北风呼啸，滴水成冰，他也从来没中断学习。

"囊萤夜读"和"雪映窗纱"这两个故事告诉我们，无论生活条件如何艰苦，都不能改变对学习的态度，和对学习孜孜不倦的追求。坚持不放弃，只要抱着坚持不懈的决心，功夫不负有心人，一定能够有所成就，改变自己的现状。

【注释】

①如：比如，像。囊萤：把萤火虫装入袋子里。这里指的是晋朝车胤的故事。囊，用袋子装。②映雪：映着雪光，借着雪地反射的亮光。这里指的是晋朝孙康的故事。③虽：虽然。贫：贫穷。④辍：停止，中断。

【译文】

比如晋朝的车胤，家里贫穷，买不起油来点灯看书，于是把萤火虫装进用纱布做成的袋子里，借着它们发出的微弱亮光来读书。再比如晋朝的孙康，同样是家境贫困，买不起油点灯读书，他不顾冬夜的寒冷，借着屋外雪地反射出的亮光读书。车胤和孙康虽然家境贫困，却从未停止学习。

【细说活解】

自古寒门出英才

中国有句古话："自古寒门出英才"，是说家境越是贫寒的人，学习越是刻苦，越上进。我国历史上，这样的例子也有很多，单单是《三字经》中就已经为我们罗列出很多这样的寒门英才，他们艰苦朴素，不屈不挠，坚持学习，最终皇天不负有心人，学有所成、光宗耀祖，在历史上写下属于自己的一页。有很多成语典故都向我们讲述了古人在恶劣艰苦的条件下，依然潜心苦读的故事，比如凿壁偷光、萤囊映雪、雪映窗纱等。

晋代时的车胤从小就勤奋好学，读书不倦。但由于家境贫寒，刚能维持温饱，父亲拿不出多余的钱去给车胤买晚上读书用的油灯。家里无法为车胤提供一个好的学习环境，因此，他只能在白天抓紧时间背诵诗文。有一年夏天的一个夜晚，车胤正在小院里背一篇文章，忽然看见有很多萤火虫在低空中一闪一闪地飞舞，一个个小小的亮点在黑暗中竟然有些耀眼。车胤想，如果把足够多的萤火虫放在一起，它们的光亮不就可以相当于一盏灯了吗？于是，他找到一只白绢做的口袋，抓了几十只萤火虫放了进去，然后扎住袋口吊了起来。这亮光虽然很微弱，但总算可以勉强用来看书。从此以后，只要有萤火虫的季节，车胤就会去抓一些来当作灯用。由于他勤奋苦学，饱读诗书，后来终于成为一位有作为的人。

古人有云："十年窗下无人问，一举成名天下知。"封建时期实行科举制度，只有不断地学习，终年埋头在书本里，才有可能取得功名，读书成为改变生活现状的一种捷径。学习是增长知识、修养自身道德修养的方式，不断地追求知识，追寻未知的事物，才能够不断地充实自己。

【原文】

如负薪①，如挂角②。身虽劳③，犹苦卓④。

【导读】

汉朝时期的朱买臣，做官前家境贫寒，上山砍柴以维持生计。因其素爱读书，每次去砍柴的时候都是一边背着柴火一边看书，别人嘲笑他也不介意。隋朝的李密发迹之前为富人家放牛，每次放牛都要带几本书挂在牛角上，趁牛吃草的时候，他就坐在草地上用心读书。

这两个古人的事迹告诉我们，应抓紧一切可以学习的机会学习。

【注释】

①负薪：挑着木柴。负，背，挑担；薪，木柴、柴火。这里指的是汉朝朱买臣的故事。②挂角：（把书）挂在牛角上。角，指牛角。这里指的是隋朝李密的故事。③劳：劳累。④犹：依然，仍然，还。苦：用心，尽力。卓：高超不平凡。

李密放牛读《汉书》。

【译文】

比如西汉朱买臣出身贫寒，靠砍柴卖钱勉强维持生计。他总是把书挂在担子前，在挑柴去卖的途中一边走路一边看书。还有隋朝的李密，从小帮人放牛，他就把书挂在牛角上，一边放牛一边看书。朱买臣和李密两个人，虽然天天都要干活，身体非常劳累，但是依然用心学习。

【细说活解】

一寸光阴一寸金

俗话说："一寸光阴一寸金，寸金难买寸光阴。""一寸光阴一寸金"中的光阴之所以称寸，是因为古人用"日晷"来测算时间，日晷是在一个圆形板上刻上表明时间的度数，在圆心的位置立一根小棍，放置在有太阳的地方。随着日升日落，小棍的阴影由长变短，由短变长地映在刻度上，就表示当时的时间。这种利用太阳投射的影子来测定时刻的方式，被人类沿用了几千年，是非常伟大的发明。

我们现在用"一寸光阴一寸金"来激励学子，利用任何能用的时间学习，不浪费一分一秒。隋朝有一个叫李密的人，小时候给人家放牛。每天出去都要带几本书挂在牛角上，趁牛吃草的时候，他就坐在草地上用心读书。有一回，当时的宰相杨素遇到他，并和他进行了一番交谈，认为他必定有大作为。杨素的儿子杨玄感因为李密才识过人，和他交上了朋友。他也参与了杨玄感起兵反隋。后来，李密投奔了瓦岗军，成为瓦岗军里一个重要的人物。李密正是抓住每一分每一秒的时间来学习，积累了知识，当历史给予他某种机遇的时候，他才能挺身而出，才能在历史上做出一番轰轰烈烈的事业。

我们都无法改变生命的长度，但是我们珍惜时间。我们都说，是金子总会发光的。现在一分一秒的学习，都是为了以后"发光"时能再为自己增添一丝丝的光亮，让这光亮更加的闪亮耀眼，令人惊叹。

一寸光阴一寸金。

朱买臣砍柴不忘读书。

【原文】

苏老泉①，二十七②。始发愤③，读书籍。

【导读】

苏洵是著名的北宋文学家，唐宋八大家之一，是苏轼和苏辙的父亲。在苏洵二十七岁之前，他都没有明确的人生目标，也不知进取。后来发奋读书，参加科举考试，没中便闭门不出，潜心学习十多年。最终带着两个儿子一同上京，获得欧阳修推举，至此声名远扬。虽然苏洵在事业上起步较晚，但是经过不懈的学习，仍然成就了自己，没有浪费自己大好的才华。苏洵的故事告诉我们：学习，什么时候开始都不算晚。只要有学习的决心和毅力，最终能干出一番大事业。

【注释】

①苏老泉：北宋著名的文学家苏洵，大文豪苏东坡的父亲，唐宋八大家之一，老泉是他的号。②二十七：指二十七

岁。③始：才。发愤：下定决心努力去做。

【译文】

北宋著名的文学家苏洵，年轻时贪玩不爱学习，直到27岁才意识到自己的错误，下定决心努力向学。虽然起步比别人晚，但苏洵通过持之以恒地刻苦学习，最终成为大文学家。

【细说活解】

苏洵发愤

苏洵年少喜爱游历四方，25岁那年，被史彦辅和陈公美两人拉着，把峨眉山玩了个遍。游山途中，他们又听说西北数百里外的岷山景色也十分壮美，当即便启程去岷山游历，一玩又是半载。饱览岷山秀色之后，苏洵回到家中，发现妻子面有忧色，一再追问下才知道，原来他的妻子从没指望着自己的夫君有一天能够光宗耀祖，将所有的期望全都寄托在两个儿子身上，终日教他们读书认字，日渐精力不足。苏洵知道后，意识到自己再这样散漫下去，将来可能会沦落到被儿子们耻笑的地步，这才开始认认真真思考起自己和家庭的未来。

不久，苏洵的母亲史夫人病故，他的二哥苏涣从外地赶回家为母亲守丧。兄弟两个好不容易凑到了一起，便谈起各自的前途。苏涣认为，既然苏洵喜欢游山玩水，可以借此编一本苏家族谱。苏洵一听，觉得还挺有意思，便答应下来。之后苏洵便专心研

苏老泉二十七始发愤。

究历史，把《史记》《汉书》，还有更早的《左传》、《战国策》等都摆在床头，读了个通透。这时他才发现自己心有余而力不足，必须发愤读书，才能将心中所感付诸文字。于是，苏洵下定决心苦读诗书，还不忘教育自己两个儿子。终于二十年后，苏洵带领自己的儿子上京拜见欧阳修，一举成名，三苏的文名从此传扬开来。

【原文】

彼既老①，犹悔迟②。尔小生③，宜早思④。

【导读】

苏洵被欧阳修赏识推荐至朝廷的时候已经年近五十，虽然在文学上取得了很大的成就，但是在其晚年时回顾自己的一生时，仍然觉得后悔，自己读书读得太迟了。

因此我们应当以古人为戒，吸取前人的教训，避开他人所走的弯路。早早地明白学习的重要性，早一点明确自己的人生目标，为之不断地努力学习，是有益而无害的。

【注释】

①彼：他，这里指苏老泉。既：已经。②犹：尚且。悔：后悔，懊悔。迟：慢，晚。③尔：你，你们。小生：小孩子，年轻人，对晚辈的称呼。④宜：应当，应该。早思：早点思考，早点想清楚。

【译文】

苏老泉到了27岁才发奋努力，尽管后来成了大文学家，但他还是后悔自己醒悟得太晚，只能更

加勤奋以弥补过去浪费的时光。你们这些小孩子,应该吸取苏老泉的教训,及早思考自己的人生道路,以免将来后悔。要珍惜最宝贵最适合读书的青春时光,努力用功。

【细说活解】

亡羊补牢,为时未晚

庄辛劝谏楚王。

亡羊补牢这个成语出自《战国策》,意思是因为羊圈破损,羊被狼叼走,现在修补羊圈还不算晚。比喻问题出现后马上想办法补救,可以防止损失扩大。

战国时,楚国有一个叫庄辛的大臣,他看楚襄王身边总有四个讲究奢侈淫乐、不管国家大事的大臣在身边,就对楚襄王说这样太危险了。楚襄王不但没有听庄辛的劝谏,反而认为庄辛是在妖言惑众。庄辛一看楚襄王是这样的反应,就主动请求去赵国避难。

庄辛到赵国才五个月,秦国就派兵攻打楚国,襄王被迫流亡。这时楚襄王突然想起庄辛之前说的话,觉得特别有道理,就赶紧派人把庄辛找回来,问他有什么办法。庄辛说:"我听过一句俗语:'见到兔子以后再放出猎犬去追也不晚,羊丢了以后再去修补围栏也不迟,'"后来楚襄王封庄辛为阳陵君,而庄辛也帮助楚襄王收复了不少失地。

我们都知道,学习应该从小学起,这样循序渐进更加有利于掌握和理解知识。但是世事难料,有很多人因为这样那样的原因而错过了最佳的学习时机。错误是没有人能够避免的,但是犯了错误及时改正,并吸取教训,避免再犯同样的错误,才是正确的做法。就如同苏洵,年近而立,意识到自己的错误,开始潜心学习,最终干出一番事业。

苏洵的故事也提醒我们,在年轻的时候就确定自己的志向,为之努力奋斗,老了之后才不会后悔。

【原文】

若梁灏①,八十二②。对大廷③,魁多士④。

【导读】

梁灏,字太素,北宋人。23岁考中状元。并不是文中所说的82岁考中状元。虽然梁灏82岁夺得殿试第一名只是个传说,但是它却告诉世人一个道理:读书当有持之以恒的精神,不达目标绝不放弃。一时没有得到认可没有关系,只要坚持一定会取得胜利。

【注释】

①若:如。梁灏:人名,生活在五代末北宋初。②八十二:这里指82岁。③对大廷:参加殿试(古代科举考试的最高一级,在皇宫的大殿上举行,由皇帝亲自主持)。对,答,回答,这里指回答皇帝的提问;大廷,朝廷。④魁:魁首、第一,这里指夺得第一名。多士:诸多考生。

【译文】

梁灏年轻时参加科举考试,成绩一直不理想,但他始终不放弃,终于在82岁那年金榜题名。他参加殿试时，对皇帝提出的问题总是对答如流，而且见解不凡，远远胜过其他一同参加殿试的考生，最后高中状元。

【细说活解】

梁灏登科

相传，北宋年间有个文人叫梁灏，酷爱读书，少年时曾立下誓言，不考中状元绝不罢休。可惜时运不济，从后晋、后汉、后周，一直到宋朝屡考不中，受尽别人讥笑，但梁灏并不在意。他总是自我解嘲地说："考一次就离状元近一步。"直到黑发变成了白发，脸上长满了皱纹。终于梁灏在宋太宗雍熙二年（985）的科考中，考中了头名状元，这时他已经82岁。高兴之余，他也写下一首自嘲诗：天福三年来应试，雍熙二年始成名。饶他白发头中满，且喜青云足下生。观榜更无朋侪辈，到家唯有子孙迎。也知少年登科好，怎奈龙头属老成。

这首诗的大意是：我辛辛苦苦考试这么多年，终于在满头白发之时考中了状元。平步青云确实很让人高兴，但是观榜的却不见昔日同窗好友和同辈人，回家出来迎接的也只有子孙了。我也知道年纪轻轻的时候能中状元是件好事，但是无奈今年的状元却是我这大器晚成的人。

梁灏登科。

【原文】

彼既成①，众称异②。尔小生，宜立志③。

【导读】

梁灏年82方中得状元，为世人所惊奇。虽然是讹传，但是这个故事仍然告诉我们这样一个道理：无论何时努力都为时不晚。我们应该趁着年轻，考虑清楚自己想要什么，想成为一个什么样的人。早早地立下目标，并为了这个目标不断地学习向前。才不会像传说中的梁灏那样，82岁的高龄才达到自己的目标。

【注释】

①彼：他，这里指梁灏。成：成功。②众：众人，大家。称异：感到惊异，令人惊讶。③立志：树立志向。

【译文】

和梁灏一同考上的人全都比他年纪小很多，对于梁灏勤奋好学，这么大年纪还能高中状元，大家都觉得既惊讶，又佩服。你们这些小孩子，就应该向梁灏学习，树

彼既成，众称异。尔小生，宜立志。

立远大的志向，不断向目标迈进。只要坚持到底，最后一定会有回报。

【细说活解】

及时当勉励，岁月不待人。

东晋著名文学家陶渊明在他的《杂诗》中写道："盛年不重来，一日难再晨。及时当勉励，岁月不待人。"是说时光飞逝如白驹过隙，应当时刻勉励自己，抓紧时间学习，充分利用时间，使自己的人生更加充实。常言道：功到自然成。只要付出努力，就一定会有所收获。清朝著名文学家、《聊斋志异》的作者蒲松龄也以"有志者事竟成"这样的道理勉励自己。蒲松龄19岁就应童子试，接连考取县、府、道三个第一。之后却屡试不第，直到71岁才破例补为贡生。他坎坷的经历使他深有感触，最终还创作出我国古代文言短篇小说中成就最高的作品集《聊斋志异》。

虽然历史上有很多"大器晚成"的例子，但是年轻的我们一定要及早地下定决心，想清楚自己到底想做什么，并且为了这个目标不断地努力奋斗。人生就是要拼搏，像雄鹰一般不屈不挠地搏击长空，像海燕一般飞翔在乌云和闪电之中，每一滴汗水和泪水都是弥足珍贵的钻石，在生命中散发着耀眼的光辉，这样才能在每一段人生中都不留下遗憾。

【原文】

莹八岁①，能咏诗②。泌七岁③，能赋棋④。

【导读】

祖莹，字元珍，北魏人。祖莹自幼喜欢读书，8岁的时候能够背诵《诗经》，12岁时能背《尚书》，因才能超出一般人，曾被魏高祖召见。

李泌，字长源，唐朝大臣。7岁就能为文赋诗，受到朝廷君臣的一致重视。

祖莹和李泌自小就十分聪慧，而二人没有像方仲永一般，名声远扬后就忽视了学习。在学习方面他们仍旧很努力，后来才有了一番大的作为。

【注释】

①莹：祖莹，北魏人。②咏：唱，朗诵，声调有抑扬起伏地念。③泌：李泌，唐朝人。④赋棋：以棋为题目作诗。赋，这里是作诗的意思。

【译文】

北魏的祖莹，从小聪明伶俐，喜欢读书，才8岁就会吟诗，让大人都惊叹不已。唐朝的李泌，同样从小聪明活泼，热爱读书。在他7岁时，皇帝召见了这个小神童，想看看他是否如传说的那样有真才实学，于是要李泌以"棋"为题做一首诗。小李泌毫不慌张，当场写了一首好诗，皇帝大加赞赏。

【细说活解】

祖莹诵咏

祖莹，字元珍，是北魏范阳遒人。

祖莹8岁的时候便能背诵《诗经》等儒家经典，12岁时就能在国家设立的教育机构里读书。祖莹非常喜欢读书，常常不睡觉，夜以继日地学习。他的父母担心他的身体，怕他生病，晚上的时候就不给他点灯。祖莹就在暗地里藏着蜡烛，等到父母睡着之后，用他的衣服遮盖窗户，点燃蜡烛读书。祖莹热爱读书，特别喜欢写文章，中书监的高允感叹说："这个孩子的才能不是大多数人能够达到的，以后一定会大有作为的。"

一天，老师讲解《尚书》，让祖莹站起来诵读，谁知前一天祖莹在夜里读书，不觉读到天亮，昏昏沉沉中错拿了住在同一个房间的学生的《曲礼》就去听课了。老师平时很严厉，祖莹也不敢回去换书，于是将错就错把《曲礼》放在面前，连续背诵三篇《尚书》，一字不漏。后来知情的学生对老师说了这件事，所有的老师都觉得很惊讶。

后来，高祖听说了这件事，便召见祖莹，让他背诵儒家五经里的章句，并且概述大意。祖莹对答如流，高祖听后十分赞叹祖莹的才能，称祖莹为"神童"，大加赞赏。祖莹出去之后，高祖就跟卢昶开玩笑地说："当年共工被流放的地方，怎么就出现了这样一个才子啊！"祖莹长大后，在朝廷中担任重要的官职，在诗歌方面也取得了很大的成就。

祖莹诵咏。

【原文】

彼颖悟①，人称奇②。尔幼学③，当效之④。

【导读】

正所谓勤能补拙，笨鸟先飞。大多数的人都不像祖莹和李泌那样，自小拥有过人的天赋，但是不必自卑。知识上的缺漏可以用勤奋来弥补。天资过人的祖莹和李泌若是没有后天孜孜不倦的学习，也不可能有大的作为，成为君主的股肱之臣、社会的栋梁之材的。

【注释】

①彼：他，他们，这里指祖莹和李泌二人。颖悟：天资聪慧，聪明过人（多指少年）。②称奇：因不寻常而表示惊奇。③幼学：初入学的儿童。④当：应该，应当。效之：学习他们。效，效法、向……学习；之，他们，指祖莹与李泌二人。

【译文】

祖莹与李泌二人，天资聪颖，又热爱学习，小小年纪就能吟诗作赋，大家对他们的优异表现都是既惊奇又赞叹。你们这些刚入学的小朋友，应该以他们为榜样，从小培养对学习的热情，用功读书。

三字经

【细说活解】

勤能补拙，笨鸟先飞

书山有路勤为径。

　　天才和神童在世界上很少，这个世界大多数还是平凡的普通人。很多伟大的名人都强调勤奋的重要性。世界上伟大的发明家爱迪生曾经说过我们都熟知的一句话：天才就是百分之一的灵感加上百分之九十九的汗水。就连鲁迅先生也说过"哪里有天才，我是把别人喝咖啡的时间都用在工作上了"这样的话。没有卓越的才能，却能够百折不回地努力，一心不断地勤勉，也是能够立身于世间的。这就是勤能补拙的道理。因此有"书山有路勤为径"，或许我们不如天才与神童那般，生下来就拥有异于常人的天赋，但是天才若不继续学习，也只是普通人而已。没有异于常人的天赋的我们，只有更早、更勤奋地去学习技能，笨鸟先飞，才能够为社会做出贡献。

　　我国著名的戏曲表演艺术家梅兰芳先生曾说："我是个笨拙的学艺者，没有充分的天才，全凭苦学。"梅兰芳小时候去拜师学戏时，被师傅说眼中灰暗呆滞，不是学习戏曲的材料而拒绝。但是梅兰芳并没有因为自己天资欠缺就灰心气馁。他通过各种方法锻炼自己的眼神，追寻鸽子在空中飞翔的身影，俯视水中的灵巧的游鱼。经过多年不断的努力，梅兰芳终于练得一双顾盼生姿、含情脉脉的双眼，最终成为全世界闻名的京剧艺术大师。可以说，梅兰芳先生的成功，就在于他勤奋和不服输的精神。

【原文】

蔡文姬①，能辨琴②。谢道韫③，能咏吟④。

【导读】

　　蔡文姬，名琰，原字昭姬，晋时避司马昭讳，改字文姬，东汉大文学家蔡邕的女儿，是中国历史上著名的才女和文学家。精于天文数理，既博学能文，又善诗赋，兼长辩才与音律。谢道韫，自幼聪识，有才辩。咏絮之才的起源，东晋著名才女，中国古代四大才女之一。因小时候咏雪诗句的流传，被人们称为"咏絮才"。

【注释】

①蔡文姬：名琰，字文姬，东汉大学者蔡邕的女儿，精通音乐，是历史上著名的才女。②辨琴：辨识琴声。③谢道韫：东晋宰相谢安的侄女，诗才敏捷，也是著名的才女。④咏吟：这里是作诗的意思。

【译文】

　　蔡文姬是东汉末年大学者蔡邕的女儿。她天资过人，尤其在音乐方面非常有天赋，她能准确分辨琴声好坏，甚至能听出弹奏者的感情。谢道韫是东晋宰相谢安的侄女。她文思敏捷，很小的时候就会吟诗作对，所作的咏雪诗句甚至压倒了其他兄弟。

105

【细说活解】

文姬辨琴和道韫咏雪

蔡文姬名琰，本来字昭姬，后因避司马昭的讳而改字为文姬。她的父亲蔡邕是东汉末年鼎鼎有名的大文学家和大书法家，还精通数理天文，音乐造诣也十分高，尤其是对琴的演奏和感悟能力超群，是曹操的挚友与老师。在这样的家庭中长大，蔡文姬自小就耳濡目染，聪明过人，不仅善诗赋，而且辩才好，更兼长于音律和辨别琴音。蔡文姬10岁时，一天夜里，蔡邕正在室外弹琴，忽然断了一根琴弦，文姬在室内听到父亲的弦断之音，马上判断说是第二根弦断了。蔡邕以为女儿不过是碰巧说对了，便故意弄断了第四根弦，然后考问女儿。蔡文姬毫不犹豫地答道："是第四根琴弦。"蔡邕被女儿在音乐上的天分所震惊，开始教女儿学琴。两年后，蔡文姬学成琴艺，蔡邕将自己的焦尾琴送给了她。

文姬辨琴。

谢道韫出生名门望族，是赢得"淝水之战"的一代名将谢安之侄女，安西将军谢奕之女，大书法家王羲之的二儿媳，王羲之之子王凝之之妻。谢道韫聪慧过人，机智果断，是东晋著名的女诗人。

谢道韫7岁的时候，一日，谢安将家中的子女召集起来与他们谈论文章的立意和写法。大家正在探讨之际，外面下起了大雪。谢安走到窗前，对着漫天飘洒的雪花，高兴地说："白雪纷纷何所似？"是说，这纷纷扬扬的大雪像什么呢？

他的侄子谢朗说："差不多像是盐从天空中撒下来。"

谢安听了没有说什么。这时，他的侄女谢道韫轻声吟咏道："未若柳絮因风起。"意思是说，漫天的雪花飘飞，就如同那被东风吹得漫天飞舞的柳絮。谢安听后高兴地大笑起来。

这一咏雪名句，为后人所传诵。

【原文】

彼女子^①，且聪敏^②。尔男子，当自警^③。

【导读】

古代社会重男轻女，女子是没有受教育的权利的。因此像蔡文姬和谢道韫这样的才女，顶住了世俗的压力，没有因为自己是女子就放松了对自己的要求。她们勤奋好学，最终以过人的才华令所有人折服，这样的精神是十分值得我们学习的。

【注释】

①彼：指蔡文姬和谢道韫。②且：尚且。聪敏：反应敏捷。③自警：自我警醒。

【译文】

蔡文姬与谢道韫都是女孩子，尚且如此聪明，有才华，一个能分辨音律，一个能吟诗作对。你们身为男子，看到女生优异的表现，更应当时时刻刻自我警醒，以她们为榜样，珍惜时光，不断充实自己。

【细说活解】

"女子无才便是德"

古人认为女子品行良好、善于持家便是好的。

自从父系氏族社会确立以来,男人在生产生活中占据了主要的地位,男尊女卑的意识就开始产生。到了周朝时期,男尊女卑的意识就已经十分明确了,《周易》中有"天尊地卑,乾坤定矣,卑高以陈,贵贱位矣……乾道成男,坤道成女"的说法。到了汉朝,东汉著名学者班昭著作的《女诫》就非常系统地阐述了男尊女卑的观念。董仲舒提出的"三纲五常"中,也有"夫为妻纲"这样的基本原则,可见,男尊女卑现象在中华民族几千年的历史中,一直占据着主导的地位。

封建时期,为了父权制社会和父权家族的利益,儒家礼教对妇女在道德、行为、修养方面做了非常全面的规范要求,即是"三从四德"。"三从"出自《仪礼·丧服·子夏传》,未嫁从父,既嫁从夫,夫死从子。"四德"一词出自《周礼·天官·九嫔》,分别为妇德、妇言、妇容、妇功。要求女子品德良好,端庄稳重,在与人交谈的时候能够掌握说话的分寸,同时懂得治家之道。"三从四德"规定了古代女子一生中应该有的道德品质和行为规范。这种"三从四德"的规范演绎到后来,就出现了"女子无才便是德"的说法,认为女子有才能也不应该在丈夫面前显露,以丈夫为主,谦卑、顺从丈夫才是女子的德行。因此,女子在古代很少有受教育的机会,女子可以普遍地接受教育是从近代才开始的。

我们都知道,像"女子无才便是德"这样"男尊女卑"的思想是不可取的。虽然女子因为生理上的因素,在家庭和社会上有着难以克服的缺陷,但是现代社会已经同刀耕火种、茹毛饮血的原始社会不同,女子也因为特有的细腻温润的性格,和不同于男人的感性的思维方式,在社会中占据越来越重要的地位。

这样我们就明白了,古代的时候出现谢道韫、蔡文姬这样的才女是多么难得,而《三字经》的作者举这两个人的例子则是为了激励读书的男子们,连女孩子都如此刻苦读书,男孩子还有什么理由不发奋呢?

【原文】

唐刘晏①,方七岁。举神童②,作正字③。

【导读】

"有志不在年高,无志空活百岁。"唐代的刘晏在少年时期十分勤学,才华横溢,名噪京师,时人称之神童。后任吏部尚书同平章事、领度支、铸钱、盐铁等使,实施了一系列的财政改革措施,为安史之乱后的唐朝经济发展做出了重要的贡献。我们要学习刘晏勤奋刻苦的精神,努力学习科学文化知识,励志做祖国合格的接班人。

【注释】

①刘晏:唐代著名理财家。②举:选拔。神童:唐代科举考试科目之一。唐代设童子科,参加考试者称应神童试。
③正字:秘书省中主管文字校正的官员。

【译文】

唐朝的刘晏,天赋很高,热爱学习,小小年纪就能作诗写文章,年仅7岁就被推选为神童。唐玄宗听说了他的事迹,为了表示赞赏与鼓励,选拔他担任正字官,负责校对书籍文字。

【细说活解】

刘晏正字

刘晏出生于官宦家庭,从小接受良好的教育,而刘晏本身也天资颖悟,少年时期十分勤学,才华横溢,7岁时便被举为"神童"。

刘晏8岁时,唐玄宗封祭泰山。祭典结束后,礼官奏报有一童子名叫刘晏,要向皇帝敬献《东封书》。唐玄宗听说很高兴,便召见了刘晏。刘晏见到皇帝,一点也不怯弱,跪在地上行完礼便从容地背诵起自己作的《东封书》。唐玄宗惊叹8岁的童子能有如此文采,开始不信,便命令宰相来辨别真伪。宰相与刘晏当场作起对联,刘晏机智聪慧,对答如流,玄宗大加赞赏,立即下旨授以秘书省太子正字的官职。"神童"刘晏一时轰动全国。

刘晏出生于官宦家庭,从小接受良好的教育。

刘晏10岁那年,唐玄宗又召见刘晏,问他做正字这么长时间,正得几字。刘晏答道:"天下字皆正,唯有朋字未有正得。"刘晏这个回答一语双关,不仅说明了"朋"的字形结构,还指出了当时朋党勾结的现状。玄宗听得十分赞赏。

刘晏利用职务之便,博览群书,后来成为唐朝著名的理财家,而年轻时的勤奋苦读和虚心求教,对他后来的施政改革,有着重大的影响。

【原文】

彼虽幼^①,身已仕^②。有为者^③,亦若是^④。

【导读】

刘晏年纪轻轻,就成为朝廷重臣。有志向的人应该向刘晏学习,勤奋好学,早日掌握各种知识,为祖国为社会做出贡献。刘晏的故事告诉现在正学习的孩子,只要勤勉努力,自己也可以达到刘晏的成就。

【注释】

①彼:指刘晏。幼:年纪小。②身已仕:已经做官。已,已经;仕,做官。③有为者:指希望有所作为的人。④亦:也。若是:如同,像这样。若,如、像;是,这样。

【译文】

刘晏小小年纪就已经做了官,肩负重任,尽心尽力做好本职工作。希望将来能有所作为的人,应当像刘晏这样,认真负责、勤奋上进。

【细说活解】

舜人也，我亦人也

《孟子·离娄下》中有"舜，人也；我，亦人也"，意思就是像尧舜禹这样的古代圣贤，和我们一样都是人，与他们相比，我们缺少的是他们内心的仁爱之志。孟子认为君子之所以和一般人不同，就是因为他时刻将仁爱礼仪放在心里，这样才能为世人树立榜样。所以，不想成为平庸的人，就要像尧舜禹那样的圣人一般，树立志向，像他们那样为人，哪有不成功的道理。

刘晏年纪轻轻，就能得到皇帝的赏识，成为国家的肌肱之臣，为唐朝中期的繁荣做出了巨大的贡献。有志向不甘于平庸的人就应该向刘晏学习，早早立下志向和目标，不断地勉励自己，学习各种知识和技能，最终才能成为刘晏那样的人才，为社会为国家多做贡献。

机会总是青睐那些有准备的人，我们要从现在开始勤奋上进，才能实现我们的理想。

有志向不甘于平庸的人应该早早立下志向和目标。

【原文】

犬守夜①，鸡司晨②。苟不学③，曷为人④。

【导读】

狗每晚不睡觉为我们守夜看家护院，鸡每天早上按时啼叫，报告天明。狗和鸡虽然没有自己的思想，但是都知道尽忠职守地做着自己该做的事情，那么人要是不学习，没有一技之长，不能为社会贡献自己的力量，终日只游手好闲，那么就没有资格称为人了。

我们必须正视学习的重要意义。倘若不学习的话，我们只能消耗这个社会的资源，根本谈不上贡献。对社会没有贡献，岂不是不如狗、鸡那些动物了吗？勤奋学习的意义远不止于此，"学，然后知不足"，我们只有不断地学习才能发现我们自身的不足，才能不断地完善自我。

【注释】

①犬：狗。守夜：晚上担任守卫看家。②司晨：早上打鸣报晓。司，掌管。③苟：假如、如果。④曷为人：怎么做人呢。曷，如何、怎么；为人：做人。

【译文】

狗会在晚上充当警卫，看守门户，保护主人的安全；公鸡每天清晨都会高声打鸣报晓，催促人们按时起床。狗和鸡尚且能尽责工作，身为万物之灵的我们如果整天懒惰贪玩，不肯认真学习有用的本领，还怎么做人呢？

鸡司晨。

【细说活解】

人具有社会性

马克思主义哲学认为，人具有自然属性和社会属性。"人的本质不是单个人所固有的抽象物，在其现实性上，它是一切社会关系的总和。"人总是劳动、生活在一定的社会关系之中，生活在现实中的人，总是要不可避免地与周围的人发生各种各样的关系，组成了复杂的社会关系，而这种社会关系就形成了人的社会属性。而人的这种社会属性是人与动物之间的根本区别。

美国著名心理学家马斯洛对人类的需求分出了五个层次，分别是生理需求、安全需求、社会需求、尊重需求，以及自我实现需求。除了生理需求和安全需求是人类的自然属性决定的之外，剩下的三种需求都是人类的社会属性所决定的。人类生活、劳动在社会之中，需要社会的尊重和认同。然而想要获得社会的认同和尊重，是需要付出努力和劳动的。因此，人要在学习中不断提高自己的技能，拓展自己的视野，使自己成长为对社会有贡献的人，这样才能被社会所认可，从而达到自我价值的实现。

人的社会属性既然是人和动物之间的根本区别，那么人如果不学习的话，就不能更好地适应社会，就会被社会淘汰，那么就与动物没有什么区别了。

【原文】

蚕吐丝①，蜂酿蜜②。人不学，不如物③。

【导读】

蚕虫和蜜蜂都是昆虫，一个吐蚕丝供人类纺布制衣，一个采集花粉酝酿成蜜，供人类食用。它们虽然很小，却对人类有着很重要的作用。如果人不学习的话，就无法掌握知识和技能，就无法贡献社会，那么就是连蚕虫和蜜蜂这样的昆虫都不如了。

【注释】

①蚕：家蚕，一种动物，能够吐丝结茧，是丝绸的主要来源。②蜂：蜜蜂。酿：发酵酿造。③不如：比不上。物：这里指动物。

人要靠勤奋读书学习实现自己的价值。

【译文】

蚕会吐丝结茧，人们用它来制作布料、衣服。蜜蜂会采集花粉，酿成甘甜的蜂蜜给人食用。蚕、蜂和狗、鸡一样，都能尽职完成自己的工作。如果我们不懂得自己应尽的责任，不勤奋读书学习实现自己的价值，岂不是连这些动物都比不上吗？

【细说活解】

给永远比拿愉快

蚕的本能在于吐丝结茧，给人们制作衣服；蜜蜂的本能在于酿造蜂蜜，供人食用。动物都在尽自己的本分，来实现自己的价值，给人类提供方便，为这个社会贡献自己的力量；作为人类，我们也要勤奋学习，不断地充实自我、提升自我，为社会做更多的贡献，也只有这样，才能实现自身的人生价值，才能实现我们崇高的理想和抱负。

"赠人玫瑰，手留余香。"生命的价值在于奉献，我们的人生价值在于为社会贡献了什么，而不是取得了什么。我们在给别人的奉献和给予中，也在享受着别人的付出，收获自己心灵的慰藉，收获

三字经

着属于自己的那份惊喜。作为祖国新时代的接班人,我们只有不断地学习科学文化知识,提高自己的综合素质,用知识的力量武装自己,才能不断地适应社会、服务他人,实现自己的人生价值,为建设和谐社会贡献出自己的一份力。

【原文】

幼而学,壮而行①。上致君②,下泽民③。

【导读】

小孩子现在好好读书,是为了长大之后能够用上这些知识和技能贡献社会。因此我们学习的目的就是报效祖国,造福人民。同时,也实现自己的人生理想和人生价值,成为一个不折不扣的对自己、对社会有价值的人。

【注释】

①壮:壮年,古代以三十岁为壮年,泛指中年人。行:努力实行。②上:对上。致君:尽力辅佐国君。致,尽力。③下:对下。泽民:施恩惠于人民,使人民能得到福利。泽,恩泽,恩惠;民,人民,百姓。

【译文】

年轻的时候记忆力最好,学习能力最强,我们应当把握这段黄金时期,不断学习,努力充实自己,等到长大成人后,就要学以致用,用所学的知识和本领做出一番事业,为建设祖国贡献自己的力量,服务于人民,造福百姓。

【细说活解】

达则兼济天下

《孟子·尽心上》中有一句:"穷则独善其身,达则兼善天下。"意思是一个人没有得志时,就应该修养好自己的道德品质,保持内心的仁善;得志时,则不背离道义,还要使天下人都能拥有仁善之心。这才是君子所为。

儒家学派认为,君子应当是心怀仁爱,并以弘扬仁义为己任,以身作则,修养自己身心的同时,再去教化普通大众。不仅要具有内在的品德,同时还要有外在的文采。孔子说过"质胜文则野,文胜质则史。文质彬彬,然后君子",质是内在的品质,文是外在的文采。有质无文就看起来木讷呆板,而有文无质就会显得华而不实,文质兼备、内外兼修,才是真正的君子。

因此,在年幼的时候不断学习知识,修养道德,努力成为文质彬彬的君子,长大之后才能够起而实践,将学到的知识理论都运用到生活之中。读书并不仅仅是做学问,学好知识固然很重要,但是将学到的道理运用到实践当中,将圣贤的教诲落实到生活里,学以致用,"上致君,下泽民",既为国家为社会做出贡献,同时也为百姓谋福利,才是一个真正有用的人。

幼而学,壮而行。

【原文】

扬名声①，显父母②。光于前③，裕于后④。

【导读】

在封建社会中，只要一个人被授予官职，他的父母、祖、曾祖都会被封不同的官职。哪怕祖父、曾祖父已经过世了，也会因为子孙后代的成功获得荣光。莘莘学子十年寒窗苦读，为的是一朝金榜题名，扬名天下，使父母感到荣耀。我们要掌握科学文化知识，学会做人的道理，使自己做事合乎礼仪，同时我们要不断培养我们的德行，为祖国和人民做出自己的贡献，不仅我们会感到十分荣光，父母也会感到骄傲。

望子成龙、望女成凤是所有父母的心愿。现在好好学习以后成为对社会有用的栋梁之材，不仅实现了自己的人生目标，更能让辛辛苦苦将我们抚养长大的父母感到高兴。如果我们的成就能为社会所认可，那么我们的父母一定会感到无比荣耀，这就是我们对父母养育之恩最好的报答了。

莘莘学子寒窗苦读。

【注释】

①扬：显扬，传播。名声：名誉声望。②显：传扬，显扬。③光：光耀、增光。前：前人，指祖先、祖宗。④裕：富裕，富足。后：指子孙后代。

【译文】

如果长大后能用自己所学的知识和本领为祖国、人民做出应有的贡献，人民自然会赞扬你的功绩，不但自己能名扬天下，也使父母感到荣耀，给祖先增光，还能给子孙后代树立好榜样，使他们受益匪浅。

扬名声，显父母。光于前，裕于后。

【细说活解】

孝之终

孔子在《孝经》中说："身体发肤，受之父母，不敢毁伤，孝之始也。立身行道，扬名于后世，以显父母，孝之终也。"孝顺父母，保护好身体，修养好道德，不做让父母担忧、羞愧的事情，这是孝的基本。

自从隋唐科举制确立之后，天下的读书人都以建功立业、光前裕后、光宗耀祖为理想和目标，这是受到儒家出仕思想的影响。能够在社会中有所作为，在某个领域有所建树，建功立业，是大部分读书人的理想。其实这是误解了孔子的思想，孔子的"立身行道"是修养自身，奉行道义，就是我们之前说过

孝父母。

三字经

的"十义",是每个人应该具备的十种美德。掌握知识,学会道理,能够行仁义之道,贯彻"十义"之道,让父母因自己而感到荣光,这才是做到了真正的孝。《千字文》中讲"川流不息,渊澄取映",人的德行一代传至下一代,代代相传,延绵不绝。在祖先的基业上立身行道,让自己的作为、贡献和美好的品德,既能够为祖上增添荣耀,又能为后人立下福荫。所谓"前人栽树后人乘凉",做到"光于前,裕于后",一生才没有虚度,才实现了自我人生的价值。

【原文】

人遗子①,金满籯②。我教子③,惟一经。

【导读】

这句话是作者对全书的总结。正所谓,授人以鱼不如授之以渔,给子女留下千金不如教之以做人的道理。这样子女们拥有了这些做人的基础,才能走上正确的道路,今后无论遇到什么样的困难和打击都能以良好的心态去面对,才能开创出一番属于自己的事业,实现自己的人生价值。

古人提倡以道德传家,耕读传家次之,诗书传家又次之。

【注释】

①人:别人,有的人。遗:留给,遗留。子:孩子,子孙。②金满籯:满筐金子,意思是巨大的财富。籯,竹子编的筐。③教:教育。

【译文】

有的人疼爱子女,给子孙留下许多钱财,希望他们能过上富裕的生活。我的想法和那些人不同,留下来教育子孙的,只有这本《三字经》。希望能教给他们做人的道理,还有自己的人生经验和教训,让他们努力学习,打好根基,将来能开创自己的事业。

【细说活解】

授人以鱼,不如授之以渔

授人以鱼只救一时之急,授人以渔则可解一生之需。鱼是目的,钓鱼是手段。送给别人一条鱼,只能解决他一时的饥饿,不能解决他长久的饥饿;想要他永远都能有鱼吃,就要教授给他钓鱼的方法,比喻想要帮助他人解决难题,不如传授给他解决难题的方法。

这句话在当今家长教育孩子的问题上仍然具有重要的意义。孩子在成长的过程中,需要的不仅仅是解决问题,更需要解决问题的能力。家长是孩子的启蒙老师,家长的一言一行对于孩子都具

授人以鱼,不如授之以渔。

有潜移默化的作用。所以,家长不仅要给孩子提供物质基础,还应该教给孩子做人的道理,分析人生的价值和意义,引导孩子走向正确的人生道路。

【原文】

勤有功①,戏无益②。戒之哉③,宜勉力④。

【导读】

古人云:业精于勤而荒于嬉。《三字经》中列举了很多事实,讲述了很多道理,无非就是告诫我们应该勤奋地读书学习。正所谓"书山有路勤为径,学海无涯苦作舟",勤奋苦学才是通向成功的捷径,耽于游戏和享乐是不可能有作为的,成日游手好闲不思进取,最后只会徒劳伤悲。

【注释】

①勤:勤奋,勤劳。有功:取得成就。功,功绩、功劳。
②戏:玩乐,嬉戏玩耍。无益:没有好处。益,好处、利益。
③戒之哉:要以此为警戒啊。戒,警戒、警惕;之,代指前面所说的"勤有功,戏无益";哉,啊,表示感叹的语气。
④宜:应该,应当。勉力:尽力,辛勤努力。

勤有功,戏无益。

【译文】

勤奋努力的人最后一定能取得相应的成就,这就是俗话说的"有志者,事竟成","一分耕耘,一分收获"。相反,如果只知道贪玩,最终一定会后悔自己白白浪费了宝贵的时光,却一无所获。我们一定要把"少壮不努力,老大徒伤悲"的教训牢记在心,以此为警戒,经常提醒自己,珍惜时光,认真学习。

【细说活解】

书山有路勤为径

顾炎武在《与友人书》中说,"人之为学,不日进则日退"。人做学问,如果不是每天在进步,那么就是每天在退步。只有勤奋向学,才能有所收获。所谓耕耘才能有收获,努力总会有所得。韩愈说,"业精于勤,荒于嬉;行成于思,毁于随",荒废人生,沉迷于玩乐只会让光阴白白消逝,而人的身体也会受到损害,是没有益处的。

"书山有路勤为径,学海无涯苦作舟"是韩愈的治学名联,意思是想要攀上知识的顶峰,那么勤奋是唯一路径;想要到达知识海洋的彼岸,刻苦是仅有的行舟。他告诉人们,在学习的道路上,没有捷径可走,只能靠不懈的努力和奋斗,才能在广博的书山和无尽的学海中获得更多更广的知识。这句话,激励着一代代年轻人走向成功。

非学无以广才,非志无以成学。

第二卷

百家姓

百家姓

　　《百家姓》是一本关于中文姓氏的书，成书于北宋初。原收集姓氏411个，后增补到504个，其中单姓444个，复姓60个。全文四字一句，句句押韵，像一首四言诗一样，读来琅琅上口，易学好记。关于本书的作者，目前还没有定论，一般认为是由北宋初年杭州的一位读书人编著的。《百家姓》的次序的形成是有历史原因的，"赵钱孙李"成为《百家姓》前四姓是因为百家姓形成于宋朝的吴越钱塘地区，故而宋朝皇帝的赵氏、吴越国国王钱氏、吴越国王钱俶正妃孙氏以及南唐国王李氏成为百家姓前四位。

　　《百家姓》问世以后，广受欢迎，家喻户晓，代代流传。中国人是十分重视祖先、家族的。姓氏不仅代表一个人，还承载着浓重的家族、地域内涵和历史文化内容。

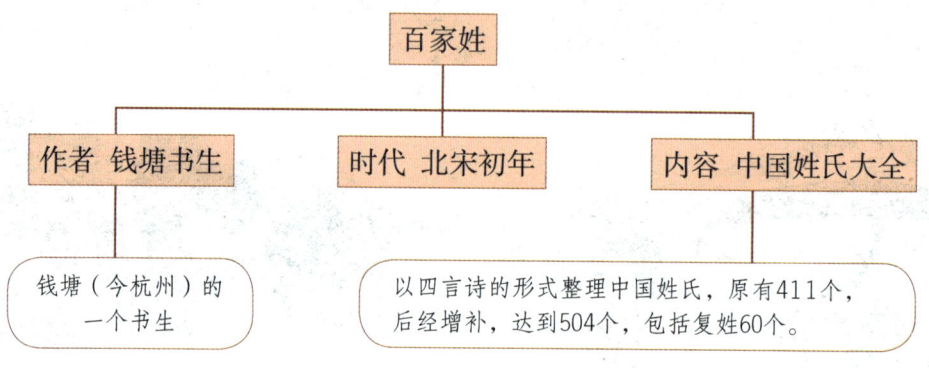

zhào
赵

【姓氏来源】

　　其一：出自嬴姓，其始祖为以擅于驾车著名的造父。

　　西周时期，传说颛顼帝的子孙，有一个名叫造父的，他善于驯马和驾车，深得周穆王的喜爱。周穆王西巡去见西王母时，乘坐的就是造父在桃林一带挑选的八匹骏马拉的车。正当周穆王在西王母那里游玩乐而忘返的时候，徐偃王叛乱了。造父及时驾车护送周穆王回都城，因为造父护送周穆王回都有功，周穆王便把赵

造父驾车。

城赐给他作为封地。造父的后代们就以封地名为姓，世世代代都姓赵。到了春秋时期，造父的第五世孙赵夙到晋国做将军，赵家的势力在晋国日益壮大。到了春秋末期，赵家的权势更大，进一步与同为大夫的韩家和魏家瓜分了晋国，成立了赵国，这就是历史上著名的"三家分晋"。后来，赵国越来越强大，成为战国七雄之一。

其二：出自他族改姓。

由匈奴、南蛮等少数民族改赵姓或赵宋王朝赐姓而来。如《汉书》所载，赵安稽，本匈奴人。《旧唐书》中记载，赵曳天，南蛮人。五代时期的赵国珍，原是牂牁酋长的后裔等。

【郡望堂号】

天水郡：西汉时期置郡，治所在平襄（今甘肃通渭），此支赵氏开基始祖为代王赵嘉。

颍川郡：秦时置郡，治所在阳翟（今河南禹州），此支赵氏开基始祖为西汉京兆君尹赵广汉。

赵氏堂号有"天水"、"孝思"、"半部"等。

【繁衍变迁】

赵姓发源于山西。到战国七雄之一的赵国灭亡时，赵姓已分布于山西、河北、河南、山东等地。秦初，始皇派赵公辅任西戎地区的行政长官，居住在天水，很快赵姓就繁衍成当地一大望族。同时，赵王赵迁因流放到今湖北房县，子孙在今湖北繁衍；后赵佗建立南越国，又把赵姓推进到两广。由涿郡赵氏赵匡胤建立的北宋，使赵姓人口得到了空前的发展，自宋代以后，赵姓遍布全国。

赵姓是当代中国人口排行第八位的姓氏，主要分布于黄河沿岸和东北地区。

【历史名人】

赵雍：就是赵武灵王，他实行"胡服骑射"，改革军事装备和作战方法，以增强军事力量。同时积极倡导国家制度和文化风俗的改革，使赵国成为战国时期仅次于秦国和齐国的军事强国。

赵胜：平原君赵胜，是"战国四公子"之一，以"食客数千人"著称，曾任赵国宰相，著名的成语"毛遂自荐"就是源自毛遂向赵胜自荐的典故。

赵云：字子龙，三国时期的蜀汉名将，有胆有识武艺高强，在汉中以数十骑拒曹操大军，被刘备誉为"子龙一身都是胆也"，军士们都称他为"威武将军"。

赵匡胤：北宋王朝的建立者，为加强中央集权，策划了"杯酒释兵权"的事件，提倡文人政治，开创了中国的文治盛世，是一位卓越的政治家。

赵孟頫：元代杰出书法家，楷书四大家之一，精于正、行书和小楷，笔法圆转遒丽，人称"赵体"。在绘画方面，开创元代新画风，被称为"元人冠冕"。

赵普：字则平，北宋名相。足智多谋，后读《论语》，有"半部《论语》治天下"之说，其三世孙概自洛阳迁亳，为亳州始祖。五世孙赵期，为云塘赵氏始祖。

杯酒释兵权。

【姓氏名人故事】

半部《论语》治天下

赵普是北宋著名的政治家，是宋太祖赵匡胤的手下，为赵匡胤出谋划策，发动兵变，帮其当上了皇帝。后来，赵普又辅佐宋太祖东征西讨，统一了全国，被宋太祖任命为宰相。宋太祖死后，他的弟弟赵匡义继位，史称宋太宗。赵普仍然担任宰相。赵普读书不多，学问也不大，宋太祖赵匡胤曾劝他说："不读书是不行的，一定要多读书，才能有学问。"于是赵普便记在心里，无论朝政多么繁忙，也要钻研《论语》。

后来有人对宋太宗说赵普不学无术，所读过的书仅仅是一部《论语》而已，当宰

赵普向宋太祖承认是以半部论语治天下。

相不合适。宋太宗不以为然地说："赵普读书不多，这我一直都知道的。但是若说他只读过一部《论语》，我可不相信。"

于是，一次宋太宗和赵普闲聊，宋太宗想起这件事，随意问道："有人说你只读一部《论语》，是真的吗？"赵普老老实实地回答说："臣读的书不多，所知道的，确实不超出《论语》这部书。但是过去臣以半部《论语》辅助太祖平定天下建立王朝，现在臣用半部《论语》辅助陛下，使天下太平。"后来赵普因为年老体衰病逝，家人打开他的书箧，发现里面果真只有一部《论语》。

钱
qián

【姓氏来源】

钱姓出自彭姓，是以官职名命名的姓氏。颛顼帝有玄孙陆终，陆终有子名篯铿，被封于大彭，建彭国，为商朝的诸侯国。因此篯铿又称彭铿。彭铿长寿，寿过八百，被称为彭祖。彭祖有孙子名叫孚，西周时任钱府上士。是掌管朝廷的钱财、负责钱财的管理和调度的职位，于是以官职名为姓就姓"钱"了。孚的子孙也都以官名为姓，称钱氏。钱姓发源于陕西，兴盛于江浙。唐朝末年，钱镠建立吴越国，政绩卓著。

【郡望堂号】

钱姓的郡望主要有下邳郡、彭城郡、吴兴郡等。

下邳郡：东汉时改临淮郡置国，治所在下邳（今江苏睢宁西北）。南朝宋及隋大业时改为郡。

彭城郡：西汉时改楚国置彭城郡，不久复为楚国。东汉时又改为彭城国，治所在彭城（今江苏徐州市）。

吴兴郡：三国吴时置郡，治所在乌程（今浙江吴兴）。

钱姓的堂号有"吴越堂"等。

彭祖像。

【繁衍变迁】

钱姓发源于今陕西西安,之后逐渐向南方发展。秦朝有御史大夫钱产,其子孙居下邳(今江苏邳州)。西汉徐州人钱林,因王莽专政,弃官隐居长兴(今属浙江);钱逊,因避王莽乱,徙居乌程(今浙江湖州)。唐初,光州固始(今河南固始县境内)人陈政、陈元光父子入今福建开辟漳州,有钱姓将佐随往,在今福建安家落户。宋元时期,钱姓人发展到今广东、四川、安徽、湖南等省。明清时期,今上海、云南、湖北等省市均有钱姓的人聚居点。从清代开始,居住在今福建、广东及其他省市沿海地区的钱姓人陆续有迁至台湾,进而徙居海外者。

钱姓是当代中国人口排行第九十六位的姓氏,尤盛于江苏、浙江、安徽。

【历史名人】

钱起:字仲文,唐朝大诗人,为"大历十才子"之一,与朗士元齐名,世称"钱朗"。有《钱考功集》。

钱惟演:字希圣,北宋大臣,西昆体骨干诗人。著有《家王故事》、《金坡遗事》。

钱大昕:字晓征,清朝考据学家、史学家、汉学家。著有《唐石经考异》、《经典文字考异》等。

【姓氏名人故事】

钱镠枕"警枕"为戒

钱镠是唐朝杭州临安人,年少时家贫以贩卖私盐为生,后从军,在浙西镇将董昌麾下任部校,在镇压清剿黄巢起义军时极为英勇,屡立战功,因而被任命为镇海军节度使,钱镠升任之后意气洋洋,生活极为奢华,行事阔绰,在临安大兴土木建筑豪华宅院,衣食住行样样着人伺候,甚至出门时马车前后都有兵士跟从护送,以示威仪。

钱镠与父亲住得很近,其父眼见钱镠生活起居穷奢极侈,心中极为厌恶,每每见到钱镠声势浩大地出门,便刻意避开,长此以往钱镠有所觉察,于是恭顺地不带随从只身前往父亲的住处请安,并询问父亲为何对自己避而不见。钱镠之父当即训斥其若继续如此贪求无度,必会自食恶果。

钱镠听完父亲的话心中愧悔,当即对父亲保证改过。这之后钱镠一应用度精简,勤于政事,体察民情,行事谨慎认真,于唐昭宗天复二年(902)被封为吴越国主。吴越国疆土很小,四周皆是强国,要时刻加以防范。钱镠为了使自己保持警醒之心,因而特意截下一段圆木,打磨成枕头将之称为"警枕"。每到军务繁忙之时,便以此为枕,这样睡熟之后稍微改变姿势,头便会自枕上滑落而惊醒,这样既可以稍事休息,又不会因为睡得太沉而有所松懈,贻误军情,并且还能提醒自己常怀警惕之心。自此之后,钱镠以"警枕"为戒,为人行事谨慎小心,吴越国在他的统治下,绵延百年从无战乱,国富民强,繁荣富庶。

钱镠枕"警枕"为戒。

sūn
孙

【姓氏来源】

孙姓的起源主要有六：

其一：出自姬姓，为卫国国君康叔的后代。后稷继承姬姓，成为周族的始祖。周文王的小儿子康叔，因封于康，故称康叔。周公旦平定武庚叛乱后，将原来商都附近地区和殷民七族分封给康叔，即卫国。春秋时期，卫康叔的八世孙卫武公有子名惠孙，惠孙之子名耳，为卫国上卿，姬耳之子名乙，字武仲，武仲根据周制，以祖父的字命氏，即为孙氏。

其二：出自芈姓，为春秋时期楚国令尹孙叔敖之后。传说颛顼的后裔陆终之子季连，赐姓芈。季连的后裔熊绎在周康王时被封于荆山，建立荆国。后改国号为楚，战国时期，楚国称为战国七雄之一。熊绎的子孙蔿艾猎，即为孙叔敖，字孙叔，为楚国令尹，因其开发水利有功，深受楚民爱戴，其子孙便以他的字命氏，为孙氏。

其三：出自妫姓。相传舜帝曾住在妫河边，因此其后代又有妫姓。陈厉公时，陈完因内乱逃至齐国，改姓为田。田完五世孙田桓子无宇的儿子田书因伐莒有功，齐景公封田书于乐安，赐姓孙氏。后齐国内乱，孙书后人出奔逃至吴国。

其四：出自子姓，为商纣王的叔父比干之后裔。帝喾之后裔契，因协助大禹治水有功，被封于商，赐子姓。后世孙建立商朝。比干因直言进谏，被纣王挖心而死，其子孙为了避祸而改姓，有的以本为王族子孙之故，改为孙姓。

其五：出自他姓改姓。如夏侯婴曾孙夏侯颇取公主为妻，该公主随母亲外家的姓，称"孙公主"，夏侯颇的子女也随之为孙姓。又如战国时期著名军事家荀卿的后裔，在西汉时期，为避讳汉宣帝刘询，改为孙卿。后又复为荀卿，但一部分子孙没有改回，仍称孙氏。

其六：出自他族改姓。如北魏孝文帝时期，因实行汉化政策，将鲜卑族复姓拔拔氏改为汉字单姓孙氏。

【郡望堂号】

孙姓的郡望主要有汲郡、陈留郡、太原郡、乐安郡、富春郡等。

汲郡：晋时置郡，治所在汲县（今河南汲县西南）。此支孙氏，为孙氏世居之地，是晋名隐士孙登之族所在。

陈留郡：西汉时置郡，治所在陈留县（今河南开封东南）。

乐安郡：东汉置郡，治所在临济（今山东高青县高苑镇东北）。此支孙氏，为"兵圣"孙武之族所在。

富春郡：秦置郡，治所在今浙江富阳。此支孙氏，为乐安孙氏之分支，其开基始祖为孙武次子孙明。

太原郡：战国秦庄襄王时置郡，治所在晋阳（今陕西太原市）。此支孙氏，为富春孙氏之分支，其开基始祖为孙明的十一世孙福。

孙氏又以"太原"、"乐安"为其堂号。

【繁衍变迁】

孙姓发源于河南和山东，春秋末期，居于河南的卫国，后孙姓氏族北迁晋国；战国时，山东境内的孙姓氏族也繁盛发展，妫姓孙氏成为孙姓人的主力。秦汉以后，孙姓人由山东向西发展至山西，向南发展到浙江和湖北等地。三国时期，孙吴政权使得孙姓家族得到了空前的发展。魏晋南北朝时期，北方、中原、江南各地都有孙姓氏族的聚集，名家望族辈出，等到唐宋时期，孙姓人就遍布全国大江南北。明末清初，孙姓人开始渡海迁向台湾，并逐渐向海外发展。

【历史名人】

孙叔敖：蒍氏，名敖，字孙叔，春秋时期杰出的政治家，楚国名臣。主持修建了中国古代最早的大型渠系水利工程——期思陂，对当时农业经济的发展起到了重要的作用。

孙武：字长卿，春秋末期伟大军事家。应用了五行相生相克的原理，编撰成《孙子兵法》，被誉为"兵学圣典"。

孙权：字仲谋，三国时期吴国的建立者。是杰出的政治家、战略家，拥有雄才谋略，骁勇善战，后世有"生子当如孙仲谋"之说。

孙思邈：唐代著名的医学家，是著名的医师与道士，在中国乃至世界史上医药史上都占据着重要的地位，著有《千金药方》、《千金翼方》，被后人誉为"药王"。

孙中山：名孙文，字载之，中国近代民主主义革命的先行者，中华民国和中国国民党创始人，实行"三民主义"，被尊为"中华民国国父"。

孙子像。

【姓氏名人故事】

优孟衣冠

孙叔敖是春秋时期楚国的令尹，他位高权重，功勋盖世，却为人清廉俭朴。楚王曾多次赏赐孙叔敖，都被他推辞，以至于家无积蓄，临终时连棺椁也没有。孙叔敖死后，他的儿子靠打柴度日。优孟是楚国的艺人，常常以谈笑的方式委婉地劝谏楚王。

孙叔敖知道他是个贤人，就在临死前告诉自己的儿子，生活太贫困了就去求助优孟。后来孙叔敖的儿子遇到优孟，将父亲的话告诉优孟。优孟得知后，穿戴上类似孙叔敖的衣服帽子，模仿孙叔敖的言谈举止，去见了楚王。

楚王一见优孟的装扮，大为吃惊，以为是孙叔敖又活了，当即要任命优孟为宰相。优孟借口要与妻子商量而归家。三天后，优孟去向楚王回话道："我回家将大王要任我为相一事告诉妻子，我妻子却极为反对，她说前宰相孙叔敖一生中正清廉、忠心耿耿治理国家，正是因为他的协助才使楚王得以称霸诸侯，这样为君王呕心沥血的忠臣良相死了之后，他的儿子却完全得不到君王的照拂，如今落得上无片瓦遮身，下无立锥之地，穷困潦倒，每日靠打柴为生，可见楚国的宰相不值分毫，所以不要去当吧。"

优孟随后又高歌一曲：居耕田苦，难以得食。起而为吏，身贪鄙者余财，不顾耻辱。身死家室富，又恐为奸触大罪，身死而家灭。贪吏安可为也！念为廉吏，奉法守职，竟死不敢为非。廉吏安可为也！楚相孙叔敖持廉至死，方今妻子穷困负薪而食，不足为也！

楚王听了优孟的话十分愧悔，随即召见孙叔敖之子，赐其土地与奴仆，使其脱离艰困，衣食无忧。

优孟衣冠。

李
lǐ

【姓氏来源】

李姓的来源主要有三：

其一：出自嬴姓，为颛顼高阳氏的后裔。颛顼的后裔皋陶在尧帝时担任大理的职务，他的儿子伯益因为帮助大禹治水有功，被赐为嬴姓，伯益的子孙世袭大理的职务。按照当时的社会习惯，以官名为氏，称理氏。到了商朝末年，皋陶的后人理徵为人正直，在朝廷做官，因为敢于直谏得罪了商纣王，被纣王处死。理徵的妻子带着儿子利贞逃到"伊侯之墟"藏匿起来，好几日没有吃饭的他们因为不敢走远，只得在附近寻找可以充饥的东西，终于靠着木子，也就是李子的果实得以活命，不敢再姓理，改姓李氏，以示纪念和避祸。

其二：出自他族改姓。据记载，三国时期蜀汉丞相诸葛亮平定哀牢夷后，曾赐当地各少数民族以赵、张、杨、李等姓。而北魏时期，鲜卑族有复姓叱李氏，在北魏孝文帝迁都洛阳后，实行全面汉化政策，改为汉字单姓李氏。

其三：出自他姓改姓。据记载，唐朝开国元勋以及有功之臣，都被赐予国姓，即李姓。如徐勣利，后改为李勣。

【郡望堂号】

李氏郡望主要有陇西郡、赵郡、顿丘郡、渤海郡和中山郡等。其中赵郡和陇西郡声望最盛。

陇西郡：战国时置郡，治所在狄道（今甘肃临洮南）。此支李氏，其开基始祖为秦司徒李昙长子李崇。

赵郡：汉时置郡，治所在邯郸（今河北邯郸市西南）。此支李氏，其开基始祖为秦太傅李玑次子李牧。

顿丘郡：西晋时置郡，治所在顿丘（今河南清丰西南）。此支为陇西李氏分支，其开基始祖为西汉名将李广一世孙李忠。

李姓的诸多郡望中，陇西郡和赵郡最为著名，除了少数民族改复姓为单姓和赐姓李氏外，其他分支几乎都是从这两支中衍生出来的，故李姓又以这两个郡望为堂号。又有"平棘"等堂号。

【繁衍变迁】

李姓发源于河南，西汉时开始向山东迁徙；东汉时分，李姓人开始向西南地区发展，在四川、云南地区都有所分布，其中，有融入当地少数民族的。唐朝之后，主要驻守北方的李姓开始迁向南方，进入福建等地。因为李姓在唐朝时为国姓，因此李姓在这一时期的发展达到顶峰。明朝初期，居住在福建的李姓人就开始渡海向日本等海外国家迁移，而明朝末期，有大部分的李姓人移居台湾。

李姓是当代中国人口最多的姓氏，全世界李姓的人数已经超过一亿，是世界上数量最多的同姓人群。

【历史名人】

李耳：即老子，又称老聃，是道家学派的创始人，著有《道德经》，主张无为而治，对中国哲学发展具有深刻影响。

李世民：唐朝皇帝，又称唐太宗，是一位出色的政治家，在位期间是历史上著名的"贞观之治"时期。

李白：唐朝诗人，伟大的浪漫主义诗人，被称为诗仙，存世诗文千余篇，代表作有《蜀道难》、《行路难》、《梦游天姥吟留别》、《将进酒》等诗篇。

李煜：五代十国时南唐国君，史称李后主。不通政治，十分具有艺术才华。精书法，善绘画，通音律，诗文创作均佳，尤以词的成就最高，被称为"千古词帝"。

李春：隋朝著名工匠，世界上保存完好、最古老的单孔大石桥赵州桥的设计者，开创了中国桥梁建造的崭新局面。

李广：西汉名将，多次参加反击匈奴的战争，以勇敢善战著称。在任右北平太守时，匈奴数年不敢攻扰，称之为"飞将军"。

李清照：南宋女词人。论词强调协律，崇尚典雅、情致，提出词"别是一家"之说。

李时珍：我国古代伟大的医学家、药物学家，历时二十七年编成《本草纲目》一书，是我国古代药物学的总结性巨著，被世人称为"药王神医"。

李自成：明朝末年的农民起义军领袖，杰出的军事家，率领起义军推翻明王朝，人称"李闯王"。

李煜创作诗词。

【姓氏名人故事】

李时珍与《本草纲目》

李时珍（1518~1593），字东璧，号濒湖，晚年自号濒湖山人。是明代著名的医学家、药物学家，著有古代药物学的总结性巨著《本草纲目》。

李时珍出生于行医世家，祖父是"铃医"，父亲李言闻也是当地的名医。当时民间医生的地位很低，父亲便让他从小读书，希望他有一天功成名就。李时珍自幼喜读医术，对八股文却不屑于学，遂向父亲表明了自己学医的决心。父亲答应了李时珍的请求，并悉心教导。自此，李时珍专心学医，很快成为一个有名望的医生。在行医期间，他读书万卷，以不断提高自己的医术。后来他认识到"行万里路"的重要性，在徒弟庞宪、儿子建元的陪同下，开始出外采访。遍访名医，搜集民间药方；翻山越岭，采集药物标本。

李时珍参考历代有关医药及其学术书籍八百余种，对历代著作"取其精华，去其糟粕"，并结合自身经验和调查研究进行了精心的补充。历时27年，终于完成了《本草纲目》的写作。

《本草纲目》是到16世纪为止，中国最系统、最完整、最科学的一部医药学著作。不仅为中国药物学的发展做出了重大贡献，而且对世界药物学、自然科学的发展也起了巨大的推动作用，被誉为"东方医药巨典"。

李时珍与学生采集标本、搜集药方，编写《本草纲目》。

zhōu
周

【姓氏来源】

周姓的来源主要有三：

其一：周姓的最早出现，可追溯到黄帝时期。据《姓氏考略》所载，黄帝时期就有一位名叫周昌的大将。到商朝，又有一名叫周任的太史，两人的后人均以周为姓氏，分散于各地。

其二：出自姬姓，为周文王之后。后稷因管理农业有功，帝尧封他为有邰氏的国君。夏朝末期，第十二代孙古公亶父，即周太王，为戎狄所逼，迁至周原，

周太王为戎狄所逼，迁至周原，改国号为周，称为周氏。

改国号为周，称为周氏。周武王时，推翻商朝建立周朝，其后人多以国名、以地名为姓，姬姓越来越少。等到秦国灭周后，周宗室子孙和周朝遗民纷纷以周为氏。如周平王少子烈，被封于汝川，人们谓之为周家，因以为氏；周赧王被秦国罢黜为庶人，迁至惮狐，称周赧王为周家，其后称周氏；周公旦被封周地，史称周公，其后人也以周为姓。

其三：出自他氏、他族改姓。如唐先天年间，唐玄宗名叫李隆基，有姬氏为避讳改为周氏。又如北魏孝文帝时期，将鲜卑族复姓贺鲁氏改汉字单姓周氏。

【郡望堂号】

周姓郡望主要有汝南郡、沛郡、陈留郡、浔阳郡等。

汝南郡：汉时置郡，治所在今河南上蔡西南。此支周氏，为周平王少子烈的后代，其开基始祖为周平王少子姬烈第十八代裔孙周邕。

沛郡：汉高帝时置郡，治所在今安徽省濉溪县。此支周氏，其开基始祖为汉代汾阴侯周昌。

陈留郡：秦时置郡，治所在今河南省开封地区。此支周氏，为汉代周仁之后，其开基始祖为晋代的周震。

周姓的堂号有"汝南"、"爱莲"、"浔江"等。

【繁衍变迁】

周姓起源于山西，秦汉时期，周姓人主要集中在河南和陕西两地，形成了河南郡和陈留郡等名门望族，后来周姓人逐渐向江苏、安徽、山东等地迁居。魏晋南北朝时期，因为常年战乱，大部分的周姓氏族开始向南迁徙，到湖北、江西、江苏等地。唐朝时，周姓人有徙居到福建、广东等沿海地区的。到了宋元时期，周姓人继续南迁。在这一时期，南方周姓氏族出现很多知名人士。明清时期是周姓发展比较繁荣的时期，云南、贵州、四川等西南地区都有了周姓氏族。康乾时期，居住在广东、福建等东南沿海地区的周姓人开始向台湾、海外移居。

周姓在当代中国人口排行中排位第九。

百家姓

【历史名人】

周公：周文王姬昌第四子。是西周初期杰出的政治家、军事家和思想家，被尊为儒学奠基人，孔子一生最崇敬的古代圣人之一。

周瑜：字公瑾，三国时期吴国名将，相貌英俊，有"周郎"之称。周瑜精通军事、善音律，率东吴军与刘备军联合，击败曹操南犯大军，以少胜多赢得赤壁之战。

周敦颐：北宋著名哲学家。理学大师朱熹曾推崇他为理学的开创人，著《太极图说》、《爱莲说》等。

周树人：即鲁迅，伟大的文学家、思想家、革命家，中国现代文学奠基人，著作有《狂人日记》、《呐喊》、《彷徨》等。

周恩来：中华人民共和国第一任总理，杰出的革命家、政治家、军事家和外交家。为了党和人民无私奉献，获得了中国人民和世界人民的爱戴和尊敬。

风流倜傥的儒将周瑜。

【姓氏名人故事】

周郎顾曲

周瑜是东汉末年东吴杰出军事家，他率军与刘备军队联合击败曹操，赢得了历史上著名的以少胜多的赤壁之战。陈寿称赞他"年少有美才"，文韬武略在万人之上。周瑜不但胆略过人，还气度非凡，性度恢廓。程普曾评价周瑜："与周公瑾交，若饮醇醪，不觉自醉。"与人相交如饮醇酒，可见周瑜与众不同的气度。

周瑜不但精通军事，还擅长音律。周瑜身长精壮，容貌俊朗，因此有"周郎"之称。江东便有"曲有误，周郎顾"的说法。周瑜从小就爱好并精通音乐，薄酒三杯过后，有些醉意了，演奏的曲子中如果有错误，周瑜还是能听得出来，听出来一定会回头帮人改正过来。相传周瑜还创作《长河吟》，与著名的《广陵散》并称于世。

wú

吴

【姓氏来源】

吴姓的起源主要有二：

其一：出自姬姓，为黄帝轩辕氏之后裔。后稷的第十二代孙古公亶父有三个儿子，太伯、仲雍和季历，太伯和仲雍让贤后，到荆蛮之地。季历之子姬昌为振兴周族苦心经营，最终由其子周武王姬发一举灭商，建立起周王朝。继而周王朝封太伯、仲雍后裔受封于吴，建立起强大的吴国，后世吴姓子孙则多把太伯、仲雍尊为得姓始祖。到了春秋时期，吴国逐渐强盛起来，但因夫差骄傲自大，被越国勾践所灭。吴国被灭后，其子孙以国名为氏，称吴氏。

其二：出自虞氏或者有虞氏。仲雍的后代受封于虞国，后被晋国所灭，其子孙以国名为氏，称虞氏。又相传上古时期部落，称有虞氏，舜乃其领袖。因金文中，虞和吴相通，因而其子孙也有吴氏。

【郡望堂号】

吴姓郡望主要有延陵县、濮阳郡、渤海郡、陈留郡等。

延陵县：春秋时吴国贵族受封于此，治所在今江苏丹阳西南。

濮阳郡：晋时置郡，治所在濮阳（今河南濮阳县西南）。此支吴氏，属季札直系后裔，其开基始祖为广平侯吴汉的裔孙吴遵。

陈留郡：西汉时置郡，治所在陈留（今河南开封东南）。此支吴氏，亦为季札后裔，为东汉吴恢一族之所在。

吴姓堂号有"延陵"、"至德"、"濮阳"等。

【繁衍变迁】

吴姓起源于我国南方地区，战国时期，吴国被越国攻灭后，吴王夫差的后裔开始向江苏、浙江、安徽、山东、河南、山西等地迁居发展。秦汉时期，是吴姓第一个发展时期，吴姓人因参与秦末起义被封王，因此推动了吴姓的繁荣。南朝时，湖北地区的一部分吴姓人向四川迁徙。宋元时，吴姓在东南地区繁衍昌盛起来。明清及近现代，陆续有吴姓氏族向东南亚以及其他国家迁徙。

吴姓在当代中国人口排行中排位第十。

【历史名人】

吴起：战国初期著名的政治家、军事家，著有《吴子》，与孙武的《孙子》合称《孙吴兵法》，在中国古代军事典籍中占有重要地位。

吴广：秦末农民起义领袖。与陈胜一同发动反秦起义，建立张楚政权。

吴道子：唐代著名画家。他作品线条遒劲雄放，画风独特，被人们称为"吴带当风"。被后人尊为"画圣"。

吴承恩：字汝忠，是四大名著之一《西游记》的作者，明朝杰出小说家。

吴敬梓：字敏轩，清代著名批判现实主义小说家，著有《儒林外史》，是我国文学史上一部杰出的现实主义的章回体长篇讽刺小说。

吴起像。

【姓氏名人故事】

夫椒之战

吴王阖闾在与越国的槜李之战中战死，阖闾的儿子夫差发誓，一定要为父亲报仇。为了鞭策自己，他派人站在庭中，每次他经过庭院，那人就对他说："夫差！你忘了越王杀了你的父亲么？！"夫差回答说："没有忘。"夫差拜伯嚭为太宰，与老将伍子胥日夜操练军队，准备报复越国。越王勾践听说夫差这一情况，就想先发制人，出其不意抢先攻吴。大夫范蠡劝谏，勾践不听，遂起兵攻吴。吴王夫差听闻这一消息，就征发全部水陆军迎战。吴越双方在夫椒展开激战，越军不敌训练有素的吴军，大败而逃。吴军乘胜追击，直捣越国都城会稽。越王只得率残兵退居会稽山，被吴军团团围住。勾践问范蠡该怎么办，范蠡建议勾践以卑微的姿态带着厚礼去向吴王请和，若是吴国人不答应，就举国降吴，自己追随侍奉吴王。勾践采纳了这个计策，派文种去吴军求和。

夫差本来想答应越国的请求，但是伍子胥进言说：这是上天的安排，将越国赐给我们吴国了。便拒绝了越国的要求。文种将这个结果回报给勾践，勾践很生气，想破釜沉舟，战死沙场。文种知道吴国的太宰伯嚭向来跟伍子胥不和,就想利用这个矛盾,便劝阻勾践说,私下去贿赂伯嚭。勾践命文种带上美女和宝器,私下献给太宰嚭。太宰嚭接受贿赂,就领文种和西施去见夫差。太宰嚭劝吴王同意退兵。伍子胥再次反对。夫差觉得越国已经没有威胁性,又沉迷于西施的美色,便没有听伍子胥的,同意议和而退兵。

勾践带着妻子和范蠡在吴国侍奉吴王三年,终于取得吴王的信任被释放回国。后来卧

夫椒之战吴王夫差大胜,但最终听信了太宰伯嚭的谗言而同意了越王勾践的议和。

薪尝胆,最后歼灭了吴国。夫椒之战本是吴灭越的最好时机,但是因夫差目光短浅,听信谗言,贪恋美色,为后来越国灭吴埋下了祸根。

zhèng
郑

【姓氏来源】

郑姓的来源比较纯正,出自姬姓,以国名为氏,为黄帝裔孙后稷之后。黄帝之后,后稷继承姬姓,其后世周武王灭商建周。周宣王静将同父异母的少弟姬友封于郑地,称郑桓公。后平王东迁时,郑桓公之子郑武公借机占领了郐和东虢两国,在新政一带建立郑国。郑国在春秋初期为强国,后来日渐衰落,最终为韩国所灭。郑氏宗族纷纷外迁,以国名为姓,称郑氏。

【郡望堂号】

郑姓的郡望主要有荥阳郡、洛阳郡、高密郡等。

荥阳郡:三国时置郡,治所在荥阳(今河南荥阳市东北)。

洛阳郡:战国时置县,南北朝时置郡,治所在洛阳(今河南洛阳白马寺东汉水北岸)。

后稷像。

高密郡:西汉时置郡,治所在高密(今山东高密市西南)。

郑姓的堂号有"荥阳"、"博经"、"安远"等。

【繁衍变迁】

郑姓发源于河南和陕西地区,春秋时,郑国灭亡,子孙后裔分布在河南、山东、山西、安徽、河北等地,还有少部分郑姓人迁居至四川。西汉时,因强宗大族不得聚居的政策,郑姓人南迁到浙江。西晋时,郑姓人因"永嘉之乱"而大规模南迁。唐朝时,郑姓人进入福建,在东南沿海地区集中发展。明朝时,郑成功收复台湾,郑姓人移居至台湾;清朝时,郑姓人逐渐移至海外。

郑姓在当代中国人口排行中排位第二十一,在浙江、福建、台湾最为昌盛。

【历史名人】

郑玄：字康成，东汉末年的经学大师。遍注群经，著有《天文七政论》、《中侯》等书，共百万余言，世称"郑学"，为汉代经学的集大成者。

郑和：原名马三宝。明朝著名航海家。

郑成功：字明俨，明末清初军事家，民族英雄。赶走荷兰侵略者，收复祖国领土台湾。有《延平王集》存世。

郑板桥：即郑燮，字克柔，清代官吏，著名书画家、文学家。其诗、书、画被称"三绝"。为"扬州八怪"之一。

郑成功收复台湾。

【姓氏名人故事】

郑板桥与梁上君子

清朝"扬州八怪"之一的郑板桥，为人正直，因为看不惯官场上的尔虞我诈，便辞官回乡，过起了箪食瓢饮的清贫生活，陪伴在身边的，不过一只黄狗和一盆兰草而已。

一天晚上，天冷夜黑，风大雨急，郑板桥正辗转难眠，忽然听见屋中传来窸窸窣窣的声音。

郑板桥家中并没有其他人，他一思量，明白是小偷来了。郑板桥既没有惊慌失措，也没有厉声恫吓，他想自己一介书生，手无缚鸡之力，万一小偷动手，自己也无力对抗。

于是他翻身朝里，梦呓似的低吟道："细雨蒙蒙夜沉沉，梁上君子进我门。"这时小偷已经走到郑板桥床边了，忽然听见郑板桥的低语，不仅一惊，而后又闻："腹内诗书存千卷，床头金银无半文。"小偷借着月光环视四周，四壁空空，想着不偷也罢，就转身出门。

听着小偷动静的郑板桥又吟道："出门休惊黄尾犬。"果见一大黄犬伏在门口，小偷便转身准备逾墙而出。正打算上墙，又闻屋里传出："越墙莫损兰花盆。"小偷一看，墙头果有一盆兰花，就细心避开，一跃而下。脚才刚刚着地，就听屋里又传出："天寒不及披衣送，趁着月黑赶豪门。"小偷听完不也忍不住发笑，为郑板桥的镇定从容与诙谐幽默的处事态度所折服，再没来骚扰过。

郑板桥为竹传神写影。

wáng
王

【姓氏来源】

王姓的姓氏来源主要有五：

其一：出自姬姓，是周文王之后。据《通志氏族略》中所载，京兆郡、河间有王姓，为周文王十五子毕公高的后裔。毕公高被分封在毕地，为公爵，因而称为毕公高。春秋时候，其子孙毕万去晋国当司徒，被分封于魏。到后来为秦所灭，子孙四散，因为是王者之后，而被称为王家，是为王姓。又有东周灵王太子晋，因直谏被废为庶民，由洛阳迁居于琅琊、太原，世人称其为"王"家，其后以"王"为姓，称为王氏。这一支王氏，后成为天下王氏最主要的支派。

毕公高像。

其二：出自妫姓，为齐田和之后。周武王灭商后，追封帝舜的后裔妫满于陈。春秋时期，陈厉公之子陈完，避难逃到齐国，为陈氏。其五世孙陈恒子在齐国做大夫，食于田，遂改姓为田。其后裔田和成为齐国国君，即历史上著名的"田氏代齐"。后来齐国为秦国所灭，到项羽反秦时，其裔田安被封为济北王，其后人为了纪念，便改"妫"姓为"王"姓，称为王氏。

其三：出自子姓，是殷商王子比干之后。商朝末期，商纣王昏庸无道，殷商王子比干因屡次直言进谏，被剖心而死。王子比干被杀后，就葬在当时的国都朝歌附近，他的子孙世世代代居于此处为他守灵，同时改姓为王，纪念为国献身的祖先。

其四：由少数民族改姓而来。据相关史料记载，鲜卑族的可频氏、西羌钳耳氏、高句丽族、乌丸族均是北魏孝文帝时期，改复姓为汉字单姓时改为王姓的。

其五：出自赐姓或者冒姓的王姓。如《汉书》所载，西汉王莽新政时，赐姓战国燕王朱丹的玄孙喜为王姓；隋朝末年有王世充，本姓支氏。朱明王朝也赐许多蒙古人王姓，多为冒姓。

【郡望堂号】

王氏郡望主要有太原郡、琅琊郡、北海郡、东海郡等，其中以太原郡和琅琊郡最有名望，后发展成天下王姓最主要的支派。

太原郡：战国秦庄王置郡，治所在晋阳（今山西太原西南）。此支王氏，出自周灵王太子晋之后，分为祁县王氏和晋阳王氏两部分，祁县王氏以东汉司徒王允为开基始祖，晋阳王氏以魏司空王昶为开基始祖。

琅琊郡：秦始皇置。治所在琅琊（今山东胶南一带）。此支王氏，也出自周灵王太子晋之后，以西汉谏议大夫王吉为开基始祖。

王氏以太原、琅琊、京兆三郡及三槐最有名望，便以"三槐"、"槐阴"等为其堂号。

比干进谏遭拒，悲愤难当。

【繁衍变迁】

王姓起源于我国北方地区,早期主要在北方发展繁衍。秦时,周灵王的后裔为避战乱迁徙到山东地区。世居山西的王姓家族,辗转迁居到河南地区。西晋末年,王姓氏族开始向江南迁徙。唐朝时,原居于河南境内的王姓人进入福建,同时也有一支王姓人迁往四川、安徽、江西等地。北宋末期,开始有王姓在浙江、江苏一带定居。宋末元初,在福建地区的王姓人开始向两广地区迁徙。明朝末期,王姓氏族有向台湾迁居的;明清时期,王姓人向海外迁居,主要集中在欧美和东南亚等国家和地区。

王姓在当代中国人口排行中排位第二。

【历史名人】

王诩:即鬼谷子,春秋战国时期纵横家的鼻祖,军事教育家,苏秦、张仪的老师。著有《鬼谷子兵法》。

王昭君:名嫱,字昭君,乳名皓月。西汉人。中国古代四大美女之一。是汉朝与少数民族的和平使者。

王羲之:字逸少。晋代著名书法家,有"书圣"之称。为会稽内史,领右将军,人称"王右军"。代表作品《兰亭序》。

王维,字摩诘。盛唐诗人、有"诗佛"之称。诗风独特,"诗中有画,画中有诗",是田园诗派的代表诗人。精通诗画,佛学以及音乐。代表作品《使至塞上》、《九月九日忆山东兄弟》等。

王安石:字介甫,号半山,封荆国公。北宋杰出的政治家、思想家、文学家、改革家,唐宋八大家之一。

【姓氏名人故事】

王羲之入木三分

王羲之是东晋著名书法家,年少时跟随卫夫人学习书法。隶、草、正、行各体皆精,俱入神妙之境,被称为"书圣",成为后人崇拜和学习的名家。

王羲之自幼喜欢书法,7岁就写得非常好了。王羲之12岁时,在父亲的枕中看到前代的《笔说》,就偷偷拿来读。父亲发现后便问王羲之为何偷看,王羲之笑而不答。父亲觉得王羲之年纪小,看不懂书中奥秘,就对王羲之说:"等你长大后,我再传授给你。"王羲之立即跪下来请求父亲:"现在就给我用吧。长大再看会埋没幼年的才华。"父亲很高兴,就将《笔说》给了王羲之。不到一个月,王羲之书法就大有长进。连卫夫人见了后,都感慨说:"这孩子将来一定比我有名。"后来晋帝要去北郊祭祀,要王羲之将祝词先写在祝版上,再由工人雕刻出来。工匠发现王羲之笔力雄劲,字迹渗入木板三分。

"书圣"王羲之书法入木三分。

féng
冯

【姓氏来源】

冯姓的来源主要有二：

其一：出自姬姓，为周文王之后。文王的第十五个儿子毕公高，因随其兄周武王伐商有功，周朝建立后被封于毕。其后裔毕万，于晋国做大夫，随献公四处征战，战功无数，被封于魏。春秋时期，与韩氏、赵氏"三家分晋"瓜分了晋国，建立魏国。后为周威烈王承认为诸侯，并封其子孙中的一支于冯城，其后世子孙便以邑名为氏，称冯氏。

其二：出自归姓，为冯简子之后。春秋时期，郑国有大夫名为冯简子，因受封在冯地而得氏。后来冯邑被晋国所吞，成为魏氏子孙长卿的冯邑，因此，长卿的后裔也称冯姓。

毕万像。

【郡望堂号】

冯姓的郡望主要有始平郡、杜陵县、颍川郡、上党郡等，其中以始平郡和杜陵县为最望。

始平郡：晋时置郡，治所在槐里（今陕西兴平东南）。

杜陵县：西汉时置郡，治所在今陕西西安市东南。此支冯氏，其开基始祖为冯唐之弟冯骞。

上党郡：战国时置郡，治所在壶关（今山西长治市北）。此支冯氏，其开基始祖为战国时韩国上党太守冯亭。

冯氏的堂号有"同舆"、"始平"、"杜陵"等。

【繁衍变迁】

冯姓发源于河南，春秋战国时，韩国冯亭的后人散居在山西和河北境内，家族兴旺，在三国以前，冯姓人已经遍布山西、山东、陕西、四川以及河南等地。三国两晋南北朝时，冯姓人大量南迁至江苏、安徽、江西、浙江地区，并形成了一些颇有名望的大族。到唐宋时，冯姓人继续向南迁徙，并散布在江南各个地区。元明清时，冯姓人进入东南沿海、台湾，及海外地区。

冯姓在当代中国人口排行中排位第三十一。

【历史名人】

冯谖：战国时期齐国人，是孟尝君门下的食客之一，是一位高瞻远瞩战略家。有"狡兔三窟"的典故。

冯延巳：字正中，南唐时期著名词人，其词风恬淡优雅，对后世有巨大的影响。有《谒金门·风乍起》等脍炙人口的作品流传于世。

冯梦龙：字犹龙，明代文学家、戏曲家。著有"三言"，是中国白话短篇小说的经典代表。

冯玉祥：字焕章，民国时期著名军阀、爱国将领。

【姓氏名人故事】

冯谖市义

冯谖，战国时齐人，是薛国（今滕州市东南）国君孟尝君门下的食客之一，为战国时期一位高瞻远瞩、颇具深远眼光的战略家。

冯谖烧券市义。

冯谖曾受孟尝君之命到薛地收债，可他到了薛地后，就派官吏把该还债务的百姓找来核验契据。核验完毕后，他当场就把债券烧掉。还不上钱的百姓都高呼着"万岁"。然后冯谖就马不停蹄地回到齐都，求见孟尝君。

孟尝君见冯谖回来得如此之快，感到非常奇怪，便问道："债都收完了吗？怎么回得这么快？"冯谖答道："都收了。""那买什么回来了？"孟尝君又问。冯谖回答说："我走之前您曾说'看我家缺什么就买什么'，我想了想，您官中积满珍珠财宝，外面马房也有很多猎狗和骏马，也不缺少美女。我看您家里缺的是'仁义'，所以我用债款为您买了'仁义'回来。"孟尝君不解，问道："买仁义是怎么回事？"冯谖说："现在您只是有一块小小的薛地，如果不关爱当地的百姓，却用商贾之道向人民图利，这怎么行呢？所以我假冒了您的命令，把债款赏赐给百姓，还顺便烧掉了契据，百姓们都欢呼'万岁'，这就是我为您买的'义'。"孟尝君听后虽然心里不快，但也无可奈何，只得挥挥手说："嗯，先生，算了吧。"

又过了一年，有人在齐湣王面前诋毁孟尝君，湣王对孟尝君说："我可不敢把先王的臣子当作我的臣子。"于是就罢了孟尝君的相位。孟尝君只得落寞地返回自己的领地。当离薛地还有百里之远时，只见薛地的人民纷纷扶老携幼，等在路旁迎接孟尝君。孟尝君见此情景，极为感慨，信服地望着冯谖道："先生为我买的'义'，我今天见到了。"

冯谖为孟尝君立下了汗马功劳，使其政治事业久盛不衰。

陈
chén

【姓氏来源】

陈姓的主要来源有四：

其一：出自妫姓，为虞舜之后裔。相传帝尧为考验虞舜将两个女儿嫁给他，令其居住在妫汭河边，其后世子孙便以地名为姓，称妫姓。武王灭商以后，追封虞舜后人妫满于陈地，妫满为陈侯，称胡公满。后陈国子孙争夺王位，胡公满第十世孙妫完出奔齐国报名，被齐桓公任命为工正，以国名为氏，称陈氏。后改为田氏。"田氏代齐"后，齐国称为战国七雄之一。后来齐国为秦国所灭，子孙纷纷改姓避难，齐王之子田轸逃至楚国拜相，恢复陈姓。这一支陈氏家族兴旺，历代子孙有很多为朝廷重臣，是陈氏中最大的一支。这一支普遍被认为是陈姓氏族的共同祖先，史称陈姓正宗。

其二：出自陈国公族后裔。在陈国内乱至亡国期间，除陈完之外，还有三支陈国公族后裔避居他乡，亦以国名为氏姓陈。一是居陈留者，出自陈哀公之子留；二是居阳武或颍川者，出自陈潜公之长子陈衍；三是居固始者，出自陈湣公次子温之后陈琏。

胡公满像。

其三：出自他姓改姓。据《河南官氏志》所记载，隋朝初年，白永贵改姓为陈，其后裔也多改姓陈。又《通志氏族略》所载，广陵的陈姓，为刘矫之后裔。

其四：出自少数民族改姓。北魏孝文帝时期，实行汉化调整，改复姓侯莫陈氏为汉字单姓，称陈氏。

【郡望堂号】

陈姓郡望主要有颍川郡、汝南郡、下邳郡、广陵郡、东海郡、河南郡等，其中以颍川郡、汝南郡、下邳郡、广陵郡、东海郡最有名望，成为五大郡望。

颍川郡：秦时置郡，治所在阳翟（今河南禹县）。此支陈氏，其开基始祖为齐王建三子陈轸。

广陵郡：西汉置郡，治所在广陵（今江苏扬州）。此支陈氏，汉武帝之子广陵王刘胥之后改姓陈氏。

汝南郡：汉时置郡，治所在上蔡（今河南上蔡）。

陈氏堂号，有以郡名命堂号的，如"颍川"、"汝南"等。也有取其德泽传家或者勉励后世从武的，如"德聚"、"渑武"等。

【繁衍变迁】

陈姓发源于河南，在河南有"老陈户"的说法。春秋时期，陈国发生内乱，使陈姓氏族分散在河南各地。西晋末年，陈轸的后裔迁至江苏浙江等地。南朝时，陈霸先建立了陈国，使陈姓得到一定的发展。唐朝时，有陈姓人开始向福建徙居。南宋时，陈姓人开始进入广东。明朝初期，有陈姓人跨海向日本迁徙。明朝末期，居住在福建等地的陈姓人开始入住台湾；陈姓人迁居东南亚各国和欧美等国是在明清以后。

陈姓在当代中国人口排行中排位第五。

【历史名人】

陈胜：秦朝末年反秦义军的首领。与吴广联合反秦，不久后在陈郡称王，建立张楚政权。

陈琳：字孔璋，汉末文学家。广陵人，"建安七子"之一。陈琳诗、文、赋兼善。代表作《饮马长城窟行》、《武军赋》、《神武赋》等。

陈寿：字承祚，西晋史学家。《三国志》的作者。

陈子昂：字伯玉，唐代文学家。因曾任右拾遗，后世称陈拾遗。于诗标举汉魏风骨，是唐诗革新的前驱者，对唐代诗歌影响巨大。有《登幽州台歌》、《感遇》为后人千古传诵。

【姓氏名人故事】

燕雀安知鸿鹄之志哉

陈胜年轻的时候，曾经和别人一起被雇佣耕地，有一次他在田埂上休息，心里怨愤惆怅了很久，不甘心受人奴役，就对同伴说："如果以后我们中有谁富贵了，可千万不要忘了一块儿吃苦受累的穷兄弟。"同伴在旁笑着回答说："你被雇佣耕田，怎么可能富贵呢？"陈涉长叹一声说："唉！燕雀这种小鸟怎么能知道鸿鹄的远大志向呢！"

后来陈胜被征戍边，因下雨误了行程，就与吴广谋划举事。他先把写有"陈胜王"的帛放到鱼肚中，又让吴广模仿狐狸喊"大楚兴，陈胜王"，制造舆论。陈胜杀死了管

陈胜称王。

打他的将尉后，高呼"王侯将相宁有种乎"，揭竿而起，反抗暴秦，自立为王，国号为"张楚"。

陈胜称王以后，有一个昔日的种田同伴跑去找他。陈胜见到他，十分高兴，就留他在宫中做客。但是，这位伙伴却口无遮拦，常常对陈胜的臣子讲述陈胜贫贱时候的事情。后来，有人将此事告诉陈胜，还对陈胜说："这人口无遮拦，会损害您的威望。"陈胜觉得有理，就杀死了这个同伴。

chǔ
褚

【姓氏来源】

褚姓的起源主要有二：

其一：出自子姓，以官名为氏，为春秋宋公恭之子公子段的后代。相关史料记载，春秋时期诸侯割据、各自为政，诸侯的管辖之下都设有"褚师"的官职，"褚师"是掌管市场的官员，又叫市令。担任"褚师"这一官职的后代以官名为姓，称褚氏。《通志·氏族略》上有"本自殷（商）后人宋恭公子段食采于褚，其德可师，号曰褚师，因而命氏"，大意是春秋时期，宋国有宋恭公之子名段，字子石，受封于褚地。因为宋恭段品德良好高尚，被人尊为"褚师"。褚师的后人遂以之为姓，称褚师氏，后简化为褚氏。据史料记载，褚姓出自子姓，为殷商王族后裔。

其二：以地名为氏。据《姓氏寻源》上记载："周有褚地，居之者以为氏。"周朝时，有居住在褚地的人，有的以地名为姓，称褚氏。《左传》中提到过洛阳县南部有褚氏亭，《后汉书·郡国志》上也有记载，洛阳有褚氏渠。

公子段像。

【郡望堂号】

河南郡：西汉时置郡，治所在今河南洛阳东北。

【繁衍变迁】

褚姓的起源有两种说法，但是无论是以官职名为姓，或是以地名为姓，其发源地都是今河南地区。目前为止，没有发现褚姓有被赐姓和冒姓的文字记载，因此褚姓的血统是十分单纯的，都是纯粹的汉族，历史上也名人辈出，如湖北应城的褚姓的始祖就是著名书法家褚遂良。褚姓的郡望是河南郡，汉时置郡，在今河南洛阳一带。宋朝时，褚姓人就已经分布在今河北、湖北、安徽、江苏、浙江等地。明朝时，褚姓人在今浙江、山西、河北境内比较集中。

褚姓在中国人口排名中排二百二十五位，人口主要集中在江苏、浙江，以及渤海湾沿岸等地。

【历史名人】

褚少孙：号先生，西汉时期著名的经学家、史学家。褚少孙做过司马迁《史记》的修葺工作，《史记》中"褚先生曰"就是他的补作。

褚遂良：字登善，唐朝初期著名书法家，与欧阳询、虞世南、薛稷并称唐初四大书法家，代表作有《房玄龄碑》、《伊阙佛龛记》、《雁塔圣教序》等。

褚廷璋：字左莪，号筠心。清朝杰出学者、官员，精通等音字母之学，著有《西域图志》、《西域同文志》、《筠心书屋诗钞》等。

【姓氏名人故事】

褚遂良的故事

褚遂良是我国初唐时期著名的四大书法家之一。褚遂良出身于名门贵族，唐朝初年做了李世民的手下，做铠曹参军。后来李世民因战功名声大振，雄心勃勃的李世民组织了自己的文学馆，有十八名学士做李世民的国事顾问，褚遂良的父亲就是其中之一。

玄武门事变以后，李世民登基为唐太宗，任命褚遂良为起居郎一职，专门记载皇帝的一言一行。《汉书》中有记载，一次唐太宗问褚遂良："你每天记录我的一言一行，我也可以看么？"褚遂良回答道："古时候之所以设立起居郎这个职位，就是要善恶皆记，让皇上引以为戒，不犯同样的错误。我倒是没听过有自己要看这些东西的皇帝。"

李世民听完又问："那我若是有不好的地方，你也一定要记下来吗？"褚遂良回答："我的职务就是要如实地记录您的一举一动，所以不好的地方也是要写下来的。"唐太宗心中明白褚遂良是忠心耿耿、敢于直言劝谏的臣子，自此将褚遂良视为心腹之臣，极为爱重。

唐太宗病重，弥留之际，曾将长孙无忌与褚遂良召入卧室，希望二人能够辅佐当时的太子李治，并且对天子李治说："有长孙无忌和褚遂良在的话，国家的事情你都可以不必忧愁。"可见唐太宗对褚遂良的信任。唐太宗死后，褚遂良帮助李治顺利登上王位，并成为执掌朝政大权的朝臣，取得了一些可观的成就。

一代贤臣、大书法家褚遂良。

wèi
卫

【姓氏来源】

卫姓的来源主要有二：

其一：出自姬姓，以国名为氏，为周文王第九子、卫国国君康叔的后代。西周初年，周公旦平定武庚的反叛后，将原来商朝都城周围地区和殷民七族分封给弟弟康叔，建卫国，称卫康叔。后来秦国一统天下，卫国被秦国吞并。约定以国名为姓，子孙都姓卫，称卫氏。

其二：出自少数民族改姓。据《后燕录》记载，东汉时，昌黎鲜卑族有改为卫姓的；《后汉书》中记载，东汉时长水地区的卫姓是由匈奴人所改；《九国志》中，五代时期有卫姓，为吐谷浑族所改。

【郡望堂号】

卫姓的郡望主要有河东郡、陈留郡和辽东郡。

河东郡：秦时置郡，治所在今山西夏县西北。

辽东郡：战国时期燕国置郡，治所在襄平（今辽宁辽阳）。

卫姓的堂号主要有"陈留"、"光大"、"永世"等。

【繁衍变迁】

春秋时期，卫国作为周朝的诸侯国，其地域大致在黄河北岸，太行山脉东麓，即今河南省鹤壁、新乡附近。因此，卫姓起源于河南。等到秦朝时，因为各种原因，卫姓人已进入山西、河北、陕西、山东等地，秦二世时灭卫国以及秦末农民起义时期有卫姓后裔在朝鲜称王。汉朝及魏晋时期，卫姓子孙已经在河南、山西、山东、河北、江苏等地都有分布，并逐渐形成了陈留和河东两个重要的郡望。唐朝以后，卫姓人就开始广泛分布，今河南、山西、山东、浙江、上海、广东、东北等地都有卫姓人聚集。清朝之后，卫姓人散布在全国各地。

【历史名人】

卫青：字仲卿，另曰仲青，西汉时期著名武将。他曾先后七次率骑兵抗击匈奴，屡建战功，是历史上出身最低、功劳最大、官位最高的代表人物。

卫瓘：字伯玉，西晋书法家，擅长隶书、章草，风格流便秀美。

卫玠：西晋时期著名的清谈名士和玄理学家，中国古代著名美男子之一。

卫夫人：名铄，字茂猗，晋代著名女书法家，"书圣"王羲之的书法老师。

【姓氏名人故事】

卫青的故事

卫青是汉武帝在位时著名的大司马大将军。卫青本是奴隶出身，经过不懈的努力和十年的戎马生涯，最终成为大司马大将军，是皇帝之下最高的军政首脑。

卫青的姐姐卫子夫长得十分好看，被汉武帝相中，卫青也随着姐姐一同入宫，在建章宫当差。后来卫子夫有了身孕，汉武帝的皇后十分嫉妒，就派人抓住卫青，想把他杀掉。卫青的好友公孙敖听到消息后，及时去营救。汉武帝得知这一事件，十分生气，即刻封赏了卫青一家人，并任命卫青为建章监、侍中，赐以千金。这件事情，改变了卫青一家人的命运。

后来卫青又被任命为太中大夫，伴在皇帝左右，深得汉武帝喜欢。后来匈奴挥兵南下，汉武帝果断任命卫青为车骑将军，对抗匈奴。

卫青虽首次出征，因为在战法上有所革新，出其不意地攻破了匈奴的祭天之地龙城，取得了龙城大捷。龙城之战是汉朝和匈奴的战争史上十分具有意义的一战，可以说是汉匈战争的转折点，龙城大捷打破了汉初以来"匈奴不可战胜"的神话，鼓舞了汉军的士气，为后来汉军更进一步反击匈奴打下了良好的基础。

这之后，卫青又进一步收复了河朔地区，并于公元前119年，与外甥骠骑将军霍去病一同深入漠北地区，歼灭匈奴主力。汉军经过实战的锻炼和丰富的作战经验，加上卫青运用了车守骑攻、协同作战的新战术，使得汉军最终战胜了匈奴，歼灭了匈奴主力军，使其一时无力南下，基本解决了危害汉朝百余年的匈奴边患。

卫青取得龙城大捷。

卫青位高权重,才干过人,对人仍然谦虚有礼,十分敬重贤才。卫青为将,号令十分严明,能与将士们同甘苦共患难,在军中威信很高,将士都愿意为之所用。

蒋 jiǎng

【姓氏来源】

蒋姓的起源比较纯正,主要出自姬姓,为周公后裔。周朝建立初期,武王去世,周成王即位,周公因成王年幼便摄政。其兄弟三监不服,联合商纣王之后武庚以及东方夷族反叛,周公出兵平定反叛。之后,周公创立典章制度,分封诸侯。其中,周公第三子名叫伯龄,被封于蒋地,建蒋国。春秋时期,蒋国被楚国所灭,伯龄的子孙便以国名为姓,称蒋氏。

【郡望堂号】

蒋姓的郡望主要有东莱郡、乐安郡等。

东莱郡:西汉时置郡,治所在掖县(今山东莱州市)。

乐安郡:东汉时置国,治所在临济(今河北青县高苑镇西北),三国魏时改郡,移治所于高苑(今山东博兴西南)。

蒋姓的堂号主要有"居易"、"亦政"、"慎枢"、"乐安"等。

蒋伯龄像。

【繁衍变迁】

蒋姓发源于河南,春秋时,蒋国被楚国所灭,蒋国人大部分外迁。秦汉时,蒋姓人向西迁至陕西,向东迁至山东,在山东繁衍得十分兴盛。汉朝时,蒋姓人开始南迁。东汉时,有蒋横的九个儿子为避祸,分散在江苏、江西、浙江、四川、湖南、湖北等地,并成为当地蒋姓氏族的开基始祖。唐朝初期,蒋姓人开始进入福建。宋朝以后,福建和广东等地的蒋姓开始兴旺起来。明清时期,福建和广东等地的蒋姓人移居海外。

【历史名人】

蒋琬:字公琰,三国时期著名的政治家。诸葛亮逝世后接替其为蜀汉宰相。

蒋防:字子微,唐朝时期杰出文学家,著有唐传奇《霍小玉传》,被明代文学家胡应麟推崇为"唐人最精彩动人之传奇"。

蒋廷锡:字扬孙,清朝中期重要的宫廷画家,开创了"蒋派"花鸟画。传世作品有《竹石图》、《花卉图》卷等。

【姓氏名人故事】

有宰相肚量的蒋琬

蒋琬是三国时期蜀国的大将军,受封安阳亭侯,在诸葛亮去世后辅佐刘禅,统领国军政。他采取闭关免战、息民养国的政策,令蜀国的国力在几年之内大增。蒋琬不仅治国有方而且胸襟宽广,行事大有宰相之风。

蜀国中有个臣子名叫杨戏,蒋琬认为他很有才干,于是一力举蒋杨戏为东曹掾,并且对他极为

蒋琬有宰相肚量。

看重，但是杨戏生性冷淡，蒋琬每次与他谈话，他经常充耳不闻，沉默不语。于是，有小人便在蒋琬身边进言道："您对杨戏有知遇之恩，可是这杨戏竟然对您如此傲慢无礼，明明是不将您放在眼里，他这样不知感恩，实在是太过分了。"

蒋琬听后一脸肃容地对此人道："人心各不相同，有人当面恭维背后非议，而杨戏为人坦诚不与小人为伍，我与他交谈时，遇到与他意见相左的事情，他不肯当面赞同，又怕反驳我会令我尴尬，是以沉默不语，何错之有？"那人听完羞惭地离开了，事后蒋琬果然言行一致，自始至终对杨戏毫无成见。

蜀国有一人叫杨敏，他曾经直率地评论蒋琬做事过于小心谨慎，不及前人有胆魄。有人将杨敏的话上报官府，有官员觉得杨敏冒犯了蒋琬的威严，于是打算审讯处置杨敏。此事传到蒋琬耳中，他立即反对道："我的确不如前人，此是实情，杨敏不过是说了句实话而已，为什么要治罪？"众人听后都认为蒋琬此时不好发作，只是隐忍，等杨敏有了行差言错的时候再重重惩罚他。

不久杨敏因事入狱，众人都想着蒋琬此时定会伺机报复，杨敏必死无疑，谁知蒋琬心中毫无芥蒂，只是治了杨敏自身的罪，并未在他身上多加丝毫刑罚，众人此时才知道，蒋琬确实有着常人没有的肚量。

正是蒋琬这种心存大局的胸襟，才使得蜀国在诸葛亮去世之后，依旧能保持国家安定。

shěn

沈

【姓氏来源】

沈姓的起源主要有三：

其一：出自姬姓，以国名为姓，为黄帝后裔。周王朝建立后不久，周武王驾崩。年幼的周成王即位，周公旦摄政。武王在位时分封的用以监察殷商遗民的三监：霍叔、管叔和蔡叔，因为不服气周公旦的摄政，遂与武庚勾结，联合东方夷族反叛，后来为周公旦所灭。文王第十子季载，因平叛有功，成王将其封于沈国，又称聃国。因此季载又称冉季载。聃又写作冉，古时，冉、沈读音相同。春秋时，沈国为蔡国所灭，季载的后裔子逞，逃奔楚国，其子孙后裔遂以国名为氏，称沈氏。

其二：出自芈姓，为颛顼后裔。春秋时期，楚庄王之子公子贞被封于沈邑，其后世子孙以封邑名为姓，称沈氏。

其三：出自少昊金天氏。据《左传》和《姓氏考略》中所记载，沈、姒、蓐、黄四国皆为少昊裔孙台骀氏之后。春秋时期，沈国为晋国所灭，其子孙以国名为氏，称沈氏。

【郡望堂号】

沈姓的郡望主要有吴兴郡、汝南郡等。

吴兴郡：三国时置郡，治所在乌程（今浙江吴兴南，晋义熙初移吴兴）。

汝南郡：汉时置郡，治所在上蔡（今河南上蔡西南）。

沈姓的堂号主要有"吴兴"、"梦溪"、"三善"、"六礼"等。

【繁衍变迁】

沈姓发源于河南,沈国被蔡国攻灭后,其子孙后代出奔到楚国,在河南定居。东汉时,沈姓人开始南迁,主要迁至浙江等地。沈姓人大举南迁,是在魏晋南北朝时期,到了唐朝时期,沈姓人就已经分布在江苏、浙江、江西、湖北、湖南、四川等地了。唐宋之际,中原地区的沈姓人开始进入东南沿海,如福建等地。明朝末期,福建以及广东地区的沈姓人渡海移居至台湾,也有向海外迁徙的。

【历史名人】

沈约:字休文,南北朝时期梁国文学家、史学家、声律学家。创作了《二十四史》中的《宋书》。并创有"四声"之说,在文学史上具有非常重要的作用。著有《晋书》、《四声谱》等书。

沈佺期:字云卿,唐代著名诗人,与宋之问齐名,并称"沈宋"。著有《独不见》、《夜宿七盘岭》等诗歌。

沈既济:唐代文学家,长于史学,又善作小说。撰有《建中实录》十卷及传奇小说《枕中记》《任氏传》等。《枕中记》就是"黄粱梦"的出处。明代汤显祖写的杂剧《邯郸记》即以它为题材写成的。

沈括:字存中,号梦溪丈人,北宋科学家、改革家,是我国历史上最卓越的科学家之一。他精通天文、数学、物理学等各种自然科学,被誉为"中国科技史上的里程碑"。

沈周:字启南,明代杰出书画家,为明代吴门画派四家之一。与文徵明、唐寅、仇英合称"明四家"。著有《石田集》、《江南春词》、《石田诗钞》、《石田杂记》等。

【姓氏名人故事】

沈亭的传说

沈郢是春秋时期的人,是沈姓的始祖聃季载的后裔。他品德高尚,智慧过人,为当时的人们所敬仰,其才智被广为传扬,秦国的国君也对其有所耳闻。

当时沈国已经灭亡,秦王想使秦国强盛,称霸天下,正是求贤若渴收拢人才之际。

秦王听到世人对沈郢的种种传闻,心中对这位有济世之才、能建国立业的能人极为思慕,很快派官员带上贵重的礼品来到沈郢的居所,转述自己想邀请他到秦国当宰相的心意。秦王原以为沈郢会欣然应邀,但是未料想沈郢为人清高,对富贵和名气完全不在乎,只爱读书;并明确向前来的官员表示,自己不愿与虎狼之国的秦国有来往,更不愿为虎作伥,辅助秦王。

为了表达自己的决心,沈郢在自己的家乡,颍河之滨建了一个亭子,名叫"沈亭"。沈郢经常与好友一同在此钓鱼游息,自得其乐,度过了悠闲的一生。他高洁的品格受到后世的称颂,为世人所敬仰,沈郢被人称为"高士",意为志趣高尚、出尘脱俗之人,而他所建造的沈亭也因为这个典故而闻名天下,被世人津津乐道。

沈郢志趣高尚,不为秦臣。

韩 hán

【姓氏来源】

韩姓的起源主要有二：

其一：出自姬姓，以邑名为氏或以国名为氏，为唐叔虞之后裔。西周初期，周公灭唐后，将唐国分封给虞，史称晋国，因都城在唐，所以虞又称为唐叔虞。到春秋初期，晋昭侯将曲沃分封给叔父成师，造成了晋国分裂的局面，后又由曲沃武公统一。曲沃武公统一晋国后，继而灭掉了韩国，并封其小叔姬万于韩，称韩武子。韩武子的子孙以封邑名为氏，称韩氏。至战国初期，韩武子后裔韩虔与赵氏、魏氏"三家分晋"，建立韩国，并成为"战国七雄"之一。最后为秦国所灭，于是韩国的宗室子孙遂以国名为姓，称韩氏。

其二：出自他族改姓。据《魏书》记载，后魏有复姓大汗氏，北魏孝文帝迁都洛阳后，改为汉字单姓韩姓。

【郡望堂号】

韩姓的郡望主要有颍川郡、南阳郡两处。

颍川郡：秦时置郡，治所在阳翟（今河南禹州）。

南阳郡：战国时置郡，治所在今河南南阳市。此支韩氏，其开基始祖为西汉末年韩骞。

韩姓的堂号主要也是"颍川"、"南阳"，还有"泣杖"和"昌黎"等。

【繁衍变迁】

韩姓发源于山西和陕西，战国时韩国建立，因三次迁都，使得韩姓在山西、河南得到广泛的发展。等到秦国灭韩国后，河南颍川变成了河南韩姓氏族聚集的中心。秦汉时期，韩姓族人向浙江、四川、山东、甘肃、河北、北京等地移居。唐朝时，河南人韩愈被贬为潮州刺史，成为最早进入广东地区的韩姓人。唐朝末年，韩姓氏族大量进入福建地区。到了清康熙年间，韩姓人已经有渡海到台湾定居，或移居到东南亚以及欧美各国的。

韩姓在当代中国人口排行中排位第二十六。

【历史名人】

韩非：战国末期著名的哲学家、政论家和散文家，是法家思想的集大成者，后世称之为"韩子"或"韩非子"，是我国古代著名法家思想的代表人物。

韩信：字重言，西汉开国功臣，中国历史上杰出的军事家。智勇双全，治军严明，有"韩信点兵，多多益善"的典故流传于世。与张良、萧何并称"汉初三杰"。著有《兵法》三篇。

韩愈：字退之，唐朝诗人，"唐宋八大家"之首，与柳宗元并称"韩柳"，是古文运动的倡导者。苏轼称他为"文起八代之衰"，有"百代文宗"之美誉。

韩世忠：字良臣，两宋时期的著名将领，与岳飞同是南宋抗金英雄，在抗金战争中立下了汗马功劳。

韩擒虎：东垣（今河南新安）人，隋朝大将，助隋文帝灭陈，有胆有识，闻名当世。

韩非像。

百家姓

【姓氏名人故事】

百代文宗韩愈

韩愈是唐朝著名诗人、文学家,是唐宋八大家之首,古文运动的倡导者。宋朝的苏轼评价他为"文起八代之衰"。韩愈的散文内容丰富,形式多样,而且语言简明、新颖生动。内容方面他强调文以载道,文道合一,提出"不平则鸣"的论点。韩愈的诗歌讲求"以文为诗",别开生面,用韵险怪,开创了"说理诗派"的诗风。政治方面韩愈主张天下统一,反对藩镇割据。韩愈的诗歌作品中常常有表现反对藩镇割据的内容,还有揭露统治阶级罪恶,抨击佛道二教,以及斥责当权者压制人才的作品。

韩愈为官清廉,敢于直言劝谏。唐宪宗时,凤翔法门寺里藏有一节佛骨,据说是佛教创始人释迦牟尼的遗骨。唐宪宗为祈求长寿,派人去凤翔迎佛骨进皇宫,京城顿时刮起一股信佛风潮,上自王公贵族,下到平民百姓都争先恐后地迎拜佛骨,向寺庙捐献财物,不少人因此倾家荡产。韩愈见此情此景,不顾个人安危,毅然送上《论佛骨表》,痛斥佛教的不可信,要求将佛骨投到水火之中,杜绝这种事情。唐宪宗看了之后勃然大怒,要对韩愈处以极刑。多亏宰相裴度替他求情,说韩愈出言不逊应当责罚,但他是出自一片忠心,如果这样处以极刑,以后

百代文宗韩愈。

就没有人敢进谏了。朝中大臣也都纷纷向皇上求情,韩愈才幸免一死,被贬往潮州。韩愈到潮州后,采取了很多有利于潮州发展的措施,使潮州成为具有个性特色的文化名城。

yáng
杨

【姓氏来源】

杨姓的来源主要有四:

其一:出自姬姓。周成王封其弟叔虞于唐,为唐侯。又唐地临晋水,因而称晋国。春秋时期,晋国内乱,晋武公灭瑉侯统一晋国。长子晋献公灭包括杨国在内的周围诸小国。后晋献公封其二弟伯侨领地于杨,以地名取姓为杨姓。伯侨遂为杨氏得姓始祖。

其二:出自赐姓。如三国时期,诸葛亮平定哀牢夷后,赐当地少数民族赵、张、杨、李等姓。又隋代杨义臣,本姓尉迟氏,因其父的功绩而被赐予皇室姓氏。

其三:出自他族改姓。北魏孝文帝时期,实行汉化政策,将原莫胡卢氏改汉字单姓,为杨姓。

其四:出自他姓改姓。据载,广东梅州有杨氏,原为林姓。

【郡望堂号】

杨姓郡望主要有弘农郡、天水郡、河内郡。

弘农郡:西汉时置郡,治所在弘农(今河南灵宝北),曾一度改名恒农郡。

天水郡:西汉时置郡,治所在平襄(今甘肃通渭西北)。西晋移治所至上邽(今甘肃天水市)。

河内郡:楚汉时置郡,治所在怀县(今河南武陟县西南)。西晋移治所至野王(今河南沁阳)。此支杨氏,

其开基始祖为韩襄王将领杨苞。

杨姓的堂号较多,主要有"四知"、"清白"、"衔善堂"等,其中以"四知堂"最为著名。

【繁衍变迁】

杨姓发源于山西,春秋时期,杨国被晋国所灭,杨国子孙向西迁徙,陕西、河南等地都有杨姓人。春秋战国时,有部分杨姓人已经迁至湖北等地,并进一步向东南方向迁至江西地区。另有一支杨姓人从山西向江苏、安徽等地区迁徙。秦汉时期,杨姓人就已经散布在四川。魏晋南北朝时,杨姓人继续向江南地区迁徙。唐朝时,朝鲜半岛已经有了杨姓氏族的分布。及至宋朝时,杨姓已经以福建为中心,遍及江南各地。元朝末期以后,广东、福建等东南沿海地区的杨姓陆续向海外移民,主要迁至东南亚各国。

杨姓在当代中国人口排行中排位第六。

【历史名人】

杨修:字德祖,东汉末期著名文学家、政治家。以学识渊博而著称。代表作有《答临淄侯笺》、《神女赋》、《孔雀赋》等。

杨坚:即隋文帝,隋朝的开国皇帝。

杨玉环:即杨贵妃,中国古代四大美女之一。

杨业:北宋名将,又叫杨继业。抗击契丹的战斗中骁勇善战,与儿孙杨延昭和杨文广等并称为"杨家将"。

杨万里:字廷秀,南宋时期著名诗人,与范成大、陆游、尤袤合称南宋"中兴四大诗人"。他的《晓出净慈寺送林子方》和《小池》至今被人吟咏传唱。

杨炯:弘农华阴人,初唐四杰排名第二,与王勃、卢照邻、骆宾王齐名,并称"初唐四杰"。其诗尤以描写军事题材的边塞诗影响最大,有《杨炯集》传世。

杨业抗击契丹。

【姓氏名人故事】

"圣人可汗"杨坚

杨坚是隋朝的开国皇帝,他在位期间,结束了自魏晋南北朝以来长期分裂的局面,统一了分裂长达百年的中国,并创建了影响深远的科举制度,实现了传颂千古的"开皇之治"。

杨坚本是北周皇室的外戚,北周静帝宇文阐即位后,杨坚控制了朝政,并先后平定反杨叛军。杨坚受北周静帝禅让建立隋朝,定国号为"隋",称隋文帝。杨坚倡导节俭,节省政府内开支,多次减税减轻百姓负担。稳定了经济发展,促进农业生产,使得中国成为盛世之国。

南北朝时,北方最主要的游牧民族突厥时常侵扰内地。北周时期,杨坚一直采取和亲政策。杨坚统一中国,建立隋朝后,不再向突厥赠送礼物,突厥于是屡犯边境,

隋文帝杨坚像。

大举南侵。隋文帝派兵将其击败，并大修长城加强防御。杨坚分化突厥势力，将其分为东西两部，致使突厥内乱不息。东突厥向隋朝称臣，尊杨坚为"圣人莫缘可汗"，即贤圣的君主，杨坚即为隋朝皇帝兼任突厥名义上的君主。杨坚北击突厥，打击了嚣张的外来势力，使北部边境逐渐趋于稳定，为隋朝以至于后朝各代的繁荣发展打下了坚实的基础。

朱 zhū

【姓氏来源】

朱姓的起源主要有四：

其一：出自曹姓，为颛顼之后裔。古帝颛顼的玄孙陆终共有六子，第五子名安，封于曹，赐曹姓。周武王灭商建立周朝后，因封弟弟振铎在曹，所以改封曹安的后裔曹挟在邾，建立邾国，称邾子挟。到了战国时期，邾国为楚国所灭，邾国贵族以国名为氏，即为邾氏。邾国君主的支庶子孙又去邑旁为朱姓。

其二：出自朱虎之后裔。朱虎是舜时的大臣，其后裔便有以朱为氏。

其三：出自宋微子启之后裔。后汉有朱晖，是宋国开国君主宋微子启（纣王的庶兄）的后裔，以国名为氏，称宋氏。春秋时期，诸侯灭宋，后裔子孙逃至砀地，改宋氏为朱氏。

其四：出自他族改姓。北魏孝文帝时期，实行汉化政策，鲜卑族复姓浊浑氏、朱可浑氏改为汉字单姓朱氏。

邾子挟像。

【郡望堂号】

朱氏的郡望主要有吴郡、沛郡、河南郡、凤阳郡等。

沛郡：西汉时置郡，治所在相县（今安徽濉溪）。此支朱氏，其开基始祖为西汉大司马朱诩。

吴郡：东汉时置郡，治所在吴县（今江苏苏州）。此支朱氏，为沛郡世祖朱诩之后。

河南郡：西汉时置郡，治所在雒阳（今河南洛阳东北）。此支朱氏，主要为北魏时期浊浑氏、朱可浑氏所改的朱氏后裔。

朱氏的堂号主要有"白鹿"、"居敬"、"凤阳"等。

【繁衍变迁】

朱姓发源于河南、山东、江苏。先秦时期，包括河南、山东、河北、山西的中原地区为朱姓人的主要生活地区。秦汉时期，朱姓发展较为迅速，两汉时已经发展形成了很多名门望族。魏晋南北朝时期，时局动荡，朱姓人向南部徙居与当地的少数民族融合，更进一步扩大朱姓家族的势力。经隋唐、五代时期，朱姓人已经散布在安徽、广东、湖南各地。明朝时期，朱姓作为国姓得到了空前的发展繁衍，各地都出现了大家王族。在清朝时期，朱姓已经遍布全国各地。

朱姓在当代中国人口排行中排位第十三。

【历史名人】

朱亥：战国勇士，传闻他力大无穷，勇气过人，与信陵君魏无忌一同窃符救国，挽救了处在危急情境下的赵国。

朱熹：字元晦，南宋著名的理学家、思想家，是闽学派的代表人物，世称"朱子"，是孔子、孟子以后最为杰出的儒学大师。著有《四书章句集注》、《楚辞集注》，影响深远。

朱元璋：即明太祖，明朝开国皇帝。元末农民起义，统领红巾军推翻元朝，建立明朝，统治时期被称为"洪武之治"。

朱耷：字良月，明末清初著名画家、书法家。清初画坛"四僧"之一，绘画以大笔水墨写意著称，世称"八大山人"。

朱自清：字佩弦，现代著名作家、散文家、学者、民主战士。其散文文笔清丽，语言洗练。主要作品有《背影》、《荷塘月色》，均为脍炙人口的名篇。

【姓氏名人故事】

布衣和尚朱元璋

朱元璋是明王朝的开国皇帝，在击破农民起义军和元朝的残余势力后，建立了全国统一的封建政权。朱元璋原名朱重八，出生在一个贫苦的农民家庭。朱元璋年幼时家庭非常贫苦，16岁时，瘟疫、蝗灾和旱灾夺去了朱元璋父母和兄长的生命。孤苦无依的朱元璋入皇觉寺做起了小沙弥，每日兼做杂役。没过过久，寺主封仓遣散众僧，朱元璋只得离乡为游方僧。朱元璋在外流浪云游了三年，见识了各地风土人情，积累了社会经验后又回到了皇觉寺，勤学发奋，广泛交友。红巾起义后，朱元璋投奔了郭子兴的起义军，并将自己的名字改为朱元璋，意为诛灭蒙元的璋。

布衣和尚朱元璋投红巾军。

朱元璋入伍后，率兵出征，有攻必克，得到了郭子兴的赏识，将自己的养女马氏嫁给了朱元璋，就是著名的马皇后。朱元璋因其作战勇敢，屡获战功而升迁，被诸将奉为吴王。后来朱元璋与徐达、常遇春等著名将领挥军南下，先取山东，再攻下汴梁，夺取潼关，进军大都，将元军驱逐出中原，于南京称帝，建立明王朝。

秦 qín

【姓氏来源】

秦姓的起源主要有三：

其一：出自嬴姓，以国名为氏，为颛顼帝后裔。相传颛顼的有孙女名女修，因吃鸽子蛋而生皋陶。皋陶的儿子伯益因为帮助大禹治水有功，被赐为嬴姓，并将本族姚姓女子嫁给他为妻，生有二子。长子名大廉，承父亲技业，调训鸟兽，因而又称鸟俗氏。商朝时鸟俗氏被封为诸侯。周朝建立以后，鸟俗氏的后裔有叫大骆的，被周穆王封于犬丘。大骆的庶子非子，因善于畜牧，为周孝王养马，深得孝王喜爱，被封在陇西秦亭为附庸国，让他恢复嬴姓，称秦嬴。秦国传至秦襄公时，因保护周平王东迁有功，被升为诸侯。秦孝公时任用商鞅变法，使秦国成为战国七雄之首，并逐步攻灭六国，统一天下，成为中国历史上第一个统一的中央集权的封建王朝。后秦国被刘邦推翻，王族子孙以国名作为姓氏，称秦氏。

其二：出自姬姓，以邑名为氏，为文王后裔。周武王建立周朝后，将少昊之墟曲阜封给其弟周公旦，为鲁公。后来武王去世，周公旦留在周都辅佐年幼的周成王，周公旦之子伯禽遂接封鲁国，食采于秦邑。伯禽后裔有的以邑名为姓，称秦氏。

其三：古代大秦人来中国，其中有以"秦"为氏。大秦即罗马帝国。东汉时班超曾派遣甘英出使大秦。后大秦皇帝亦派使者前来中国。晋朝时大秦再次遣使来中国通好，有留居中国的人，以"秦"为姓。

【郡望堂号】

秦姓的郡望主要有天水郡和太原郡等。

天水郡：西汉时置郡，治所在平襄（今甘肃通渭西北）。

太原郡：战国时置郡，治所在晋阳（今山西太原市西南）。

秦姓的堂号亦有"天水"、"太原"、"三贤"等。

【繁衍变迁】

秦姓主要分为西北和东南两支，西北部发源于甘肃，东南部发源于山东、河南一带。先秦时期，秦姓人主要散居在河南、陕西、山东、湖北、河北等地。西汉初期，山东秦姓人徙居至陕西，这支秦姓人发展得十分兴旺，世号"万石秦氏"。两汉到南北朝时，秦姓人遍及甘肃、四川和山西等地区。历经宋、元、明三朝，秦姓人已经分布在广西、贵州、福建、北京、上海等地，并有秦姓人远渡重洋，移居海外。

【历史名人】

秦冉：字开，亦作子开，春秋时期蔡国人，唐代开元年间追封"彭衙伯"，宋封"新息侯"。

秦宓：字子勑，三国时期蜀汉著名谋臣，有辩才。

秦观：字少游，北宋著名婉约派词人。与黄庭坚、晁补之、张耒并称"苏门四学士"。

秦桧：字会之，南宋投降派代表人物，中国历史上十大奸臣之一。

【姓氏名人故事】

秦越人望而诊病

秦越人是春秋战国时期的名医，因为医术精湛，并且擅长望、闻、问、切四诊术，所以百姓用轩辕时期神医扁鹊的名字来称呼他。

一次，扁鹊途经齐国，齐国的国君齐桓公因久闻扁鹊的大名特地将他请进宫中并将他奉为上宾，扁鹊进宫之后，恭敬地拜见齐桓公，起身之时扁鹊却忽然脸色一变。

他直言不讳地对齐桓公道："大王，你有病在肤表，若不速治，恐会加重。"齐桓公听完大为不悦，断然道："我没病，你先退下吧。"

扁鹊正待再劝，却见齐桓公一脸不屑，只得下殿而去。扁鹊走后，齐桓公不以为然地对其他大臣道："他们这些医生逢人就爱危言耸听，还不是为了沽名钓誉，我的身体毫无异状，这扁鹊简直是信口雌黄。"

秦越人望而诊病。

过了几日，扁鹊又来拜见齐桓公，仔细查看了齐桓公的气色之后，神情凝重起来，他对齐桓公道："大王的病此时已经到了血脉之中，若还不诊治，便会更加深入。"齐桓王听了更为不悦，对扁鹊的劝说充耳不闻，扁鹊无奈地离开。

又过了五日，扁鹊求见齐桓公，见面之后，他忧虑地道："大王，您的病此时已经到了肺腑之中，病情危急，若再不诊治，恐怕没有机会了。"齐桓公听完，依然不信，不耐烦地将扁鹊逐了。

几日后，当扁鹊第四次见到齐桓公时，忽然一语不发转身就走，齐桓公一见大为不解，上前叫住扁鹊询问，扁鹊无奈地回答道："病在肤表，施用熨烫之术可以医好；病入血脉，施用针灸之术可以治好；病至肺腑，施用酒剂也可治愈。而如今，大王之病已深入骨髓，药石无用，我已经无计可施，只得离开。"

齐桓公听完扁鹊的话也是一惊，但自觉身体毫无变化，所以依旧半信半疑，这样又拖了几日之后，齐桓公果然病入沉疴，他连忙派人去请扁鹊，然而此时扁鹊早已离开齐国。果然如扁鹊所言，齐桓公没过多久便因为贻误病情，不治而亡。

尤 yóu

【姓氏来源】

尤姓是一个比较年轻的姓氏，其来源主要有三：

其一：出自沈姓。周朝建立不久周武王就驾崩了，年幼的周成王在周公旦的辅佐下登上王位。但是霍叔、管叔和蔡叔不服周公旦的摄政，遂与武庚勾结，联合东方夷族反叛，后来为周公旦所灭。文王的第十子季载因平叛有功，被封于沈国，又称聃国。因此季载又称冉季载。聃又写作冉，古时，冉、沈读音相同。后来沈国被蔡国所灭，子孙后裔为了避难，就将沈字中的三点水旁去掉，改为尤姓，是周文王之子季载的后人。

另有出自沈姓一说，为五代时期，福建地区有闽国，闽王名为王审知。因此为避讳王审知的"审"的读音，福建地区沈姓的人就将沈去掉偏旁，改为尤姓。

其二：出自仇姓。仇、尤两个字古时发音相同，而且都有怨恨的意思，因此有些仇姓人将自己改为尤姓。

其三：出自少数民族改姓或固有姓氏。清朝时有赫哲族尤可勒氏，汉姓为尤；满族人中亦有尤姓。

【郡望堂号】

尤姓的郡望主要有吴兴郡和汝南郡。

吴兴郡：三国吴时置郡，治所在乌程（今浙江湖州吴兴区）。

汝南郡：汉高祖时置郡，治所在今河南颍河、淮河之间。

堂号主要有"树德"、"志清"、"吴兴"等。

【繁衍变迁】

尤姓因出自沈姓，因此起源于沈国的疆域——河南境内。东汉时期，有尤姓人分布在今陕西、江西等地。福建地区建立闽国后，尤姓开始兴盛起来，闽国被唐朝所灭，致使北宋之前尤姓人寥若晨星。南宋时期，由于仕宦等原因，浙江地区涌入大量的尤姓人。到了宋末时期，广东、江西、湖北、湖南等地都有尤姓人聚集，更有一些大胆的尤姓人迁至北方，生根立业。明朝初期，山西地区的尤姓人又被分迁于北京、江苏、安徽等地。福建沿海地区的尤姓人有渡海远去，在台湾、东南亚等地繁衍生息的。

【历史名人】

尤袤：字延之，号遂初居士，南宋著名诗人、大臣，与杨万里、范成大、陆游并称"南宋四大家"。

尤侗：字同人，号悔庵，晚号艮斋，明末清初文学家、戏曲家。曾参与修纂《明史》，被康熙称为"老名士"。代表作有《艮斋杂记》、《鹤栖堂文集》、《西堂杂俎》及传奇《钧天乐》、杂剧《读离骚》、《吊琵琶》等。

尤文献：又名鹅津。宋朝绍圣元年进士，官至兵部尚书，知枢密院事及观文殿大学士，因善于绘图，皇上曾题词"尤图"。

尤怡：清代医学家、诗人。医术益精，著有《伤寒贯珠集》、《金匮心典》、《医学读书》、《静香楼医案》等。

尤侗像。

【姓氏名人故事】

嗜书珍书尤书橱

尤袤是我国南宋时期著名的诗人，他出身于书香门第，从小受家庭的熏陶，5岁能作诗句，10岁时就有神童的称号，15岁时，尤袤在词赋方面的才华已经全郡皆知。

长大后，尤袤举进士，开始为官。尤袤勤于政事，忧国忧民，得到宋孝宗的赞赏。

他在做官的过程中，看到了百姓的痛苦、朝廷的昏暗，便极力劝谏皇上改革。但是新上任的宋光宗并没有听从他的建议，反而听信了奸臣的谗言，将尤袤贬为知府。宋光宗有时也会采纳尤袤的建议，但有时会对尤袤的劝谏大发雷霆。面对这样朝令夕改、反复无常的君主，尤袤觉得十分不满，多次要求返乡归田。直到尤袤70岁时，他才如愿以偿告老还乡，在家乡无锡的束带河旁建造了园圃题名乐溪。

尤袤最大的成就在于他的诗歌创作和大量的图书收藏。尤袤的诗歌平易自然、清新通畅，既没有华丽的辞藻罗列，也没有生动的典故堆积，却能够表达出诗人对山河破碎的忧愤，以及对百姓疾苦的关心，与杨万里、范成大、陆游并称为"南宋四大诗人"。

尤袤嗜书如命，有"尤书橱"之称，他对于图书已经到了"嗜好既笃，网罗斯备"的地步。据说凡是他没有读过的书，他都会想尽办法找来阅读，读完不但要做笔记，还要抄录收藏。尤袤因为爱好收藏图书，同时担任过国使馆编修等职务，因此他的藏书十分丰富，一生藏书三万多卷，其中不乏珍本、善本。陆游形容尤袤的藏书为"异书名刻堆满屋，欠身欲起遗书围"，可见尤袤藏书之多。尤袤还将家中的藏书汇编成一卷《遂初堂书目》，是我国最早的一部版本目录，在研究古籍方面相当具有参考价值。

可惜的是，尤袤的大量诗稿和三万多卷藏书在一次火灾中全部被毁，仅剩下一本《遂初堂书目》流传于世。

尤袤做官时极力劝谏皇上改革，但是不被采纳。

许 xǔ

【姓氏来源】

许姓的起源主要有二：

其一：帝尧时许由的后代。相传许由是尧舜时期的高士贤人，帝尧非常敬重他，想把自己的帝位让给许由，但是许由坚持不答应。并且逃至箕山隐居，自己种田养活自己。后来帝尧又请许由做九州长官，许由就到颍水边洗耳，表示不愿听到。许由死后葬于箕山，后人也称为许由山。而颍水流域的箕山附近，正是后来许国建立的地方，因此后来许氏子孙多以许由作为始祖。

其二：出自姜姓，以国名为氏，为炎帝神农氏的后裔。许氏与齐氏同祖，为上古四岳伯夷之后。"四岳"是由姜姓发展出来的四支胞族，他们和姬姓部落结成联盟，打败了商纣王，建立了周朝。周成王时，商的旧地分封给了一些姬姓诸侯国和姜姓诸侯国，许国正是被分封的姜姓诸侯国之一，其始祖为文叔，也称为许文叔。战国初期许被楚国所灭，子孙后代遂以国名为氏，称许氏。

许由像。

【郡望堂号】

许姓的郡望主要有汝南郡、高阳郡、河南郡、太原郡、会稽郡等，其中以汝南郡最有名望。

汝南郡：汉时置郡，治所在上蔡（今河南上蔡西南）。此支许氏，其开基始祖为秦末隐居不仕的高逸之士许猗。

高阳郡：东汉时置郡，治所在高阳（今河北高阳县东）。此支许氏，为汝南许氏分支，是十六国许据的五世孙高阳太守许茂之族所在。

河南郡：汉时置郡，治所在雒阳（今河南洛阳市东北）。此支许氏，为许文叔直系后裔。

太原郡：战国时置郡，治所在晋阳（今山西太原西南）。此支许氏，为汝南平舆许氏分支，是东汉末年大名士许劭之后。

许姓的堂号主要有"洗耳"、"得仁"、"训诂"、"高阳"等。

【繁衍变迁】

许姓发源于河南，战国初期，许国被攻灭后，少数许姓人迁往湖南、湖北等地，大部分的许姓人则北上迁居至河北境内。秦汉以后，北方的许姓人大部分落籍于河北、河南、安徽、山西、陕西等地。到了魏晋南北朝时期，许姓人开始南迁。唐朝初年，居住在河南的许姓人迁入福建地区，之后就出现了大规模的南迁，江苏、浙江、湖北、福建等地均有大量许姓氏族聚集。宋末元初，许姓人迁居广东。明朝时，则有定居在福建的许姓人渡海赴台，继而移居海外；也有一些许姓人向西南地区迁移，如广东、广西等地，与当地的少数民族融合在一起。

【历史名人】

许行：战国时期著名农学家、思想家。主张"贤者与民耕而食，饔飧而治"，是先秦时期农家的代表人物。

许褚：字仲康，三国时期魏国武将。忠心耿耿，勇猛非凡，有"虎痴"的绰号。

许慎：字叔重，东汉时期著名的经学家、文字学家，有"字圣"之称，是中国文字学的开拓者。

所著《说文解字》在世界范围内都有着深远的影响。

许浑：字用晦，晚唐时期最有影响力的诗人之一。其代表作《咸阳城东楼》中"山雨欲来风满楼"为后世千古传诵。

【姓氏名人故事】

许由洗耳。

许由是尧舜时期的贤人，帝尧听说他非常贤德，就想将自己的帝位让给许由，却遭到了他的严词拒绝。许由连夜逃进箕山，隐居不出，耕种而食。帝尧以为许由是谦虚，又找到许由对他说："如果不愿意接受帝位，希望能出来担任'九州长'这么个职位。"没想到，许由一听到这个消息，立即跑到山下的颍水边，掬起水洗自己的耳朵。

正巧，同样隐居在箕山上的许由的朋友巢父，牵着自己家的小牛来颍水边上喝水，见到许由便问他在做什么。许由把事情告诉了巢父，并说："我听了这样的不干净的话，怎能不赶快洗洗我清白的耳朵呢！"不料，巢父听了不但没有认同许由的话，还冷笑一声，说道："哼，这都是你自讨的！谁让你在外面招摇，现在惹出麻烦来了，还说什么洗耳朵！算了吧，别弄脏这清溪，玷污了我小牛的嘴！"说罢，牵起小牛，向水流的上游走去了。

何

hé

【姓氏来源】

何氏的起源主要有三：

其一：出自姬姓，为周文王之后。周成王有一个弟弟名叫唐叔虞，其后裔被封于韩原，称韩姓。春秋时期，韩国不断发展壮大，与赵、魏两国形成了"三家分晋"的局面。后来，韩国为秦国所灭，韩姓子孙散居各地，其中一支逃难至江淮一带，因当地人"韩"、"何"不分，遂演变为何姓。

其二：唐代的"昭武九姓"之一为何氏。隋唐时期，西域地区，有月氏人建立的康居政权，被匈奴人打败，后建立了康国。西域的其他政权先后归附了康国，均以昭武为姓，史称"昭武九姓"，即康、史、安、曹、石、米、何、火寻和戊地。

其三：出自他族改姓、冒姓或赐姓。如南北朝时，北魏孝文帝迁都洛阳后，将鲜卑族复姓贺拔氏改为汉字单姓何氏。又有汉时有人名何苗，本姓朱，冒姓何。又如元末吐蕃宣慰使锁南，其子铭为河州卫指挥同知，被朝廷赐姓何氏，其后人有以何为氏的。

【郡望堂号】

何氏的郡望主要有庐江郡、东海郡、陈郡、扶风郡等。

庐江郡：西晋时置郡，治所在舒县（今安徽庐江县）。

东海郡：秦时置郡，治所在郯（今山东郯城北）。

陈郡：秦时置郡，治所在陈县（今河南淮阳）。此支何氏，开基始祖为东汉末年的何夔。

何氏的堂号主要有"水部"、"庐江"、"忠孝"等。

【繁衍变迁】

何姓发源于江淮流域以及江淮流域以北的地区，主要为江苏、安徽两地。两汉和魏晋南北朝时期，何姓人开始向北迁徙，至山东、河南、河北、山西、陕西以及四川等地，这些地区，为何姓在北方地区主要繁衍发展的地域，并形成了庐江、陈、东海三大郡望，涌现出相当一部分文化和政治上的名人。晋朝时，何姓人开始南迁至福建等地，成为入闽八姓之一。隋唐时期，何姓在南北方都有所发展，南方地区更为繁盛。到了明清之际，何姓族人已经遍布全国各地。

何姓人在当代中国人口排行中排位第十八位。

【历史名人】

何晏：字平叔，三国时玄学家，为魏晋玄学的主要创始者之一。

何景明：字仲默，明朝文学家，是明朝"文坛四杰"中的重要人物，也是明代著名的"前七子"之一，与李梦阳并称文坛领袖。

何绍基：字子贞，晚清诗人、画家、书法家。何绍基兄弟四人均习文善书，人称"何氏四杰"。

何香凝：著名的国民党左派，民革主要创始人之一，是国民党人士廖仲恺的革命伴侣。

【姓氏名人故事】

天才俊逸何景明

何晏像。

何景明是明朝杰出的文学家，是"文坛四杰"中的重要人物，也是明代著名的"前七子"之一，与李梦阳并称明初文坛领袖。

据说何景明出生的时候，他母亲李氏梦见太阳落到了自己怀里，所以取名景明。何景明自幼聪慧，6岁可以对联，8岁可以写文章，12岁时就能讲解《尚书》，16岁时与二哥同时中举，第二年参加春试时，因为文中多奇字，主考官不欣赏而名落孙山。20岁时考取了进士。

何景明是明朝的"前七子"之一，后人赞誉为"天下语诗文，必并称何、李"。考中进士后，何景

何景明是明朝文学家。

明与李梦阳等人合力倡导改革文风，以"文必秦汉，诗必盛唐"相号召，反对台阁体和八股文，具有积极意义。何景明勤奋好学，著有辞赋三十二篇、诗歌一千多首，被收录在《四库全书》里，流传至海外，在国外也有一定的影响。

何景明性格耿直，为官清廉，做钦差大臣时不收取当地官吏的一金一物。何景明痛恨当时政治黑暗，常常直言进谏。他的诗歌中也常揭露官军屠掠人民的罪行，讽刺皇室的奢欲和贼臣的专权，还有描绘百姓生活、风土人情的作品，都具有一定的人文性。

lǚ
吕

【姓氏来源】

吕姓的起源主要有三：

其一：出自姜姓，以国名为氏，为齐太公吕尚之后。相传，炎帝因居姜水流域，因而称姜姓。尧舜时，由姜姓发展而来的四支胞族即"四岳"，即齐、吕、申、许。四岳族首领伯夷，因协助大禹治水有功，其后人太岳又为大禹的重臣，故封之为吕侯。夏商周时期，吕国皆为诸侯国。直到春秋战国时期，吕国东迁新蔡，后被田氏所篡失国，其后世子孙散居在韩、魏、齐、鲁各地，以国名为氏，称吕氏。

其二：出自姬姓魏氏。春秋时，有魏犨，又称魏武子，在晋国公子重耳外逃的过程中，随同重耳。至重耳回国做国君后，遂封魏犨为大夫，封魏犨之子魏锜于吕地，魏锜又称吕锜。吕锜后裔以封地名为氏，称吕氏。

其三：出自少数民族改姓。如南北朝时期，北魏孝文帝迁都洛阳，实行汉化政策，将鲜卑族复姓叱吕氏、叱丘氏改为汉字单姓吕氏。至五代后周时期，又将侯吕陵氏改为汉字单姓吕氏。

姜太公钓鱼。

【郡望堂号】

吕姓的郡望主要有河东郡、东平郡、淮南郡、金华县等。

河东郡：秦时置郡，治所在安邑（今山西夏县西北）。此支吕氏，其开基始祖为春秋时期晋国大夫吕锜之后。

淮南郡：汉时置淮南国，治所在寿春（今安徽寿县）。三国魏时改淮南郡。此支吕氏，其开基始祖为吕谦。

东平郡：汉时置国，治所在无盐（今山东东平东），南朝时改为郡。此支吕氏，大概为吕尚十九世孙康公吕贷之后。

金华县：东汉时置县，治所在金华（今属浙江）。此支吕氏，为淮南郡吕氏分支。

吕姓的堂号主要有"河东"、"渭滨"、"东莱"、"锦上"等。

【繁衍变迁】

吕姓发源于河南，吕国灭亡后，遗民主要分散在河南、安徽、湖北等地。两汉时期，吕姓氏族散播到河北、山西、内蒙古等地，东汉末期有吕姓氏族向安徽和陕西迁徙。吕姓进入浙江、江苏等地区，是在南北朝时期。北宋初年，许姓氏族南下移居到福建、广州地区。到了清朝康熙年间，福建、广州这两地的许姓人渡海向台湾徙居，并开始散播海外。

【历史名人】

吕不韦：战国末期卫国著名商人，杂家思想的代表人物。以"奇货可居"闻名于世，据传有门客三千。组织门客编写了《吕氏春秋》，又称《吕览》。"一字千金"这个成语正是与吕不韦有关。

吕雉：汉高祖皇后，人称吕后。曾辅佐刘邦平定天下，是中国历史上第一位有记载的皇后和皇太后，也是封建王朝第一个临朝称制的女子，掌握汉朝政权长达十六年。

吕蒙：字子明，三国时期东吴名将，鲁肃赞其为学识渊博，"非复吴下阿蒙"。有"不探虎穴，安得虎子"的典故。

吕洞宾：原名吕岩，字洞宾，号纯阳子。唐朝八仙之一、全真道祖师，被道教全真派尊为北五祖之一。

吕向：字子同，唐代书法家、学者，能一笔环写百字，世称"连锦书"。

【姓氏名人故事】

士别三日，当刮目相待

吕蒙是三国时期东吴孙权手下的名将，有勇有谋，以胆气著称。吕蒙16岁就开始参战为将，后来孙权统事后，逐渐受到重用。孙权曾经对吕蒙说："你现在掌管军中各项事务，不能不学习。"但是吕蒙以军营中事务太多，没有时间看书为理由加以推辞。孙权反驳道："我又不是想要你成为那种传授经书的文官，只不过要你大略地阅读一下，简单地了解一下历史而已。"吕蒙还是有些不愿意。孙权又说道："再说，你说你事务多，难道有我事务多？我每每读书，都能够有一些额外的收获。"于是吕蒙开始学习。

士别三日当刮目相待。

鲁肃从前见到吕蒙的时候，想他就是一介武夫，十分轻视他。后来在与吕蒙的交谈中发现他是十分有才识的一个人。于是鲁肃拜见吕蒙的母亲，与吕蒙结为朋友，然后告别而去。等到鲁肃来寻阳和吕蒙讨论议事的时候，见吕蒙的言行对答与往日不同，十分惊奇地说："以你现在的才略来看，你不再是当年的阿蒙了啊！"吕蒙说："分别数日，就应当以新的眼光去看待别人，大哥真是不称职啊！"而后，吕蒙为刚刚接替周瑜的鲁肃说了三条计策，鲁肃郑重地接受了。

施
shī

【姓氏来源】

施姓的来源主要有四：

其一：出自姬姓，为春秋时鲁惠公之子姬尾的后裔，以祖字为氏。据相关史料记载，春秋时期鲁国鲁惠公之子，名尾，字施父，人称施父尾。据说他擅长音律，通过别人赏乐姿态之变化，看人的生死。其后世子孙以施父字为姓，为施姓。

其二：出自上古施国，以国名为氏。据《姓氏考略》所载，夏时诸侯有施氏，施国灭亡后，王族子孙就以国名为氏，称施氏。

另有一说出自子姓，为商民七族之一。《左传》上记载，周初，卫康叔管辖"殷民七族"，即陶氏、施氏、繁氏、锜氏、饥氏、樊氏和终葵氏等。施氏主要为制旗帜的工匠，其后代遂称施氏。

其三：出自方姓，为避难改姓，为明朝方孝孺同族方氏。《姓氏词典》上记载，明朝名士方孝孺，因为拒绝为明成祖朱棣起草登基诏书，被诛十族。其同族外逃避难，改为施姓，因"施"字拆开为"方人也"。

其四：出自他族改姓。明清时期，云南土司有施姓；云南白族中有以海螺为图腾的氏族，其汉姓为施姓。

【郡望堂号】

吴兴郡：周朝始置县，三国时期吴国置郡，治所在乌程（今浙江吴兴）。

【繁衍变迁】

施姓主要起源于先秦时期的鲁国，即山东地区。因此，施姓最开始活动在山东、安徽地带。之后逐渐南下，一部分进入湖南、贵州，另有一部分迁徙至四川和云南等地，成为西南地区施姓的主要聚集地。唐朝时期，在浙江地区形成了施姓的郡望——吴兴郡。宋朝时，施姓就已经散播到江南各个地区，主要集中在浙江、江苏、安徽等地，并在西部川鄂和东方浙苏皖地区形成了两大聚集区。明朝以后，浙江成为施姓的第一大省，江西、福建、江苏都有分布。

【历史名人】

施之常：春秋时鲁国人，是鲁惠公第八世孙，孔门七十二贤之一。

西施：原名施夷光，居西村苎萝，故名西施，是中国古代四大美人之一，又称西子。

施耐庵：名子安，又名肇瑞，字彦端，号耐庵，明朝著名作家，中国古典四大名著之一《水浒传》的作者。

施闰章：清代文学家，安徽宣城人，顺治年间进士，任山东学政，曾为蒲松龄的老师。博览群书，工诗善文，享有盛誉。著有《学余堂文集》二十八卷。

施琅：字尊侯，号琢公，明末清初著名将领，平字郑氏，攻克了台湾。

西施为古代四大美人之一。

【姓氏名人故事】

施全庙的由来

在杭州城十五奎巷中，有一座施将军庙，供奉的是南宋殿前司小校施全。

根据《汤阴县岳飞庙志》记载，岳飞被秦桧以"莫须有"的罪名杀害后，百姓都对他恨之入骨。施全对秦桧的惑主误国、残害忠良也感到十分愤恨。因此在岳飞被害后的第九年，施全持刀藏身于众安桥下，等待着秦桧上朝路过时，上前行刺。施全斩断了秦桧轿子的一根立柱，却没能杀死秦桧，结果被秦桧手下逮捕。秦桧亲自审理施全，施全大骂秦桧道："全天下的人都想要杀敌御侮，只有你不肯，那我就只好杀了你了！"秦桧听了非常生气，就下令将施全处以极刑，斩于市。

杭州城的百姓对施全的义举十分感动，就在岳飞庙山门对面，建立了施全祠，纪念忠心耿耿的施全。

张 (zhāng)

【姓氏来源】

张姓的主要来源有三：

其一：出自黄帝之后挥。据相关史料记载，黄帝后裔挥，因为受到太阳运行轨迹的启发，发明了弓。在以狩猎为生的当时，发明弓是非常了不起的事情，因此黄帝封挥为专门制造弓的官叫"弓正"，也称"弓长"，又将官名合二为一赐他"张"姓。

其二：出自姬姓，黄帝的后代。据《通志·氏族略》所记载，春秋时期，晋国有大夫解张，字张侯，其子孙以字命氏，称张氏。后来张氏子孙到晋国做官，三家分晋后，大部分张氏子孙迁移开来，使得张姓成员不断增加扩大。

其三：出自赐姓或他族改姓。据相关资料记载，三国时期，世居云南的南蛮酋长被蜀相诸葛亮赐姓张；元末有蒙古族将领伯颜帖木儿，归附明朝后，被明太祖赐予张姓。另有韩、姬等姓人士和乌桓、女真、羯、鲜卑、匈奴、契丹等少数民族分支改姓张姓。

【郡望堂号】

张氏的郡望主要有清河郡、范阳郡、太原郡、京兆郡等。

清河郡：汉时置郡，治所在清阳（今河北清河县东南）。此支张氏，其开基始祖为西汉留侯张良裔孙张歆。

范阳郡：三国时置郡，治所在涿县（今属河北省）。此支张氏，其开基始祖为东汉司空张皓之子张宇。

太原郡：战国时置郡，治所在晋阳（今山西太原市西南）。此支张氏，其开基始祖为北魏平东将军、营州刺史张伟。

张氏堂号有"清河"、"金鉴"、"孝友"、"亲睦"等。

【繁衍变迁】

张姓发源于河北、河南、山西地区。汉朝以前，张姓人就已经分布在陕西、河南、山东、河北等黄河流域。同一时期，也有张姓人向四川等地区迁徙。汉朝时，张姓氏族散播到江苏以及东北和西北等地。汉朝末期到西晋时期，张姓人在南部地区开始兴盛起来，以江苏的吴郡为首向我国东南沿海的各个地区扩展。到了唐宋时期，张姓人大规模向南迁徙，从宋朝一直到清朝，张姓人成为一个非常庞大的族群，分布在我国大江南北的各个地域。

【历史名人】

张良：字子房。汉初名臣，著名的政治家、谋略家，"汉初三杰"之一。协汉高祖平定天下，被誉为"第一谋士"。

张骞：字子文，西汉时期外交家。两次出使西域，开辟出丝绸之路，使汉朝与中亚交流。

张衡：字平子，是东汉时期伟大的天文学家、发明家、地理学家、制图学家等，发明了浑天仪、地动仪、指南车。有"科圣"之称。

张仲景：东汉末年著名医学家，被称为"医圣"。著有《伤寒杂病论》，为后代历代医学家所推崇。

张飞：字益德，三国时期蜀汉名将。有智有谋，嫉恶如仇，蜀汉三杰之一。

兴汉第一谋士张良。

【姓氏名人故事】

天文学家张衡

张衡是我国东汉时期著名的天文学家、地理学家、发明家、文学家，为我国天文学、地震学等方面的发展做出了巨大的贡献。

张衡出生于一个没落的官宦人家，自小刻苦好学，富有文采，16岁就离开家，孤身一人到外地求学。为人宁静淡泊，不因自己才华横溢就有骄傲之情。张衡在天文学、地震学、机械技术、数学乃至文学艺术等诸多领域都具有较高的才能。《灵宪》是张衡在天文学方面的一部代表作，集中体现了张衡在天文学上思想和成就。《灵宪》的内容就宇宙的起源、宇宙的无限性、月食的成因、五星的运动，以及流星和陨星的成因都进行了详细的说明。《灵宪》被后人赞誉为"天文之妙，冠绝一代"，说明了它在天文学史上的突出意义。

漏水转浑天仪，简称浑天仪，是张衡发明的一个极为复杂的天文仪器，它是世界上第一架有明确史料记载的水力发动的天文仪器。

张衡发明了最早的地震仪，称为候风地动仪。这台地震仪在一千八百年前成功地测报了西部地区发生的一次地震。西方国家直到1880年才制成与此类似的仪器，比起张衡的发明足足晚了一千多年。

张衡在其他方面也有很高的成就，张衡曾经被唐人看作是东汉时的大画家，他还研究文字训诂学，在辞赋上也有很高的造诣，不但文辞优美，而且具有较高的思想性。

由于张衡在天文学上的突出贡献，联合国天文组织将太阳系中的1802号小行星命名为"张衡星"。

天文学家张衡制地动仪。

孔 kǒng

【姓氏来源】

孔姓的主要来源有五：

其一：出自子姓，为商汤王后裔。相传上古时期，帝喾有一个妃子名叫简狄，因拣到一只燕子蛋，吃后生下契，赐子姓。后来契因辅助大禹治水有功，被封于商。传至第十代孙汤，因其祖先是吞乙卵而生，因而名履，字太乙。汤成为商族首领后，灭夏建立了商王朝。因为汤王是商朝的开国君主，深受百姓爱戴，因此其后代就把"子"和"乙"相拼，成孔字，是为孔氏。

其二：出自子姓，为春秋时宋国王族孔父嘉。商朝末年，纣王荒淫暴虐，最终为周武王姬发所灭，建立周朝。商纣王的庶兄微子启很顺从周氏王朝，遂封之以商都一带，建立宋国，命他管理商朝遗民。微子启死后由弟弟仲衍继位，仲衍的曾孙宋襄公有子名嘉，字孔父，又称孔父嘉，任宋国大司马。春秋时，孔父嘉的后代就以孔为氏。

其三：出自郑国姬姓。据史料记载，春秋时期，郑穆公有十三子，其中两个为孔氏。

其四：出自卫国姬姓。周公旦平定武庚的叛乱后，将原来商朝都城附近的地区和殷民七族分封自己的弟弟康叔，建立卫国。到了春秋时期，卫国有名臣孔悝，其后代子孙有以其先祖的字为氏的，称孔氏。

其五：出自陈国妫姓。周武王灭商后，建立周朝。周公旦追封帝舜的后裔妫满于陈地，建立陈国。到春秋时，陈国有大夫孔宁，以先祖名字为氏，称孔氏。

【郡望堂号】

孔姓的郡望主要有鲁郡、京兆郡、河南郡、会稽郡等。

鲁郡：西汉置鲁国，治所在鲁县（今山东曲阜）。晋时改为郡。

京兆郡：西汉时改右内史置京兆尹，治所在长安（今陕西西安市西北），三国魏时改称京兆尹郡。

河南郡：西汉时改秦三川置郡，治所在雒阳（今河南洛阳市东北）。

会稽郡：秦时置郡，治所在吴县（今江苏苏州市）。

孔姓的堂号有"阙里"和"至圣"等。

【繁衍变迁】

孔姓发源于河南，孔父嘉的后人为避难，逃到位于今山东地区的鲁国境内，并定居下来。这次徙居，是孔姓氏族第一次东迁，并且使山东成为孔姓氏族的聚集地。汉朝时，因为战乱和官职的变动，有部分孔姓人纷纷向别处迁徙。孔姓人大举南迁到浙江、安徽等地，是在三国两晋南北朝时。唐朝时期，孔姓人发展繁盛，散播到江苏、江西等地。明朝时，山西、辽宁、云南、贵州、四川等地都有孔姓氏族分布。清朝以后，孔姓人遍布全国，并开始有向海外地区迁徙的。

【历史名人】

孔子：名丘，字仲尼，春秋末期的思想家和教育家，儒家思想的创始人，被后世统治者尊为孔圣人、至圣先师等。

孔融：字文举，东汉文学家，"建安七子"之首。代表作是《荐祢衡表》。

孔颖达：字冲远，唐代著名经学家，著名的"十八学士"之一，所疏或正义的经书包括《周易》、《尚书》、《诗经》、《礼记》和《左传》等。

孔尚任：字聘之，号东塘，清朝初期诗人、戏曲作家。著名戏剧《桃花扇》的作者，当时，人们将他与《长生殿》作者洪昇并论，称"南洪北孔"。

【姓氏名人故事】

孔子择人而礼

孔子是春秋末期的鲁国人，是历史上著名的思想家与教育家，而且是儒家思想的创始人，而儒家的思想最重"礼"与"仁"二字。

当时，楚国讨伐陈国，陈国被攻陷，城门损坏严重，于是楚国人命令投降的陈国民众去修缮城门。

孔子恰巧带着弟子经过这里，在过了城门之后，他的弟子子贡见一向注重礼仪的孔子一路上并未向任何人施礼，不禁疑惑不解，于是上前拉住马车问道："按着礼仪规定，从二个人身边过就要扶着车前的横木

孔子择人而礼。

行礼，从三个人身边过去就应当下车行礼，刚才修城门的陈国人如此众多，夫子却为何不向他们行礼呢？"

孔子道："自己的国家就要灭亡了，却还懵懂无知，这是没有智慧；知道国家将亡，却不奋起全力保家卫国，这是没有忠心；国家已经被灭，却不能拼死抵抗为国雪耻，这是没有勇气。刚才我们所经之处虽然人数众多，但都是不智、不勇、不忠之人，这些人不值得尊重，所以无须行礼。"

cáo

曹

【姓氏来源】

曹姓的起源主要有三：

其一：以国名为氏，出自颛顼玄孙陆终之子安。相传，颛顼的玄孙陆终，其第五子曹安因为协助大禹治水有功，被封于曹国。到了周朝时，武王改封曹安的后裔曹挟于邾国。后邾国被楚国所灭。邾国人有以国名为氏，改朱氏；有以曹为氏，称曹氏。

其二：出自姬姓，始祖为振铎。周朝建立后，周武王改封曹安的后裔于邾国，便封弟弟振铎于曹国。后曹国为宋国所灭，其后裔子孙便以国名为氏，称曹氏。

其三：出自他姓、他族加入。如后汉有曹嵩，本姓夏侯，后改姓曹。另有突厥部建有康国，其分支有曹国，其中有以曹为姓的。西域阿姆河、锡尔河流域各民族的"昭武九姓"中，有曹姓。

曹安像。

【郡望堂号】

曹姓的郡望主要有谯郡、彭城郡、高平郡、巨野县等，以谯郡为最望。

谯郡：东汉时置郡。治所在亳州（今安徽亳州）。

彭城郡：西汉时置郡，治所在彭城（今江苏徐州市）。

高平郡：晋时置郡，治所在今山东金乡。

巨野县：西汉时置县，治所在今山东巨野。

曹姓的堂号主要有"清靖"、"谯国"、"敬思"、"崇孝"等。

【繁衍变迁】

曹姓发源于山东地区，先秦时期，曹姓主要聚集在山东、甘肃和江苏北部。秦汉之际，曹姓人已经在山东、安徽、河南、江苏等华东地区繁衍发展。唐朝时，因其初期、末期的战乱，使得很大一部分中原人向南方移民，曹姓氏族也在其中。宋元明时期，北方战争不断，以中原地区为主要聚集地的曹姓氏族，开始向江南地区转移。宋朝初年，曹姓人徙居到广西和广东两个地区，清朝初期渡海向台湾迁徙，进而迁至海外。

曹姓在当代中国人口排行中排位第二十七位。

【历史名人】

曹刿：春秋时期鲁国著名的军事理论家。有"一鼓作气"的成语典故。

曹参：字敬伯，西汉开国功臣。秦末随刘邦起义，汉朝建立后，他被封为平阳侯，任宰相。

曹操：字孟德，三国时的著名政治家、军事家、诗人。三国中曹魏的奠基人和主要缔造者，其子曹丕称帝后，追尊他为魏武帝。善作诗歌，代表作品有《观沧海》、《龟虽寿》等。

曹雪芹：名霑，字梦阮，号雪芹，清代著名作家，所著《红楼梦》是中国古代四大名著之一。

【姓氏名人故事】

曹不兴误笔成蝇

曹不兴，是三国时期著名的画家，是有文献记载的最早的一位画家，被称为"佛画之祖"。

曹不兴画风写实，画面生动，栩栩如生，他画的龙非常生动，犹如腾云驾雾一般。

一次，孙权请曹不兴画屏风，曹不兴聚精会神地作画，正画到一篮子杨梅时，听到周围人不时发出的称赞声，一不小心将一滴墨水滴到了画面上。众人纷纷惋惜不已，但曹不兴站在屏风前端详了一会儿，泰然自若地拿起笔，将墨点画成了一只苍蝇。周围的人都被他的机敏和才能所深深折服。屏风画好后，被拿去给孙权看。孙权欣赏了半天，心里非常喜欢，忽然发现画面上的篮子边上有一只苍蝇。孙权随手一挥，那苍蝇也一动不动。旁人见了就笑着对孙权说，那不是真的苍蝇，是画上去的。孙权仔细一看，才发现那苍蝇是画上去的。孙权大笑着称赞道："曹不兴真是画坛的圣手啊！"

曹不兴误笔成蝇。

曹不兴的画迹虽然没有流传下来，也没有有关的言论和著述，但他是中国绘画发展关键时期的重要人物，他状物手法与细微描绘，影响了整个社会的审美风气，曹不兴的绘画成就对于后世的影响巨大。

严 yán

【姓氏来源】

严姓的起源主要有四：

其一，出自芈姓，以谥号为氏，为战国时期楚庄王之后。传说颛顼的后裔陆终之子季连，赐姓芈。季连的后裔熊绎在周康王时被封于荆山，建立荆国。后改国号为楚，为楚国。根据《元和姓纂》的记载，楚庄王的一部分子孙以其谥号为氏，称庄氏。汉朝时期，为避讳汉明帝刘庄的名讳，改庄姓为严姓。到了魏晋时期，有严姓恢复庄姓的，就形成了庄、严两家，因此有两家有"庄严不通婚"的古训。

其二，以邑名为氏，为战国时期秦孝公之子君疾的后裔。战国时期，秦孝公的儿子君疾，受封于严道县，以邑名为氏，故称严君疾，其子孙后代遂以严为姓，称严氏。

其三，据《姓考》所载，古时有严国，其国人以国名为氏，为严姓。

其四，出自少数民族姓氏。据《晋书》记载，南北朝时，后燕慕容盛丁零族中有以严为氏的，称严姓。满、彝、土、锡伯、朝鲜等族都有严姓。

【郡望堂号】

严姓的郡望主要有天水郡、冯翊郡和华阴郡。

天水郡：西汉时置郡，治所在平襄（今甘肃通渭县西北）。东汉时改为汉阳郡，移治所到冀县（今甘肃甘谷东南），西晋移治所到上邽（今甘肃天水市）。

冯翊郡：汉武帝置左冯翊，三国魏改置冯翊郡，治所在临晋（今陕西大荔县一带）。

华阴郡：汉时置华阴县，治所在今陕西华阴县东，南朝时移治所于今陕西勉县西北。唐朝时改华州置华阴郡，治所在郑县（今陕西华县）。

严姓的堂号主要有"天水"、"富春"、"古秋"等。

【繁衍变迁】

严姓主要由庄姓改姓而来。因此在成姓之初分布就十分广泛。史料记载，东汉时，在山东、湖北、安徽、浙江一带均有分布，四川、云南等地也有严姓人聚集。魏晋南北朝时期，严姓人多居住在陕西、山西等地区，以陕西和甘肃最旺，严姓的三大郡望就是出自这两个地方。后世战乱纷繁，严姓大批南迁，明清以后严姓大多居住在安徽、江苏、浙江、福建沿海等南部地区，云南、广东也有严姓人的足迹。清朝康熙年间，开始有严姓人渡海入台。

【历史名人】

严忌：本姓庄，东汉时避讳明帝名讳，改为严姓，是西汉初期著名的辞赋家。严忌才识过人，人称"严夫子"。

严光：字子陵，东汉时期著名隐士。严光为汉光武帝刘秀的同学，积极帮助刘秀起义。刘秀即位后，他隐姓埋名，以"高风亮节"闻名于世。

严羽：字丹丘，一字仪卿，自号沧浪逋客，世称严沧浪，南宋杰出的诗论家、诗人，所著《沧浪诗话》是宋朝最负盛名、对后世影响最大的一部关于诗歌的理论批评著作。

严复：原名宗光，字又陵，后改名复，字几道，近代启蒙思想家、翻译家、教育家，是中国近代史上向西方国家寻找真理的"先进的中国人"之一。

【姓氏名人故事】

严光和刘秀

严光是东汉时期著名的隐士，年少的时候就因才华横溢而有高名，和光武帝刘秀一同游学。刘秀即位后，严光就隐姓埋名，隐居在杭州富春江畔，以钓鱼为乐，每日垂钓。

刘秀十分思念这位有贤才的旧友，希望他能入朝为官，辅佐自己，就绘下严光的样子，命人去寻找。不久，有人称见一男子披着羊裘在河边垂钓，刘秀觉得应该是严光，立即命人备车，带了聘礼亲自去严光家看望严光。严光正在家里躺着休息，知道光武帝刘秀来了，也不起身相迎。刘秀见他如此，也不生气，上前十分亲昵地坐到床边，说："哎，严光你这家伙，为什么不肯入朝为官，帮帮我呢？"严光也不回应他，过了很久，才睁开眼看着刘秀说："人各有志，你又为什么要逼迫我呢？"刘秀听后，叹了口气离开了。

后来光武帝邀请严光入宫叙旧，并授之以谏议大臣的职位，严光不答应，回到富春山继续过着垂钓耕读的生活。严光后来又多次拒绝了刘秀的邀请，光武帝后来在《与子陵书》中写道："古大有为之君，必有不召之臣，朕何敢臣子陵哉。"

严光之风，山高水长。

严光这种不为高官厚禄所收买,不与统治者合作的精神,受到后代知识分子的推崇。李白等诗人都曾在严光钓鱼的地方题诗,范仲淹在《严先生祠堂记》一文中赞扬严子陵的高风亮节:"云山苍苍,江水泱泱。先生之风,山高水长。"

huà

华

【姓氏来源】

华姓的起源主要有二:

其一:出自子姓,以邑名为氏,为春秋时期宋戴公之孙督的后裔。周朝建立初期,商纣王的微子启被封以商都一带,建立宋国。据《名贤氏族言行类稿》、《广韵》和《辞源》等史料记载,宋戴公之孙子督,字华父,为宋国的公卿。其后人遂以先祖的字为氏,称为华氏。

其二:出自少数民族改姓。元明清时期,蒙古部落有谟锡哷氏、扎拉尔氏等汉化改为华氏。明朝时,有回族以祖先名字汉化为氏,称华姓。满族和锡伯族有以部落名称汉化为氏的,称为华氏。

【郡望堂号】

华姓的郡望主要有平原郡、武陵郡和沛国。

平原郡:汉时置郡,治所在平原(今山东平原县西南)。

武陵郡:汉时置郡,治所在义陵(今湖南溆浦南)。

沛国:西汉时置沛郡,东汉时改为沛国,治所在相县(今安徽濉溪县西北)。

华姓的堂号主要有"武陵"、"华岳"、"平原"、"敦厚"等。

华父像。

【繁衍变迁】

华姓起源于河南、陕西一带。春秋时期,华姓人已经散布到湖北、江苏、山东等地。汉朝初期,华氏家族中有跟随刘邦征战有功被封为列侯,华姓在山东平原一带形成望族,在沛国地区也形成了大的华氏家族。王莽之乱时,北方华氏避乱向南迁徙,在湖南地区形成了武陵郡望。三国两晋南北朝时,华氏族人为避乱迁到江苏、浙江等地。隋唐时期,华氏族人有向福建迁徙的。宋朝时期,华姓已经广布黄河、长江、珠江中下游地区。到了明朝时,江苏成为华姓的第一大省,形成了以江苏为中心的华姓聚集区。明清之后,华氏族人遍布西南、西北、东北和台湾等地。

【历史名人】

华佗:字元化,东汉末期医学家,与董奉、张仲景并称为"建安三神医"。华佗是世界医学史上最早使用全身麻醉进行手术治疗的人。

华歆:字子鱼,三国时魏国名士,以才华横溢著称,政治上主张重农非战,重视文教德化,为官清廉自奉,被陈寿评价为"清纯德素"。

华蘅芳:字若汀,清朝末期著名的数学家、翻译家和教育家,译有大量数学著作,对当时洋务运动的兴起有着巨大的影响。

华镇:会稽人,北宋官吏。神宗进士,官至朝奉大夫,知漳州军事。平生好读书,工诗文。有《扬子法言训解》、《云溪居士集》等。

【姓氏名人故事】

外科鼻祖华佗

华佗是三国时期著名的医学家,他医术全面,尤其擅长外科,被后人称为"外科圣手"、"外科鼻祖"。华佗通过观察人在醉酒时的沉睡状态,以及总结前人对麻醉剂的研究,发明了麻沸散,用于医学,是世界上最早的麻醉剂。《后汉书·华佗传》中记载,若是疾病的发结于体内,针灸和入药都不能治愈,就应先用酒服用麻沸散,使患者没有知觉,再剖开病患处,取出肿块。麻沸散的运用,提高了外科手术的技术和疗效。

华佗不仅擅长外科手术,在针灸和中药方面也十分有研究,在医疗体育方面,他还创立了著名的五禽戏。华佗因其医术高明,且医德高尚,深受百姓的爱戴,名声也越来越大。

曹操有头疼之症,遍寻良医也没有成效,华歆向曹操推荐了华佗。华佗诊了曹操的病情,觉得曹操的病因是在脑中,药物难以根治,应该先服用麻沸散,再开颅取出"风涎"。但是曹操不相信,觉得开颅手术是不可能的。之前曹操曾要求华佗做自己的专门的侍医,华佗以妻子生病为由坚决不从,曹操怀恨在心,不顾谋士的一再求情,杀死了这位千古一人的名医。后来曹操的小儿子曹冲因病而死,曹操才十分后悔杀了华佗。

传统中国以儒学为主,主张"身体发肤,受之父母",而外科手术的治疗方法违背了这一主张,因此在中医学中并没有大规模地发展起来。

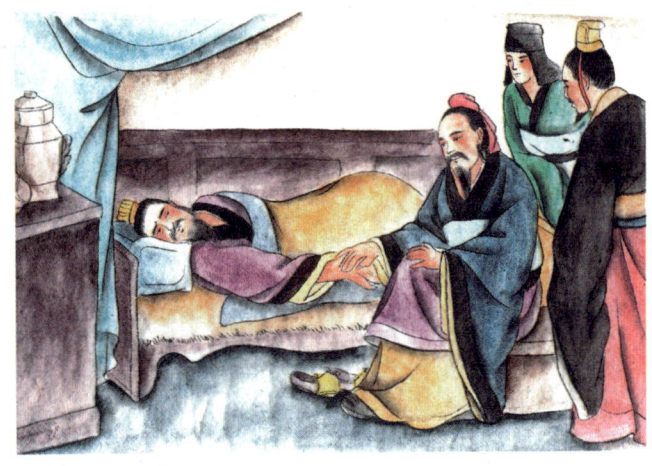

外科鼻祖华佗医术全面。

jīn
金

【姓氏来源】

金姓的起源主要有四:

其一:出自少昊金天氏。相传少昊是东夷族的首领,上古五帝之一,为黄帝的己姓子孙。少昊死后被尊为西方大帝,因古人有五行的学说,西方属金,所以少昊又称金天氏。少昊的后裔中有以金为姓的,称金氏。

其二:出自匈奴休屠王太子金日䃅之后。汉朝时,匈奴休屠王有子叫日䃅,汉朝初年时,归顺汉武帝,后来是汉室非常重要的辅国大臣。他曾铸造过铜像用以祭天,因铜像人又称金人,因此被赐姓"金"氏,称金日䃅,其子孙后代遂也世世代代称金氏。

其三:为刘姓改姓为金氏。唐末五代时,十国之一的吴越国其开国之王叫钱镠,因"镠"与"刘"为同音字,为了避嫌,就将吴越国中的刘氏改为金氏。

其四:出自他族或改姓。如南北朝时,羌族中有金姓;唐朝

少昊像。

时，新罗国有金姓；明朝永乐年间，蒙古归顺明朝，赐姓金氏；另元时有金覆祥，其先本为刘氏，后改为金氏，以及清代文学评论家金圣叹，本姓张，后改姓金氏。

【郡望堂号】

彭城郡：西汉时改楚国为彭城郡。东汉时又改为彭城国，治所在彭城（今江苏徐州市）。南朝时改为郡。

京兆郡：汉时置京兆尹，为三辅之一，治所在长安（今陕西西安市西北）。三国辖区改为京兆郡。

金姓的堂号主要有"彭城"、"京兆"、"鸿文"等。

【繁衍变迁】

金姓发源地较多，少昊帝在山东曲阜登帝，其后代世居山东。新罗与高句丽、百济三国国王均为金姓。汉朝时有金日䃅家族居住陕西，世代为官。到了魏晋南北朝时，金姓人中有移居到甘肃的。唐朝，金姓已经成为山西、四川部分地区的大姓。宋朝到明朝这一时期，居住在南方的金姓人散居在浙江、江苏、江西、安徽、湖南、湖北、福建、广东等地区；居住在北方的金姓人，多聚集在河南、河北、辽宁等地。从清朝嘉庆年开始，福建、广东等东南沿海地区的金姓氏族陆续迁至台湾，继而远徙海外。

【历史名人】

金圣叹：名采，字若采，明末清初人，著名的文学家、文学批评家。主要成就在于文学批评，对《水浒传》、《西厢记》、《左传》等书都有评点。

金农：字寿门、司农、吉金，清朝著名书画家兼诗人，扬州八怪之一。

金岳霖：字龙荪，中国哲学家、逻辑学家，是最早把现代逻辑系统地介绍到中国来的逻辑学家之一。

【姓氏名人故事】

忠孝金日䃅

金日䃅是我国历史上杰出的少数民族政治家。西汉初期，霍去病将军出兵攻击匈奴，大获全胜。浑邪王便说服休屠王共同降汉，但是休屠王中途反悔，浑邪王便杀了休屠王，率领休屠王手下四万余人投降汉军，14岁的金日䃅因为父亲被杀无所依靠，只能和母亲弟弟一同沦为官奴，被安置在黄门署养马。

汉武帝宫中设宴，诏令阅马助兴，见金日䃅体型魁伟、容貌威严地牵着马从殿上过时，汉武帝感到很惊讶，一问才得知金日䃅是休屠王的后代，就拜他为马监。又因为金日䃅孝敬母亲，做事谨慎，从不越界，深受武帝信任，成为亲近侍臣。金日䃅有两个儿子，聪明伶俐深受武帝的喜爱，常常留在身边嬉戏。长子因为与宫女嬉戏，被金日䃅亲手所杀，武帝因此对金日䃅更是敬重有加。

后来江充因为巫蛊之祸被

金日䃅养马。

杀，江充的好友马何罗欲为江充报仇，便行刺武帝，早有警惕的金日䃅擒住马何罗，保护了汉武帝的安全。汉武帝病重时，嘱托霍光和金日䃅一同辅佐太子，并封其为秺侯，但金日䃅坚决不受。一年后，金日䃅也因病辞世，汉昭帝为他举行了隆重的葬礼，并赐谥号敬侯。金日䃅在维护国家统一、社会安定、民族团结，以及巩固西汉政权方面做出了巨大的贡献。

魏 wèi

【姓氏来源】

魏姓的起源主要有二：

其一：出自姬姓，为周文王裔孙毕万之后，以邑名为氏，或以国名为氏。周朝建立后，周文王的第十五个儿子毕公高受封于毕地，后毕国被西戎攻灭，毕公高的后裔毕万投奔晋国，做晋国大夫。后来，毕万因在晋国攻灭他国的战争中立下大功，晋献公便将魏地赐给他为邑，毕万的子孙后代便以邑名为氏，称魏氏。后来，晋国发生内乱，晋公子重耳被迫出逃，毕万的孙子魏犨在重耳流亡的过程中始终陪伴其左右。后晋公子重耳在秦穆公的帮助下成为晋国国君，即晋文公。晋文公封魏犨为大夫，世袭魏氏封邑。后来，毕万的后代魏斯

晋献公将魏地赐给毕万为邑。

联合韩、赵两家瓜分晋国，成立了魏国。战国末期，魏国被秦国攻灭，亡国后，魏国王族以国名为氏，称魏氏。

其二：出自他姓改姓：据史料记载，战国时秦国有魏冉，本姓芈，后改姓魏。又南宋蒲江人有魏了翁，本姓高，后改姓魏。另明朝有昆山人魏校，本姓李，后改姓魏。

【郡望堂号】

魏姓的郡望主要有巨鹿郡和任城郡等，以巨鹿郡为最望。

巨鹿郡：秦时置郡，治所在巨鹿（今河北平乡西南）。

任城郡：夏商周时置国，秦后置县，东汉时分东平国置国，三国魏时置郡，治所在今山东微山县一带。西晋复任城国。北魏时，置任成郡。

魏姓的堂号主要有"巨鹿"、"敬爱"、"治礼"、"十思"等。

【繁衍变迁】

魏姓发源于陕西、山西，成姓早期，大部分魏姓人繁衍于山西、陕西、河南、山东等中原地区，少部分魏姓人居住在湖北、湖南等两湖地区。西汉时，河北巨鹿地区形成了魏姓史上最为著名的郡望。同一时期，魏姓人开始迁徙至江浙、甘肃、宁夏等地。三国两晋南北朝时，因为连年战火，魏姓氏族大举南迁，至四川、江西、福建等地。魏姓人徙居福建、广东等地是始于唐朝。宋朝末年，魏姓人就已遍布江南大部分地区。经历元、明、清三朝，魏姓人远徙海外。

【历史名人】

魏无忌：号信陵君，与齐国孟尝君、赵国平原君、楚国春申君并称"战国四公子"。

魏延：字文长，三国时蜀汉名将。

魏徵：字玄成，唐代著名大臣、政治家，提出"水能载舟，亦能覆舟"等治世名言，是中国史上最负盛名的谏臣。著有《群书治要》等书。

魏源：原名远达，字默深，清代启蒙思想家、政治家、文学家，近代中国"睁眼看世界"的先行者之一。提出"师夷长技以制夷"的新思想。

【姓氏名人故事】

直谏敢言的魏徵

魏徵是我国唐朝时著名的政治家，他以直谏敢言著称，是我国历史上最负盛名的谏臣。

魏徵年少时父亲就去世了，生活窘迫的他仍然奋力读书，拥有远大的志向。后来隋末农民大起义，魏徵参加了瓦岗寨起义。唐朝建立后，魏徵在李建成手下为官，玄武门事变后，唐太宗即位，太宗看重魏徵的才华，便命魏徵担任谏议大夫的职位。魏徵性格刚毅直率，而且才华横溢，常常犯颜进谏皇帝，即便惹怒了皇帝，魏徵也临危不惧，泰然自若。魏徵纠正了唐太宗很多的错误行为，是太宗重要的辅佐之臣。

贞观之治中期，唐太宗日益怠惰，懒于政事，追求玩乐享受，魏徵便上奏著名的《十渐不克终疏》，直接列举了太宗从执政当初一直到现在的十个变化，并像太宗提出了十条劝谏。在这篇文章中，魏徵向唐太宗论述了君和民的关系，就如同舟与水的关系，他认为民心才是事业成败的关键。

魏徵直谏敢言。

魏徵生活简朴，为官清廉。后来魏徵病重在床，太宗亲自去看望他，发现魏徵家无正寝，十分节俭。魏徵死后，唐太宗去吊唁他时，说："以铜作为镜子，可以端正衣冠；以历史作为镜子，可以明白国家兴亡的道理；以人作为镜子，可以知晓自己的得失。现在魏徵去世了，我失去了一面镜子！"

姜
jiāng

【姓氏来源】

姜姓的起源主要有二：

其一：出自炎帝神农氏的后裔。相传炎帝神农氏生于姜水，遂得姜姓。炎帝的裔孙有伯夷，因治四岳有功，被封于吕地，建吕国。后有吕尚，辅佐周室得天下有功，遂封于齐，建齐国。后吕国齐国纷纷亡国，后世子孙亦有以姜为姓的。

其二：出自桓氏改姓。据《通志·氏族略》所载，唐朝上元时，有桓姓者改为姜姓。

【郡望堂号】

姜姓的郡望主要有天水郡、广汉郡等。

天水郡：西汉时置郡，治所在平襄（今甘肃通渭西北），西晋移治所到上邽（今甘肃天水市）。
广汉郡：西汉时置郡，治所在乘乡（今四川金堂东），东汉移治所到雒县（今四川广汉北）。
姜姓的堂号主要有"天水"、"渭水"、"龙泰"等。

【繁衍变迁】

姜姓发源于陕西、河南和山东一带。汉初，河南、山东的姜姓人向关中迁徙，落籍于甘肃地区，也有向南播迁至江苏、四川等地者。魏晋南北朝时，姜姓人为避战乱徙居至江南。唐朝时，姜姓人迁至福建。唐宋之际，河北、河南、浙江、江西、安徽、山东及广东等省均有姜姓人分布。明清时期，姜姓人在山西、陕西、贵州、湖南、福建、湖北等省都有聚居。并有女真族的姜佳氏部族的姜氏后裔，在辽宁等地聚集。清乾隆年间，有姜姓人渡海赴台，进而远徙东南亚以及欧美各国。

【历史名人】

姜子牙：本名吕尚，名望，字子牙，中国历史上最负盛名的政治家、军事家和谋略家。

姜小白：即齐桓公，齐国君主，任管仲为相，在"尊王攘夷"的旗帜下，南征北战，最终使齐国成为"春秋五霸"之首。

姜维：字伯约，三国时期蜀汉著名军事家、军事统帅。

姜夔：字尧章，别号白石道人，南宋著名词人、文学家和音乐家。代表作有《扬州慢》、《暗香》等。

姜宸英：清初书画家、文学家，被誉为"江南三布衣"之一。有《湛园文稿》等。

姜维是蜀国的军事统帅。

【姓氏名人故事】

齐桓公庭燎求贤

齐桓公，姓姜，名小白，是春秋时期齐国的君主。在位期间任用管仲为相，选贤任能，使国富民强，最终成为春秋五霸之首。

齐桓公成为中原霸主后，为了表现自己求贤若渴、广纳贤士的决心，就在宫殿前燃起明亮的火炬，准备接待各地的人才。但火焰燃烧了很久也没有人上门求见，齐桓公为此非常苦恼。

这时候，有一个来自东野的人前来求见。齐桓公听说有人来了非常高兴，立即到殿前召见这个人。齐桓公满心欢喜地询问东野之人有什么才能，对方却回答说会九九之术。齐桓公有点失望，在齐国会九九算术并不是十分稀奇的事情，齐桓公无奈地笑笑说："九九之术也能算是一技之长么？"东野之人回答："大山不拒绝小石头的填充，江海不拒绝细流的汇入。正是因为如此，它们才会成为大山、大江、大海。《诗经》中说：'先民有言，询于刍荛。'就是教导君主要广泛

齐桓公庭燎求贤。

征询意见,即便是割草打柴的人。九九之术虽然不是高深的学问,但齐王您如果能以礼相待只会九九之术的人,还怕比我高明的人不来吗?"齐桓公觉得东野之人说得有理,就按照礼仪接待了他。一个月后,四面八方的贤士听说了东野之人的事情,纷纷而至。

齐桓公不但设立了庭燎之礼,还注意接待好各诸侯国的客人,自己也四处招揽人才使得齐国人才济济,最终完成霸业。

戚 qī

【姓氏来源】

戚姓的起源比较单一,出自姬姓,以封邑名为氏,为春秋时卫国大夫孙林父的后裔。周文王的小儿子康叔,因封于康,故称康叔。周公旦平定武庚叛乱后,将原来商都附近地区和殷民七族分封给康叔,即卫国。春秋时期,卫康叔的八世孙卫武公有子名惠孙,根据周制,惠孙的后代以祖父的字命氏,即为孙氏。惠孙的第七世孙孙林父在卫献公时任上卿,后因失宠先后去了晋国和齐国,卫殇公时回国被封于戚邑,孙林父的支庶子孙世居戚邑,遂以封邑名为氏,称戚姓。

【郡望堂号】

戚姓的郡望主要有东海郡等。

东海郡:秦时置郡,治所在郯城(今山东郯城北一带),东晋时移治所到海虞县(今江苏常熟)。

戚姓的主要堂号有"享伦"、"三礼"、"景文"等。

【繁衍变迁】

戚姓发源于河南地区。秦汉时期,卫国灭亡后,戚姓子孙有逃至山东、江苏等地避难的。南北朝在江苏和山东之间地形成了东海郡望,并以此为中心向安徽、浙江等地散播。唐五代时,战乱北方的戚姓族人向江南地区迁徙。两宋时,戚姓的繁衍中心移到浙江和江苏地区,元朝之后,戚姓人散居在华东、华南、西南各省。明朝初期,山西境内的戚姓人分迁至河南、河北、山东、陕西、湖北等地。明朝末期,戚姓人开始渡海赴台。清康熙年间,山东地区的戚姓人开始向东北三省迁徙。

【历史名人】

戚同文:字文约,北宋初年著名的教育家,与范仲淹共创高平学派。

戚文秀:宋朝杰出画家,善画水,画有《清济灌河图》。

戚继光:字元敬,明朝抗倭名将,著名的军事家、民族英雄,著有《纪效新书》、《练兵纪实》、《莅戎要略》、《武备新书》等书。

【姓氏名人故事】

戚继光与戚家军

明朝时期,东南沿海地区经常受到日本强盗的侵扰。古代时,日本被称为倭,因此从日本来的海盗就称为倭寇。倭寇以当地奸民为向导,以海螺号为联络方式,用武士刀埋伏偷袭,百姓深受其害。

戚继光出生在山东沿海地区的将门世家,受到父亲的影响,戚继光从小就喜欢军事游戏,在练习武艺的同时不忘读书识字,学习为人处世的道理,长大后考中武举。在蒙古兵围攻北京城时,戚继光担任京城九门守卫的工作。后来被提升都指挥佥事,管理山东部分地区的卫所,防御山东沿海的倭寇。在戚继光的领导和训练下,山东沿海的防务有了很大的提高。几年后,戚继光被调往浙江,与倭寇作战,多次取得胜利。但是戚继光认为,明军缺乏作战训练,作战效率低,多次向上级提出练兵的建议。得到上司同意后,戚继光到义乌招募农民和矿工,最后从中招募了四千人,进行了严格的教导和训练。这支军队战绩辉煌,就是后来以纪律严明、能征善战著称的戚家军。

戚继光平息倭患。

戚继光根据地形和倭寇的特点,创造了独特的"鸳鸯阵"战略,率领着戚家军以先后十三战十三捷的成绩,取得了重大的胜利,基本解决了浙江的倭患问题,其中台州大捷,使戚家军闻名天下。

后来,戚继光带领着戚家军,历时十余年,扫平浙、闽、粤沿海各地的倭患,成为我国历史上著名的民族英雄。

谢 xiè

【姓氏来源】

谢姓的起源主要有三:

其一:出自姜姓,为炎帝后裔申伯之后。炎帝因居住在姜水流域,因此以姜为氏。传至商朝末年,有后裔孤竹君,其子伯夷和叔齐投奔周,后武王伐纣,伯夷和叔齐均反对这种诸侯伐君的不仁行为,极力劝谏。等到武王灭商后,两人隐居在首阳山,不食周粟而死。但二人子孙仍留在周朝,到武王去世,成王即位后,封伯夷的后裔为申侯,称申伯。厉王时娶申伯之女为妃子,生子为宣王。宣王即位后,封母舅申伯于谢国。后申国为楚国所灭,其子孙后代便以邑名为姓,称谢氏。

其二:出自任姓,为黄帝之后。据《左传》、《古今姓氏书辩证》等书记载,黄帝有子二十五人,得十二姓,其中第七为任姓。任姓建有十个小国,其中之一为谢国。后周宣王时,将谢国赐予申伯。谢已失国,子孙四散,遂以国名为氏,称谢氏。

其三:为他族改姓。南北朝时鲜卑族直勒氏改为谢姓。

伯夷、叔齐隐居首阳山。

【郡望堂号】

谢姓的郡望主要有会稽郡、陈留郡、陈郡、下邳郡等。
陈留郡：西汉时置郡，治所在陈留（今河南开封县东南陈留镇）。
陈郡：秦时置郡，治所在陈县（今河南淮阳）。
下邳郡：东汉时置国，南宋改郡。治所在下邳（今江苏睢宁西北）。
谢姓的堂号有"陈留"、"会稽"、"威怀"等。

【繁衍变迁】

谢姓发源于河南。谢国被攻灭，有部分谢姓人迁至淮河中上游地区，而部分谢姓人则迁入湖北。战国末期，秦国灭楚后，谢姓人向南迁至重庆地区。到了汉魏时期，浙江地区的谢姓人开始兴旺发展起来。魏晋南北朝时，社会动荡，军阀混战，谢姓人为避战乱，一部分南迁至江西，一部分北上到陕西，一部分魏姓则向西，进入四川、云南等地。唐朝时，有谢姓氏族迁至江西。宋朝时，有谢姓人向福建迁居。历元、明、清三朝，谢姓人在南方的繁衍发展要超过北方。明朝末期，谢姓人开始渡海入台，并且远迁至菲律宾等东南亚地区。清朝早期，居住在广东境内的谢姓人迁至欧美等地。

【历史名人】

谢安：字安石，东晋著名政治家，一代名士和宰相，是著名以少胜多的淝水之战东晋方决策者。
谢玄：字幼度，东晋名将、文学家、军事家，指挥了著名战役淝水之战。
谢灵运：原名谢公义，字灵运，又称谢康乐，东晋末年著名的文学家、诗人，是山水诗派的开创者。
谢朓：字玄晖，南朝齐时著名的山水诗人。世称"小谢"，为"竟陵八友"之一。

【姓氏名人故事】

才高八斗

东晋时有著名的文人谢灵运，出身名门，是名臣谢玄的孙子。谢灵运是我国古代文学史上山水诗派的开创者。年少时就极为好学，文章意境新奇，辞章绚丽，还十分擅长诗文和书法。谢灵运年轻时常常游山玩水，并用笔将所见所感记录下来。他的山水诗深受人们喜爱，常常他写出一首，就马上被人争相传抄。宋文帝非常欣赏他的文学才能，将他的诗文和书法称为"二宝"。还经常要谢灵运侍宴，写作诗文。

一向自负的谢灵运因为受到皇帝的喜爱，更加骄傲。一次，他与人喝酒时，说道："自从魏晋以来，这天下间的文学之才如果一共有一石的话，那么曹植独占了八斗，我得一斗，天底下其他人共分那剩下的一斗。"可以见出，除了曹植以外，其他的人谢灵运通通没有放在眼里。后来，谢灵运的这句"才高八斗"就成了形容人才学出众的代名词了。

谢灵运才学出众。

zōu
邹

【姓氏来源】

邹姓的起源主要有四：

其一：出自蚩尤之后，以地名为氏。相传黄帝和蚩尤曾在涿鹿展开了一场大战，后来黄帝将蚩尤部落打败。蚩尤部落的遗民迁至邹屠，以地名命族为邹屠氏，后分为邹氏和屠氏。

其二：出自曹姓，为颛顼帝后裔挟之后。古帝颛顼的玄孙陆终共有六子，第五子名安，封于曹，赐曹姓。周武王灭商建立周朝后，因封弟弟振铎在曹，所以改封曹安的后裔曹挟于邾，建立邾娄国。到了春秋时，邾娄国迁都成为鲁国的附属国，战国时被鲁穆公改为邹国。后来邹国被楚国所灭，邹国子孙有以国名为姓的，称邹姓。

其三：出自子姓，为商纣王庶兄微子启之后。西周初期，周公旦平定武庚和东方夷族的反叛后，将商朝旧都周围的地区封给微子启，是为宋国。传至宋湣公时，有孙名考父，三朝采食于邹邑，到了他第五世孙叔梁纥时，以邑名为姓，称邹氏。

叔梁纥像。

其四：出自姒姓，为越王勾践之后。据《史记》所载，闽越王无诸以及越东海王摇，为越王勾践的后裔，为驺姓，驺亦作邹。

【郡望堂号】

邹姓的郡望主要有范阳郡、太原郡等。

范阳郡：三国魏时置郡，其治所在蓟县（今北京城西南）。

太原郡：秦汉时置郡，治所在晋阳（今山西太原市西南）。

【繁衍变迁】

邹姓发源于山东，秦汉之际，有一支邹姓徙居至河北，西汉后逐渐向河南迁徙，是邹姓家族中较为旺盛的一支。汉朝时，有河北的邹姓氏族迁往陕西、青海、甘肃和宁夏等地。东晋时，北方战乱，邹姓人向南迁徙，落籍在江苏、浙江、安徽、江西等地。唐朝初年时，已经有邹姓人定居于福建地区。北宋时期，邹姓人迁居至广东，并于南宋时，向广西散居。后来逐渐开始有广东、福建等东南沿海地区的邹姓人移居台湾，继而侨居新加坡等东南亚国家。

【历史名人】

邹衍：战国时期阴阳家学派创始者，著名的思想家。因他"尽言天事"，当时人们称他"谈天衍"，又称邹子。

邹亮：字克明，明朝杰出学者，为"景泰十才子"之一，著有《鸣珂》、《漱芳》等书。

【姓氏名人故事】

邹忌讽齐王纳谏

邹忌是战国时期齐国的大臣，齐威王招贤纳士之时鼓琴自荐，被任为相国。任职期间，劝说威王奖励群臣吏民进谏，修订法律，推行改革，使齐国国力增强。他不光才华横溢，还以相貌著称。

邹忌身高八尺，体态良好、容貌美丽。一日清晨，邹忌穿戴好衣帽站在镜子前，问妻子他和城北的徐公谁比较好看。妻子回答邹忌好看。邹忌又问自己的妾，妾也回答邹忌好看。而后邹忌又问了来拜访他的客人，客人也说邹忌好看。第二天，城北徐公来拜访邹忌，邹忌一见徐公，觉得自己和徐公相差甚远，当天晚上辗转反侧思考了很久。

第二天上朝拜见齐威王时，邹忌对齐威王说了这件事，他说："我知道自己不如城北徐公漂亮，但是我的妻子偏爱我，我的妾害怕我，我的客人有求于我，因而都说徐公没有我好看。陛下您坐拥齐国千里土地，您宫中的妃子没有不爱您的，朝堂的官员没有不害怕您的，全齐国的人也没有不有求于您的，所以陛下您受蒙蔽很深了！"

邹忌窥镜。

齐威王一听，觉得很有道理，于是就下发命令，鼓励全国人民进谏。命令刚一下发时，群臣进谏，门庭若市。几个月后还有几个人来进谏，一年以后，就算有人想进谏，也没什么可说的了。

邹忌劝说齐威王并不直抒其意，而是先从自己的切身体会谈感受。他层层设喻，让齐威王从类比中受到启迪，这是一种非常高妙的进谏方法。

窦 dòu

【姓氏来源】

窦姓的起源主要有四：

其一：出自姒姓，以地名为氏，为夏帝少康之后。据《风俗演义》及《新唐书·宰相世系表》等所载，夏朝创建者夏启的儿子太康在位时，政事荒废，沉湎于田猎享乐。一次，在去洛水南打猎的时候，有穷氏的首领后羿趁机起兵，夺取了夏朝的都城，并阻拦太康回国。最终太康因病而死。后来太康的妃子后缗怀孕临近产期，自窦逃出，投奔娘家有仍氏，生下遗腹子少康。后来少康成为夏朝的君主，为纪念这件事情，赐窦姓给自己留居有仍的儿子，世代相传，形成窦氏。

其二：出自古代氏族。今陕西、甘肃、四川一带，有古代氏族，据《魏志》记载，其中有窦氏，为氐王窦茂。

其三：出自少数民族改姓。魏晋南北朝时，北魏孝文帝将鲜卑族没鹿回氏、纥豆陵氏改为汉姓窦氏。

其四：战国时期，魏国有窦公，其后世子孙简改为窦氏。

【郡望堂号】

窦姓的郡望主要有扶风郡、河南郡和清河郡等。

扶风郡：汉时置右扶风，为三辅之一。三国魏时改为扶风郡，治所在槐里（今陕西兴平东南）。

河南郡：汉时置郡，治所在雒阳（今河南洛阳市）。

少康像。

清河郡：汉时置郡，治所在清阳（今河北清河东南）。

窦姓的主要堂号有"世和"、"承恩"等。

【繁衍变迁】

窦氏主要起源于今山东省地区，历商周两朝逐渐向外扩张，先秦时期，窦姓人又落籍到山西、河南地区。秦汉之际，窦姓人在山东、河北及陕西等地落户安家。汉末时期，有窦辅为避仇逃于至湖南地区，曹操平定荆州后，又徙至江苏。三国两晋南北朝时，窦姓人遍及黄河中下游地区，还有一部分窦姓人迁居到辽宁和北京一带。唐末五代时，窦姓人向南迁至安徽、江苏、浙江、湖北、湖南等地。南宋时，窦姓在南方各省分布区域渐广。明朝初期，山西地区窦姓人被分迁于山东、江苏、浙江、河北、河南、天津等地。清朝时，窦氏族人已经在全国分布广泛。

【历史名人】

窦太后：是西汉时期汉文帝刘恒的皇后，汉景帝的母亲。窦太后出身贫寒，由民女到宫女，最后成为辅佐文、景、武三位帝王治理大汉江山的杰出女性。

窦婴：字王孙，西汉著名大臣，推崇儒术，反对道表法里的黄老学说。

窦融：字周公，东汉时著名将领，从破隗嚣，被封为安丰侯。

【姓氏名人故事】

元朝名医窦默

窦默是元朝初年著名的学士，同时也是针灸名医。

窦默出生于名门望族，受到家庭的影响，年少时就很喜欢读书。但是金元混战，窦默的家乡河北因为战乱而一片萧条，窦默的家族也"亲属亡没，家业荡尽，惟余一人"。年轻的窦默远离家乡，开始了漂泊的生活。在漂泊过程中，窦默遇到了名医王氏、儒医王浩和名儒孝感县令谢宪子。窦默专心向他们学习医术，特别是针灸之法。同时，窦默还努力地研究儒学和理学，为以后的成功打下了良好的基础。

蒙古灭金后，窦默北归回乡，他设馆教学，同时还悬壶济世，一边行医一边讲学，受到了老百姓的爱戴。

后来元世祖听说了窦默的名声，就召入官邸，询问他治国之道。这之后，窦默就成了忽必烈终身的国事顾问以及朝廷重臣。窦默为官清廉刚正，知人善任，为元朝推举了一批栋梁之材。同时建设学校，发展教育事业，加速了元朝封建化和汉化的进程。

窦默在中医方面的贡献，是他对针灸学的研究，著有《刺法论》一书，内中秉承与改良了宋朝之前各种刺法，再加上窦默多年的研究与归纳，总结出最规范的刺法。另外，他所著的《针经指南》以及《流注指要赋》等针灸专著，具有极高的学术价值，对于后世针灸学的发展有着极为深远的影响。

元朝名医窦默不仅医术高，而且还是著名的学士。

zhāng
章

【姓氏来源】

章姓的起源主要有二：

其一：出自姜姓，以国名为氏，为炎帝神农氏的后裔，始祖为姜子牙。西周初，姜子牙受封于齐地，建立齐国，鄣国为齐国的附庸国。后来姜子牙将鄣国分封给自己的庶子，于是鄣国为姜姓。后来春秋时鄣国被齐国攻灭，鄣国人以国名为氏，去掉表示国家的"阝"旁，意为国家已不复存在，成章姓。

其二：出自他姓改姓。汉朝时，章弇原姓仇，为避仇而改姓章；《元史·孝友传》上记载元朝时有章卿孙，原姓刘，由章姓人抚养成人，因此为章姓。

【郡望堂号】

章姓的郡望主要有武都郡、京兆郡和豫章郡等。

武都郡：春秋时置郡。治所在今陕西省汉中东部，是章姓的第一个郡望。

京兆郡：汉朝前置郡，治所在今陕西中部、甘肃东南部及宁夏、青海各一部。

豫章郡：汉时置郡，治所在洪州（今江西南昌）。

章姓的堂号主要有："思绮"、"莱山"、"豫章"、"式训"等。

姜太公钓鱼。

【繁衍变迁】

章姓发源于山东，春秋时期，鄣国被其同宗齐国吞灭，章姓人散居在山东、河北的齐国境内。秦汉之际，章姓人向北进入蒙古，向西进入陕西，南至江西、江苏等地。魏晋南北朝时期，章姓在江西豫章已经形成名门望族。隋唐时期，江苏、浙江、江西、安徽、四川等地都有了章姓氏族的分布。章姓人徙居福建，是从五代十国开始的。到了两宋时期，章姓名家辈出，不过因为北方时局动荡、战争频繁，章姓氏族纷纷向南方迁徙。明朝初期，山西章姓人落籍于湖南、湖北、陕西、河北、北京等地。明清时期，章姓人在各地都有散播与发展，居住在沿海地区的章姓人渡海迁往台湾，以及东南亚和欧美等地。

【历史名人】

章邯：秦朝末期著名将领、军事支柱，是秦朝的最后一员大将。

章鉴：字公秉，号杭山，南宋大臣。累官至右丞相兼枢密使。其为政严谨，居官清廉，宽厚待人，人称"满朝欢"。

章学诚：字实斋，清朝史学家、文学家，诚倡"六经皆史"的论点，著有学术理论著作《文史通义》。

章太炎：名炳麟，字枚叔，清末民初民主革命家、思想家以及近代著名朴学大师。他与蔡元培等合作发起光复会，在文学、历史、哲学等方面都有较高的成就，著有《章氏丛书》等，人称"太炎先生"。

【姓氏名人故事】

识时务者为俊杰

章邯，秦末上将军。秦二世时任少府，为秦朝的军事支柱。后追随项羽，被封为雍王。

陈胜、吴广起义后，他受命讨伐，对朝廷忠心耿耿。因其性情直率，不喜谄媚，对当时掌控朝政的权臣赵高也不逢迎。赵高为了报复他，竟对他的大功视而不见，更无封赏之意。

项羽崛起后，章邯多有败绩。不想赵高为置其于死地，不仅不派兵援助，还将告急文书一律扣压。秦二世昏庸无道，听信谗言，竟下诏对他大加指责，言辞甚厉。

章邯接诏，一时六神无主。从长史司马欣那里得知，赵高对他有心排斥。此时，赵将陈余派人送书前来，劝他反叛秦国。他见信落泪。皇上不识奸佞，反责忠臣，他不想反叛，可是不得不反。

章邯择明主成大事。

于是，章邯向项羽投降，随项羽攻城略地，最后攻下咸阳，灭秦。后来，被项羽封为雍王。识时务者为俊杰，他的反叛加速了秦朝的灭亡和一个新朝代的建立。

"良禽择木而栖，贤臣择木而事。"做人要辨别是非曲直，做忠臣可以，但不要做愚忠之臣。遇到小人暗算而又无路可走时，最佳的办法便是弃暗投明，另择明主。

sū
苏

【姓氏来源】

苏姓的起源主要有三：

其一：出自己姓，为颛顼帝高阳氏后裔。传说，帝颛顼裔孙陆终有六子，长子名樊，赐己姓，封于昆吾，以封地名为姓，称昆吾氏。后分为四姓，分别为苏、顾、温、董。昆吾国夏朝时，为诸侯国。至周朝时，有司寇名忿生，因为能够教化百姓，被周公旦分封于苏，称苏忿生。春秋时期，苏国为狄人所灭，苏忿生后裔遂以国名为氏，称苏氏。

其二：出自少数民族姓氏。《汉书》上记载，辽东乌桓族汉武帝时有改姓苏的。

其三：出自他族改姓。南北朝时期，北魏孝文帝迁都洛阳，实行汉化，改鲜卑族复姓跋略氏为汉字单姓苏氏。

【郡望堂号】

苏姓的郡望主要有武功郡、扶风郡、蓝田县、河南郡、河内郡等。

武功郡：战国时秦置县，治所在今陕西眉县东四十里、渭河北岸。

扶风郡：汉时置右扶风，三国魏时改为扶风郡，治所在槐里（今陕西兴平东南）。

河南郡：汉时置郡，治所在雒阳（今河南洛阳市东北）。

河内郡：楚汉之际置郡，治所在怀县（今河南武陟西南）。

苏姓的堂号主要有"芦山"、"忠孝"、"蓝田"等。

【繁衍变迁】

苏姓发源于河南，西周末期，周王室为犬戎所灭，周天子迁都洛阳，随行为官者中有苏姓。春秋时期，苏姓已经定居于湖北、湖南地区。汉朝初期，有苏姓氏族进入陕西地区。汉朝末期，有苏姓又迁至四川，之后大规模迁居江南。唐朝初年，苏姓人进入福建。北宋时，湖南等地的苏姓人因避难，逃至两广、云南地区，更远至越南、老挝、泰国等国家。南宋时，有居住在福建的苏姓人徙居广东。历宋、元、明三朝，苏姓人已经有渡海入台，继而移居海外的。清朝时，苏姓人遍布全国。

【历史名人】

苏秦：字季子，战国时期著名的纵横家。游说六国合纵抗秦，任六国宰相。成语"悬梁刺股"中的"刺骨"正是出自苏秦发奋读书的典故。

苏轼：字子瞻，号"东坡居士"，北宋著名文学家、书画家，豪放派词人代表。他和父亲苏洵、弟弟苏辙合称为"三苏"，是"唐宋八大家"之一。

苏武：字子卿，西汉时期著名使臣。出使匈奴时被扣留，留居匈奴十九年持节不屈，死后被列为"麒麟阁十一功臣"之一。

苏颂：字子容，宋朝出色的天文学家、药学家。以制作水运仪象台闻名于世。

【姓氏名人故事】

苏轼赴宴吟诗

苏轼20岁的时候，去京师参加科举考试。当时同去应试的六个好事的举人听说苏轼特别有名，心里很不服气，决定备下酒菜邀请苏轼前来赴宴，然后在席间戏弄苏轼一番。

苏轼接到邀请后欣然前去。到了酒席，见桌上一共有六盘菜，苏轼刚刚入座，还未动筷子，一个举人便提议行酒令，但是酒令内容必须引用历史上的人物和事件，这样就能独吃一盘菜。另外五人纷纷表示同意。其中一个年纪长的说："姜子牙渭水钓鱼！"说罢便端走了一盘鱼。"秦叔宝长安卖马！"第二位也不甘示弱，立即端走了一盘马肉。"苏子卿贝湖牧羊！"第三位神气地拿走了一盘羊肉。"张翼德涿县卖肉！"第四个急不可待地伸手把肉端了过来。"关云长荆州刮骨！"第五个抢走了骨头。"诸葛亮隆中种菜！"第六个端起了最后的一样青菜。眼看一桌子的菜都被端走了，六个举人正兴致勃勃地准备看苏轼的笑话的时候，只见苏轼却不慌不忙地吟道："秦始皇并吞六国！"说完将六盘菜全部端到自己面前，笑着说道："诸位兄台自便啊！"六个举人瞠目结舌都愣在一边，游戏规则本是六人事先商量好的，如今反被苏轼弄得不知如何应对，六人至此才信苏轼其名不虚，都被苏轼的才学与机智所折服。

苏轼赴宴吟诗。

潘 pān

【姓氏来源】

潘姓的起源主要有三：

其一：出自姬姓，以邑名为姓或以国名为姓。据史料记载，周文王的第十五个儿子名高，因封于毕地，称毕公高。毕公高有子叫伯季食采于潘地，因伯季治理潘地有功，因此又被加封为伯爵国。春秋时期，楚国军队进攻潘国，潘国不敌，为楚国所吞并，潘国子孙为纪念故国，遂以国名为姓，称潘氏。

其二：出自芈姓，以字为氏。相传颛顼帝的后裔陆终有六子，其中小儿子叫季连，赐姓芈。季连的后裔鬻熊因做过周文王老师，在武王伐商建国后，封鬻熊的后代熊绎于荆山，建荆国。熊绎后代改国号为楚，称楚文王。楚国有大夫芈潘崇，协助楚穆王夺得王位。潘崇子孙以其字命氏，奉潘崇为潘姓始祖。

其三：出自他姓改姓。南北朝时期，北魏孝文帝南迁洛阳，将鲜卑族三字姓破多罗氏，改为汉字单姓潘氏。

伯季像。

【郡望堂号】

潘姓的郡望主要有荥阳郡、广宗郡、河南郡、豫章郡等。

荥阳郡：三国时置郡，治所在荥阳（今河南荥阳市东北）。此支潘氏，为汉献帝时尚书左丞潘勖之族所在。

广宗郡：东汉时置县，治所在今河北威县东。此支潘氏，为潘勖之后，其开基始祖为晋代广宗太守潘才。

河南郡：汉时置郡，治所在雒阳（今河南省洛阳市）。此支潘氏，其开基始祖为潘威。

豫章郡：楚汉之际置郡，治所在南昌（今江西南昌市）。此支潘氏为潘崇之后。

潘姓的主要堂号有"荥阳"、"荣杨"、"承志"、"如在"等。

【繁衍变迁】

潘姓发源于湖北、陕西等地，早期发展在湖北地区，春秋战国后，开始向山东、山西、湖南移居。汉朝时，有潘姓氏族北迁至河南、江苏等地。三国以前，潘姓人中，已经有徙居到山东、湖南、浙江等地者。到了晋朝，有潘姓人落籍于河北，向南有播迁至广东者。唐朝初期，有河南的潘姓氏族进入福建地区。宋时，潘姓人向广东、云南等地迁居。元、明、清三朝，潘姓已经分布在全国各地。

【历史名人】

潘璋：字文珪，三国时期吴国将领。关公父子败走麦城后，即被潘璋所擒。

潘岳：字安仁，西晋文学家、名臣。以"美姿容"著称。代表作有《闲居赋》、《秋兴赋》、《悼亡诗》等。

潘平格：字用微，明清之际思想家。提出"浑然一体"、"见在真心"的理论，著有《求仁录》、《著道录》等。

潘季驯：字时良，明代著名水利专家。嘉靖二十九年（1550）进士。四次担任治理黄河的官职，形成了"以河治河，以水攻沙"的思想，被誉为"千古治黄第一人"。著有《两河管见》、《宸断大工录》、《河防一览》等。

【姓氏名人故事】

掷果盈车

潘安是我国古代著名的美男子,相传他"姿容既好,神情亦佳",而且文辞华美细致,多是清丽哀怨的悲情文章。潘安在结发妻子杨氏去世后,写了三首缠绵悱恻、情深意切的悼亡诗,表达了对杨氏的无限眷恋和一往情深,这三首悼亡诗也流传下来,在文学史中占有一席之地。

潘安年轻时,一次坐车到洛阳城外游玩赏景。街上的妙龄少女见到模样俊俏的潘安,无不怦然心动,频频回头流连。有些姑娘甚至还会忘情地跟在潘安后面。潘安看这些热情的姑娘,心中十分担心,常常不敢出门。每每出门都会遭人围观,有时候不光是怀春的少女,一些年纪大的妇人见了潘安,也喜欢得不得了,便拿水果向潘安的车里投掷,将车都装满了水果。后来有个叫张孟阳的人,相貌丑陋,听说潘安郊游能满载而归,便也学着潘安的样子乘车出游,但是张孟阳一走到大街上,妇人就往他车上吐唾沫,扔石头,没有水果,倒落得个石头满载而归。

掷果盈车。

葛 gě

【姓氏来源】

葛姓的起源主要有三:

其一:出自嬴姓,以封地名为氏,为黄帝后裔。《通志·氏族略》和《孟子·滕文公》上记载,夏朝时,黄帝的支庶子孙,颛顼的后裔伯益的次子飞廉,受封于葛地,建立葛国,为葛伯。后来葛国被商汤攻灭,其后世子孙以国名为氏,称葛姓。

其二:以部落名为氏。《风俗通义》中记载,远古时有名为葛天氏的部落,其后裔遂以葛为姓,称葛氏。

其三:出自他族改姓。魏晋南北朝时期,北魏孝文帝迁都洛阳,施行汉化政策,改鲜卑族复姓贺葛氏为汉字单姓葛;清朝时,满族八旗中有墨勒哲埒氏、格济勒氏改为葛姓;赫哲族中,葛依克勒氏的汉姓也为葛;鄂伦春族的葛瓦依尔氏,其汉字单姓亦为葛姓。

【郡望堂号】

葛姓的郡望主要有顿丘郡和颍川郡等。

顿丘郡:汉时置县,晋时改为郡,治所在今河南清丰西南。

颍川郡:战国秦时置郡,治所在阳翟(今河南禹州)。

葛姓的堂号主要有"清柳"、"梁国"、"余庆"、"崇德"等。

葛伯像。

【繁衍变迁】

葛姓起源于河南,很长一段时间内,葛姓人一直在中原地区繁衍发展。西周时期,有葛姓人向四川迁徙。到了秦朝时,葛姓人有向安徽徙居的。两汉时,葛姓人开始在河南和山西两地兴旺起来,并有葛姓氏族迁居至江南一带,在吴中地区形成大家望族,繁衍得十分昌盛。魏晋南北朝时期,河南地区的葛姓人开始向江南迁徙,东晋时的葛洪就徙居至广东地区。隋唐时,葛姓人开始在山东、山西、安徽、江苏、浙江、江西、广东等地聚居。两宋时,在江苏和浙江一带的葛姓人发展得最为兴旺。明清时,葛姓已经分布在河南、陕西、江苏、山东、河北、天津、北京各地。从清朝开始,福建和广东的葛姓人开始向台湾、海外等地迁徙。

【历史名人】

葛玄:字孝先,又称葛天师,三国时期孙吴国道士,道教尊称其为太极仙翁。在部分道教流派中葛玄与张道陵、许逊、萨守坚共为四大天师。

葛洪:字稚川,自号抱朴子,东晋道教学者、著名炼丹家、医药学家,是葛玄的侄孙,人称小仙翁。代表作有《神仙传》、《抱朴子》、《肘后备急方》、《西京杂记》等。

【姓氏名人故事】

葛天氏的传说

上古时,部落首领的名号一般都与他的发明创造有关,发明种植五谷的神农氏、发明钻木取火的燧人氏、发明房屋建造的有巢氏,其名号中都隐含着他们的发明内容。葛天氏发明的,就是我们基本生活需求"衣食住行"中的"衣"。

葛天氏部落的首领利用葛这种植物,带领人民用葛搓绳,编成篮筐、制成布料、做成鞋子,用来遮羞蔽体,防寒避暑,造福部落之民,因此后人称之为"葛天氏"。

《诗经》中有关于用葛织布的内容。劳动者将葛藤采回去,砍砸后用水煮去外皮,提取其中纤维,捻成线绳,再编织成细麻布和粗麻布,细麻布称为"绨",粗麻布为称"绤"。

葛天氏还是传说中的乐神,也是上古传说中十分具有贤能的首领。在葛天氏的统治下,人民安居稳定,是后人眼中的理想社会。葛天氏创制了"葛天氏之乐",反映出古时劳动生产和宗教信仰。远古时代艺术的产生,多与生产生活有密切的关系。根据《吕氏春秋》和《路史》等书的记载,"葛天氏之乐"又叫"广乐",表演人数为三至八人,舞蹈者佩戴牛角头饰,手挥牛尾,其舞蹈是祭祀、劳动和捕猎等生活情境的再现。"葛天氏之乐"被认为是中国最早的歌舞。实际上是远古劳动人民在集体劳作时,为了能够更好地相互协作、激发劳动热情而喊的号子,之后随着历史的发展演变,葛天乐逐渐完善成了一门艺术。

葛天氏用葛做衣。

范 fàn

【姓氏来源】

范姓的起源主要有二：

其一：出自祁姓，是帝尧陶唐氏之后裔。相传帝尧出生在伊祁山，伊祁山又叫作尧山，尧因地名而为祁姓。帝尧的后裔有一支以祁为姓，被封于刘国，其子孙遂以国名为氏，为刘氏。到了夏朝时，刘国有一个名字叫刘累的人，因善于养龙，被封为"御龙氏"。后来迁至鲁县，其子孙在商朝时因封于豕韦，遂更为豕韦氏。又封于唐地，建唐国以唐为姓。周朝时期，唐国不服从号令，被周成王所灭，迁至杜地，更为杜氏，称唐杜氏。唐杜国君在桓在朝中任大夫一职，人称杜伯。因周宣王一妃子爱慕杜伯的英姿，遂百般勾引，杜伯不为所动，这个妃子气急败坏之下跟宣王告状，宣王便杀掉了杜伯，子孙逃到晋国，杜蒍在晋国担任士师，封于范，子孙遂以封邑名范为姓，称范氏。

刘累像。

其二：出自南蛮林邑王范文。晋朝时期，南蛮有林邑王范文。范文原是日南郡西卷县元帅范稚的奴仆，后由林邑王范逸赐他名范文，成为范逸的重要辅佐大臣。后来范逸逝世后，范文即其位，成为在历史上最著名的林邑王。

【郡望堂号】

范姓的郡望主要有南阳郡、高平郡、钱塘郡等。

南阳郡：战国秦时置郡，治所在宛县（今河南南阳市）。

高平郡：西汉时置县，治所在今宁夏原州区。北魏时改郡。

钱塘郡：秦置钱唐县，在灵隐山麓，隋移到今浙江省杭州市。唐时将"唐"必加"土"偏傍为钱塘。民国与仁和县合并为杭县。治所在今浙江省杭州市。

范姓的主要堂号有"高平"、"后乐"、"芝堂"、"山阳"等。

【繁衍变迁】

范姓发源于河南，春秋末期，河南的范姓氏族定居到湖北。战国伊始，已经有范姓人迁居至河南、河北、山西等地。秦汉之际，安徽、四川、浙江、江西均有范姓人分布。西汉中期，范姓人中有迁至山东等地。东汉末年，范姓人落籍于浙江和山西地区。西晋时期，范姓人迁往安徽、甘肃等地。唐朝时，河南的范姓氏族落居于浙江、江苏和福建等省。宋朝，福建境内的范姓人向广东迁徙。明朝初期，有范姓人北上迁至辽宁。清朝时，有范姓人在北京繁衍得非常兴旺。

【历史名人】

范蠡：字少伯，又称范伯、陶朱公。春秋后期越国著名政治家、军事家、谋略家。

范增：著名秦末楚王重臣，政治家、谋略家，是秦末农民战争中项羽的主要谋士。被尊称为"亚父"。

范晔：字蔚宗，南朝刘宋时期著名史学家、散文家。著《后汉书》。

范仲淹：字希文，北宋著名政治家、文学家、思想家和军事家。著有《范文正公文集》。

范成大：字致能，号石湖居士，南宋著名大臣，"田园诗派"的集大成者。是著名的"中兴四大诗人"之一。

【姓氏名人故事】

范仲淹"先天下之忧而忧,后天下之乐而乐"

范仲淹是我国北宋时期著名的政治家、文学家。范仲淹为官清廉,当时北宋政治腐败,便向皇帝提出减轻赋税、廉洁吏治、加强武备等共十条改革建议。范仲淹做宰相的时候,注重惩办贪官污吏,每当有贪官污吏被查出,他就将那人的姓名从班簿上勾掉。因此当时有一句话说,只要范仲淹的笔一勾,一个家庭就要痛哭流涕。但范仲淹却说,他宁愿让一个家庭痛哭流涕,不能让百姓痛哭流涕。

范仲淹雷厉风行的反贪污腐败的措施,遭到了保守派反击。保守派设计使范仲淹牵连一桩谋逆大案,宋仁宗也碍于压力将范仲淹贬为知州,并且下诏废弃一切改革措施,范仲淹的心血付之东流。

范仲淹这时年纪已经很大,身体不是很好,昔日好友滕子京来信,要他为重新修竣的岳阳楼作记,并附上一张《洞庭晚秋图》。范仲淹看着《洞庭晚秋图》,写下

范仲淹"先天下之忧而忧,后天下之乐而乐"。

了被人千古传诵的《岳阳楼记》,提出士大夫立身于朝堂的准则,即"先天下之忧而忧,后天下之乐而乐"。同时他认为个人的荣辱置之度外,提出了"不以物喜,不以己悲"的观点。"先天下之忧而忧,后天下之乐而乐"也成了千年来,知识分子勉励自己的格言。

péng
彭

【姓氏来源】

彭姓的起源主要有二:

其一:为颛顼帝后裔,以国名为氏,始祖为彭祖。相传,颛顼帝有玄孙陆终,陆终有子名篯铿,被封于大彭,建彭国,为商朝的诸侯国。因此篯铿又称彭铿。相传彭铿长寿,活了八百多岁,因而被称为彭祖。其子孙后代以国名为姓,称彭氏。

其二,出自他族加入。汉朝以后,胡、西羌、南蛮均有彭氏;清朝时满、蒙、苗等少数民族也有彭姓。

【郡望堂号】

彭姓的郡望主要有陇西郡、淮阳郡、宜春县等,其中以陇西郡最有名望。

陇西郡:秦时置郡,治所在狄道(今甘肃临洮南)。

淮阳郡:汉时置国,都城在陈(今河南淮阳),隋时改为郡。

宜春县:西汉时置县,隋唐时设州,治所在宜春(今江西西部)。

彭姓的堂号主要有"长寿"、"可祖"、"彭城"、"陇西"、"淮阳"等。

【繁衍变迁】

彭姓发源于江苏。商朝末期，有彭姓人迁至河南、湖北。秦末，有彭姓人徙居甘肃地区。汉朝时，有河南的彭姓氏族迁居到河南。魏晋时，社会动乱，北方的彭姓人大规模南迁至山东、陕西、甘肃、江西、四川、福建等省。北朝时，有彭姓人迁居河北。唐初，彭姓人在江西发展得十分兴盛，并自江西向福建、湖南迁徙。宋朝时有彭姓氏族迁入广东，又向福建地区扩散，并逐渐成为当地的望族。明朝时，山西彭姓作为迁民之一，分迁至河南、甘肃、山东、河北、湖北、湖南等地。清朝伊始，东南沿海地区的彭姓人徙居台湾，进一步向东南亚和欧美各国迁移。

【历史名人】

彭咸：字福康，商朝末期著名贤大夫。因直谏纣王而不被纳，投江而死，后人赞称彭咸为"天下第一谏"。

彭越：字仲，楚汉战争时汉军著名将领，西汉开国功臣，与韩信、英布并称汉初三大名将。

彭孙贻：字仲谋，清代诗画家。与吴蕃昌创"瞻社"，时人称他们为"武原二仲"。著有《茗斋集》、《五言妙境》等作品。

彭玉麟：字雪琴，清朝著名政治家、军事家。与曾国藩、左宗棠并称"大清三杰"，又与曾国藩、左宗棠、胡林翼并称大清"中兴四大名臣"，是中国近代海军奠基人。

彭湃：原名彭汉育，是中国无产阶级革命家，中国共产党早期农民运动的主要领导人之一，海陆丰农民运动和革命根据地的创始人。被毛泽东称为"中国农民运动大王"。

【姓氏名人故事】

彭越的故事

彭越是楚汉之战时汉军的著名将领，后成为西汉的开国功臣。彭越还没有参战的时候，曾经做过强盗，在巨野湖泽中打鱼为生。秦朝末期，陈胜、项梁揭竿而起，同伙中有跃跃欲试的，就对彭越说："现在很多豪杰都争相树起旗号，咱们也效仿他们那样干吧。"彭越摇摇头说道："如今两条龙才刚开始搏斗，我们还是再等一等吧。"

彭越号令严明，勇敢善战。

一年后，泽中地区想要揭竿而起的年轻人聚集了有一百多人，大家都要追随彭越，让彭越做他们的首领，彭越拒绝了。这些年轻人又再三请求，彭越才勉强答应。双方约定第二天太阳一升起就集合，迟到的人杀头。第二天太阳升起的时候，有十多个人迟到了，最后一个人甚至中午才来。彭越看到这样的情境，说道："我年纪大了，本不想当首领，你们执意要求，我才来当首领的。但是，在约定好的时间却有这么多人迟到，按照约定，迟到是要杀头的，但是不能这么多人都杀头，没办法，只杀了最后到的那个人吧。"于是命令校长杀掉他。大家都以为他是开玩笑，就说道："何必这么严格呢，今后都不会再迟到就是了。"彭越没有回答，只是拉过最后那个人就杀掉了。其他人见此景都目瞪口呆。于是彭越设置了一个土坛，以刚刚砍下的人头做祭奠，号令众人出发夺取土地，收集逃散的士兵。后来队伍越来越庞大，但是一直都纪律严明，跟彭越的作为有关。

wéi
韦

【姓氏来源】

韦姓的起源主要有三：

其一：出自彭姓，以国名为姓。颛顼的后裔大彭是夏朝的诸侯，夏朝中兴少康当政时，封大彭氏的后裔于豕韦，豕韦国又称韦国，商时称韦伯。周襄王时始失国，迁居彭城，其子孙遂以国名为姓，称为韦氏。史称韦氏正宗。

其二：出自韩氏。西汉初年，韩信为吕后所杀，韩信一族险遭灭门，萧何派人将韩信的儿子暗中送往南粤避难。韩信子孙为避仇，便去掉"韩"字的半边，以"韦"为姓氏。

其三：出自少数民族姓氏。据《汉书》所载，汉朝西北少数民族中疏勒国有韦姓。

韩信像。

【郡望堂号】

韦姓的郡望主要有京兆郡。

京兆郡：秦时设置内史官，三国魏时改称京兆郡，治所在长安（今陕西西安市西北）。

韦姓也以"京兆"为其堂号，另有"扶阳"、"传经"和"一经"等。

【繁衍变迁】

韦姓发源于河南。豕韦国被灭后，韦姓人一部分北迁至东北地区，一部分西迁，散居在陕西、甘肃各地。汉朝时，河南、山东、陕西、山西、河北各地均有韦姓人分布。到了三国两晋南北朝时，除少部分到南方躲避战乱的韦姓人外，大部韦姓人在北方繁衍生息。隋唐之际，韦姓人在陕西繁衍得最为旺盛，并有南迁到江苏、四川、安徽等地的。历五代十国到宋、元、明、清时期，韦姓人虽有南迁者，但北方的数量仍为多数。

【历史名人】

韦应物：唐代著名诗人，善于描写田园景物。因做过苏州刺史，人称"韦苏州"。代表作为《滁州西涧》等。

韦庄：字端己，唐朝花间派词人，与温庭筠齐名，并成为"温韦"。其代表作为《秦妇吟》。

韦昌辉：太平天国前期领导人之一，官封北王。

【姓氏名人故事】

山水诗人韦应物

韦应物是唐朝山水田园诗派诗人，后人常常将他与王维、孟浩然、柳宗元并称为"王孟韦柳"。

韦应物出生于京兆杜陵韦氏，是关中的世家大族。15岁的时候就担任三卫郎，在玄宗身边做近侍，出入宫闱之地，以此自傲，性格豪放不羁。

安史之乱后，唐玄宗仓皇出长安，南下至蜀地。韦应物流落失职，才痛改前非，立志读书，从富贵子弟变为忠厚仁爱的儒者，并开始了诗歌创作。韦应物的诗歌中描写田园风光的诗篇最为著名。他的山水诗也因景致优美、情感细腻，清新自然没有娇弱造作之意，而受到世人的称赞。他的"春潮带雨晚来急，野渡无人舟自横"，写景如画，是韦应物最负盛名的佳句。

韦应物多在外地为官，也有段时间在长安故园闲居。闲居时，他少食寡欲，常"焚香扫地而坐"。在地方担任官吏时，勤政爱民，常常为自己没有尽到责任而反省自责。他的田园诗中也渐渐有一些反映民间记录的内容，富于同情心。

韦应物退职后，幽居山林，享受自然之景物，过起了隐逸的生活。

山水诗人韦应物。

马 mǎ

【姓氏来源】

马姓的起源主要有三：

其一：出自嬴姓，为帝颛顼裔孙伯益之后，其始祖为赵奢。伯益有子孙，名叫造父，善于驯马和驾车，深得周穆王的喜爱，因及时护送穆王回国都，平定徐偃王之乱，被周穆王封在赵城，称为赵氏。后来赵国日渐强大，成为战国七雄之一。当时赵王有一子名叫赵奢，因善于用兵，大破秦兵，被赵惠文王封于马服，称为马服君。其后世子孙最初以国名为氏，称马服氏，后省去"服"字，遂为马氏。

其二：出自他姓改姓。如汉代有戚人叫马宫，本姓马矢，后因仕学显于朝野，遂改姓马。

其三：出自他族改姓。如西域人马庆祥，因居住在临洮狄道，遂以马为姓。又有元朝礼部尚书月乃和，本为蒙古人，因祖父曾任金朝的兵马判官，改姓为"马"，名祖常。其后人亦为马氏。

【郡望堂号】

马姓的郡望主要有扶风郡、京兆郡、广陵郡、华阴郡等，其中扶风郡最有名望。

扶风郡：西汉时置郡，治所在槐里（今陕西兴平东南）。

广陵郡：秦时置郡，治所在广陵（今江苏扬州西北）。

华阴郡：汉时置郡，治所在郑县（今陕西华县）。

马姓的堂号主要有"扶风"、"驷德"、"回升"等。

【繁衍变迁】

马姓发源于河北。战国末期，有马姓迁居陕西，并使当地发展为繁衍中心。两汉至南北朝，马姓人分布在河南、河北、山东、湖北、四川、甘肃、江苏、浙江等地，同时，有大规模西迁到西北地区，以及东迁至黄淮地区的。唐朝末期，河南的马姓人进入福建落居。五代十国时，楚国的建立，使马姓人得以分布于湖南、广西、广东、贵州等地区。宋朝以后，福建、广东地区定居的马姓人逐渐增多，到了清代，开始渡海移居至台湾地区，并远徙东南亚及欧美各国。

【历史名人】

马融：字季长，东汉儒家学者，著名经学家。注有《老子》、《淮南子》，世称"通儒"。

马超：字孟起，三国时期蜀汉名将。诸葛亮称赞他文武全才，勇猛过人。

马皇后：名秀英，明太祖朱元璋的皇后。

马致远：字千里，元代著名的杂剧和散曲作家，与关汉卿、白朴、郑光祖被誉为"元曲四大家"。代表作有《汉宫秋》、《天净沙·秋思》等。

马建忠：字眉叔，清末语言学家，精通多国语言，著有《马氏文通》，为中国第一部较全面系统的语法著作。

马致远是元代著名的杂剧和散曲作家。

【姓氏名人故事】

神技通天的马钧

马钧是三国时期的魏国人，他是我国古代科技史上最负盛名的机械发明家之一，有"天下明巧"之称。他自幼不善言谈，却精于思考，注重实践，年纪轻轻就制造出了新式的织绫机。新织绫机简化了踏具，改造了桄运动机件，使织工的工作效率提高了数倍。

马钧在京城洛阳为官之时，一次偶然看见一大块坡地土壤肥沃，却无人耕种。他很奇怪，于是向当地的百姓问询原因，百姓无奈地道：这块地的地势又高又陡，我们无法将水引上去浇灌庄稼，提水上去又太费人工，所以就将它废弃了。

马钧眼见像这样的坡地很多，不忍好好的田地白白荒废，于是回家潜心研究，终于做出了一架木质的翻水车，其形状酷似龙骨，因而取名龙骨水车。

龙骨水车不仅可以浇灌田地，遇到雨水过多庄稼出现涝情之时，还可以翻转将水排引出来，一物两用非常便利。水车做好之时，马钧将龙骨水车放在坡地之下，请农民去试用，大家看见水车颇为庞大，认为肯定很耗费力气，于是迟迟没人去试。

马钧笑着环顾四周后，忽然指着一个小孩子道："你上去试试。"小孩依言而去，没想到很轻易地就将水车转动了起来，清凉的水一时间源源不断地流向那块坡地，很快将干裂的田地浇灌得湿润起来。百姓们看到此情景，都兴奋地称赞马钧的龙骨水车是巧夺天工之作。

马钧后来又制作出了很多精妙的东西，他成功地将原本无法动弹的木偶百戏，以水力推动，驱使所有陈设的木人都动起来。变化无穷，奇妙有趣。尤其他曾制作出一辆能辨别方向的指南车，不管战车如何翻动，车上木头人的手始终指南，受到了满朝大臣的赞扬。

马钧因此而被人们称为"神技通天的第一巧匠"。

马钧发明龙骨水车极大地提高了灌溉效率。

花 huā

【姓氏来源】

花姓的起源主要有四：

其一，出自何姓。根据《通志·氏族略》的记载，花姓由何姓所分，原因已不可考，有说法认为古时"花"字与"何"字读音相近，因此改姓。

其二，出自华姓。据《姓氏考略》记载，花姓出自华氏，古时没有花字，都通作华字。唐朝时，花字专门用来指花草之花，因此华姓有改为花姓的。

其三：出自他姓改姓。金朝时，有范用吉改姓花，人称花将军，其后代子孙遂称花氏。

其四：出自他族改姓。金朝时，有女真人术鲁氏改汉姓为花；清朝时满洲八旗姓博都哩氏后改为花姓；蒙古族的伯颜氏，其汉姓为花。

花云像。

【郡望堂号】

花姓的郡望主要有东平郡和开封府。

东平郡：汉时置东平国，南朝改置郡，治所在无盐（今天山东泰安市东平一带）。

开封府：汉时置县，五代十国时后梁建立，以汴州为开封府（今河南开封市）。

花姓的主要堂号为"东平"、"紫云"、"珠树"等。

【繁衍变迁】

花姓的发源不详，最早出现在正史中是在唐朝时期。唐末五代时期，北方各国纷战，动乱不堪，北方的花姓人开始向南方迁徙，播迁到四川、安徽、江苏、浙江、江西等地。宋元时期，花姓在江南的分布已经相当广泛，福建、广东、湖南、湖北等地都有花姓落籍。明朝初期，山西境内的花姓人，分迁于山东、河北、河南、安徽、江苏等地，继而又传播到贵州、云南、广西，东北地区也开始有花姓氏族分布，东南沿海地区开始有花姓向台湾迁徙。清朝康乾年间，"闯关东"的风潮使得山东的花姓开始向东北三省和内蒙古的东北地区徙居。

【历史名人】

花云：明朝初期杰出将领，骁勇善战，追随朱元璋征战屡建奇功，是明朝的开国元勋。

花润生：字蕴玉，号介轩，明朝官吏，永乐年间进士，善诗文，著有《介轩集》。

【姓氏名人故事】

黑将军花云

花云是朱元璋麾下一名勇将，相传他面相粗黑、身材奇伟，骁勇善战。朱元璋初见花云时，就觉得他有异于常人的才能，后来派他带兵攻打城池，他也总是能够得胜而归。一次，朱元璋攻取滁州，花云随之前往。途中忽然遇上几千名敌军，花云当即拔剑策马，冲向敌军阵营，将敌军杀得一阵混乱，纷纷大惊道："这个黑将军真是太勇猛了！锐气不可挡啊！"

朱元璋的军队很快就攻下了滁州，花云凭借其勇猛和忠诚，升任为禁军总管。朱元璋军队又继而攻下镇江、丹阳、丹徒、金坛等地。在路过马驮沙的时候，有几百名强盗拦路，花云一边赶路一边与强盗开战，战斗了三天三夜，强盗们全部被杀或被擒。

朱元璋在太平建立了行枢密院，并提拔了花云做枢密院的院判。这时陈友谅的军队进犯当涂，当涂是南京的屏障，地理位置十分重要。但是朱元璋的大军远在扬子江，面对十分严峻的形势，花云挺身上阵，打算背水一战。陈友谅的军队，趁着河水涨水，利用大船攻陷了城池。花云被擒后挣断绳子，夺下看守者的刀，大叫着砍杀陈军，最终被乱箭射死，年仅39岁。

黑将军花云作战勇猛。

当涂的人民修建了"忠烈祠"来纪念花云将军的功绩和忠烈，还编了一首"花将军歌"在民间广为传唱。

fāng
方

【姓氏来源】

方姓的起源主要有三：

其一：出自姬姓，以祖字为氏。据《元和姓纂》及《通志·氏族略》等记载，西周后期，周宣王有大夫姬方叔，姓姬，字方叔，多次奉命征伐淮夷、北方民族猃狁和南方荆蛮，立下赫赫战功。为表彰其功劳，周宣王遂封方叔于洛，其子孙以他的字为氏，称方氏。

其二：出自方雷氏及方相氏之后裔。相传炎帝神农氏的后裔有雷姓，至八代帝榆罔有子叫雷。在黄帝伐蚩尤时，雷因功被封于方山，称方雷氏。后分为雷姓和方姓。又有方相氏，相传为黄帝的次妃嫫母的后裔，后分为方姓和相姓。

其三：出自姬姓，为翁氏所分。西周初期，周昭王的庶子，被封于翁山，其后遂以邑名为姓，称翁氏。据《六桂堂丛刊》所载，宋朝初年，福建有翁乾度，生有六子，分姓洪、江、翁、方、龚、汪。其中四子分得方姓，其子孙后裔遂称方氏。

方叔像。

【郡望堂号】

方姓的郡望主要有河南郡等。

河南郡：治所在雒阳（今河南洛阳市东北），汉高祖二年（公元前205）改奉三川郡置郡。

新安郡：西晋时置郡，治所在始新（今浙江淳安），后移到安徽歙县一带。

方姓的堂号有"河南"、"敦叙"、"六桂"、"立本"等。

【繁衍变迁】

方姓发源于河南。西汉末年,就有方姓人迁居到安徽、江西、福建等地。隋唐以前,山东、山西等北方地区均有方姓人分布。唐朝初年,有河南方姓人落籍于福建。宋元之际,为避乱,有方姓人徙居海南。明朝初期,山西地区的方姓迁至河南、河北、山东、安徽、陕西等地。清朝初期,福建、广东境内的方姓人渡海赴台,进而远播海外。

【历史名人】

方干:字雄飞,号玄英,唐朝才子诗人。生前无人赏识,死后却扬名立万,人称"身无一寸禄,名传千万里"。成语"身后识方干"与之相关。

方腊:北宋末年农民起义领袖,建立政权称帝,号"圣公"。"方腊起义"是影响中国历史的一百个重大事件之一。

方孝孺:字希直,一字希古,明朝著名思想家、文学家,人称"正学先生"。著有《方正学先生集》《逊志斋集》等。

方苞:字灵皋,清朝散文家,桐城派的创始人。与姚鼐、刘大櫆合称"桐城三祖"。著有《狱中杂记》、《左忠毅公逸事》等。

【姓氏名人故事】

方苞开创"桐城派"

方苞,字灵皋,一字凤九,晚年号望溪,安徽桐城人。清代散文家,桐城派散文创始人,与姚鼐、刘大櫆合称"桐城三祖"。

方苞自幼聪明,4岁能作对联,5岁能背诵经文章句。6岁随家迁到江宁,仍保留桐城籍。16岁随父回桐城参加科举考试。24岁至京城,入国子监。以文会友,名声大振,被称为"江南第一"。笃修内行,擅治古文,当他还是诸生时,已经声名远扬了。康熙素来赏识方苞的文采,曾亲笔批示"方苞学问天下莫不闻",大学士李光地称赞其文章是"韩欧复出,北宋后无此作也"。

方苞治学严谨,以儒家经典为基础,尤其致力于《春秋》、《礼记》。尊奉程朱理学,日常生活都遵循古礼。论文提倡"义法",认为义即《易》之所谓言有物也,法即《易》之所谓言有序也。义以为经,而法以纬之,然后为成体之文。方苞为文,章法严谨、风格朴素,皆以扶道教、裨风化为己任。尤其是严于义法,为古文正宗。

雍正十一年(1733),方苞编成《古文约选》,为"义法"说提供了示范,自此"义法"受到重视。后桐城派的文论,以此为纲领加以补充发展,形成了主盟清代文坛的桐城派。桐城派影响深远,至今仍为全国学术界重视,方苞也因此被称为桐城派的鼻祖。

桐城派是清代文坛最大散文流派,亦称"桐城古文派"。其理论体系完整,创作特色鲜明,作家众多,作品丰富,传播地域广,持续时间久。桐城派文统源远流长、文论博大精深、著述丰厚清正,在中国古代文学史上占有显赫地位。

方苞为桐城派创始人。

俞 yú

【姓氏来源】

俞姓的起源主要有三：

其一：出自黄帝时期的名医跗之后，以物事为氏。据《通志·氏族略》和《史记》等史料记载，上古黄帝时期，有医术精湛高超的医生，叫跗，他精于脉经之术，而古时"俞"字与"腧"字相通，腧是"脉之所注"的意思，"俞"和"痊愈"的"愈"字同音。因此，这个人又被称为俞跗。俞跗的后人以物事为姓，彰显先人医术技艺，遂称俞氏。

其二：出自春秋时郑、楚两国的公族。《路史》中记载，春秋时期，郑国和楚国两个诸侯国的公族中，都有俞姓。

其三：出自少数民族或他族改姓。如清朝时，满族人中就有姓氏为俞的；而满洲八旗中有尼玛哈氏，后改为俞姓。

俞跗像。

【郡望堂号】

俞姓的郡望主要有河东郡、河内郡、河间郡和江陵郡等。

河东郡：秦时置郡，治所在安邑（今山西夏县西北），东晋时移到蒲坂（今山西永济蒲州镇）。

河内郡：楚汉之际置郡，治所在怀县（今河南武陟西南），西晋时移到野王（今河南沁阳）。

河间郡：汉有河间郡，治所在乐城（今河北献县东南），北魏时置郡，移到今河北河间。

江陵郡：汉时置县，治所在南郡。南朝齐时改置江陵郡，治所在今湖北江陵。

俞姓主要堂号有"流水"、"江陵"、"高山"、"春在"、"正气"、"思本"等。

【繁衍变迁】

俞姓得姓于五千多年前的黄帝时期，春秋时有郑、楚两国公族加入俞姓。但是隋唐以前，能够在史册中查到的俞姓人少之又少。隋唐之前，湖北地区有俞姓的族人发展繁衍，并跨过了长江继续向南散播。隋唐之际，俞姓人已经在山西、河南、河北等地发展得十分兴旺；武则天在位时，俞文俊激怒了武则天，而被流放到岭南地区，因此部分俞姓人迁居到了两广地区。宋朝时，俞姓人已经分布在浙江、安徽、福建、江苏、江西等地区，并出现了很多知名人士，在《中国历代人名大辞典》中，宋朝时期入载的俞姓人一共四十四人。明朝初期，俞姓人从山西迁居到了陕西、甘肃、河北、天津等地。到了明末清初，俞姓人大多还是定居在华东地区，其他地区散居的俞姓也开始增加了。

俞姓在当代中国人口排行中排名第一百一十九位。

【历史名人】

俞跗：黄帝时期著名的医学家，擅长外科手术。在上古黄帝时期，他与雷公和岐伯为公认的三位名医。

俞琰：字玉吾，号全阳子、林屋山人、石涧道人，宋末元初著名思想家、文学家，擅长词赋，精通《周易》，著有《周易集说》、《易图纂要》等。

俞樾：字荫甫，自号曲园居士，清朝时期著名文学家、教育家、书法家。注重教育，诲人不倦，求学者络绎不绝，号称"门秀三千"。工于治经，著述甚丰，有《群经平议》、《诸子平议》、《春在堂随笔》、《茶香室丛钞》、《宾萌集》、《春在堂诗编》等，声名远播日本。

俞宗礼：字人仪，号凡在，清朝杰出画家。善画山水及写真，笔法精湛，有"龙眼复生"的美誉。

【姓氏名人故事】

抗倭名将俞大猷

俞大猷是明朝时期的抗倭名将，在明朝三朝为官司，戎马生涯四十七年。身经百战，战功卓绝，所带领的俞家军也是名声显赫，与戚继光并称为"俞龙戚虎"。

俞大猷出生在一个下级军官家庭，从始祖到他父亲五代，均是军官出身。俞大猷自幼家贫却勤学不辍，15岁的时候就进文秀才，为"十才子"之一。俞大猷后拜王宣及林福、军事家赵本学等人为师，融汇了三位老师的思想，打下了扎实的儒学理论基础。同时，他有具有军事家的天赋，以及政治家的远见。

后来俞大猷参加了武举考试，获得了第五名武进士。后来，福建地区的将领无能，难平当地倭患，朱执便举荐俞大猷为抗倭指挥。但是明朝重文轻武，加上俞大猷为人正直，不会迎合权贵、讨好上司，因此常常遭人排挤，多次痛击倭寇的功劳都被人冒领。

抗倭名将俞大猷。

倭寇得知戚继光在福建平倭胜利后返回浙江，又卷土重犯福建，联合广东等地的倭寇围攻兴化城，不久就攻陷，掳掠居民三千，杀掠凌辱百姓。这时戚继光的军队仍在义乌，倭寇气焰十分嚣张，而俞大猷却按兵不动。诸都以为俞大猷是有畏敌之心，事实上，俞大猷是觉得时机尚未成熟，于是忍辱负重地进行着部署。终于戚继光的军队到达，根据战略部署，分三路全面攻击，最终打垮了倭寇军队，取得兴化平倭大捷，收复平海卫和兴化府城，解救了三千多名被掳的百姓。

兴化平倭是福建抗倭斗争的最大胜利，俞大猷在战前力排众议和周密部署有着不可磨灭的功劳。但是嘉靖帝听信谗言，只奖给俞大猷"赉币银四十两"。俞大猷对立功却没有受到公正的待遇的事也不抱怨，足见他不计得失，以平倭为重的襟怀。

rén

任

【姓氏来源】

任姓的起源主要有六：

其一：由远古妊姓衍传，与女性妊娠有关，可认为是母系氏族社会产生的古姓之一。姓起源于母系社会时期，因生得姓，从女从生，为妊姓，后传为任姓。

其二：出自黄帝的后代，为天子赐姓。相传黄帝有二十五个儿子，共十二姓。其中被赐予任姓的儿子，他的后裔就以任为姓，称任氏。

其三：出自黄帝少子禹阳的后裔，以国名为氏。相传禹阳被封于任国，其后裔遂以国名为姓，称任氏。

其四：出自风姓，为伏羲之后。据《通志·氏族略》所载，任国本是风姓之国，相传为伏羲帝太昊之后。战国时期，任国灭亡，其后代子孙遂以国名为姓，称任氏。

其五：出自南方少数民族。历史上，我国南方少数民族中亦有任姓，如西夏、明代哈尼族有任姓。

其六：出自他姓改姓。如元代王倍之子宣，为避难改任姓，其后代遂为任姓。

【郡望堂号】

任姓的郡望主要有乐安郡、东安县等。

乐安郡： 东汉时改千乘郡治国，治所在临济（今山东高青县高苑镇西北）。三国魏时改为郡，移到高苑（今山东博兴西南）。南朝宋时移到千乘（今山东广饶北）。

东安县： 今浙江富春县。

任姓的主要堂号有"玉知"、"乐安"、"叙伦"等。

【繁衍变迁】

任姓发源于山东，先秦时期，已散居在湖北、山西、陕西等地。秦朝，任性人已经迁至广东等地。汉朝时，山东、山西、河南、陕西、四川、江苏、广东等地均有任姓人落居。魏晋南北朝时，为避战乱，任姓人大规模迁往江苏、安徽、浙江、湖北等地，并进入福建。南宋末年，任姓人繁衍于南方各省。明朝初年，山西的任姓人作为迁民之一，迁播到山东、河南、河北、江苏、陕西等地。清朝起，福建、广东的任姓人开始向海外徙居。

【历史名人】

任不齐： 字子选，春秋时期楚国人，孔子七十二贤弟子之一。

任光： 字伯卿，东汉时期著名将领，为"云台二十八将"之一。

任昉： 字彦升，南朝梁国著名文学家、散文家。"竟陵八友"之一，擅长多种文体，与诗坛圣手沈约并称"任笔沈诗"。

任仁发： 字子明，号月山道人，元朝杰出的画家、水利家。传世作品有《张果见明皇》、《二骏图》等。

【姓氏名人故事】

置水之情

任棠是后汉时期著名的隐士，他德行美好，志向高远，隐居于民间，以教书为业。汉朝时期，汉阳太守庞参，刚刚上任，听说任棠有才能，便亲自前去拜访，请任棠出山辅佐自己。

庞参到了任棠家，说明来意后在门前恭候。很久过去了，任棠始终对站在门外的庞参不加理会，庞参心中疑惑不解。又过了许久，任棠终于自屋中出来。庞参急忙迎上去，任棠依旧对其视若无睹，一句不发地将旁边地里拔出的一筐薤菜和一盆清水摆放到门前，随后把门帘打开，自己抱着孙子蹲伏在门帘之下。

庞参的手下见太守苦等良久，任棠丝

任棠置水迎庞参。

毫没有招待的意思，相反还自顾自地做些莫名其妙的举动，只当他是对新来的太守无礼，想要上前去斥责他。这时庞参将手下拦住了，手下十分不解，庞参便说道："这是任棠给我设的一道哑谜。"然后庞参仔细地思索了一下，笑着说道："他这是在告诉我怎么做个好太守呢。拔出一盆薤菜是要我拔出豪强贵族，水是要我为官清廉，把门帘打开，抱着小孩儿蹲伏门下，是要我开门怜恤孤儿。"庞参上任后，按照任棠的指点，扶贫抑强，清廉为政，将汉阳郡治理得有声有色，受到当地人民的爱戴。

袁 yuán

【姓氏来源】

袁姓的起源比较单一，主要出自妫姓，为虞舜的后代。相传舜是颛顼的后代，因为生在姚墟，因此得姚姓。因为曾经住在妫汭河，所以后代又有妫姓。周朝建立后，帝舜的后裔妫满封于陈，称陈胡满。陈胡满十一世孙名诸，字伯爰，伯爰的孙子涛涂以祖父字"爰"为氏，称爰氏。春秋时期爰氏子孙世袭陈国上卿。因为当时"爰"字和"袁、辕、榬、溒、援"等字音同，于是后来的子孙就分别以这六个字为姓。到秦朝末年，辕涛涂的后裔辕告有少子名政，以袁为氏，称袁氏。

【郡望堂号】

袁姓的郡望主要有陈郡、汝南郡、河南郡、东光县等，其中以陈郡和汝南郡最有名望。

陈郡：秦时置郡，治所在陈县（今河南省淮阳）。此支袁氏，为涛涂裔孙直系地望。

汝南郡：汉时置郡，治所在上蔡（今属河南省上蔡西北）。此支袁氏，为陈郡袁氏分支，其开基始祖为后汉司徒袁安。

彭城郡：西汉时置郡，治所在彭城（今江苏省徐州）。此支袁氏，为陈郡袁氏分支，为袁生之后。

东光县：汉时置县，治所在今河北东光。此支袁氏，出自汝南袁氏，为袁绍之后。

袁姓的堂号主要有"卧雪"、"陈郡"、"汝南"、"彭城"等。

【繁衍变迁】

袁姓发源于河南，早期以河南、安徽为发展中心。秦汉以后向外播迁，分布在江苏、山西、河北等地，江淮地区以及陕西等地也均有分布。南宋以前，袁氏人迁徙至福建、广东。清朝，居住在福建、广东的袁姓人开始渡海赴台，继而徙居新加坡、印尼。

【历史名人】

袁绍：字本初，东汉末年群雄之一，是三国时代前期势力最强的诸侯，官渡之战中为曹操所败。

袁天罡：唐初天文学家、星象学家、预测家，唐代最著名的大相师，著有《六壬课》、《五行相书》、《推背图》、《袁天罡称骨歌》等。

袁枚：字子才，清代诗人、散文家，乾嘉时期代表诗人之一，与赵翼、蒋士铨合称"乾隆三大家"。

袁崇焕：字元素，明末著名将领。

袁世凯：字慰亭，是北洋军阀首领。

【姓氏名人故事】

公安三袁

明朝后期时，湖北有一户姓袁的人家，家有兄弟三人，分别是袁宗道、袁宏道、袁中道。兄弟三人自小聪明机敏、勤奋好学，对人也是彬彬有礼，深受大家喜爱。后来，兄弟三人都成了中国杰出的大学问家，因为他们都是湖北公安人，史称"公安三袁"。

这一年，袁家三兄弟都考中了进士，袁家决定设盛宴庆贺。兄弟三人将老师们都请来，一同庆贺。酒席上，三兄弟对老师们表达了感谢之情，老师们看着自己的学生能够有好的成就也都很高兴。然而他们却忘了请老三的启蒙老师刘福锦，刘福锦没有被邀请，不是很高兴，而且有人还借机挖苦他，一气之下，他便在一张白纸上写了"高塔入云有一层"，命人交给老三，意思是提醒老三，有了今天的成绩不能忘记老师。

老三一看字条，恍然大悟，急忙去找两位哥哥商量。兄弟三人商定专门请刘福锦先生一次。在请帖上，老三就刘老师的原话作了一首诗："高塔入云有一层，孔明不能自通神，一日为师终生父，谨请先生谅晚生。"老三借诗表达了自己的歉意。后兄弟三人一起恭恭敬敬地抬着轿子邀请刘福锦，刘福锦先生大为感动，上轿前去赴宴。

公安三袁。

liǔ
柳

【姓氏来源】

柳姓的起源主要有三：

其一：出自姬姓，以邑名为氏，为春秋时期鲁国展禽的后裔。据《广韵》和《元和姓纂》上记载，春秋时期，鲁国鲁孝公有儿子姬展，姬展的孙子无骇，按周礼以祖父字为姓，为展姓。后来传到了展禽的时候，因为食采于柳下，于是展禽的后人就以柳为姓，称柳氏。

其二：出自芈姓，以城市名为氏，是春秋时期楚怀王的孙子心的后裔。秦朝末年，楚怀王之孙心，在秦末大起义时被推为起义军的首领，号义帝，建都于柳地。心的子孙中有的以都城名为氏的，称柳姓。

其三：出自他姓改柳姓，以及少数民族固有姓氏。明朝末年，著名说书人柳敬亭，原名曹逢春；明末著名女诗人柳如是，本名杨爱，后改名柳隐，字如是；满、蒙、彝、苗等少数民族中都有柳姓。

【郡望堂号】

柳姓的郡望以河东郡为主。

河东郡：秦时置郡，治所在今山西黄河以东的夏县一带，东晋时移到蒲坂（今山西永济蒲州镇）。

柳姓堂号主要有"河东"、"愈思"等。

柳下惠像。

【繁衍变迁】

柳姓发源于河南和山东，春秋时期，鲁国被楚国攻灭，鲁国中的柳姓人有随之入居楚地的，即今湖北、河南、安徽、江西、山东、四川和江苏、浙江的部分地区。秦始皇灭六国统一天下后，有柳姓氏族进入山西地区，并发展为大家望族。从秦朝一直到唐朝这一段时间，柳姓家族一直都在北方地区活跃，有部分支派进入了四川、广西、福建等地区。柳姓开始在南方散播，是在唐朝以后，在唐高宗时进入到了福建地域。明朝时期，山西地区的柳姓人迁到山东、河北、河南等地。清朝时，居住在福建、广东等东南沿海地区的柳姓人开始渡海赴台，并向海外迁徙。

柳姓在当代中国人口排行中排名第一百三十三位。

【历史名人】

柳公权：字诚悬，唐朝著名书法家，工于楷书，有"颜筋柳骨"之称。传世碑刻有《送梨帖跋》、《玄秘塔》、《金刚经》、《神策军碑》。

柳宗元：字子厚，唐朝著名的文学家和哲学家，"唐宋八大家"之一，与韩愈齐名，并称"韩柳"，诗文均佳，散文蕴意深刻。传世作品有《柳河东集》，也称《唐柳先生集》。

柳冲冲：唐朝初期人。著名姓氏学鼻祖。唐太宗命诸儒撰《氏族志》，柳冲冲在此期间撰有《大唐姓录》二百卷，并与柳芳合撰有《永泰谱》，从此开创了中国各姓氏研究和家谱创建之先河。

柳永：原名三变，字耆卿，北宋著名词人，是婉约词派的代表人物。代表作有《乐章集》、《雨霖铃》等。

柳公权像。

【姓氏名人故事】

柳宗元和古文运动

柳宗元是唐朝时期著名的文学家、思想家，与韩愈共同倡导古文运动，合称为"韩柳"，其为"唐宋八大家"之一，"千古文章四大家"之一。

柳宗元出身于官宦世家，柳氏在北朝时是十分著名的门阀士族。但是到柳宗元这一代已经家道中落，安史之乱更是加重了生活的艰难。柳宗元的母亲为了供养子女，常常自己挨饿，因此柳宗元也自小就立下大志，年纪轻轻就已颇有才名。

柳宗元小时候生活在长安，见到了安史之乱后唐朝由盛转衰，政治黑暗、官场腐败的场景。同时，年幼时的柳宗元因避战乱辗转各地，也让他目睹了社会的动荡，因此逐渐萌发了要求改革的愿望。于是，年轻的柳宗元刚刚走上政治舞台，就投入了一场尖锐的政治斗争，参加了王叔文发起的永贞革新。

可惜革新失败，柳宗元被贬为永州司马。当时永州地区人烟稀少，十分荒僻。柳宗元一家生活得非常艰苦，柳宗元的

柳宗元主张"文以明道"。

身体受到了严重的损害,柳宗元的母亲不久离开了人世。但这样的打击并没有使柳宗元就此消沉,柳宗元的斗争由政治转向了思想文化。在永州任司马这十年,柳宗元广泛研究了文学、政治、哲学、历史等方面的问题,撰文著书,写下了很多著名的作品,如《封建论》、《六道论》、《天照》等。

韩愈在长安倡导古文运动时,偏居南方的柳宗元也积极响应。柳宗元主张"文以明道",注重文学的社会功能,认为文必须利国利民、有益于世。同时他也批判自六朝以来,讲究排偶、辞藻、音律、典故的骈文文体;提倡先秦和秦汉时期的散文特点,不受格式拘束,反映现实生活的古文。而与韩愈不同的是,柳宗元的生活经历让他的散文中多了一份深沉含蓄,少了力度气势,因此柳宗元的文风更加清新自然、通晓流畅,能令读者回味无穷。

柳宗元注重文章的内容与社会影响,他的诗文理论,显示着当时的文学运动积极向上的趋势。

bào
鲍

【姓氏来源】

鲍姓的起源主要有三:

其一:出自姒姓,以邑名为氏,为春秋时期,夏禹的裔孙敬叔之后。根据《姓苑》、《通志·氏族略》、《元和姓纂》等相关史料记载,杞国是夏朝的诸侯国,为夏禹的后裔。春秋时期,杞国公子敬叔在齐国做官,食采于鲍邑。敬叔的后人就以邑名为氏,称鲍姓。

其二,出自庖牺氏,即伏羲氏的后裔,其后有鲍姓。

其三:出自他族改姓。《魏书》上记载,魏晋南北朝时,北魏孝文帝迁都洛阳,实行汉化政策,积极与汉民族融合,将俟力伐氏和鲍俎氏改为汉字单姓鲍氏;清朝时,满洲八旗中有保佳氏、瓜尔佳氏等,有改为鲍姓的;内蒙古蒙古孛儿只斤氏,有改为汉字单姓鲍姓的;景颇族金别氏和佤族羊布拉氏,其汉姓均为鲍姓。

【郡望堂号】

鲍姓的郡望主要有上党郡、泰山郡和东海郡等。

上党郡:战国韩时置郡,西汉移到长子(今山西长子西南),东汉移到壶关(今山西长治北)。

泰山郡:西汉时置郡,治所在博地(今山东泰安东南)。

东海郡:秦汉时置郡,治所在郯地(今山东郯城北)。

鲍姓主要堂号有"清望"、"东海"、"亦政"、"上党"等。

【繁衍变迁】

鲍姓发源于山东,春秋时期,鲍姓人多在河南地区定居。到了战国初期,发生了著名的田氏代齐,鲍姓子孙有逃往今河北、河南、山东、江苏等地者。秦汉之际,鲍姓人遍布黄河中下游地区,并留居安徽。鲍姓人迁入浙江和湖北等地,是魏晋南北朝时期。唐朝到五代时期,鲍姓人已经分散在江西、湖南、四川等地。两宋时期,在山东、安徽、江苏、浙江等地的鲍姓氏族发展得十分兴旺。鲍姓氏族在元朝时开始向福建和两广地区迁徙。明朝初期,山西的鲍姓家族迁居到安徽、江苏、河北、河南等地。明朝中期,鲍姓人赴台定居。清朝时,鲍姓的分布已经十分广泛,遍布我国大江南北。

【历史名人】

鲍叔牙:亦称"鲍叔"、"鲍子",是春秋时期齐国的大夫,协助齐桓公当上齐国的君主,并举荐管仲为相,以知人著称。

鲍姑：名潜光，晋朝著名炼丹家，是东晋医学家葛洪的妻子，也是我国医学史上第一位女灸学家。
鲍敬言：两晋时期著名的思想家，主张"无君论"思想，具有朴素唯物主义的思想。
鲍照：字明远，南朝宋文学家，与颜延之、谢灵运合称"元嘉三大家"。擅长乐府诗，对后世，尤其是唐朝时期的诗歌发展有着重要的影响，著有《鲍参军集》。

【姓氏名人故事】

管鲍之交

"管鲍之交"这个成语说的是春秋时期，齐国的管仲和鲍叔牙之间深厚的友谊。现在，人们经常用管鲍之交来形容朋友之间亲密无间、交情深厚的友谊。

鲍叔牙是齐国的大夫，以知人著称。管仲在年轻的时候就经常和鲍叔牙交往，鲍叔牙看得出管仲有贤才，一直待他很好。两个人一起做买卖，管仲出的钱少，拿的钱多，鲍叔牙也从来不计较。管仲一次替鲍叔牙办事，结果事情变得十分无法收拾，鲍叔牙也不生气，认为并不是管仲的计策不好，而是时机不对。

后来管仲辅佐齐国的公子纠，而鲍叔牙服侍公子小白。纠和小白争夺齐国的王位，最终公子小白登上王位，成为齐桓公，公子纠被杀死，管仲也被囚禁。这时，鲍叔牙就向齐桓公推荐管仲为相，

管鲍之交。

他对齐桓公说："如果您只是想要治理齐国，那么有我和高傒就足够了，但是您要是想称霸天下，那么非管仲不可。"齐桓公后来拜管仲为相，而鲍叔牙也甘心位居管仲之下。在管仲和鲍叔牙的合理治理下，齐国终于成为诸侯国中实力最强的国家，而齐桓公也得到了霸主的地位。

鲍叔牙死后，管仲在他的墓碑前痛哭不止，他想起从前鲍叔牙对他的理解和支持，感慨道："生我者父母，知我者鲍子也。"

管仲和鲍叔牙之间深厚的友谊，被传为佳话，流传至今。

史 shǐ

【姓氏来源】

史姓的起源主要有四：

其一：出自黄帝时创造文字的"史皇"仓颉。相传仓颉是黄帝时期造字的史官，原姓侯冈，名颉，号史皇氏，因造"鸟迹书"，黄帝赐以仓姓。仓颉的后人衍生了仓氏、史氏、侯氏、侯冈氏、夷门氏、仓颉氏。其后裔有以官名为氏的，称史氏。

其二：出自周太史佚之后。西周初年有太史史佚，为人严正，后人皆称赞他为后世史官的楷模，

与太公、周公、召公并称为"四圣"。他在周朝任太史,其子孙遂以官名为氏。春秋时期,列国的他姓史官多以官名为氏。

其三:出自隋唐时代"昭武九姓"之一。汉唐时期,西域地区,有月氏人建立的康居政权,后被匈奴人打败,建立了康国。西域的其他政权先后归附了康国,均以昭武为姓,史称"昭武九姓",即康、史、安、曹、石、米、何、火寻和戊地。史国有人来中原居住者,以国名为氏,称史氏。

其四:出自他族改姓。北魏时期,突厥族有阿史那部,后有归附唐朝者,改姓史氏。

仓颉像。

【郡望堂号】

史姓的郡望主要有建康郡、宣城郡、高密郡、京兆郡和河南郡等。

建康郡:十六国前凉时置郡,治所在今甘肃高台西南。北朝魏废。

宣城郡:晋时置郡,治所在宛陵(今安徽宣城)。

高密郡:西汉时改胶西郡置国,治所在高密(今山东高密市西南)。西晋复置国,南朝宋改为郡,治所在桑犊城(今山东潍坊市东)。

京兆郡:汉时改内右史置京兆尹,为三辅之一。治所在长安(今陕西西安市西北)。

史姓的堂号有"忠烈堂"等。

【繁衍变迁】

史姓发源于陕西一带,东周时,以官名为史氏者众多,因此各地均有史姓。先秦时期,史姓人遍布黄河流域和长江流域。西汉时,两广地区也有史姓人的分布。东汉时,有史姓人落籍于四川。汉到魏晋南北朝这一时期,六大史姓郡望形成,后又有史姓人迁至甘肃、江苏、山东等地。隋唐之际,有少数民族加入史姓。宋元时期,史姓人大规模南迁。明朝时,山西史姓人迁往河南、山东、陕西、安徽、湖北各地。清朝以后,开始有史姓人迁至海外、侨居新加坡等国。

【历史名人】

史佚:原名尹佚、尹逸,西周初年太史,为人正直,有"君无戏言"的典故。

史思明:初名崒干,唐玄宗李隆基赐名思明,唐朝叛将,"安史之乱"祸首之一。

史达祖:字邦卿,号梅溪,著名南宋词人。

史可法:字宪之,明末政治家、军事统帅、抗清名将。

【姓氏名人故事】

爱民如子的史天泽

史天泽是元朝的名将,不仅战功卓著,并且心地善良,治民有方。当武仙二次占据真定城被击退后,元军的主帅因为恼恨城中百姓反复无常,为了以儆效尤决定将城中的居民尽数驱逐,不止如此还打算杀多人示威。

史天泽听说后当即反对道:"城中百姓都在胁迫之下被逼无奈,何罪之有?"在他的一再劝说下城中百姓才都安然无恙。随后史天泽又修缮城池,积极为荒年备粮,抚慰战后的民众。几年之间,战事中损坏的房屋相继修复,百姓安居乐业,此城竟成了周边百姓的向往之地。

很多年后,史天泽又回到真定城,发现这里赋税过重,很多穷苦的百姓因为交不上赋税不得不向商人借债银,年年翻倍的加利,成为"羊羔利"。借债的百姓苦不堪言,史天泽当即奏明朝廷,替

史天泽政绩为元宪宗赞赏。

百姓偿还本息。他的提议得到中书令耶律楚材的支持,百姓身上沉重的负担才得以解脱。

不久后因为真定遭遇蝗灾,百姓不得已大批借债贡赋,积至银一万三千余锭。为解民忧,史天泽不惜倾尽家财代偿债银,当地百姓感激涕零。

史天泽的政绩为宪宗皇帝所赞赏,这之后哪里难以治理,宪宗就会派遣史天泽前去,史天泽不负所望,所经之处,选贤才,置提领,察奸弊,均赋税,肃官吏;管辖之地民安商乐,军精粮足。

史天泽智勇双全,谋略过人,且每逢征战之时都会身先士卒,在将士们中威望极高,他器量宽宏,识虑明哲,能审时度势,应变处置军务得当。因其功绩卓著,后来被宪宗任命中书右丞相,其宽厚的治民之道也为世人所称颂。

táng
唐

【姓氏来源】

唐姓的来源主要有二:

其一:出自祁姓和姬姓,为黄帝轩辕氏之后。相传帝尧是黄帝轩辕氏的玄孙,姓伊祁,名放郧,因被封于陶,后来迁至唐,因而称陶唐氏。尧成为天子后,以"唐"为国号,故又称唐尧。后尧让位给舜,帝舜封尧的儿子丹朱于唐,为唐侯。到周武王时,唐侯作乱为周成王所灭,唐国被封给成王之弟唐叔虞,原帝尧后裔则被迁往杜国,称唐杜氏。唐杜氏的后裔有以国名为氏的,称唐氏。唐叔虞的子孙也以国名为氏,为唐姓。到周昭王时,又封丹朱之后刘累裔孙为唐侯,后为楚所灭,其子孙亦姓唐。春秋时,也有一支姬姓唐诸侯国,被楚昭王灭后,其后也称为唐氏。

其二:出自他族加入。据相关史料所载,南方白狼王有唐姓,陇西羌族亦有唐姓。

【郡望堂号】

唐姓的郡望主要有晋昌郡、北海郡、鲁国、晋阳县等,其中以晋昌县最有名望。

晋昌郡:晋时置郡,治所在长乐(今陕西石泉县)。此支唐氏,其开基始祖为十六国前凉凌江将军唐郓。

北海郡:汉时置郡,治所在营陵(今山东昌乐东南)。

鲁国:西汉时置鲁国,治所在鲁县(今山东曲阜)。晋时改为郡。

唐姓的堂号主要有"晋阳"、"晋昌"、"北海"、"移风"等。

唐尧像。

【繁衍变迁】

唐姓发源于陕西、山西、河南、湖北等地。秦汉时,唐姓人已经散布在山东、江苏、江西、四川、广东、安徽等地。魏晋南北朝时,唐姓人在南方分布得更加广泛,并在湖南成为大姓,在浙江、甘肃等地也形成了较大规模的聚居点。隋唐时期,河南的唐姓人移居福建。宋元时期,北方唐姓大举南迁,定居于南方。明清之际,唐姓人移居至台湾,进而远徙海外。

【历史名人】

唐眛:战国时期楚国著名将领。

唐婉:字蕙仙,南宋才女,南宋著名诗人陆游的第一任妻子,代表作《钗头凤·世情薄》千古流传。

唐寅:字伯虎,明朝著名画家、文学家、书法家。善诗文,与祝允明、文徵明、徐祯卿并称"江南四才子";其画更著,与沈周、文徵明、仇英并称"吴门四家"。

唐赛儿:明朝著名女英雄,是明朝初年起兵反朝廷的白莲教首领。

唐鉴:字镜海,清末理学家,是当时义理学派的巨擘之一,有"理学大师"之美誉。

【姓氏名人故事】

唐伯虎学画

唐寅小时候在绘画方面就显示出超人的才华,富人家常请他作画,唐寅也就骄傲起来了。唐寅的母亲便让他去向当时著名的画家沈周学习绘画。唐寅知道沈周的画很出名,便欢欢喜喜上路拜师去了。一年之后,在沈周的指点下,唐寅的画技很有长进。唐寅拿出自己的画和师傅的画比了比,觉得已经不相上下了,不禁暗暗自喜觉得出师的时候到了。沈周看出了他的心思,就备了饭菜为唐寅饯行。

饭菜摆在后花园角落的一间小屋里。这间小屋平时紧锁着,谁也不让进去。唐寅一进屋就四处张望,只见有四个门,却没有一扇窗子。他顺着门向外望去,只见一道门外姹紫嫣红,一道门外莺歌燕舞,一道门外流水潺潺。他想:这么好的风景,师傅平时不让我进来,大概是怕徒弟从这里出去游山逛水,无心学画了。唐寅正看得如痴如醉,听到师傅说话了:"你的画本来不错,又学了一年,现在可以出师了。你想到后花园痛痛快快地玩玩吗?"唐寅顾不上满桌的饭菜,站起来就去开门,却"砰"地撞在门上;他便去开另一个门,又撞在了门上;再去开第三个门,结果又撞在了门上。原来这三个"门"都是沈周画在壁上的!唐寅从兴奋中醒悟过来,他转身扑通一声,双膝跪在师傅面前,说:"师傅,我不想出师了!让我继续跟你学画吧!"从此以后,唐寅专心致志地跟师傅学画,再也不提出师回家的事了。

转眼多年过去了。一日,唐寅为感谢师傅的教育,亲自动手烧菜,宴请师傅。当他把烧好的鱼端上桌时,一只大猫从门外呼呼地跑进来,跳上桌子就想吃。唐寅急了,骂道:"大胆畜生,师傅还没品尝,哪里轮得到

唐伯虎学画。

你呀！""啪"的就是一掌，那大猫"呼"的一声就往窗上跳，跳了一个窗户又一个窗户，就是跳不出去，最后"呜呜"地叫着从门口逃出去了。原来，那窗户是唐寅画在墙上的。

师傅见了这情景，哈哈大笑起来："唐寅啊，你可以出师了！回家去吧！"

费 fèi

【姓氏来源】

费姓的起源主要有六：

其一：出自嬴姓，以祖名为氏，为颛顼帝裔孙伯益的次子若木的后人。相传颛顼是黄帝孙，有裔孙伯益，伯益又称为大费。伯益因协助大禹治水有功，帝舜除了赐他嬴姓以外，还将本族姚姓女子嫁给他。姚女为他诞下二子，小儿子便是若木。若木及其后人以父亲的名字为氏，是为费姓。

其二：出自姒姓，以祖名为氏，为夏禹后裔费昌、费仲之后。根据《姓纂》、《轩辕黄帝传》等相关史料记载，夏禹（姒姓）的后裔费昌、费仲的子孙，以祖名为氏，称费氏。

其三：出自姬姓，以国名为氏，为春秋时期鲁国大夫费序父的后人。春秋时期，鲁国有大夫费序父，食采于费地，其后世子孙遂以封地名为姓，称费氏。

其四：出自姬姓，以邑名为氏，为春秋时期楚国大夫费无极的后裔。据《姓纂》记载，春秋时期，鲁国鲁懿公的孙子，大夫无极被封于费县，故称费无极。费无极的后人就以封邑名为姓，称费氏。

若木像。

其五：出自他族改姓。如，魏晋南北朝时期，北魏孝文帝改革迁都，施行汉化，将鲜卑族原费连氏改为汉字单姓费姓；清朝时，满族中有复姓开头为"富"、"费"的人，后来多取单字汉族"费"为氏。

其六：出自姬姓，以邑名为氏，为鲁恒公之子季友的后人。据《梁相费泛碑》上记载，春秋时期，春秋时期鲁国鲁恒公的儿子季友，因为有功，被鲁僖公封与费地，其后人遂以封邑名为姓，称费氏。这里的费字读"bì"音。

【郡望堂号】

费姓的郡望主要有江夏郡和琅琊郡。

江夏郡：西汉时置郡，治所在安陆（今湖北云梦），南北朝时期宋国移到夏口（今湖北武昌）。

琅琊郡：又称琅琊国、琅琊郡。秦时置郡，治所均在琅琊（今山东胶南市琅琊镇夏河城），西汉时期移到东武（今山东诸城）。琅琊郡为费（bì）氏郡望。

费姓的堂号主要有江夏、衍庆、念本等。

【历史名人】

费直：字长翁，西汉古文易学"费氏学"的开创者。费直依古文古字本汉《易》，称《古文易》。

费缉：晋朝四川南安人，清俭有治干，举秀才，南安五费（费贻、费诗、费立、费缉、费求，均为乐山历史上清廉有气节的人物）之一。

费信：字公晓，明朝著名航海家、外交家，曾四次随郑和下西洋，担任翻译。在我国南沙群岛中，有个岛被称为"费信岛"，就是为纪念费信而命名的。所著《星槎胜览》，是现在研究郑和下西洋的

【繁衍变迁】

费姓发源于山东,春秋时期,鲁大夫费父、季友、楚大夫费无极分别封于费地,费姓家族不断壮大,扩展到了湖北境域。两汉时期,费姓人有迁居至云南、贵州等西南地区,以及江苏、浙江等地的。魏晋南北朝时,随着北魏孝文帝的改革,鲜卑族的一些姓氏也改为费姓,在河南、山西、河北等地形成了新的费姓氏族。唐末五代时期,中原地区连年征战,费姓人也随之逃难,迁居安徽、江苏、浙江,并有一支费姓氏族进入福建地区。南宋末年,江浙地区也变成了硝烟弥漫的战场,费姓人继续向南迁徙,到两广地区繁衍生息。明朝初年,山西地区的费姓人分迁于山东、江苏、天津、河北、河南等地。明清时期,费姓人又有北上落户于北京的。清朝中叶,费姓人分布在我国各地,并开始跨越海峡定居台湾。

费姓在当代中国人口中排行第一百九十九位。

重要资料。

费杰:字世彦,浙江绍兴人,明朝著名医家。凡遇重疾者求治,虽百里外,亦赴不辞,且投剂辄效,著有《名医抄》、《经验良方》等。

费丹旭:字子苕,号晓楼,别号环溪生,清朝著名画家。善于画群像,人物形象生动。有《东轩吟诗图》、《姚燮纤绮图像》、《果园感旧图》等传世,著有《依旧草堂遗稿》等。

【姓氏名人故事】

蜀汉名相费祎

费祎是三国时期蜀汉的名臣,秉性宽厚仁和,少时曾经游学蜀中,才德兼备。他与诸葛亮、蒋琬、董允并称为蜀汉四相。

费祎才华横溢,而且遇事泰然自若,深为诸葛亮所欣赏,并得到其重用。在那篇著名的《出师表》中,诸葛亮曾向后主刘禅说,费祎为人十分忠诚,思虑严谨慎重,宫中的大事小事都可以先向他咨询,然后再施行。

诸葛亮南征返回时,百官纷纷前去夹道欢迎,而诸葛亮唯独邀请了费祎上车,与之同载,可见诸葛亮对他的信任与喜欢。

诸葛亮曾经派费祎出使东吴。费祎见到孙权后,以其得当的言行和能言善辩的口才,赢得了孙权的喜爱。孙权设宴招待费祎,想故意把费祎灌醉,再与他商谈国事。费祎也担心自己酒后失言,就立即表示自己醉了,起身拜辞。离开之后,费祎将孙权之前提的问题逐条写下来。孙权十分感叹地对费祎说道:"像费祎你这么有淑德的人,一定是蜀国的股肱之臣,天下间也再难找出跟你一样的人了!"费祎完成任务后,回到蜀国。

当时军师魏延和长史杨仪之间相看两相厌,每次两人遇到一起必会吵架。这时费祎就会坐到两人中间,调和魏延和杨仪的矛盾。诸葛亮死后,费祎和蒋琬两人一同辅佐后主刘禅,使蜀国和平稳定的时期延续了多年。费祎虽然身居要职、位高权重,却始终谦逊谨慎,出入从简,家不积财,他与家人皆穿布衣。费祎可说是三国后期,才智出众、德行兼备的人才。

费祎为蜀汉名相。

薛 xuē

【姓氏来源】

薛姓的起源主要有三：

其一：出自任姓，以国名为氏，为黄帝裔孙奚仲之后。传说黄帝有二十五个儿子，分别得十二个姓。其中有一个儿子名叫禺阳，被封于任地，遂得任姓。夏禹时，禺阳的第十二世孙奚仲为车正，相传是车的制造者。因居于薛地，遂称薛侯。后迁至邳。至奚仲十二世孙仲虺，复居薛。其裔孙成，迁于挚，改号为挚国。商朝末期，周伯季历娶了挚国女太任为妻，生姬昌，即周文王。武王灭商后，复封成的后裔为薛侯。战国时为齐国所灭，其后人遂以国名为姓，称薛氏。

其二：出自妫姓，以邑名为氏，为孟尝君之后。相传帝舜因生在姚墟，因而得姚姓。又因住在妫汭河，又有妫姓。武王灭商建立周朝，封千代圣王的后人妫满于陈。陈侯的第十世孙妫完因内乱逃出陈国，投奔齐国，称陈氏。后陈完有后裔陈恒子，因食于田，称田和，改田氏，并夺取了齐国大权。战国时期，田和后裔田文，即"战国四公子"之一的孟尝君，因其父田婴被封于薛，遂袭其父封爵，称薛公。至秦灭六国，子孙分散，以封邑名命氏，称薛氏。

其三：出自他姓或他族改姓。南北朝时期，北魏孝文帝迁都洛阳后，实行汉化，将鲜卑的复姓叱干氏改汉字单姓薛氏。有出自周文王的姬姓冯氏之后，如唐朝有薛怀义，本姓冯，后改为薛姓。又据《通志·氏族略》所载，辽西有薛姓。

奚仲造车。

【郡望堂号】

薛姓的郡望主要河东郡、新蔡郡、沛郡、高平郡等。

河东郡：秦时置郡，治所在安邑县（今山西夏县西北）。此支薛氏，其开基始祖为魏时光禄大夫薛齐。

新蔡郡：晋时置郡，治所在今河南新蔡县。

沛郡：汉时置郡，治所在今安徽濉溪县西北。

高平郡：晋时置郡，治所在昌邑（今山东省巨野南）。

薛姓的堂号主要有"河东"、"新蔡"、"沛国"、"高平"等。

【繁衍变迁】

薛姓发源于今山东，后向江苏迁徙。战国时，已经有薛姓人迁至今湖北、湖南、江苏、河南、河北等省。三国时期，薛姓人迁居至甘肃。到了南朝，已经有薛姓人落籍于福建。北宋初期，居住在安徽的薛姓氏族迁往湖南、广东等地，并成为当地薛姓人的始祖。明朝初年，山西薛姓人迁往江苏、河南、陕西、山东、北京等地。明清时期，开始有薛姓人渡海赴台，继而远播海外。

【历史名人】

薛稷：字嗣通，唐朝著名书画家。他与欧阳询、虞世南、褚遂良并称"唐初四大家"。

薛涛：字洪度，唐朝女诗人，与刘采春，鱼玄机，李冶，并称唐朝"四大女诗人"。

薛礼：字仁贵，唐朝名将，著名军事家、政治家。骁勇善战，"良策息干戈"、"三箭定天山"、"神勇收辽东"等有关薛仁贵的故事在民间广为流传。

【姓氏名人故事】

薛仁贵三箭定天山

薛仁贵是唐朝时期名将，著名的军事家，追随李世民打天下，立下赫赫战功。

薛仁贵自幼家贫，父亲早丧，但是薛仁贵仍然刻苦学习，习文练武。薛仁贵以务农为生，30岁时仍贫困不得志，就想迁移祖坟带来好运。但是他的妻子柳氏阻止了他，对他说："现在皇帝征讨辽东，正是用人之时，你何不参军入伍立个功名？"薛仁贵觉得柳氏说得有道理，就告别妻子参军入伍，开始了他四十年驰骋沙场的生涯。

参军后，薛仁贵因其杀敌勇猛，臂力过人，善射弓箭而屡获战功，被拜为将军。后来与唐朝交好的回纥首领过世，继位的新首领转而与唐为敌，屡屡进犯唐朝边境，唐高宗便下诏命郑仁泰为主将，薛仁贵为副将，挥师天山攻击回纥。

出发前唐高宗宴请众将士，唐高宗对薛仁贵说："古代善于射箭的人射得箭能穿透七层盔甲，爱卿你试试五层盔甲吧。"薛仁贵领命。只听见弓弦拉响的声音，箭已穿过五甲飞了出去，唐高宗大为吃惊，立即命人取更加坚固的铠甲赏赐薛仁贵。

回纥听闻唐军要来攻打自己，便集结了十万士兵，凭借天山的有利地形，阻击唐军。两军交战，回纥多员大将前来挑战，薛仁贵应战，独挑几十人。薛仁贵连射三箭，便使对方三员大将坠马而亡。回纥的士兵看到这种情况，立刻混乱起来。薛仁贵趁机指挥大军一鼓作气。没过多久，回纥大军就投降了。之后唐军继续北进，将回纥部落的首领伪叶护三兄弟生擒，唐军大胜。士兵们在班师回朝的时候，一路走着一路唱着歌，表达自己的喜悦之情。之后，世间便流传着"将军三箭定天山，战士长歌入汉关"的歌谣。

薛仁贵三箭定天山。

léi

雷

【姓氏来源】

雷姓的起源主要有三：

其一：出自方雷氏，炎帝神农氏的九世孙方雷之后，以国名为氏。据《元和姓纂》及《通志·氏族略》所载，相传方雷氏是炎帝神农氏的九世孙，因战功被黄帝封于方山（在河南省中北部嵩山一带），建立诸侯国。其子孙以国名为氏，为复姓方雷氏，后又分为两支，一支姓方氏，一支姓雷氏。

其二：出自黄帝有臣子名雷公，其后以祖名为氏。据《姓苑》所载，雷姓是个古老的姓氏。相传黄帝有大臣雷公，是个名医，精通医术，曾与黄帝讨论医学理论。据《素问·著至教书论》说："黄帝坐明堂，召雷公问之。"殷纣王有宠臣雷开，其后子孙以雷为氏。

其三：出自他族改姓。东汉末期以及南北朝时期，南方蛮族和西南的羌族中就有以雷为姓的人，据史料记载，"潺山蛮"和"南安羌"后都改为雷姓。

【郡望堂号】

雷姓的郡望主要有冯翊郡、豫章郡等。

冯翊郡：西汉时设置"左冯翊"，为三辅之一。三国改左冯翊置郡，治所在临晋（今陕西大荔）。北魏移到高陆（今陕西高陵）。此支雷氏，其开基始祖为西晋雷焕一族的后裔。

豫章郡：汉时置郡，治所在南昌（今江西南昌）。

雷姓的主要堂号有"冯翊"、"豫章"、"精易"、"亦山"等。

【繁衍变迁】

雷姓发源于以河南为主的中原地区，东汉至三国时，雷姓人迁徙至江西、湖北、安徽、四川等地。晋朝时，江西的雷姓人向陕西迁徙。唐宋之后，广东、陕西、四川、江西、湖南、山西、内蒙古和广西均有雷姓人的分布，其中江南、两广地区的部分雷姓人，融入苗、瑶、彝、侗、畲、壮、黎、布依等族。明朝初期，山西雷姓人作为迁民之一，分迁至今陕西、甘肃、湖南、山东、河南、河北等地。清朝中期，有雷姓人开始移居海外。

【历史名人】

雷义：字仲公，东汉时名臣，与陈重情笃，被誉为交友的典范，人称"胶漆自谓坚，不如雷与陈"。成语"胶漆相投"正是由其而来。

雷敩：南朝宋时著名药物学家，以著《雷公炮炙论》三卷著称。著有《论合药分剂料理法则》等。

雷焕：字孔章，晋代天文学家。

雷发达：字明所，明末清初建筑工匠。曾参与过北京故宫太和殿等工程的重建，圆明园和颐和园中大部分建筑均为雷氏设计，有"样式雷"之称。

【姓氏名人故事】

雷义拒银

雷义是东汉时期鄱阳县人，他为官公正清廉、刚正不阿，在雷义任郡里功曹期间，他经常为了查案而不辞辛苦地奔走于街头巷尾，四处查找蛛丝马迹。

一次，雷义查到一个被判处了极刑的犯人，犯罪的原因是偶然失手，而此人并不是一个罪大恶极之人，于是酌情上奏。看过雷义言辞恳切的奏折之后，皇上也觉得此人情有可原，当即赦免这个人的死罪。

那个犯人原本以为自己必死无疑，突然间死里逃生，不禁又惊又喜。他得知自己能够活命，全都因为雷义的明察秋毫，心中对雷义感激不尽，于是竟拿了大笔银两登门到雷义的家中致谢。雷义执意不收，只淡然地道："当官为民，理应如此。"命此人将银子带回。

这人心中大为感动，觉得救命之恩不能不报，他见雷义不肯受，于是趁雷义外出之时，偷偷爬上雷义家的房梁，将银子放在了梁上。

雷义拒银。

此事隔了很久，直到有一次，雷义对年久失修的住房进行修缮，忽然发现了这包银子。雷义忆及前事，明白是那名死里逃生的囚犯所放，于是拿了银子打算还给此人。谁知他四处查访之后，发现这个人已经不在人世了，于是他毫不迟疑地把这包银子原封不动地上缴县曹。

雷义后来官至尚书侍郎，他一生明镜高悬，不徇私情，克己奉公，敢于直言，惩处了不少枉法的贪官，他清廉的事迹也广为流传。

hè
贺

【姓氏来源】

贺姓的起源主要有二：

其一：出自姜姓，为避讳改姓。春秋时期，齐桓公有个孙子叫公孙庆克，他的儿子庆封因以父名命氏，故称庆氏。庆封在齐灵公在位时任大夫，后在庄公时为上卿，执掌国政。再升为相国。后来庆封把政事交给儿子庆舍处理，自己耽于酒色，遭到亲信的反对。亲信趁庆封外出之机，杀死了庆舍，庆封得知后逃到吴国。吴王将朱方封给庆封，庆氏宗族闻讯赶来相聚。东汉时，有裔孙庆纯官拜侍中，为避汉安帝的父亲刘庆的名讳，"庆"字改为同义的"贺"字。庆纯改为贺纯，称贺氏。

其二：出自他族改姓。南北朝时，北魏孝文帝迁都洛阳后，实行汉化，将贺兰氏、贺拔氏、贺狄氏、贺赖氏、贺敦氏等鲜卑族复姓，皆改为汉字单姓贺氏。

贺纯像。

【郡望堂号】

贺姓的郡望主要有会稽郡、河南郡、广平郡等。

会稽郡：秦时置郡，治所在吴县（今江苏苏州市）。此支贺氏，其开基始祖为汉庆纯。

河南郡：西汉时改秦三川郡置郡，治所在雒阳（今河南洛阳市东北）。此支贺氏，其开基始祖为后魏贺兰氏、贺赖氏改贺氏之后裔。

广平郡：汉时置郡，治所在广平（今河北鸡泽东南）。此支贺氏，其开基始祖有二说，其一为汉庆纯之后，其二为北魏贺兰氏、贺赖氏改贺氏之后裔。

贺氏以"会稽"、"四明"、"河南"为其堂号。

【繁衍变迁】

贺姓发源于江苏，得姓之初就在当地形成贺姓望族。到了魏晋南北朝时，北方战火不断，各民族大举南迁，使得南方贺姓人分布范围更加广泛。北魏汉文帝迁都后，鲜卑族的贺姓家族与贺姓家族融合，在河南、河北地区形成了两大郡望。唐朝时，世居南方的贺姓人开始大规模北上。唐宋之际，东部地区均有贺姓人分布，在河南、河北、山西、山东、陕西分布最为集中。明初，山西贺姓人迁往江苏、河南、山东、湖北、河北等地。明清以后，贺姓人遍及大江南北，并远徙到海外。

【历史名人】

贺知章：字季真，唐朝著名诗人、书法家。所著《回乡偶书》、《咏柳》等传诵颇广。

贺铸：字方回，号庆湖遗老，北宋杰出词人，代表作有《青玉案·横塘路》、《鹧鸪天·半死桐》、《芳心苦（踏莎行·杨柳回塘）》，至今为后人传诵。

贺岳：明朝著名医学家，著有《明医会要》、《医经大旨》、《药性准绳》等。

【姓氏名人故事】

为民请命的贺知章

贺知章，字季真，越州永兴（今浙江萧山）人，自号"四明狂客"。武后证圣元年（695）登进士第。他是唐代著名的诗人，深受唐玄宗器重，先后官至礼部侍郎、秘书监、太子宾客等。晚年告老还乡之时，唐玄宗御赐鉴湖中的一曲，作为他的放生池。并且亲自赋诗赠别，还特意下旨命地方官建造一座"一曲亭"，供贺知章归乡后游憩。

这鉴湖共分三曲，第一曲就是那会稽著名的"十里湖塘"这一段江面。西起山阴湖塘古城江口，东到莲花庵桥，有十里之长，百米宽阔，两旁都是民居。"一曲亭"动工兴建于"十里湖塘"的东首，莲花庵桥之旁，耗费了一月，终于在贺知章回乡之前完工。

贺知章回家之后兴致盎然地带着几位挚友一起驾船来到御赐的一曲亭中，他与众人坐在亭内，一边欣赏着亭外的风光，一边饮酒论诗。兴致正高之际，忽然看见不远处的湖面上划来了十几只小渔舟。

那些渔舟停在了一曲亭前，舟上尽是些白发苍苍的老渔民，一个个双眉紧锁对着亭中的贺知章道："我等今天前来请贺大人给条生路。"

贺知章不解道："各位乡亲，此话是从何说起？"

众渔民行礼道："贺大人，我们都是这湖塘边的渔民，世代在湖中以捕鱼为生，但是自从圣上将鉴湖一曲赐予大人之后，官府就贴出了禁渔的布告。因为怕打扰了大人的游兴，所以不许我们在湖中捕鱼，可是我们除了捕鱼之外再无养家糊口的本事，求大人通融，取消禁令吧。"

贺知章闻言大惊道："怎会有这样的事，实在是得罪了众位乡亲。"他也顾不上吟诗作对了，立即来到县衙让县令收回了禁渔令。众渔民大喜过望，纷纷来到贺府拜谢，贺知章一一还礼道歉。

不久之后山阴县恰逢旱灾，田地颗粒无收，但是官府却日日进村逼租逼税。众山民因听说贺知章谦和爱民，于是一起上门来求。

贺知章眼见这些百姓确实难以活命，于是召来职任越州司马的儿子；父子共同修书一封，送达钱塘郡守，请求免除山阴县一年钱粮，以安民生。

郡守览信之后，不敢怠慢，立即逐级申报朝廷；皇帝果然准奏，免征了当年钱粮。消息传来山阴县百姓奔走相告，人人称颂。

后来，百姓们集资在十里湖塘边立了一座"贺监祠"，以示不忘贺知章为民请命的功德。

贺知章为民请命。

tāng
汤

【姓氏来源】

汤姓的起源主要有三：

其一：源出子姓。帝喾之子契，其十四代孙名履、字汤，其后人以他的名字为氏。

其二：以谥号为氏。契第十四世孙汤，姓子，名履。夏朝末年，夏君桀暴虐无道，汤灭夏建商，定都于亳。汤死后，谥号为"成汤"。其子孙中有以谥号命氏的，称汤氏。

其三：因避祸改姓。西周初期，周公旦平定反叛后，将商朝旧都周围的地区封给商纣王庶兄微子启，建立宋国。传至秦朝时，秦始皇焚书坑儒，子孙后裔遂因畏祸将子姓改为汤姓。

成汤像。

【郡望堂号】

汤姓的郡望主要有中山郡、范阳郡等，以中山郡最有名望。

中山郡：西汉时置郡，景帝改为国，治所在卢奴（今河北定县）。

范阳郡：三国魏时置郡，治所在涿县（今河北涿州）。

汤姓的堂号有"中山"、"范阳"、"临川"、"义士"、"叙睦"等。

【繁衍变迁】

汤姓发源于河南，商朝自建立一直到亡国，前后七次迁都，因此汤姓在商朝时就已经遍布河南、山西、河北等地区。秦汉之际，汤姓在河北地区比较兴旺，形成了中山和范阳两个重要的汤姓聚集地，期间，也有汤姓人向南迁到今越南地区。汤姓大举南迁，始于魏晋南北朝。唐末五代，中原的汤姓又进一步向南部迁居到湖南、江苏、浙江等地。汤姓也开始成为南方姓氏，在北方较为少见。两宋时期，汤姓人主要散步在江苏、浙江、江西、安徽、湖南、福建、四川等省。明朝初期，山西汤姓徙居到河南、河北、山东、江苏等地，又逐渐有汤姓人向两广地区迁居。清朝康熙年间，居住在广东的汤姓人开始渡海赴台，继而迁徙到东南亚地区。

【历史名人】

汤和：字鼎臣，明朝开国功臣，著名军事家。

汤显祖：字义仍，号海若，明朝戏曲作家、文学家。所著《紫钗记》、《还魂记》、《南柯记》、《邯郸记》，合称"临川四梦"，其中尤以《还魂记》最负盛名。

汤应曾：明朝末期琵琶演奏家，人称"汤琵琶"。

汤球：字伯玕，清朝著名学者、史学家。

【姓氏名人故事】

"东方莎士比亚"——汤显祖

汤显祖是明朝时期著名的戏剧家，在戏剧史上，他与关汉卿、王实甫齐名，在中国甚至是世界文学史上都占据非常重要的地位，被誉为"东方莎士比亚"。

汤显祖出生在一个书香世家，从小受到家庭环境的良好熏陶，早早就显露出他过人的才华。12

东方莎士比亚汤显祖。

岁时，汤显祖的诗作就已经名扬乡里，21 岁时中举，26 岁时就已经刊印了第一部诗集。汤显祖不仅精通古文诗词，对天文地理和医药卜筮等方面也十分有研究。

汤显祖 34 岁的时候中进士，继而入朝为官。然而官场的黑暗和官僚的腐败，让汤显祖非常失望，他所希望的"朝廷有威风之臣，郡邑无饿虎之吏"是没有办法实现的。因此他打消了仕进的念头，在家潜心创作戏剧和诗歌。

汤显祖在文学上的成就当以戏剧为最，他的戏剧中最著名的是"临川四梦"，也叫"玉茗堂四梦"，分别为《还魂记》（又名《牡丹亭》）《紫钗记》、《南柯记》和《邯郸记》。这些戏剧不但被百姓所喜欢，甚至传播到海外，成为世界戏剧艺术的珍品。汤显祖戏剧中的女性表现出的对爱情的追求，对自由的向往，摆脱了传统观念的束缚，十分具有个性解放的思想。

汤显祖不仅精于戏剧，对戏剧理论和批评也有自己的见解，认为内容要高于形式，强调以感情感动观众。在古文诗词方面，他刊印了《红泉逸草》、《雍藻》以及《问棘邮草》三本诗集。

罗
luó

【姓氏来源】

罗姓的起源主要有二：

其一：出自妘姓，为颛顼帝之孙祝融氏之后裔。传说在帝喾时，有掌管民事的火官重黎，是颛顼的后裔，因为广大黎民服务，当火官有功，帝喾便赐以他"祝融"的封号。祝融的后裔，分为八姓，即己、董、彭、秃、妘、曹、斟、芈，史书上称之为"祝融八姓"。周朝初期，祝融的子孙被封于宜城，称为罗国。春秋时，罗国为楚国所灭，祝融氏的子孙遂迁移，以原国名罗为氏，繁衍生息。

火神祝融。

其二：出自他族、他姓改姓。如南北朝时，北魏孝文帝实行汉化政策，将鲜卑族复姓多罗氏和叱罗氏改为汉字单姓罗。又有唐朝时，西突厥可汗斛瑟罗归附李唐，其子孙以"斛瑟罗"为氏，后简称罗氏，定居中原。据相关史料记载，有部分赖氏族人，春秋战国时期为楚灵王所害，改为罗、傅二氏避难。另清代爱新觉罗氏中有也改罗氏的。

【郡望堂号】

罗姓的郡望主要有豫章郡、长沙郡、襄阳郡等。

豫章郡：楚汉之际置郡，治所在南昌（今江西南昌市）。

长沙郡：秦时置郡，治所在临湘（今湖南长沙市）。
襄阳郡：东汉时置郡，治所在襄阳（今湖北襄樊市）。
罗姓的堂号主要有"豫章"、"尊尧"等。

【繁衍变迁】

罗姓起源于湖北，春秋战国时期，罗国为楚国所灭，罗姓人向南迁移至湖南地区。三国两晋南北朝时，北方战乱，罗姓人大规模南迁至江西、广东、福建等省，并在南方形成一大姓氏。唐宋之际，罗姓发展进入鼎盛期。元、明、清三朝，罗姓人为避战乱继续迁徙，并与各民族融合，进一步发展壮大，且成为部分少数民族的重要姓氏。

【历史名人】

罗邺：唐代诗人，有"诗虎"之称，被世人誉为"素有英姿，笔端超绝"，为唐代"三罗"之一。

罗隐：字昭谏，唐代诗人。因著有《谗书》而被朝廷厌恶，数十次考取科举均不中，史称"十上不第"。鲁迅评价《谗书》为"几乎全部是抗争和愤激之谈"。

罗贯中：名本，字贯中，号湖海散人。他是元末明初著名小说家、戏曲家，是中国章回小说的鼻祖。代表作《三国志通俗演义》（简称《三国演义》）为"中国古代四大名著"之一。

罗聘：字遯夫，清代著名画家，为"扬州八怪"之一。代表作为《鬼趣图》。

【姓氏名人故事】

丑才子罗隐

罗隐，字昭谏，新城（今浙江富阳市新登镇）人，为唐代著名的诗人。自小聪明过人，才华出众，成年后欲以文取仕，然而仕途十分坎坷。大中十三年（859）底罗隐至京师应进士试，竟然历时七年不第。后来又断断续续考了几年，总共加起来考了十多次，最终还是铩羽而归，所以史上将他称为"十上不第"。罗隐最终对仕途失望，隐居九华山，于是将自己的名字改为隐，表达自己怀才不遇，无奈隐居的愤懑之情。

罗隐虽然才华横溢，为人傲气，但是长相却不敢恭维，《唐才子传》中有记载罗隐"虽负文称，然貌古而陋"。

可以说在当时罗隐的相貌与其才华一样引人注目。据说，当时的宰相郑畋家有一小姐，平时喜欢琴棋书画。罗隐那时候常常把自己写得不错的诗文寄给宰相看，郑家小姐看到罗隐的诗文后，对罗隐一见倾心，对罗隐的诗文更是爱不释手。郑畋见女儿这样就将罗隐召到府中，让女儿躲在屏风后面，要是女儿觉得合适，就提亲；若是觉得不合适，就作罢。罗隐应邀而来，躲在屏风后面的郑家小姐一见，大失所望。后来再也不看罗隐的诗文了。

罗隐后来听说吴越王钱镠器量宽宏，容得下贤士，于是向钱镠写诗自荐，最终为吴越王所重用，被任命为钱塘令，掌书记，后来升为节度判官。

罗隐虽然在吴越为官，但是其桀骜不驯的性格丝毫没有收敛，即便是对吴越王钱镠也经常口出不逊，所幸吴越王宽厚，一直对其十分器重，罗隐得遇明主，其才能终于有所施展。

丑才子罗隐

qí
齐

【姓氏来源】

齐姓的起源主要三：

其一：出自姜姓，以国名为氏，为炎帝后裔姜太公之后。相传炎帝因为曾居住在姜水边，因此为姜姓。根据《通志·氏族略》和《元和姓纂》等史料的记载，炎帝的后裔姜尚，因辅助武王伐纣有功，被封于齐，建齐国。其子孙后裔中有以国名为姓的，称齐氏。

其二：出自姬姓，以祖父字为氏，为卫大夫齐子之后。《通志·氏族略》和《姓氏考略》中记载，春秋时期卫国有大夫齐子，他的子孙以祖父字为姓，称齐氏。

其三：出自改姓以及少数民族固有姓氏。《元和姓纂》上记载，唐朝宣城郡司马齐光，本姓是，其后代改姓为齐；清朝满洲八旗中有喜塔喇氏、齐佳氏等，均有改为汉字单姓齐姓的；《晋书》记载，武都氏人中有齐姓；清朝时，云南纳西族中亦有齐姓。

姜太公像。

【郡望堂号】

齐姓的郡望主要有汝南郡、高阳郡和中山郡。

汝南郡：汉时置郡，治所在上蔡（今河南上蔡西北）。

高阳郡：战国时置高阳邑。汉时改为郡，治所在高阳（今河北高阳县东一带）。

中山郡：战国时为中山国，国都在顾地（今河北定县），汉时置郡，治所在今河北北部地区。

齐姓的堂号主要有"汝南"、"玉芝"、"中山"、"高阳"等。

【繁衍变迁】

齐姓发源于山东，春秋后期，齐姓人开始向河南和河北等地徙居。秦汉时期，齐姓人大多遍及在北方地区，并形成了一些比较有规模的大的郡望。直到魏晋南北朝时，硝烟四起，战争频繁，饱受战争之苦的中原人开始向南方迁徙，齐姓人也举族避难，安居在四川、湖北、安徽、江苏、浙江等地区。唐朝初年，社会稳定，迁居到四川、湖北等地的齐姓人逐渐发展壮大起来。宋元时期，南北方的齐姓人发展得都非常繁盛。明朝初年，定居在山西的齐姓人作为迁民，也散居到河北、河南、北京、天津等地。明清之际，开始有少数齐姓人迁居台湾，继而远徙海外。清朝时，"闯关东"热潮使得河北、山东等地的齐姓在东北三省发展得十分旺盛。

【历史名人】

齐德之：元朝著名医学家，精于外科，著有《外科精义》三卷，为后世医学家所推崇、重视。

齐召南：字次风，号琼台，晚号息园，清朝杰出的大臣、学者，擅长地理之学，与齐周华合称天台二齐。著有《水道提纲》、《历代帝王年表》等。

齐大勇：河北昌黎县人，清朝雍正八年（1730）状元。官至湖广提督的武状元齐大勇，生前多次征战西南，为维护国家的统一做出了一些贡献。齐大勇还工于书法。

齐彦槐：字梦树，号梅麓，江西婺源人，清代官吏、学者。嘉庆进士，曾任江苏金匮知县，有治绩，以知府后补。以诗文书法知名于世，精于鉴赏。著有《梅麓联存》等。

【姓氏名人故事】

齐廓进言免丁钱

齐廓，字公辟，北宋越州会稽人。

大中祥符八年(1015)，齐廓考中进士，自梧州推官多次迁升官职，曾为太常博士、知审刑详议官，提点荆湖南路刑狱。当时潭州通过审讯囚禁了七个人，认为他们是强盗，依照法律应当判处死刑。齐廓审讯得知，其中的状况并不是那样，于是，七人都免去死刑。

人口税是从汉高祖时开始的，凡年满15岁以上，56岁以下，每年上交一百二十钱，为算赋，即丁赋的滥觞。这个制度历代相沿，只是赋税的额度不统一，年龄也不一样。当时平阳县向百姓征收的人口税，每年输出银子达二万八千两之多，百姓生了孩子，因为不堪人口税的重负，即便是孩子大了也不敢束发。古代男孩成童时束发为髻，束发一般15岁左右，因为当时人口税繁重，人们以不束发来表明孩子年纪还小。齐廓非常同情人们的生活状况，向君主进言，最终使人口税得以免除。齐廓曾任三司度支、开封府判官，出访为江西、淮南转运使。齐廓在任职期间，秉公执法，当时的人们都认为他恭谨宽厚。

齐廓宽柔恭谨，人们冒犯他也不计较。齐廓的弟弟齐唐，为吉州司理参军，博览强记，曾经被推举为贤良正直的人。

齐廓进言免丁钱。

hǎo
郝

【姓氏来源】

郝姓的来源主要有三：

其一：出自子姓，其始祖为帝乙。相传帝喾有一个妃子名叫简狄，因拣到一只燕子蛋，吃后生下契。后来契因辅助大禹治水有功，被封于商，赐子姓。商族不断地壮大，在契的十四代孙汤的领导下，推翻了夏桀的统治，建立商朝。传至殷商第二十七代天子帝乙即位，将其子子期封于太原郝乡。后来商朝被周朝所灭，子期的后裔有的便以地名为氏，称郝氏。

其二：出自复姓。据《唐书·宰相世系表》所载，相传在炎帝神农氏时，有姓郝骨氏的人，是太昊的辅佐。郝氏中可能就有源自郝骨氏这一支的。

其三：为古代南方少数民族姓氏。据《旧唐书·南蛮传》所载，唐朝南蛮有郝、杨、刘三姓。

【郡望堂号】

郝姓的郡望主要有太原郡。

太原郡：战国秦置郡，治所在晋阳（今山西太原西南）。

郝姓以"太原"等为堂号。

帝乙像。

【繁衍变迁】

郝姓发源于山西。秦汉时期，郝姓已经散布在山西全境以及陕西、河南、河北等地。到了两晋南北朝时，河北的郝姓人为避战乱迁居进入山东，而河南地区的郝姓人则徙居安徽等地。隋唐之际，郝姓人落籍于湖北、四川等地。明朝初年，郝姓作为山西迁民之一，分布在河北、北京、山东、天津等地。明清时期，郝姓人在南方分布较广，并有进入湖南、福建者，同时，辽宁地区也有了郝姓人聚集。清朝时期，居住在山西北部的郝姓人迁居至内蒙古和甘肃，而东南沿海地区的郝姓则渡海进入台湾，或者远徙东南亚国家。

【历史名人】

郝昭：字伯道，东汉末年至曹魏初年的著名将领。

郝孝德：隋末农民起义领袖。

郝澄：字长源，宋朝杰出画家。

郝懿行：字恂九，号兰皋，清朝著名的经学家、训诂学家。著有《尔雅义疏》、《山海经笺疏》、《易说》、《书说》、《春秋说略》、《竹书纪年校正》等书。

【姓氏名人故事】

郝昭陈仓克诸葛

郝昭是东汉末年曹魏的杰出将领。郝昭少年从军，文武双全，善射有谋略，屡有战功，经曹真举荐镇守陈仓。

诸葛亮率军第二次南下攻曹时，听说魏军东征，关中兵力空虚，便出兵包围陈仓，不料郝昭早已筑好防备。

陈仓地势险要，易守难攻，再加上郝昭事先在陈仓做好了充足准备；诸葛亮先派属下魏延攻打陈仓城，连日攻打没有成果，蜀军滞留于陈仓城外。诸葛亮便派郝昭的同乡靳详在城外游说郝昭投降，遭到郝昭厉声拒绝。

于是，诸葛亮下令攻城。蜀军先以云梯冲车攻城，郝昭就命令士兵用火箭射云梯，云梯着火，爬在上面的蜀兵都被烧死。郝昭又命人用绳子绑着石磨，扔下城墙砸断冲车。诸葛亮见状便转用井阑向城中射箭，以掩护用土填平护城河的士兵，企图直接攀城。郝昭又在城中建起内墙，令井阑失效。诸葛亮想要通过挖地道的方式偷袭陈仓城，郝昭在城内挖下横壕沟，挡住地道。后来魏将王双奉命来救援郝昭，接连将蜀将谢雄、龚起杀死，挫了蜀军的士气。蜀军接连受挫，伤亡惨重，然而战事却毫无进展。

就这样双方激战二十多天也没有分出胜负。诸葛亮无计可施，听说魏军救援大军将至，蜀军粮草用尽只得退回汉中。魏明帝为嘉奖郝昭的善守，赐爵关内侯。

诸葛亮派郝昭的同乡在城外游说郝昭投降，遭到郝昭的严厉拒绝。

毕 bì

【姓氏来源】

毕姓的起源主要有三：

其一：出自姬姓，以国名为氏，为周文王第十五子毕公高之后。根据《通志·氏族略》和《新唐书·宰相世系表》上的记载，周文王的第十五个儿子毕公高，因随其兄周武王伐商有功，周朝建立后被封于毕，建立了毕国。毕公高的后裔毕万，在晋国做大夫，随献公四处征战，战功无数，被封于魏。春秋时期，与韩氏、赵氏"三家分晋"瓜分了晋国，建立了魏国。仍居住在毕国的人，就以国名为姓，称毕氏。

其二：出自任姓。据《世本》的记载，毕姓由任姓所改。

其三：出自他族改姓或少数民族固有姓氏。如《魏书·官氏志》有记载，魏晋南北朝时期，北魏孝文帝进行汉化改革，将代北鲜卑族的出连氏改为汉字单姓毕；达斡尔族的毕力夹氏，其汉姓为毕姓或杨姓；赫哲族的毕拉氏，其汉姓也为毕；匈奴屠各族中有毕姓。

【郡望堂号】

毕姓的郡望主要有河内郡、河南郡和东平郡等。

河内郡：楚汉之际置郡，治所在怀县（今河南武陟县一带）。

河南郡：汉时将秦朝三川郡改为河南郡，治所在今河南洛阳。

东平郡：汉时改大河郡为东平国，治所在无盐（今山东东平东），南朝宋时改为郡。

【繁衍变迁】

毕姓发源于陕西，春秋战国时期，毕姓主要居住在山西、山东、河南等地，以山西和河南最为繁盛。西汉时期，毕姓人向北已经散播到河北地区，向南已经迁居到广西地区，而向东则远徙到山东东平，并成了当地的望族。魏晋南北朝时，北魏孝文帝的汉化政策，使鲜卑族一部分融入毕姓，使河南毕姓一时间十分繁盛。唐朝末年，有毕姓人进入湖北、湖南地区。北宋时，则有毕姓氏族为避难迁徙至江西、浙江、安徽等地。明朝初年，山西毕姓人被分迁，散居在陕西、山东、河南、河北、北京、天津等地。清朝乾隆以后，开始了闯关东的浪潮，河南、山东等地的毕姓人也有随之向东北三省迁徙的。同时，东南沿海地区的毕姓则有人迁到台湾，以及东南亚和欧美各地的。

【历史名人】

毕宏：唐朝著名画家，工于山水画。杜甫的《戏韦偃为双松图歌》中有"天下几人画古松，毕宏已老韦偃少"来赞美他。

毕昇：宋朝著名发学家，发明了活字版印刷术，推动了整个世界文明的进步。

毕沅：字湘蘅，一字秋帆，自号灵严山人，清朝著名学者，好著书，著有《续资治通鉴》等书籍。

【姓氏名人故事】

毕昇与活字印刷术

毕昇是北宋时期著名的发明家，他发明了胶泥活字印刷术，是世界上最早的活字印刷术，也是中国的四大发明之一。

根据沈括所著的《梦溪笔谈》的记载，毕昇是一名普通老百姓，最初为印刷厂从事雕版印刷的工人。在工作中他发现了雕版印书术的缺点，每印一本书，就需要重新雕一次版，不仅费时费力，而且还加大了印刷的成本。而且一旦刻错一个字，就要重新雕版，十分麻烦。而活字印刷术则是用泥雕制一副活字，印制不同的书籍只需要排列活字的顺序，一些常用字可以多雕刻一些，既方便又快速，还避开了雕错字的麻烦，在印刷史上是非常有意义的一次变革。

活字印刷术经由阿拉伯商人传到欧洲，加快了欧洲社会的发展进程。活字印刷术加快了出版的效率，为书籍的传

毕昇发明活字印刷术。

播提供了更便利的条件，为文艺复兴提供了基础。马克思将印刷术、火药、指南针的发明称为"是资产阶级发展的必要前提"。

活字印刷术是中国劳动人民对实践经验的科学总结，是古代中国对整个世界的发展做出的巨大贡献。

ān
安

【姓氏来源】

安姓的起源主要有三：

其一：出自姬姓，以国名为氏，为黄帝之孙安的后代。《唐书·宰相世系表》上记载，黄帝有子叫昌意，昌意有一个儿子叫安，在遥远的西部建立了安息国。安息国的子孙中有以国名为姓的，称安氏。汉朝时，安息国才与中原地区有所往来。

其二：唐朝的"昭武九姓"之一为安氏。隋唐时期，西域地区的月氏人建立了康国。后来逐渐有其他政权以昭武为姓，遂称昭武九姓，其中有安姓，是以其原来的国家名"安"为氏。

其三：出自改姓。根据《魏书·官氏志》的记载，南北朝时期，北魏孝文帝的汉化政策，使得鲜卑族的安迟氏改为汉字单姓安；唐朝时，鼎鼎大名的安禄山，是由康姓改安姓；唐朝时的回鹘人、奚人，以及明清时期彝族沙骂氏、村密氏，以及其他少数民族中的很多复姓都有改为单姓安氏的；另有明朝时的元人孟格、达色等被赐为安姓。

昌意像。

【郡望堂号】

安姓的郡望主要有凉州、武陵郡和河内郡。

凉州：东汉时置州，治所在陇县（今甘肃张家川），是汉武帝十三刺史部之一，三国魏时移到姑臧（今甘肃武威）。

武陵郡：汉时置郡，治所在义陵（今湖南溆浦南），后移到临沅（今湖南常德西）。

河内郡：楚汉之际置郡，治所在怀县（今河南武陟西南），西晋时移到野王（今河南沁阳）。

安姓的堂号主要为"正伦"、"济世"、"中和"、"天全"、"武威"等。

【繁衍变迁】

安姓发源于西亚地区的安息国，汉朝时期进入中原后，散居在河南、甘肃和湖南等地，尤其在甘肃和湖南两地发展得比较繁盛。三国两晋南北朝，北方战争频繁，民不聊生，居住在中原地区的安姓人随着大规模的南迁的队伍，迁入湖南等地。北魏孝文帝汉化改革时，将鲜卑族的安迟氏改为安氏，繁荣了河南地区的安姓氏族。宋元时期，安姓人继续南下，进入安徽、江苏、浙江等地。明朝初年，安姓人作为迁民，被分迁山东、河南、安徽等地。清朝时，居住在广东、福建等沿海地区的安姓人渡海赴台，更远徙居至新加坡等东南亚地区。

安姓在当代中国人口排行中位居第一百一十位。

【历史名人】

安清：字世高，汉朝时期著名佛教学者。安清本为安息国太子，信奉佛教，精通梵语，为向中原传播佛教，将三十余部经书译为汉语。

安民：宋朝著名的石匠，善刻碑，品德高洁，不畏强暴。

【姓氏名人故事】

安世高与中国佛教

安世高本名为清，原本是古代安息国的王太子，是佛经汉译的创始人。安世高幼时就以孝行著称，聪明好学，精通各国典籍、医方异术等。

然而尖锐的政治斗争和腐朽的统治集团让年少的安世高十分厌恶，于是他安于佛教，不但恪守佛教戒律，还经常宣讲佛理。安世高的父亲去世后，他继承了王位，办完父亲的丧事后，就将王位让给叔叔，出家为僧，游历各国，最终来到了中国。

安世高是佛经汉译的创始人。

佛教何时传入中国还没有定论，但是古书上记载，秦始皇时就有沙门室利防到中国的记载。汉朝张骞出使西域时，中印之间已经有了民间往来，佛教也可能随之传入中国。

安世高是在汉恒帝时来到中国，那时，佛教的信奉者还只是将佛教当作一种神仙方术，信奉者将佛像当作祭祀的对象，焚香膜拜。安世高见到这样的景象，就萌生了让人们了解佛教的想法，于是他开始译述佛经。

安世高共译佛经三十五部四十一卷，是中国佛教史上的第一位译师，因为他，中国开始有了佛学。安世高边翻译经文，边聚徒开讲、传授佛理，门徒众多。他的翻译著作中有一部分是由他口述解释，由他人执笔成书，属于讲义体裁。其晚年行踪不定，关于他的神异传闻很多，在民间影响广泛，这些传闻与其所翻译的经文相辅相成，对汉末佛教的迅速传播起了很大的作用。

常 cháng

【姓氏来源】

常姓的起源主要有四：

其一：出自黄帝之臣常仪和大司空常先之后，为祖姓常氏。相传在五千年前的黄帝时代，就有以常为氏的，并且数量相当多。如《帝王纪》中记载，周族与商族的首领高辛氏的次妃叫常仪，以善于占卜月的晦、朔、弦、望著名。《史记·五帝本纪》有常先，曾被黄帝任命为大司空，是史书上能见到的最早的常姓。

其二：出自姬姓，以邑名为氏，为卫康叔之后裔。周武王灭商建周后，将自己同母少弟封于康地，故称康叔。后来武王去世，年幼的成王继位，周公旦辅佐成王摄政。但建国之初分封的用以监管殷商遗民的"三监"——管叔、蔡叔、和霍叔不服周公摄政，就联合商纣王之子武庚以及东方夷族反叛。周公挥师东征平定叛乱，之后便大规模地分封诸侯。周公将原来商都周围地区和殷民七族分封给当时素有贤名的康叔，改封康叔为卫君。康叔建立卫国，故又称卫康叔。卫康叔有一子受封于常地。后秦国统一天下，卫国国君被贬为庶人，其子孙后裔中有以邑名"常"为氏姓的，称常氏。

常先像。

其三：出自姬姓，以邑名为氏，战国时吴国公族之后。据《姓氏考略》所载："吴后有常姓。"吴国始祖是古公亶父的长子太伯和次子仲雍，二人让贤于弟弟季历，即周文王姬昌的父亲之后，建都于吴。但何人何时因何而得为常氏，未见古籍记载。

其四：出自恒姓，为避讳改姓。据《通志·氏族略》载，古代"恒"、"常"同义，北宋真宗时有恒姓，为楚国公族恒思公之后，因避讳真宗名讳恒，遂将"恒"姓改为同义的"常"姓。

【郡望堂号】

常姓的郡望主要有太原郡、平原郡、河内郡和武威郡等。

太原郡：战国秦时置郡，治所在晋阳（今山西太原西南）。此支常氏，为汉昭帝时光禄大夫、右将军常惠之族所在。

平原郡：西汉时置郡，治所在平原（今山东平原县西南）。

河内郡：楚汉之际置郡，治所在怀县（今河南武陟县西南），西晋移到野王（今河南沁阳）。此支常氏，为曹魏时大司农常林之族所在。

武威郡：西汉时置郡，治所在武威（今甘肃民勤东北），东汉时移到姑臧（今甘肃武威）。

常姓的堂号主要有"太原"、"积善"、"受宜"、"学古"等。

【繁衍变迁】

常姓发源于山东、江苏。战国时期，河南、河北、山东、安徽、湖北、江西、四川和江苏、浙江一带均有常姓人分布。西汉时期，山西的常姓人发展得十分壮大，地位显赫。三国时期，四川的常姓人发展得较为兴旺。曹魏时，河南和甘肃地区的常姓人形成望族。隋唐时期，常姓人有徙居到福建的。宋朝，江苏、浙江、江西、湖北等地的常姓人向今福建、广东、云南、贵州等地迁徙。清朝时，开始有常姓人进入台湾，进而远赴新加坡等地定居。

【历史名人】

常惠：今山西太原人，汉代官至右将军。他曾随苏武出使匈奴，被拘留十余年而始终不屈。获释回中原后被昭帝拜为光禄大夫，封长罗侯，后代替苏武为典属国。常惠之后又有数人封侯，太原常氏由此显赫。班固所作的《汉书》也曾特别为他列传。他为汉朝与西域的文化交流做出了很大贡献。

常璩：字道将，东晋史学家。著有《华阳国志》、《汉之书》等。

常遇春：明朝名将，今安徽怀远人，曾为朱元璋建立明朝立下了汗马功劳。善射，力大无比，自称能率十万之众横行天下，军中号称"常十万"。

【姓氏名人故事】

开国大将常遇春

常遇春，字伯仁，濠州怀远（今安徽怀远县）人。他自幼家境贫寒，但是臂力过人，擅长骑射，是个百步穿杨的神射手。

朱元璋起义时，一次领兵路过常遇春的村子。此时的常遇春因为困倦正在田边酣睡，梦中却忽然看见一位身披金甲的神人，对着他叫道："你的君王已经到了，怎么还不起来迎接。"

常遇春惊醒后，发现朱元璋正好领兵经过，当即对着朱元璋大礼叩拜，请求归附。朱元璋行兵路上经常遇到饥民投靠，所以毫不在意地接受了他。

然而不久行至长江边，那里有一座牛渚山，其北部突入江中，名为"采石矶"。朱元璋军队在此遭遇元兵列阵抵抗，军船被阻，离岸边近三丈余，但是士卒却无法登陆。

正在进退维谷之际，常遇春驾船赶到，只见他，站在船头威风凛凛气宇轩昂。朱元璋当即举令旗命他向前冲杀，常遇春毫不畏惧应声而上，挥动长戈，直取岸上元兵，一时间大振军威。元兵见他神勇，大惊失色，一把将他的长矛抓住，谁知常遇春竟然乘势一跃跳上了江岸。

上岸之后，他高声呐喊，冲入元军阵势不可挡，元兵猝不及防纷纷逃避。朱元璋大喜，当即命将士乘势登陆，攻克了采石矶。

这场战役彻底改变了朱元璋对常遇春的看法，他叹道：千金易得一将难求。当即授常遇春太平总管府先锋之职。

常遇春后来战功赫赫，是朱元璋的最出色的开国元勋之一，以至于朱元璋在开国大宴上曾感慨道："若论开国之功，常遇春当居十之七八。"

常遇春像。

于 (yú)

【姓氏来源】

于姓的起源主要有三：

其一：出自姬姓，以国名为氏，为周武王姬发的后代。武王灭商后，建立周朝。分封其第二子邘叔于邘国，邘叔后裔便以国名为氏，一部分姓邘，一部分则去阝旁姓于，称于氏。

其二：出自他族改姓。据《路史》所载，东海有于公后裔，本为汉人，后随鲜卑族迁移至代北为万忸于氏，后北魏孝文帝迁都洛阳，实施汉化改革，又恢复于姓。

其三：出自避讳改姓。据《古今姓氏书辩证》所载，淳于公的子孙，以国为氏，称淳于氏。唐朝初年，皇族七姓中亦有淳于氏。至唐宪宗李纯时，为避讳皇帝的名讳，遂改复姓淳于氏为单姓于氏。直到宋朝，有部分于姓恢复为淳于姓，也有部分未改的，形成此支于氏。

邘叔像。

【郡望堂号】

于姓的主要堂号有河南郡、东海郡和河内郡等。

河南郡：汉时置郡，治所在洛阳（今河南洛阳市东北）。此支于氏，概为于氏始祖邘叔的直系后裔。

东海郡：秦时置郡，治所在郯（今山东郯城北）。此支于氏，应为春秋战国时于泰后裔及北魏鲜卑族复姓万忸于氏改汉字单姓于氏的后裔。

河内郡：楚汉时置郡，治所在怀县（今河南武陟西南）。此支于氏，亦为邘叔的直系后裔。

于氏的堂号有"东海"、"为叙"、"福谦"、"佑启"等。

【繁衍变迁】

于姓发源于河南。秦汉时期，于姓人北迁至山西、河北，东迁到安徽、山东，西迁至陕西、甘肃。到了魏晋南北朝时，连年战乱使得于姓人大举南下，进入湖北、四川、湖南等地。隋唐时期，北方形成了几处于姓望族。北宋末年，有于姓人落籍黑龙江。南宋后期，浙江的于姓开始进入福建，并由福建进入广东。明朝初期，山西于姓作为迁民之一，分迁至山东、河南、河北、陕西、江苏等地。清朝时期，随着"闯关东"的热潮，河南、河北、山东地区的于姓人在东北三省定居，于姓遍布大江南北。

【历史名人】

于公：汉代东海郯人，曾官廷尉，执法公允。他所洗雪的"东海孝妇"一案，以善于决狱而成名，留下了为善为恶"万应不爽"的典型。

于禁：字文则，三国时期曹魏武将，曹操时期外姓第一将。骁勇善战，曹操称赞他可与古代名将相比。

于昕：北朝怀朔、武川镇将。在北魏击破柔然的过程中，立有大功。

于谦：字廷益，明朝名臣，与岳飞、张煌言并称"西湖三杰"。

于慎行：字无可，明代政治家、学者、诗人、文学家。为"山左三大家"之一，标举"齐风"，提倡创新。

于成龙：字北溟，清朝官吏。为官清廉，爱民如子，康熙称赞他为"天下廉吏第一"。

百家姓

【姓氏名人故事】

两袖清风的于谦

于谦是明朝著名的将领和诗人。他为人耿直，做官时作风廉洁。但是于谦生活的那个时代，朝政十分腐败，贪污贿赂成风，宦官王振以权谋私。每到了进京朝见皇帝的时候，各地官僚都会准备珠宝白银献给王振，悉心讨好王振。但是于谦每次进京奏事的时候，总是不带任何礼品，他的同僚见了就劝他，说："你虽然不想攀求富贵，不想奉金献宝，但是总不能什么礼物都不带嘛，好歹带一些土特产，比如绢帕、蘑菇、线香啊，当是人情啊。"

于谦笑着举起袖子说："我带着清风啊！"于谦觉得，绢帕、蘑菇、线香这些东西本是供给

于谦像。

人民的，但是因为贪官污吏的搜刮，反倒给人民带去了灾难，所以自己什么也不带，就带着两袖的清风去拜见皇上。表达了于谦对那些阿谀奉承的贪官的嘲弄，同时表现了他为官清廉、不与世俗同流合污的铮铮风骨。"两袖清风"这一成语也就流传了下来。

傅 fù

【姓氏来源】

傅姓的起源主要有四：

其一：出于殷商名相傅说的后裔，以地名为氏。传说盘庚将商都迁至殷地后，商朝只繁盛了一段时间，之后开始逐渐衰微。商高宗武丁即位后，想要重振朝纲，却没有可以任用的大臣，武丁为此非常苦恼。直到后来，武丁通过自己的梦境，在虞虢之界的一个叫作傅岩的地方，找到了一名叫作说的奴隶。武丁拜说为宰相后，修政行德，使商朝又达到了一个极盛的状态。武丁因而被誉为"中兴明主"。而说因为发于傅岩，其后世遂以地名为氏，称傅氏。

其二：出自姬姓，为黄帝裔孙大由之后。据《唐书·宰相世系表》所载，黄帝的裔孙大由被分封于傅邑这个地方，其后裔子孙便将邑名作为姓氏，称傅氏。

其三：出自赖姓。根据《赖氏族谱》上的记载，春秋时期，赖氏族人中，有为楚灵王所害的，为避难就改为罗、傅二氏，因两氏毗邻，并且有姻戚关系，因而有赖、罗、傅联宗的说法。

其四：出自他族改姓。如清朝时期，有满洲人傅恒，本姓富察氏，以及傅开，

武丁举傅说。

217

本姓郎佳氏，均改傅氏。还有其他少数民族改为傅姓。

【郡望堂号】

傅氏的郡望主要有北地郡、清河郡等。

北地郡：战国秦时置郡，治所在义渠（今甘肃庆阳西北）。此支傅氏，其开基始祖为西汉义阳侯傅介子。

清河郡：汉时置郡，治所在清阳（今河北清河东北）。

傅姓的堂号主要有"兴商"、"清河"、"版筑"、"野版"等。

【繁衍变迁】

傅姓发源于山西、山东等地。汉晋之间，有傅姓人迁至陕西、甘肃、宁夏等地。后又东迁至河北。汉朝时，开始有傅姓人向贵州迁徙。汉末三国时，傅姓人进入四川。两晋之际，傅姓人在河北发展得较为快速。魏晋南北朝之际，傅姓人为避战乱，南迁至浙江境内。唐朝末期，开始有傅姓人进入福建地区。北宋末年，河北傅姓向南迁至福建。南宋末年，由河北迁至福建的傅姓人又南迁至广东。宋朝以后，傅姓人遍布全国。

【历史人物】

傅玄：字休奕，西晋著名哲学家、文学家。学识渊博，著有《傅子》等，其作品在两晋文学史上占有重要地位。

傅山：字青竹，明清之际著名医学家、思想家。有《傅青主女科》、《傅青主男科》等书流传于世。

傅介子：西汉时期著名勇士和使者，使计斩杀楼兰王，安定西域，重新打通丝绸之路，保护了丝绸之路的安全。

【姓氏名人故事】

傅说的传说

传说盘庚将商都迁至殷地后，商朝繁盛了一段时间，之后又开始走下坡路。商高宗武丁即位后，想要重振朝纲，却苦于没有可用的大臣，为此武丁非常苦恼。一次，武丁做梦，梦到一位智者，只要找到这位智者就能够重振朝纲。武丁醒来后叫人用笔画出梦中人的长相，便派人去寻找。先是在大臣中找了一圈，没有找到。于是武丁又派人全国范围内寻找，终于在虞虢两国交界之处，一个叫傅岩的地方找到一个叫做说的奴隶。

武丁找到傅说后，立即拜傅说为宰相。傅说辅佐高宗武丁修政行德、安邦治国，最终使商朝又达到了"武丁中兴"的辉煌盛世，武丁因而被誉为"中兴明主"。

傅说辅佐高宗创"武丁中兴"的盛世。

康 kāng

【姓氏来源】

康姓的起源主要有三：

其一：出自姬姓，为周武王弟康叔后裔，以祖上谥号或封邑名为氏。周武王灭商建周后，将自己同母少弟封于康地，故称康叔。后来武王去世，年幼的成王继位，周公旦辅佐成王摄政。但周朝建立之初分封的用以监管殷商遗民的"三监"——管叔、蔡叔、和霍叔不服周公摄政，就联合商纣王之子武庚以及东方夷族反叛。周公挥师东征平定叛乱，之后便大规模地分封诸侯。周公将原来商都周围地区和殷民七族分封给当时有贤名的康叔，改封康叔为卫君，建立卫国，故又称卫康叔。卫康叔死后谥号是"康"，其后代遂以谥号为氏，或以封邑名为姓，称康氏。

康叔像。

其二：出自西域康居国王子之后裔，以国名为氏。据《梁书》中记载，汉朝时，朝廷在西域设置都护，西域的康居国派其王子来到汉朝，以表示对汉室的臣服。那位王子到达大汉后就在河西落脚待诏，后定居河西，其后人以国名为氏，称康氏。隋唐之时，这个国家仍然存在，称康国。

其三：出自他族或他姓改姓。西魏时建立政权的突厥族中有康姓。金时女真人纳喇氏、清时满洲赫舍里氏、达斡尔族华力提氏，其汉姓均为康姓。又有宋时，因避宋太祖赵匡胤名讳，有匡姓氏族改为音近的康姓氏族。

【郡望堂号】

康姓郡望主要有京兆郡、东平郡、会稽郡等，其中以京兆郡最有名望。

京兆郡：三国魏时置郡名，西汉时改右内史置京兆尹，为"三辅"之首。治所在长安（今陕西西安市北）。

东平郡：汉时改大河郡为东平国，治所在无盐（今山东东平东），南朝宋时改为郡。

会稽郡：秦时置郡，治所在吴县（今江苏苏州市）。

康姓的堂号亦有"京兆"、"华山"、"会稽"等。

【繁衍变迁】

康姓发源于河南、甘肃等地。秦朝时，康姓人迁居到陕西、山东等地。魏晋南北朝时，甘肃地区的康姓人落居陕西，后又向东南地区迁移。唐朝时，宁夏地区的康姓氏族向浙江发展。宋末元初，大批的康姓人向南方徙迁。明朝时，山西的康姓人作为迁民之一，分别徙居至河北、河南、山东、安徽、江苏、湖北等地。清朝以后，福建、广东等东南沿海地区的康姓人陆续迁往台湾，进而远迁海外。

【历史名人】

康泰：三国时吴国出使南海的官员，是历史记载的，中国古代最早航海到东南亚、南亚的旅行家，著有《吴时外国传》等。

康海：字德涵，号对山，明朝文学家，"前七子"之一，代表作品有《中山狼》、《沜东乐府》、《对山集》等。

康昆仑：唐朝著名琵琶演奏家，有"长安第一手"之称。

康进之：元朝杰出戏曲家，现存其杂剧《李逵负荆》一剧。

康有为：又名祖诒，字广厦，号长素，近代著名政治家、思想家、社会改革家。资产阶级改良派代表人物之一，发动了著名的"戊戌变法"。著作有《新学伪经考》、《孔子改制考》等。

【姓氏名人故事】

敢为天下先的康有为

康有为是光绪年间著名的"戊戌变法"的奠基人与主要发起人。当时的清朝政府昏庸腐败，国家屡遭外强欺凌，令康有为忧心忡忡。

康有为在北京参加举人的会试之时听说，清政府要与日本订立丧权辱国的《马关条约》后，极为愤慨。于是连夜起草了一份过万字的上皇帝书，并召集各省上千人的举人一起集会，通过了这个万言书。这份万言书后来被送交都察院，就是历史上有名的"公车上书"。

康有为在会试之后中了进士，随后被任命为工部主事。他认为国家已经到了危急时刻，必须变法才可救国，于是持续不断地向光绪帝上书希望变法维新。

此举深得光绪帝赞赏，光绪帝下旨：以后康有为如有奏折，即日呈递，不得阻拦。很快，光绪皇帝根据康有为等人的建议，颁布了一系列变法诏书和谕令，其中主要为：经济上，设立农工商局、路矿总局，提倡开办实业；修筑铁路，开采矿藏；组织商会；改革财政。政治上，广开言路，开放报禁，允许士民上书言事；裁汰绿营，编练新军。文化上，废八股，兴西学；创办京师大学堂；设译书局，派留学生；奖励科学著作和发明。

但是此举很快遭到朝廷中保守派的一致反对，他们接连向慈禧太后上书请求处死康有为等人，当时光绪帝虽然已经亲政，然而国家真正的大权还是掌握在太后慈禧手中。

慈禧太后因惧怕变法革新会削夺自己的权力而出手阻止，她连夜将光绪皇帝囚禁于中南海的瀛台，然后发布训政诏书，再次临朝"训政"，康有为被迫逃亡国外。

"戊戌政变"前后只施行了不过百天便告夭折，是以历史上又称为"百日维新"。

康有为起草万言书。

伍 wǔ

【姓氏来源】

伍姓的起源主要有二：

其一：以祖名为氏，为黄帝时大臣伍胥之后。根据《玄女兵法》记载，伍胥是上古时期黄帝部落的一个大臣，是传说中的古代术士。黄帝与蚩尤激战时，伍胥曾与邓伯温一同制定策略，帮助黄帝击败蚩尤。伍胥的子孙就以祖父名为姓，称伍氏。

其二：出自芈姓，以名为氏，楚大夫伍参之后。春秋时期，楚庄王有宠臣伍参。楚国与晋国争霸时，一次两军相遇。孙叔敖主张撤军，而伍参则劝谏楚庄王果断出击，并分析了楚国军队的优势和晋国军队的弱点，楚庄王听从了他的意见。结果楚国军队大获全胜，楚庄王便封伍参为大夫，伍参便以名为姓，称伍氏。

【郡望堂号】

伍姓的郡望主要有安定郡和武陵郡。

安定郡：西汉时置郡，治所在高平（今宁夏回族自治区固原），东汉时移治临泾（今甘肃镇原东南）。

武陵郡：汉时置郡，治所在义陵（今湖南溆浦县南），后移到临沅（今湖南常德西）。

伍姓的堂号主要有"孝友"、"明辅"、"敦睦"、"务本"等。

【繁衍变迁】

伍姓发源于湖南，秦汉时期，伍姓家族在安徽、湖北、陕西一带有分布。魏晋南北朝时，伍姓人已经散居在河南、四川、湖南、湖北等地。唐朝安史之乱以后，伍姓人东迁至浙江、江苏、福建等地。宋元时期，伍姓人逐渐向广东地区迁居。明朝初年，山西伍姓氏族被分迁到陕西、甘肃、河北等地。清朝时，居于东南沿海地区的伍姓人迁徙至台湾，继而远居新加坡等东南亚国家。

【历史名人】

伍子胥：名员，字子胥，春秋末期吴国大夫、军事家、谋略家。刚直谏诤，辅助阖闾成就霸业，是姑苏城的创建者。

伍乔：南唐杰出诗人，工六经，善《周易》，诗文皆佳，尤以七律见长，是南唐保大年间状元。著有《伍乔集》。

伍钝：字文璉，明朝著名孝子，才华出众，善于辩论。侍奉母亲不离左右，母亲去世后，结庐守墓三年，乡里称之为"伍孝子"。

伍廷芳：本名叙，字文爵，号秩庸，清末民初杰出的外交家、法学家，是中国近代第一个法学博士。

【故事和典故】

伍子胥报仇

伍子胥是春秋时期楚国人，其父为楚国太子建的老师伍奢。楚平王因与太子建之间产生隔阂而决意废除建的太子之位，又恐伍奢维护太子，于是事先将武奢召回诬说太子有谋逆之心，命令伍奢指认太子，伍奢断然拒绝，遂被投入监牢。伍子胥的兄长伍尚得到消息前去为父亲求情，伍子胥心知前去凶多吉少，于是力劝兄长不要前去，伍尚执意前往，遂与父亲一同被楚平王所杀。

伍子胥得到消息之后又惊又悲，心知此时若意气用事除了枉送性命之外于事无补，只得强忍悲痛带着公子胜逃出楚国想投奔吴国。楚平王很清楚伍子胥的才能，将其视作自己的心腹大患，于是四处张贴伍子胥的画像，并重金悬赏

伍子胥鞭尸。

捉拿他。伍子胥为躲避追捕，白天藏匿，晚上赶路，终于来到吴楚两国交界的昭关，眼见处处是自己的画像，层层士兵守关，顿觉逃脱无望，家仇难报。

伍子胥愁得一夜白头，此时恰逢其好友东皋公前来探望，见伍子胥须发皆白不禁由忧转喜。此时的伍子胥如同耄耋老者，守关的楚兵断然辨别不出。东皋公又找来长相酷似伍子胥的自己的好友皇甫讷，将二人装扮妥当之后，四人一起出关，果然如东皋公所料，皇甫讷刚一至关口便被楚兵抓捕，而伍子胥趁乱安然通过昭关。伍子胥来到吴国之后，深得公子光的器重，助公子光称王之后被封为大夫。公元前506年，伍子胥身为副将亲率大军灭了楚国，那时楚平王虽然已死，依然被伍子胥将其尸骨挖出。伍子胥鞭尸泄恨，终报大仇。

yú
余

【姓氏来源】

余姓的起源比较纯正，出自春秋时期秦国名相由余之后。春秋时期，西戎地区有一名臣，名叫由余，他的祖先是晋国人，为了逃避战乱去了西戎。由余在西戎做官，后来奉命出使秦国。由余见秦穆公贤德大度，便留在秦国辅助秦穆公，任上卿（即宰相）。通过他的出谋划策，使秦国成为西方霸主。他的子孙中有以其名中的"余"为姓的，称余氏。

【郡望堂号】

余姓的郡望主要有新安郡、下邳郡、吴兴郡等。

新安郡：晋时置郡，治所在始新（今浙江淳安西）。

下邳郡：东汉时置国，治所在下邳（今江苏睢宁西北），南宋时改为郡。

吴兴郡：三国时置郡，治所在乌程（今浙江吴兴南）。

余姓的堂号主要有"下邳"、"清严"、"忠惠"等。

由余像。

【繁衍变迁】

余姓发源于陕西，秦汉以后，有余姓人落居于河南、安徽等地。魏晋南北朝时，两湖地区有余姓人的迁入。余姓人迁居福建始于唐朝初期，并在唐僖宗年间，继续徙进广东、湖南、浙江、江西等地。宋朝时，余姓人已经遍布大江南北。明朝初年，山西的余姓人作为迁民之一，迁往陕西、甘肃、河南、山东、江苏、浙江、河北、安徽等地。清朝时，福建地区的余姓人渡海进入台湾，并进一步移居海外。

【历史名人】

余靖：本名希古，字安道，北宋官员，庆历四谏官之一，与欧阳修、王素、蔡襄同任知谏院，合称为"四谏"。

余象斗：字仰止。明代书坊刻书家、著名的通俗小说编著者和刊行者，经他编著和刊行的小说有《四游记》、《列国志传》、《全汉志传》等。

余怀：字澹心，清代文学家，与杜濬、白梦鼎齐名，时称"余、杜、白"。

余叔岩：字小云，著名京剧表演艺术家，"新谭派"的代表人物，世称"余派"。

【姓氏名人故事】

余靖直言进谏

余靖,北宋官员,本名希古,字安道,号武溪。韶州曲江人。天圣二年(1024)进士,官至工部尚书。他以敢直言谏著称,在宋仁宗时,与欧阳修、王素、蔡襄并称"四谏"。

他积极提出各种建议,主张变更尽依"祖宗故事"的旧法,所提建议涉及人事、治民、边政、刑法、租赋、御盗等多方面,是"庆历新政"的积极参与者。

余靖历官集贤校理、右正言,使契丹,还任知制诰、史馆修撰、桂州知府、集贤院学士、广西体量安抚使、尚书左丞知广州。范仲淹被贬时,朝

余靖直言进谏。

野百官不敢吭声,唯有他出来为范仲淹主持公道,结果一同被贬。后任右正言,多次上书建议严赏罚,节开支,反对多给西夏岁币。他又曾三次出使辽,因用契丹语作诗被劾。不久又被起用,加集贤院学士,官至工部尚书,著有《五溪集》。

后来,广州设有一座"八贤堂",余靖即为"八贤"之一。

顾 gù

【姓氏来源】

顾姓的起源主要有二:

其一:出自己姓,以国名为氏,为昆吾氏之后。相传颛顼的孙子吴回在帝尧时担任火神祝融的职位。吴回有一子,名终。因为被封于陆乡,所以叫陆终。陆终有六子,长子名樊,赐己姓,封于昆吾,以封地名为姓,称昆吾氏。昆吾氏有子孙被封于顾国,世称顾伯。到了夏朝末期,顾国被商汤所灭,散居各地的顾伯子孙便以国名为姓,称顾氏。

其二:出自姒姓,为越王勾践的后裔,以祖上封号为氏。相传大禹死后葬于会稽,其子启在山上建立宗庙祭祀他。到夏帝少康时,将庶子无余封在会稽,主持禹的祭祀,建立越国,都城会稽。其后人以国名为氏,称越氏。春秋末年,越国常与吴国交战,后吴国打败,越王勾践卧薪尝胆,后终于攻灭吴国,成为霸主。战国时越国为楚国所灭。汉朝,传至勾践的七世孙摇,摇因助刘邦灭项羽有功,被封为东海王,因都城在东瓯,遂有俗号东瓯王。后来摇封自己的儿子为顾余侯,其子孙以其封号的第一字为姓,称顾氏。

【郡望堂号】

顾姓的郡望主要有会稽郡、武陵郡等。

会稽郡:秦时置郡,治所在吴县(今江苏苏州市)。清时移到山阴(今浙江绍兴)。

武陵郡:汉时置郡,治所在义陵(今湖南溆浦南)。

顾姓的堂号有"会稽"、"三绝"等。

【繁衍变迁】

顾姓的起源分为两支，一支为北顾，发源于河南；一支为南顾，发源于浙江。南顾成姓不久就成为当地的大姓，而北顾发展得则不如南顾。唐朝以后，顾姓人开始向南北各地发展。明初，住在山西的顾姓人被分迁到河北、河南、山东、安徽、江苏等地。明代中期，安徽、湖北、湖南、福建、广东、四川等地均有顾姓人分布，在北方的山东、山西、陕西、河北和内蒙古等地也有所散布。明朝末年到清朝中期，有福建和广东等东南沿海的顾姓人徙居台湾，进而远播海外。

【历史名人】

顾恺之：字长康，东晋著名画家、绘画理论家、诗人，"六朝四大家"之一。著有《论画》、《魏晋胜流画赞》、《画云台山记》等。

顾况：字逋翁，号华阳真逸，晚年自号悲翁，唐朝著名诗人、画家、鉴赏家。

顾炎武：本名继坤，改炎武，字宁人，清朝著名思想家、史学家、语言学家，与黄宗羲、王夫之并称为明末清初三大儒。

顾太清：名春，字梅仙，清代著名女词人。著小说《红楼梦影》，是中国小说史上第一位女性小说家。

【姓氏名人故事】

顾炎武自督读书

顾炎武是明朝万历年间江苏昆山人，曾用名顾绛。清顺治二年（1645）清兵南下，明军崩溃，因为敬仰南宋抗元英雄文天祥的门生王炎午的忠贞品格，为自己更名炎武。"天下兴亡，匹夫有责。"这句家喻户晓的名言，就是由顾炎武所说。

顾炎武自幼十分勤学，11岁那年，他的祖父蠡源公要求他通读《资治通鉴》，并告诫他说："有的人不求甚解，读书只是粗略而过，那样从书中不能学到什么，更有的人只图省事，看书只去浏览一下纲目之类便以为万事皆知了，这是不足取的。"

这番话使顾炎武领悟到，读书做学问是必须务实的，如若不以勤奋严谨的态度去读书，那么收效甚微。于是从此，顾炎武开始了"自督读书"。

他给自己立下了多条读书规矩，首先，每日规定好必须读完的卷数，并且限定自己每天读完后把所读的书逐字逐句地抄写一遍。因此他在读完《资治通鉴》后，一部书变成了两部书。

其次，自己每读一本书都要做读书笔记，看后认真写下心得体会。这个习惯他一直保持着，后来，他的一部分读书笔记，汇成了著名的《日知录》一书。

最后，他在每年春秋两季，都要温习前半年读过的书籍，边默诵，边请人朗读，发现差异，立刻查对。他规定自己每天这样温习，温习不完，决不休息。

顾炎武后来成了著名的思想家与学者，他"自督读书"的故事也被众多后世学子们用来自勉。

一代大家顾炎武。

孟 (mèng)

【姓氏来源】

孟姓的起源主要有二：

其一：出自姬姓，为鲁庄公的庶兄庆父共仲之后裔。春秋时期，鲁庄公的庶兄庆父共仲，为人专横，不但与自己的嫂子、鲁庄公的夫人哀姜私通，还设计害死了继位的公子般，另立哀姜的妹妹叔姜之子姬启，为鲁闵公。后又杀害了闵公，制造内乱，想自立为君。庆父的弟弟季友带着鲁庄公的另一个儿子姬申逃到邾国，并发出文告声讨庆父。鲁国人民纷纷响应，庆父为逃避罪名，出奔莒国。后季友贿赂莒国，请求送回庆父，庆父在归国途中自杀。庆父死后，季友让庆父之子公孙敖继承庆父的禄位。因庆父在兄弟中排行老大，而"孟"字表示兄弟排行次序里最大的那一个，其子孙就称孟孙氏。后来又为避讳弑君之罪，孟孙氏就将姓氏简化，称孟氏。

其二：出自姬姓，为卫灵公之兄孟絷的后裔。西周初年，周公旦平定武庚的反叛后，将原来商朝都城周围地区和殷民七族分封给弟弟康叔，建卫国。传至第二十八代君王卫襄公时，有子絷，字公孟。他的子孙以王父字为氏，为孟姓。

【郡望堂号】

孟姓的郡望主要有洛阳、平陆县、平昌郡、东海郡、巨鹿郡、武康县、江夏郡等。

洛阳：汉魏时治所在今河南洛阳市白马寺东洛水北岸。东汉、三国魏、西晋、五代唐先后定都于此。新莽、唐、五代梁、晋、汉、周、北宋、金都以此为陪都。隋唐时移到汉城西十八里。

平陆县：汉时置太阳县，唐朝时改平陆县，治所在今山西西南端、黄河北岸。

东海郡：秦时置郡，治所在郯（今山东郯城北）。此支孟氏，为西汉孟喜之族所在。

巨鹿郡：秦时置郡，治所在巨鹿（今河北平乡西南）。

武康县：治所在今浙江省北部。此支孟氏，为唐朝时孟郊之族所在。

江夏郡：西汉时置郡，治所在安陆（今湖北云梦）。这支孟氏，为三国时孟宗之族所在。

孟姓的堂号亦有"平陆"、"东海"、"巨鹿"等。

【繁衍变迁】

孟姓发源于山东、河南，早期播迁于今山西、河北、陕西等地。东汉时期，陕西的孟姓氏族迁至江苏、浙江等地。到了魏晋南北朝，战争不断，孟姓人为避战乱大规模向南迁徙，山东孟姓人迁居江苏、浙江；河南孟姓多徙往湖北、江西一带。五代时，有河北孟姓人建后蜀政权，定都于四川成都。宋元时期，孟姓人第二次大举南迁，集中在长江中下游地区。明朝时，山西孟姓人向河南、河北、东北、天津等地移居。清朝有孟姓人徙居台湾，进而播徙海外。

【历史名人】

孟子：名轲，字子舆，战国时代的思想家、教育家，战国时期儒家代表人物。著有《孟子》一书。有"亚圣"之称，与孔子合称为"孔孟"。

孟获：三国时期南中一带少数民族的首领，后来被诸葛亮七擒七纵降服，有"七擒孟获"的典故。

孟浩然：唐朝著名诗人，与王维合称为"王孟"。代表作有《春晓》、《过故人庄》等。

孟郊：字东野，唐朝诗人，有"诗囚"之称，又与贾岛齐名，人称"郊寒岛瘦"。代表作有《游子吟》。

【姓氏名人故事】

孟子劝战

孟子是战国时期著名的思想家、教育家，当时诸国都采取远交近攻的政策，所以战事不断，民不聊生。孟子因此决定周游列国，去游说诸国君王停战，梁国的梁惠王以好战著称，孟子于是先来到了梁国。

梁惠王对孟子闻名已久，见面后问孟子道："我治理国家兢兢业业，对待百姓尽心尽力。河内连年灾荒，我就将那里的百姓尽量迁移到土地肥沃，没有灾害的河东去，又将河东的粮食运到河内，帮助剩下的百姓渡过灾年。在我的国内我尽力不使百姓遭遇饥饿，相比之下，周围的邻国谁也没有我体恤民情，可是为什么我国的百姓并未增多，而邻国的百姓也不见减少呢？"

孟子道："大王好战，我今天就用打仗来做比喻吧。请问大王，在战场之上，两军对垒之时同时出现两个怕死的逃兵，一个跑得快，到了一百米的地方站住；另一个跑得慢，到了五十米的地方站住。那么那个跑五十米的逃兵有没有权利嘲笑那个跑了一百的逃兵是贪生怕死之徒呢？"

梁惠王笑道："同为临阵脱逃怎么还能互相嘲笑呢？"

孟子此时点头道："大王说得极是，如果没有战争，百姓人人有田种，居有其屋，老有所养，那么大王就不必担心自己的百姓比邻国的少了。而如今梁国因为连年征战，百姓流离失所无法耕种，很多贫民忍饥挨饿，而富贵人家的猪狗却终日饱食，路上饥殍遍野却没人开仓放粮，您却将这一切的原因归咎于年成不好。这和举刀杀人之后辩驳说：'这不是我杀的而是兵器杀的。'有何区别？大王若是能明白了其中道理，那么只怕天下的百姓都要投靠于您的国家来了。"

孟子一语破的，解除了梁惠王长期的困扰：邻国国君不顾荒年中百姓的生活，诚然是不爱惜百姓，而梁惠王常调动百姓去打仗，致使民不聊生，就如同那个五十步笑百步的逃兵一般，与邻国国君如出一辙，也难称爱民。

五十步笑百步。

huáng
黄

【姓氏来源】

黄姓的来源主要有四：

其一：出自嬴姓，一说为颛顼曾孙陆终之后。陆终后裔被封于黄地，后黄地为楚所并，子孙四散，以国名为姓；一说为颛顼苗裔伯益之后。伯益因帮助大禹治水有功，被赐予嬴姓，封于黄地，商朝末年建立黄国，后为楚所并，子孙以国名为氏。伯益的这一支黄氏，为黄氏族人的主要来源，史称黄氏正宗。

其二：出自嬴姓，为金天氏之后。台骀是上古时期少昊金天氏的苗裔，颛顼时受封于汾川，后世尊为汾水之神。台骀的后人曾建立沈、姒、蓐、黄诸国，以国名为姓。春秋时，黄国被晋国所灭。其后仍以国名为氏。

其三：出自赐姓。据黄氏族谱相关记载，十三世石公辅佐周朝有功，被赐予黄姓。又一世高公，商太戊时受封于黄。

其四：出自南方少数民族姓氏。据史料记载，南蛮地区有黄姓，唐人黄少卿、黄少高等均为南蛮黄姓之后。

【郡望堂号】

黄姓的郡望主要有江夏郡、会稽郡、零陵郡等，其中以江夏郡最有名望。

江夏郡：汉高祖时置郡，治所在安陆（今湖北云梦）。此支黄氏，为东汉大臣黄香之族所在。

台骀像。

会稽郡：秦时置郡，治所在吴县（今江苏苏州市）。此支黄氏，出自东汉黄昌之后。

零陵郡：西汉时置郡，治所在零陵（今广西全州西南）。此支黄氏，为三国黄盖之族所在。

黄姓的堂号主要有"江夏"、"思敬"、"逸敦"等。

【繁衍变迁】

黄姓发源于河南。春秋时期，黄国为楚国所灭，大部分黄姓人迁入楚国腹地，定居湖北各地。西晋末年，黄姓人大规模南迁。唐宋之际，黄姓人在福建、江西、广东等地发展得尤为旺盛。北宋末年，河南黄姓氏族为避难，徙居至浙江，并成为当地的望族。宋元时期，黄姓人在福建、广东繁衍得最为茂盛，明末清初，黄姓人渡海赴台，后又远播海外。

【历史名人】

黄庭坚：字鲁直，北宋文学家，开创了江西诗派。宋代四大书法家之一。又与张耒、晁补之、秦观合称"苏门四学士"。

黄宗羲：字太冲，明末清初经学家、史学家、思想家。与顾炎武、王夫之并称明末清初三大儒，亦有"中国思想启蒙之父"之誉。

【姓氏名人故事】

山谷道人黄庭坚

黄庭坚，字鲁直，自号山谷道人，晚号涪翁，又称豫章黄先生，洪州分宁人。北宋诗人、词人、书法家，江西诗派开山之祖。

黄庭坚是英宗治平四年（1067）进士。擅文章、诗词，尤工书法。诗风奇崛瘦硬，力挽轻俗之习，开一代风气。早年受知于苏轼，与张耒、晁补之、秦观并称"苏门四学士"。诗与苏轼并称"苏黄"，词与秦观并称"苏秦"。

他的草书单字结构奇险，章法富有创造性，经常运用移位的方法打破单字之间的界限，使线条形成新的组合，节奏变化

山谷道人黄庭坚。

强烈，因此具有特殊的魅力，成为北宋书坛杰出的代表，与苏轼成为一代书风的开拓者。后人所谓宋代书法尚意，就是针对他们在运笔、结构等方面更变古法，追求书法的意境、情趣而言的。黄庭坚书法精妙，与苏轼、米芾、蔡襄等并称"宋四家"。

沈周曾在诗卷的题跋中这样评价黄庭坚的草书："山谷书法，晚年大得藏真三昧，此笔力恍惚，出神入化，谓之'草圣'宜焉！"可见，黄庭坚的草书艺术已达到炉火纯青的地步。

穆 mù

【姓氏来源】

穆姓的起源主要有二：

其一：出自子姓，以谥号为氏，为宋穆公的后裔。据《元和姓纂》所载，西周时，周王朝封微子于宋，建立宋国。传至宋宣公时，他没有传位给儿子与夷，而是传给了弟弟子和即宋穆公。宋穆公去世后，传位给了与夷，即宋殇公。宋穆公受到国人称赞，谥号为"穆"。宋穆公的子孙中有以其谥号为姓的，称穆氏。

其二：出自改姓。据《魏书·官氏志》记载，北魏鲜卑族的丘穆陵氏，汉姓为"穆"；宋朝时，一部分定居中国的犹太人被赐姓穆；满族入主中原以后，许多满洲旗人也将自己的姓简化为穆。

宋穆公像。

【郡望堂号】

穆姓的郡望主要有汝南郡和河南郡。

汝南郡：西汉时置郡，治所在上蔡（今河南上蔡西南部），东汉时移至平舆（今河南平舆）。

河南郡：西汉改秦三川郡置郡，治所在雒阳（今河南洛阳）。

【繁衍变迁】

穆姓发源于河南。春秋战国时，山东、河南、湖北等省均有穆姓人分布。秦汉之际，穆姓人在山东、江苏、安徽、河南等地非常活跃。魏晋南北朝时，穆姓人向南迁居至江南各省和湖南、四川一带，还有一部分穆姓人在陕西、甘肃、青海、山西、河南兴盛起来。北宋时期，山西的穆姓人发展得较为繁盛。元朝时，湖南、四川地区的穆姓人为避战乱，西迁至贵州。清朝时，很多满族人改为穆姓，并为当朝显贵。因此北京的穆姓人增多，而世居辽宁的满族穆姓，则开始向黑龙江、吉林等地迁徙。

【历史名人】

穆宁：唐朝著名大臣，个性刚直，奉公守法，安禄山谋反时，他联合各州县并力抵御。穆宁家教严格，和韩休两人都以家教严格出名，有"韩穆二门"的成语。

穆修：字伯长，宋朝散文家。好古文，著有《穆参军文集》。

穆相：字伯寅，明朝著名沂水令，犯颜直谏，人称"真御史"。

穆孔晖：字伯潜，号玄庵。山东堂邑人。明代官员，理学家，心学学者。穆孔晖是继承和传播王守仁心学最早的山东学者。他一生著述颇丰，如《读易录》、《前汉通纪》。

【姓氏名人故事】

穆参军穆修

穆修是北宋著名的散文家。穆修年少时就非常喜欢学习,曾经师从陈抟,因此对《易经》和《春秋》颇有研究。三十岁时中进士,任泰州司理参军一职,人称"穆参军"。穆修年纪轻轻就意气风发、才华横溢,不愿意与俗相俯仰,所以为泰州通判所忌讳,被诬告而贬为池州参军。

穆修性格刚烈,喜欢针砭时弊,不屑与权贵结识。一次,亳州有一豪士捐建了一座佛庙,亳州太守张知白就让穆修给这座庙宇写传记。

穆修洋洋洒洒写了一篇文章,但文章上却没有那名捐建庙宇的豪士的名字。豪士以做寿的名义送了穆修五百两白银,拜托他在传记上写上自己的名字。穆修拒绝了,他说:"我宁愿行走四方来糊口,也不想让匪人玷污了我的文字。"当时有一个宰相也很欣赏穆修的才华,想结识穆修,并任用穆修为官。穆修却一直都没有去拜见过那位宰相。

穆修经常为了学术上的问题,与朋友们争论得面红耳赤。在文学风格上,穆修推崇韩愈、柳宗元的古文运动,他提倡"古道",因此穆修的文章都颇有深度。当时的学者都从事研究声律和辞藻,只有他潜心于对古文的研究,因此他的文风也受到韩愈的深刻影响。穆修的诗歌也相当具有晚唐诗歌的风格。这样的穆修很受当时的文学大家欧阳修的赞赏。

穆修的文章现今存世不多,但颇有深度。如《亳州魏武帝帐庙记》中称赞曹操"伐谋制胜,料敌应变"的才能,表现出其超凡的见识。

穆参军穆修。

xiāo
萧

【姓氏来源】

萧姓起源主要有四:

其一:出自嬴姓,以国名为姓,为伯益的后裔。据《通志·氏族略》所载,颛顼的后裔伯益曾协助大禹治水,立下功劳,被赐予嬴姓。其裔孙孟亏,被分封至萧地,建立萧国,萧国子孙遂以国名为氏,称萧氏。萧孟亏是萧姓第一人。

其二:出自子姓,以国名为氏,为周朝宋国微子启的后裔。据《元和姓纂》、《古今姓氏书辨证》和《通志·氏族略》等有关资料所载,微子启之孙大心建立萧国,后萧国被楚国所灭,萧国子民以国名为姓,称萧氏。

其三:出自少数民族改姓或被赐姓。汉朝时巴哩、伊苏济勒、舒噜三族被赐为萧姓;两晋南北朝时,契丹拔哩、乙室已氏,回纥的述律氏,奚族的石抹等氏族全部改为萧姓,可见契丹各族中萧姓群体的规模是相当可观的。

其四:出自外姓改入。金元时期,我国北方流行太一教,因为创教人姓萧,所以一些非萧姓的嗣教者被改为萧姓。

【郡望堂号】

萧姓的郡望主要有兰陵郡和广陵郡。

兰陵郡：西晋时置北兰陵，治所在今山东枣庄一带；东晋时置南兰陵，治所在今江苏武进区一带。

广陵郡：西汉时置郡，治所在今江苏扬州。

萧姓的堂号主要有"定汉"、"制律"、"八叶"等。

【繁衍变迁】

萧姓发源于安徽。三国魏晋时，萧姓氏族已经迁往南方各省。南北朝时，有萧姓人建立了齐、梁两朝，使萧姓成为国姓，得以大规模发展。宋朝时，少数民族契丹中有萧姓，使得萧姓家族更加壮大，于此期间，萧姓人也开始迁居至福建、广东等地。至此，山东、河南、河北、安徽、北京、福建、广东等地都有了萧姓的分布。元明清三朝，萧姓人迁居至四川、湖南、江西、湖北等省。清康熙末年，萧姓人开始渡海进入台湾，进而远徙海外。

萧姓是当代中国人口排行第三十位的姓氏，尤盛于长江中上游地区。

【历史名人】

萧何：汉朝著名政治家，秦末随刘邦起义，为建立汉朝起到重要作用，代表作有《九章律》。

萧衍：字叔达，小字练儿，南朝齐时著名大将，南梁政权的建立者。

萧统：字德施，小字维摩，南朝梁著名的文学家，善词赋，辑《文选》三十卷，是我国现存最早的诗文总集。

【姓氏名人故事】

萧统与《昭明文选》

萧统是南朝梁时著名的文学家，同时也是梁武帝的儿子，昭明太子。

萧统年少时就很有才气，而且恭谦懂礼，性格仁厚，喜怒不形于色。萧统也是个非常孝顺的孩子，他的母亲丁贵嫔病重，他便搬到母亲寝宫，昼夜不离母亲身边照料。母亲去世后，他悲痛欲绝，饮食俱废。他的父亲几次下旨劝逼，他才勉强吃些水果蔬菜，本来健壮的身材变得羸弱不堪，百姓看见了无不动容。

萧统爱读书，5岁时就已经阅遍儒家经典，还经常与学士谈古论今，再以文章著述。萧统召集了文人学士，搜集古今书籍三万卷，编集成《文选》三十卷。

《文选》是中国现存的最早一部诗文总集，因为萧统的谥号为"昭明"，所以这部文选又称为《昭明文选》。《文选》选录了先秦至南朝梁代八九百年间、一百多个作者、七百余篇各种体裁的文学作品。《文选》中收录的篇章，既要经过作者深思熟虑，又要文辞华丽，都是文质并重的文章。唐朝时，《文选》与"五经"并驾齐驱，是文人仕族必读的书籍。唐以后的文人都将《文选》作为学习文学的首选教材。

萧统著《昭明文选》。

yīn
尹

【姓氏来源】

尹姓的起源主要有二：

其一：出自少昊的后代，以邑名为氏。相传少昊为黄帝之子，是远古时羲和部落的后裔，为古代东夷族的首领，号金天氏。少昊有子殷，担任工正一职，主制弓矢，被封于尹城，世称"尹殷"。子孙世袭其官职。殷的后代以封邑名"尹"作为姓氏。周朝时，尹氏子孙的封地一直在尹城，直至西周灭亡后，周平王东迁洛阳，尹氏后裔为避免戎族的侵扰，也迁居洛阳附近，作为尹氏封邑的尹城也迁至洛阳附近。

其二：为以官名命名的姓氏。据相关史料记载，尹是商周时官位的名称，官职相当于宰相。如商汤时有伊挚为尹，周宣王时有尹吉甫为尹。其后代中有以官职名为姓的，称尹氏。周朝的属国中亦有尹氏。

尹殷像。

【郡望堂号】

尹姓的郡望主要有天水郡、河间郡等。

天水郡：西汉时置郡，治所在平襄（今甘肃通渭西北），西晋时移到上邽（今甘肃天水市）。此支尹氏，为晋时尹纬之族所在。

河间郡：西汉时置郡，治所在乐城（今河北献县南）。此支尹氏，其开基始祖为东汉尹敏的后裔。

尹姓的堂号有"天水"、"文和"、"肆好"、"一经"、"明经"等。

【繁衍变迁】

尹姓发源于河南、山西等地。西汉时，陕西、山西、河北、山东等地均有尹姓人分布，并成为贵州地区的大姓之一。东汉时，浙江、广西、四川等地的尹姓人都有所发展。魏晋南北朝时，甘肃地区的尹姓人发展繁衍得十分旺盛。隋唐之后，尹姓人向江苏、云南、辽宁等地迁徙。宋元之际，大批尹姓人为避战乱，迁居南方地区。明朝初年，山西的尹姓人作为迁民之一，分迁至河南、河北、江苏、天津等地。清朝时，尹姓人渡海赴台，远播海外。

【历史名人】

尹吉甫：周宣王时大臣，兮氏，名甲，字伯吉甫。曾作《诗经·大雅·烝民》、《大雅·江汉》等。

尹敏：字幼季，东汉著名经学家，著有《今文尚书》。

尹锐志：又名锐子，辛亥革命时期著名女杰，被称为"中国近代史中女界之三杰"之一。

【姓氏名人故事】

尹继伦千人破阵

北宋端拱年间，辽经常侵犯北宋边境，宋将尹继伦奉命驻守边界，他每日带着千名士兵在边境巡逻，风雨无阻，不敢有丝毫的懈怠。

一日，尹继伦在带兵巡逻的时候，突然发现了一支众达数万的辽大军，带兵的首领正是辽大军的统帅耶律休哥。这一下狭路相逢，敌我兵力悬殊。

尹继伦当下命令自己的兵士躲开大路，进入到一旁的树林中列队。其实耶律休哥早已发现了尹

尹继伦千人破阵。

继伦的队伍,但是他完全没有将尹继伦这支区区千人的巡逻兵当回事。

耶律休哥真正的目的是打劫前方一支增援边界的北宋重军。他率领着部下看都不看尹继伦他们一眼,从容地从他们列队的小树林旁浩浩荡荡地走了过去。

辽军对宋军的藐视,顿时激怒了尹继伦,他对部下们说:"辽寇如此嚣张跋扈,完全不将我们这支巡逻队放在眼里。此行如果他们若战胜前方大宋的军队,回来时,势必将我们捉回去为奴隶;若是战败,回来时也必定将怒气撒在我们身上。左右是死,我们索性拼了,趁此时他们的注意力在前方大宋重军上,我们尾随其后,找机会偷袭。这样我们若是得手,必定名震全军;即便是落败,也不失'忠义'二字,总好过任人宰割,枉为男人。"

尹继伦一番话说得士兵们斗志昂扬,热血沸腾。当下,他们在林中等到天黑,然后丢弃重物,只带着随身的短兵器,轻身沿着辽军的去路跟了上去。

破晓时分,尹继伦带兵追上了辽军,事有凑巧,此时的辽军也已经跟上了宋军增援队,自认为占据绝对优势的辽军正在不慌不忙地吃早饭,准备吃完饭立刻冲阵,完全没有想到自己后面还有宋军。

尹继伦眼看时机正好,于是毫不迟疑,当即带着士兵冲杀了过去,直扑中军。当时辽军士兵正手捧着饭碗,精神松懈,宋军犹如从天而降,猝不及防,辽军里顿时一片大乱。大名鼎鼎的耶律休哥竟然被吓掉了筷子,随即手臂也负了伤,这位辽朝名将大惊之下竟然丢下大军,独自一人上马逃走了。

辽军本来就已经混乱不堪,此时失了主帅更是雪上加霜,很快便全军溃散。

尹继伦部队以迅雷不及掩耳之势战胜了辽军,这个"千人破阵"的故事,自此成了一个历史传奇。

yáo

姚

【姓氏来源】

姚姓的起源主要有三:

其一:出自妫姓,为舜的后裔。相传,帝舜是颛顼的后代,因生在姚墟,他的后裔子孙便以地名为氏,称姚氏。又因后来居住在妫汭河边,其子孙又有以妫为姓的。周武王克商建周后,追封前代圣人的后裔,遂封帝舜的后裔妫满于陈,称陈侯。妫满死后谥号陈胡公,其后代子孙以其谥号为氏,即胡氏。亦有以国名为氏,称陈氏。传至敬仲时,因在齐国做官,遂为田氏,到了王莽新政的时候,封田丰为代睦侯,其子为避乱迁居改回妫姓。其五代孙敷,复为姚姓。

其二:出自子姓。据《路史》中记载,春秋时期有姚国,是商族的后代,后世子孙以国名为氏,称姚氏。

其三:出自他族改姓。《晋书》中记载,西晋末年,有羌族首领姚弋仲,本是汉代西羌烧当氏的后人,自称虞舜之后,故改为姚姓。另有金时期女真岳佳部,属于汉化改姓姚氏。另外,蒙古族努克楚德氏,在明朝时期即改为汉姓姚氏。

【郡望堂号】

姚姓的郡望主要有吴兴郡、南安郡等。

吴兴郡：三国时期置郡，治所在乌程（今浙江吴兴南）。

南安郡：东汉时置郡，治所在豲道（今甘肃陇西渭水东岸）。

姚姓的堂号主要有"吴兴"、"南安"、"圣仁"等。

【繁衍变迁】

姚姓发源于今江苏苏州一带。东汉以前，有姚姓人徙居今河南、山西、广西、四川、浙江等地。西晋时，有姚姓人迁至今陕西。唐初，有姚姓人迁入今福建，与此同时，既有姚姓人前往今辽宁，也有今陕西、甘肃、河南的姚姓人入迁今云南、四川。两宋时，姚姓人已分布于今河北、河南、山西、山东、四川、江西、江苏、浙江、福建、广东、辽宁等地。明初，姚姓人作为山西迁民之一被分迁于今山东、河南、河北、东北等地。清初，有姚姓人赴台，进而远播海外。

【历史名人】

姚崇：本名元崇，字元之，避唐玄宗"开元"年号讳，改名姚崇。唐朝名相，也是中国历史上的著名宰相。

姚枢：字公茂，号雪斋，又号敬斋，元朝初年重臣和著名理学家。

姚合：字大凝，唐朝杰出诗人，与贾岛并称"姚贾"。

姚鼐：字姬传，清朝著名散文家，与方苞、刘大櫆并称为"桐城三祖"。著有《惜抱轩全集》等，曾编选《古文辞类纂》。

【姓氏名人故事】

姚崇治蝗

姚崇是唐朝著名宰相，历任武则天、唐睿宗、唐玄宗三朝，为人豪放，为官清廉，求真务实，是一个脚踏实地的实干家。

唐开元年间，中原地区发生了严重的蝗灾。唐朝时期佛教盛行，老百姓受迷信思想影响，只是通过焚香膜拜的办法乞求消灾，却没有任何作为。蝗灾的消息传到朝廷，朝堂上的官员也都说是朝政有失，老天降蝗灾警示。更有大臣上表，要唐玄宗悔过自身的行为，补偿从前的过错。姚崇却明白，如果放任蝗灾蔓延下去，不予治理，百姓将流离失所，国家的根基将被动摇。但是轻易发动灭蝗行动，阻力甚大。于是姚崇在古籍上寻找有关灭蝗的依据，以《诗经》和东汉光武帝的诏书为凭，并以切实可行"焚瘗"之法，说服了唐玄宗。

姚崇虽然说服了玄宗，但朝堂上反对灭蝗的声音仍然很大，就连平时一向支持姚崇的大臣也都劝姚崇不要行灭蝗之事。灭蝗公文下发后，地方官员也有不行命令的，汴州刺史倪若水更是上书朝廷说："蝗虫是天灾，应该检讨自己的德行。"姚崇听说后大发雷霆，当时写了牒文，说："我听说古时候一个地方要是有好的官吏，就不会有蝗灾。如果修养好自己的德行就能够免除蝗灾的侵害，那你是不是就是一个无德无行的贼官呢?! 现在你什么都不做，看着禾苗被蝗虫败坏，怎么忍心不采取措施！将来百姓饥馑，你的良心要如何安稳?!"倪若水看了姚崇的牒文，便积极地敦促百姓行"焚瘗"之法。两年后，灭蝗的成绩显著，没有造成严重的饥荒。

姚崇像。

shào
邵

【姓氏来源】

邵姓的起源比较纯正，主要出自姬姓，为周文王之后。周初有大臣姬奭，是周文王之庶子，因食邑于召，被称为召公或召伯。又因辅助周武王伐商有功，成王时被封于燕国。召公因自己要留在镐京任太保，遂派自己的儿子去管理燕国。后来同周公旦一起平定武庚之乱。周室东迁后，召公的封邑也随之东移。后来，燕国为秦国所灭，召公的子孙以原封地"召"为姓，称召氏。后来召姓多改为邵姓，至于更改的原因、时间，说法不一，史无祥载。

姬奭像。

【郡望堂号】

邵姓的郡望主要有博陵郡、汝南郡、安阳县等。

博陵郡：东汉时置郡，治所在博陵（今河北蠡县南）。西晋时置国，治所在安平（今河北安平县）。

汝南郡：西汉时置郡，治所在上蔡（今河南上蔡西南），东汉时移到平舆（今河南平舆北）。

安阳县：西汉时置县，治所在今河南正阳西南。西晋时置县，治所在今天的河南安阳西南。

邵姓以"博陵"等为其堂号。

【繁衍变迁】

邵姓发源于陕西和北京地区。战国末期，邵姓人主要散居在河北、河南、安徽等地区。两汉时期，邵姓人成为河南部分地区的望族。到了西晋末年，邵姓人开始南迁，落籍于福建、广东等地。宋朝时，邵姓人入居浙江、安徽、江苏、福建等地，山西、湖北、湖南也有邵姓人的居住。南宋末年，邵姓人已广布江南各地。明朝初年，山西的邵姓人迁往河南、安徽、江苏、浙江、山东等地。清朝开始，有邵姓人渡海迁居台湾，进而播徙海外。

【历史名人】

邵雍：字尧夫，谥号康节，北宋著名哲学家。精研《周易》，著有《皇极经世》、《伊川击壤集》等。

邵光祖：字弘道，元朝著名学者。吴中学者称其为"五经师"。

邵兴：字晋卿，南宋抗金义军领袖。

邵力子：近代著名教育家、政治家，被誉为"和平老人"。

【姓氏名人故事】

邵雍护塔

邵雍是北宋著名的哲学家和易学家，他为人不但有儒者之风，而且还有侠之大义。晚年的时候邵雍居住在洛阳，他将自己的家起名安乐窝，整日躲在家中潜心写作，不理世事。

洛阳有个文峰塔，建得十分高大威武，并且坊间相传，这座塔的地官中压着金龙玉凤，乃是洛阳的镇城之宝，不只价值连城，而且谁要得到金龙玉凤就可得到天下。

此时宋朝正在实行新法，洛阳新上任了一个县令，此人贪得无厌，野心勃勃。

县令打着新法的幌子，整日费尽心力地搜刮民脂民膏，洛阳的百姓苦不堪言。自从听说文峰塔下压有重宝之后,更是打算在几日后毁塔掘宝据为己有。

邵雍闻听此事之后,整日忧心忡忡,他想:文峰塔乃是洛阳的古迹,怎能眼看着它毁在这个唯利是图的小人手中?但是这个小人又是一县之长,在他管辖之内,百姓都得受制听命于他,须得想个计策,让他自己放下毁塔的念头才好。

邵雍苦苦思索几日之后,终于想出一条计策来,他召集了几个年轻人吩咐道:"你们只要按着我所说的去做,定能保全文峰塔。"那几个年轻人听完邵雍的安排之后大喜,表示定会依言而行。

邵雍护塔。

几日之后,县令亲自带领公差来到塔下,准备拆塔取宝,但是众公差正要上塔之际,忽然听见头顶"嗡嗡"作响。众人抬头一看,大吃一惊,只见塔身上竟盘卧着一条蜿蜒的巨龙,龙身微微晃动,众人仔细一看,原来这条巨龙竟是由千万只蜜蜂汇聚而成的。众公差望着宝塔目瞪口呆,谁也不敢上前,此时,围观的百姓纷纷道:"这一定是上天显灵,才让蜜蜂汇聚成龙形前来护塔,如果县太爷还要拆塔,恐怕有违天意要遭天谴啊。"

县令眼见塔上的异状又耳听百姓的议论,心中也忐忑不安,他也怕自己逆天而行会遭受报应,于是悻悻地带着公差离开了。

事实上,那塔上的巨龙,乃是邵雍在前一天命几个年轻人在塔身上用蜂蜜画的,随后蜜蜂闻到香味,从四面八方飞到塔上采蜜,自然形成巨龙之形。

正因为当年邵雍的妙计,这座精美的古塔才得以保留至今。

wāng

汪

【姓氏来源】

汪姓的起源主要有三:

其一:出自汪芒氏之后。汪芒氏又称汪罔氏,由防风氏所改。商朝时有汪芒国,国君叫做防风氏,守封禺之山。相传汪芒是巨人之国,其国君防风氏有三丈之高。在夏禹召集天下诸侯时,防风氏因迟到被夏禹处死。其后人后迁至山里,称汪芒氏。到了战国时期,楚国攻灭越国之时,汪芒国亦被攻破。国民纷纷出逃,改称汪氏。

其二:出自姬姓,是周公之子伯禽之后。相传后稷是因其母姜嫄踩了巨人的足迹而生,为姬姓,是周朝的始祖。周王克商建周后,分封土地,周公旦的长子伯禽被封于鲁地,称鲁侯。传至第二十一位君主鲁成公有庶子姬满,食邑于汪地,他的后代便以邑名为姓,称汪氏。

其三:出自姬姓,为翁姓避乱改姓。翁姓也是姬姓的一个分支,

伯禽像。

西周初期，周昭王的支庶子孙，被封于翁山，其后遂以邑名为姓，称翁氏。据《六桂堂丛刊》所载，宋朝初年，福建有翁乾度，生有六子，分姓洪、江、翁、方、龚、汪。其中六子处休，分得汪姓，其后世子孙遂称汪氏。

【郡望堂号】

汪姓的郡望主要有平阳郡、新安郡、六桂等。

平阳郡：三国时置郡，治所在平阳（今山西临汾西南）。

新安郡：晋时改新都郡置郡，治所在始新（今浙江淳安西）。

六桂：即"六桂联芳"的誉称，治所在闽县（今福建福州市）。

汪姓的堂号主要有"平阳"、"六桂"等。

【繁衍变迁】

汪姓发源于浙江、山东、山西等地，早期迁往江苏、江西、安徽等地，并有一支汪姓氏族在北方发展，繁衍为当地的主力。东汉时，汪姓人进入浙江一带。隋朝初年，有一支汪姓人迁入河北河间。汪姓人迁居福建始于唐朝初期。唐朝以后，安徽的汪姓人则向江西、贵州、福建和两广等地迁入。两宋之际，汪姓成为全国著名姓氏之一，在安徽、江西发展得尤为昌盛。明朝初年，山西的汪姓人迁至两湖地区和河南、山东、天津、东北等地。清康熙年间，居住在福建、广东等东南沿海地区的汪姓人移至台湾，继而远播海外。

【历史名人】

汪伦：又名凤林，唐朝时期官吏。与李白交好，《赠汪伦》中"桃花潭水深千尺，不及汪伦送我情"即是写两人惜别之情。

汪元量：字大有，号水云，南宋著名诗人。著有《水云集》、《湖山类稿》等。

汪昂：字忉庵，清朝著名医学家。有《素灵类纂约注》、《医方集解》、《本草备要》、《汤头歌诀》等，对医学普及有所贡献。

汪士慎：字近人，号巢林、溪东外史等，清朝著名画家、书法家。"扬州八怪"之一。

【姓氏名人故事】

"诗史"诗人汪元量

汪元量是南宋末期著名的词人、宫廷琴师。元朝攻陷南宋都城临安，将宋朝君臣胁迫至幽州，汪元量也以宫廷琴师的身份随宋恭宗一道北上幽州，目睹了南宋降元的悲惨场面，自己也羁留在北方十多年。因此写下了许多具有纪实性的诗史作品，如《醉歌》、《越州歌》、《湖州歌》等，表达了亡国的痛苦，记录宋元更替时期的真实事件，被人称为"宋亡之诗史"。

后来南宋将领文天祥被俘，被囚禁在大都。汪元量不顾自身安危，常常到狱中探视文天祥。两人以诗歌唱和，相互勉励。文天祥还为汪元量搜集了杜甫的诗句，写下了《胡笳十八拍》的词，由汪元量作曲，文天祥为其作序。文天祥以身殉宋后，汪元量又作《孚丘道人招魂歌》九首，以表达对文天祥的无限思念。

诗人汪元量。

后来，在得到元世祖的许可后，汪元量毅然决然地离开了朝堂，回到江南做起了道士。汪元量暗中结交抗元义士，鼓动反元活动。后来，他隐居在钱塘的湖光山色中，自称"野水闲云一钓蓑"，终老山水。

máo
毛

【姓氏来源】

毛姓的起源主要有二：

其一：出自姬姓，以封邑名命姓，为周文王之子叔郑之后。周武王建立周朝后，其弟叔郑因为在伐商的征战中表现勇猛，被封于毛邑，称毛叔公。其后世子孙以其封地名命姓，遂称毛氏。

其二：出自他族、他姓改姓。根据史料记载，南北朝时有代北少数民族，亦称毛氏。又明朝时，有毛忠、毛胜，均为皇帝赐姓。

【郡望堂号】

毛姓的郡望主要有西河郡、荥阳郡、河阳郡和北地郡等。

西河郡：西汉时置郡，治所在平定（今内蒙古东胜县），东汉时移到离石（今山西离石）。

荥阳郡：三国魏时分河南郡置郡，治所在今荥阳。

河阳县：汉时置县，治所在今河南孟州市西。

北地郡：战国秦时置郡，治所在义渠（今甘肃宁县西北），西汉时移到马岭（今甘肃庆阳西北），东汉又移到富平（今宁夏吴忠西南）。

毛姓的堂号主要有"西河堂"、"永思堂"、"舌师堂"、"敦本堂"等。

【繁衍变迁】

毛姓发源于河南、陕西。春秋时期，毛姓人进入湖北地区落居。汉朝之前，今山西、河南的毛姓人迁往宁夏、内蒙古、甘肃等省，以宁夏和内蒙古最为繁盛，今安徽、四川地区也有毛姓人迁入。唐朝末期，毛姓人大规模南迁至江西。五代以后，毛姓人在南方兴盛开来。元朝时，有毛姓人落籍云南。明朝初期，山西毛姓人迁往湖北、湖南、河南、山东、江苏、北京等地。清朝雍正年间，毛姓人开始渡海进入台湾，进而远徙海外。

【历史名人】

毛遂：战国时期赵公子平原君赵胜的门客，有"三寸之舌，强于百万之师"的美誉，"毛遂自荐"的成语即是关于毛遂和平原君的典故。

毛延寿：汉朝著名画家，代表作有《西京杂记》、《历代名画记》、《图绘宝鉴》等。

毛亨：是"毛诗"的开创者，著有《毛诗古训传》。

毛泽东：字润之，伟大马克思主义者，战略家和理论家。中华人民共和国的缔造者和领导人，诗人，书法家。被视为是现代世界历史中最重要的人物之一。

【姓氏名人故事】

毛遂自荐

毛遂原是战国时期的薛国人，后在赵国的平原君门下为食客。此时，秦国与赵国正在征战，秦军大胜之下，将赵国都城邯郸一举围困。

毛遂自荐。

赵国处境危若临渊，平原君赵胜奉赵王之命去楚国求兵援助。临行前，他将自己的门客都召集到面前，要从中挑选二十个文武双全的人与自己同行，选到最后还缺一人。此时一个叫毛遂的人排众而出，来到平原君的面前自荐道："毛遂不才，愿与先生同往。"

平原君见是自己门客中毫不起眼的毛遂，于是淡然道："有才能的人在人世间就如同囊中的锥子，他的锋芒有如锥尖，难以掩藏，而你身在我门下已经三年了，我从未听到过有谁对你，说过只言片语的赞美，这自然是你没有什么才能的缘故，我今日带去的人都是能够有助于我的人，你还是留在家中吧。"

毛遂听完平原君的话从容地答道："在下之所以未见锋芒，是因为始终身在囊外，今日若是进入囊中，何止会如同锥子一般只露出尖梢，必会将整个锋芒尽显出来的。"

平原君听后微露惊讶，只觉毛遂的气度非凡，谈吐中气势过人，知道他并不是等闲之辈，于是慨然决定让毛遂与自己同往楚国。

到了楚国之后，楚王请平原君孤身一人来见，两人在大殿之上，从早晨一直谈至中午，还是毫无结果。正在相持不下之际，毛遂忽然不请自来，他大步上殿高声道："出兵之事非利即害，非害即利，简单而又明白，为何议而不决？"

楚王大怒道："此是何人？敢不经宣召就私自上殿喧哗。"平原君也是一惊，忐忑地道："此人名叫毛遂，乃是我的门客。"楚王当即喝令毛遂退下。

毛遂对楚王的斥责充耳不闻，反而一步步走上前来手按宝剑冷声道："如今十步之内，大王性命在我手中！出不出兵，还请速速定夺。"

楚王大惊，见毛遂双目炯炯气贯长虹，竟愣怔着不知所措。毛遂此时，将出兵援赵对楚国的所有有利之处一一道来，并详细分析。楚王听完之后顿时对眼前这个智勇双全的毛遂心悦诚服，当即答应出兵。

几日后，楚、魏等国联合出兵援赵，秦军被逼退，赵国兵临城下的围困终于解除了。平原君自此将毛遂奉为上宾，他感叹道："此行之所以能马到功成，皆是因为毛先生有勇有谋的举措，令楚王不敢轻视赵国，才肯发兵救助。"

从此，"毛遂自荐"成了一个被世人所流传的著名典故。

zāng

臧

【姓氏来源】

臧姓起源主要有三：

其一：出自姬姓，以邑名为氏，为鲁孝公之子彄的后代。据《通志·氏族略》记载，春秋时期，鲁国国君鲁孝公的儿子名彄，被封于臧，建立臧国，其子孙后代就以国名为姓，称臧氏。

其二：出自姬姓，以祖字为氏，为鲁惠公之子欣的后裔。春秋时期，鲁国国君鲁惠公有子名欣，字子臧。姬欣的子孙中，有以其字作姓的，称臧氏。

其三：少数民族姓氏。锡伯族扎斯胡里氏的汉姓即为臧姓。

【郡望堂号】

臧姓的郡望主要有东莞郡、东海郡和天水郡等。

东莞郡：汉时置城阳郡，晋改称东莞，治所在莒（今山东莒县）。

东海郡：秦时置郡，治所在郯邑（今山东郯城）。

天水郡：西汉时置郡，治所在平襄县（今甘肃通渭西北），东汉时更名汉阳郡，三国魏时又改回天水郡。

【繁衍变迁】

臧姓发源于山东。鲁国灭亡后，臧姓人散居在山东各地，并逐渐在山东和江苏部分地区形成较大的聚集地。秦汉之际，臧姓人迁居至河北、河南、山西、陕西、甘肃等北方诸省，在河南禹州和甘肃天水形成望族。东汉时，江苏地区也有了臧姓人的居住。两晋南北朝时，山东地区的臧姓人大举南下，散居在江苏、浙江、安徽等地。唐末五代，臧姓人迁入湖北、湖南、四川、江西等地。宋元之际，住在江苏、浙江、江西等地的臧姓人进入福建、广东和广西地区。明朝初年，山西的臧姓人迁往河南、河北、山东、北京、天津、江苏等地。清康乾年间，河北、河南、山东的臧姓人"闯关东"进入东北三省，沿海地区的臧姓人则渡海进入台湾，继而远播海外。

【历史名人】

臧洪：汉末群雄之一，曾游说各地首领，共同讨伐董卓。

臧荣绪：南朝齐国史学家，著有臧版《晋书》，是唐朝房玄龄、诸遂良等人修史《晋书》的最重要蓝本。

臧中立：字定民，宋朝名医，相传他每天治愈数千名病人。

【姓氏名人故事】

臧荣绪拜经

臧荣绪是我国南朝齐时杰出史学家。臧荣绪出身于一个官宦世家，受到家庭环境的影响，臧荣绪自小就博学多才，非常好学。但是臧荣绪却不愿做官，多次被征召都不去就任，一心钻研历史典籍，终于在60岁的时候撰成了《晋书》一百一十卷。这本书包含了东晋和西晋的全部历史，内容全面，体例兼备，是唐朝时房玄龄、诸遂良等人修史《晋书》时最重要的蓝本。

臧荣绪年幼丧父，因此一直自己在田园里种植菜蔬，用来祭祀祖先以及供养母亲。后来母亲过世了，臧荣绪就在农历每个月的初一和十五，准备珍贵美味的食物，恭敬地跪拜母亲。臧荣绪酷爱"五经"，自号为"被褐先生"。据说，每到孔子的出生的那一天，他就要将《诗经》、《书经》、《易经》、《礼记》、《春秋》这五本儒家经典摆放在书桌上，穿着整齐礼服，戴好礼帽对着这五本经典恭恭敬敬地行拜礼。

臧荣绪拜经。

臧荣绪还因为觉得酒会扰乱人的德行，就经常劝诫别人不要喝酒或者少喝酒，是一位德行优秀、品性淳厚的隐士。

戴 dài

【姓氏来源】

戴姓的起源主要有三：

其一：出自子姓，以谥号为氏，为商汤后裔。周朝初期，周公旦辅佐年幼的周成王管理朝政，三监不满，遂联合武庚和东方夷族反叛。周公回师平定"管蔡之乱"后，将殷商旧都封于商纣王之庶兄启，建立宋国。传至第十一位君主白，因在位期间爱民如子，深受百姓爱戴，死后被周宣王谥为戴公。其子孙遂以谥号"戴"为氏，称戴氏。

其二：出自姬姓，以国名为氏。相传春秋时期有戴国，为姬姓诸侯国。于隐公十年（公元前713）为郑国所灭，其国君及子民为纪念故国，遂以国名为姓，称戴氏。

其三：出自殷氏改姓。据《鼠璞》所载，殷氏有改为戴姓的。武王伐商建周后，不少商朝遗族以国名为氏，称殷氏，其后又有改姓戴的。

戴公像。

【郡望堂号】

戴姓的君王主要有谯郡、广陵郡、清河郡等。

谯郡：东汉时置郡，治所在谯县（今安徽亳州）。

广陵郡：西汉时置广陵国，治所在广陵（今江苏扬州）。东汉时改为郡。

清河郡：汉时置郡，治所在清阳（今河北清河东南）。

戴姓的堂号主要有"广陵"、"清河"、"清华"等。

【繁衍变迁】

戴姓发源于河南。先秦时期，戴姓人迁徙到安徽。西汉时，为避战乱，有戴姓人进入江苏、山东等地。三国两晋南北朝时，江苏的戴姓人进一步迁徙至安徽、湖北。唐朝初年，戴姓人开始进入福建。盛唐时期，陕西、山西、湖南、江西等地开始有戴姓人发展。宋元之际，江苏、浙江、安徽、江西等地的戴姓人进入福建、广东。明朝初期，山西戴姓人迁入陕西、安徽、山东、河北、江苏以及东北等地。清朝时，福建等东南沿海的戴姓人渡海进入台湾，进而远居海外。

【历史名人】

戴德、戴圣：戴德，字延君；戴圣，字次君，兄弟二人是今文礼学"大戴学"和"小戴学"的开创者。被后人尊称为儒宗。编有《大戴礼记》和《小戴礼记》。

戴逵：字安道，晋著名美术家、音乐家。著《戴逵集》九卷，已散佚。

戴叔伦：唐代诗人，字幼公。其诗多表现隐逸生活和闲适情调，也反映人民生活的艰苦。

戴复古：字式之，南宋著名"江湖派"诗人。

戴名世：字田有，清代史学家。号忧庵，人称潜虚先生。因刊行《南山集》，触怒了清王朝，以"大逆"罪被杀，史称"南山案"，为清朝四大文字狱之一。

【姓氏名人故事】

戴良独步天下

戴良是东汉时的隐士，为人放纵不拘、才高旷达，还非常孝顺。据说戴良小时候经常学驴叫，让喜欢听驴叫的母亲开心。长大后，戴良的母亲去世时，戴良的兄长守孝道，住帐篷吃稀饭，坚决不做不符合礼仪的事情。但是戴良却照常喝酒吃肉，每想到母亲时才悲伤的痛苦。兄弟二人都十分憔悴。有人指责戴良这样的行为不符合礼节。戴良说："礼是用来控制感情放纵的，可是感情如果不宣泄出来，又要谈什么礼呢？现在我吃美味的食物却不觉得它美味，那么吃什么都是一样的吧。"指责他的人没有办法反驳他。

戴良才华横溢，想法也常常异于常人。一次同郡的谢季孝问他："你觉得天下还有谁能和你相提并论？"戴良毫不客气地回答道："我好比鲁国的孔子、西羌的大禹，独步天下，没有人能与我相提并论。"

后来戴良被举荐为孝廉，没有去赴职。戴良带上自己的妻子孩子，跑到山里隐居，过着悠闲自得的日子，寿命很长。

戴良独步天下。

sòng
宋

【姓氏来源】

宋姓的起源比较单一，出自子姓，以国名为姓，为商朝王族直属后裔。帝喾之后裔契因辅佐大禹治水有功，被封于商，赐予子姓。后其子孙建立商朝。商朝末年，纣王荒淫暴虐，最终为周武王姬发所灭，建立周朝。商纣王的庶兄微子启很顺从周氏王朝，遂封之以商都一带，建立宋国，命他管理商朝遗民。战国后期，宋国为楚国所灭，其后世子孙便以国名为姓，称宋氏。

【郡望堂号】

宋姓的郡望主要有西河郡、广平郡、敦煌郡、河南郡、扶风郡等，为古代宋氏五大郡望。

京兆郡：三国魏时置郡，治所在长安（今陕西西安市）。此支宋氏，为后汉侍中宋弘之族所在。

西河郡：战国魏时置郡，治所在平定（今内蒙古东县）。此支宋氏，其开基始祖为汉初代王刘恒的中尉宋昌。

广平郡：汉时置郡，治所在广平（今河北鸡泽）。此支宋氏，为西河宋氏分支，其开基始祖为宋昌十三代孙前燕国河南太守宋恭。

敦煌郡：汉时置郡，治所在敦煌县（今甘肃敦煌）。

微子像。

【繁衍变迁】

宋姓发源于河南。秦汉之前，宋姓人已经在江苏、河北、湖北、陕西等地繁衍。汉朝初年，河南和山东的宋姓人进入陕西渭河流域，又继而西迁，进入甘肃，南迁进入今湖北。同时，山西的宋姓人也有迁往河北、河南等地者。唐朝安史之乱以后，宋姓人开始进入福建。宋朝时，宋姓人进入到北京、山东、江苏、江西等地，之后，宋姓人开始遍及大江南北。

【历史名人】

宋玉：又名子渊，战国时楚国著名的辞赋家、文学家。流传的作品有《九辩》、《风赋》、《高唐赋》、《登徒子好色赋》等。传说其人才高貌美，为"古代四大美男"之一。

宋璟：邢州南和（今河北）人，唐代贤相，历任武后、睿宗、玄宗三朝，与姚崇并为名相，时称"姚宋"，对造就开元盛世颇有贡献。

宋祁：最著名的宋姓学者。北宋著名的文学家、史学家。官至工部尚书。

宋慈：字惠父，是宋朝杰出的法医学家，人称"法医学之父"。其编著的《洗冤集录》是世界上最早的法医学专著。

宋江：北宋末年农民起义军首领，因施耐庵的小说《水浒传》而著名。

宋应星：字长庚，明代科学家，所著《天工开物》是一部我国古代手工业和农业生产技术综合性的科学巨著。

【姓氏名人故事】

阳春白雪宋子渊

宋玉，又名子渊，是战国末期楚国著名的辞赋家。相传他是屈原的弟子，所作辞赋甚多。宋玉的作品描写细腻工致，抒情和写景搭配得当，自然贴切。宋玉的成就虽不及屈原，但是在文学史上仍然占有极其重要的位置。宋玉也以美貌著称，被列为"古代四大美男"之一。宋玉不光长相俊美，而且才华卓越，许多女性都对他心驰神往。

楚襄王曾问宋玉："先生有什么隐藏起来的美德么？为什么大家都不称赞你呢？"宋玉笑笑回答道："有一个歌者到楚国郢都去，最开始他唱《下里》和《巴人》，国中和他一同唱歌的有数千人。当歌者唱到《阳阿》和《薤露》时，国中能同他一起唱的只有数百人。等到歌者再唱《阳春》《白雪》时，国中能与之相和不超过数十人。歌者的难度技巧再增加一些的时候，能唱和的也就只有几个人而已了。所以说，曲子越复杂、越高雅，能够唱和的人就越少。"宋玉与楚襄王的讨论，说的并不仅仅是音乐，说的还是宋玉自己。宋玉认为，自己不能为世人承认，是因为伟大超凡的人都是特立独行，思想和行为不能为凡夫俗子所理解。

宋玉对楚王问。

庞 páng

【姓氏来源】

庞姓的起源主要有四：

其一：出自姬姓，以邑名为氏，为毕公高之后。据《通志·氏族略》、《千家姓查源》记载，周文王之子毕公高的后裔有一支被封于庞，后世子孙以邑名为氏，称庞氏。

其二：出自高阳氏，以祖父名为氏，为黄帝之孙颛顼的后代。《百家姓注》上记载，庞降为颛顼八子之一，其后世子孙以祖上的名为姓，称庞氏。

其三：相传襄阳地区有庞姓的富盛人家，喜好建高屋，其乡人觉得十分荣耀，称其为庞高屋，后遂以庞为姓。

其四：出自他族或他族改姓。在《汉书·王莽传》中，西汉时西羌人中有庞恬；清满洲八旗姓庞佳氏，改汉姓为庞姓。

【郡望堂号】

庞姓的郡望主要有始平郡和南安郡等。

始平郡：晋时改扶风郡置，治所在槐里（今陕西兴平东南）。

南安郡：东汉时置郡，治所在狄道（今甘肃陇西）。

庞姓的堂号有"遗安"、"凤雏"、"南安"等。

【繁衍变迁】

庞姓的发源地不可考证，魏晋以前，庞姓人已经散居在河南、河北、山西、陕西、山东、湖北、重庆、辽宁等地。三国时，甘肃、四川均有庞姓分布。到了两晋南北朝时，庞姓繁衍旺盛，形成了庞姓南安郡望、南阳郡望、始平望、谯郡郡望等郡望。隋唐时期，陕西、山西、山东、江苏和安徽大部分都有了庞姓人落籍，同时有一支庞姓氏族迁居浙江。宋元时期，中原地区战争频繁，庞姓人大举南迁，并开始进入广西地区，发展成为当地的望族。明朝初年，山西庞姓徙居到河南、江苏、湖北、山东、河北等地。明末清初，居住在四川的庞姓为避难迁居至云南。清朝乾隆年间以后，山东庞姓随着"闯关东"的热潮进入东北三省，同时，华东、华南地区的庞姓人渡海入居台湾，进而播徙海外。

【历史名人】

庞统：字士元，号凤雏，东汉末刘备重要的谋士，初与诸葛亮齐名。

庞安时：字安常，自号蕲水道人，北宋医学家，被誉为"北宋医王"，著有《难经辨》、《伤寒总病论》、《本草补遗》等。

【姓氏名人故事】

"北宋医王"庞安时

庞安时是北宋著名的医学家。出身于医生世家，自幼聪明伶俐的他读书能过目不忘，未及弱冠就能够研读黄帝和扁鹊的脉经，不久就能通晓其中的道理，在其基础上还能有所发挥。不久，庞安时因为生病而患有耳聋之疾，这也让他更加发奋地钻研医学。庞安时开始研究《灵枢》、《太素》等医学典籍，只要是与医学相关的，他都有所涉猎。

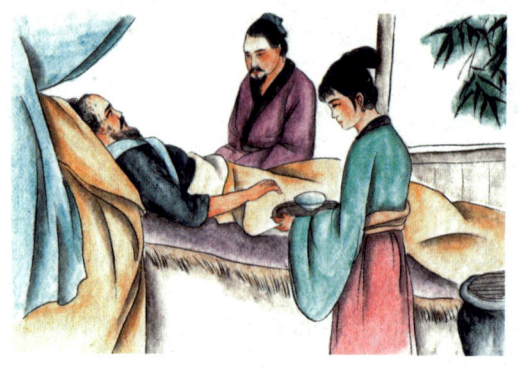

"北宋医王"庞安时为病人治病。

庞安时不但医术精湛，而且医德高尚。据说有人来向庞安时求医时，他都会给病患者腾出房间，并亲自查看药物，直到患者痊愈了才会让他们回家。庞安时给人治病，大部分都会痊愈，有痊愈的患者拿金帛来答谢庞安时，庞安时也一概谢绝了。

据《宋史》记载，一次庞安时去桐城，正好遇见一个农家妇女生产。这名妇女已经生了七天，但是孩子一直没有生下来。当地人想了很多的办法都没有用。恰好庞安时的一个学生是这家的邻居，就邀请庞安时前来治疗。庞安时看见产妇，就跟大家说不会有事，并让妇女的家人准备热帕敷在产妇的腰腹部，而庞安时则亲自为产妇按摩。不一会儿，产妇只觉得肚子一阵微痛，一个男孩就诞生了。原来是胎儿在肚子里抓着妈妈的肠子不松手，庞安时找到胎儿的位置，用针刺激了胎儿，胎儿一松手就生下来了。

庞安时在伤寒学上有十分卓越的贡献，他研究《伤寒论》等医术，结合自身的行医经验，在张仲景的基础上，将温热病与伤寒区分开来，对外感病学的发展具有非常重要的意义。

xióng

熊

【姓氏来源】

熊姓的起源主要有二：

其一：出自黄帝有熊氏之后。黄帝为少典之子，本姓公孙，长居姬水，因改姓姬，居轩辕之丘，故号轩辕氏，因建都于有熊，故亦称有熊氏。其后代有以地名为姓的，称熊氏。

其二：出自芈姓，为黄帝后裔。相传颛顼帝的后裔陆终有六子，其中小儿子叫季连，赐姓芈。季连的后裔鬻熊因做过周文王老师，在武王伐商建周后，封鬻熊的后代熊绎于荆山，建荆国。熊绎后代改国号为楚，称楚文王。熊绎以王父字为氏，称熊氏。后楚国被秦国所灭，楚国宗室后人多以熊为姓，称熊氏。

【郡望堂号】

熊姓的郡望主要有江陵郡、南昌等。

江陵郡：汉时置江陵县，治所在南郡。南朝齐置江陵郡，在今湖北江陵及川东一带。

南昌：汉时治郡，治所在今江西南昌市。

熊姓的主要堂号有"江陵"、"谦益"、"南昌"、"孝友"等。

射石堂：古人熊渠，精骑射，行夜路见虎射之，走近观看，竟是一石。

【繁衍变迁】

熊姓发源于湖北、河南，秦汉之际，已经有少数熊姓氏族散布在河北、山东等地。魏晋南北朝时，江南广大地区都有熊姓人分布。唐宋年间，熊姓人迁入江苏、浙江。南宋末年，江苏、浙江的熊姓人进入到福建、广东等地。明朝初年，山西熊姓人散居河南、山东、河北、北京、天津、江苏、安徽、陕西等地。明朝以后，贵州、云南、四川、海南及广西均有熊姓人迁入，并与苗、水、布依、土家、阿昌族等少数民族融合。清朝，熊姓人已经遍布大江南北，同时有福建、广东等东南沿海地区的熊姓人渡海赴台，徙居海外。

【历史名人】

熊安生：字植之，北朝经学家，北学代表人物之一
熊朋来：字与可，元朝文学家、音乐家，著有《五经说》、《瑟谱》。
熊伯龙：字次侯，号塞斋，别号钟陵，清初无神论者，编著《无何集》。
熊赐履：字敬修，清朝大臣、政治家、学者。有《经义斋集》等。

【姓氏名人故事】

楚庄王一鸣惊人

熊侣，谥号楚庄王，春秋五霸之一。

公元前631年，晋国将原依附于楚的几个小国拉拢过去，结成了同盟。消息传来，楚国朝野上下一片哗然，纷纷要求楚国出兵，与晋国争霸。而即位不久的楚庄王却对国家大事、对宏图霸业不闻不问，对于朝野的议论和大臣们的劝谏，更是充耳不闻，就这样持续达三年之久。更为甚者，他为了耳旁的清静，干脆在宫门口立一木牌，上书："有敢谏者，死无赦。"

禁令虽严，却并不能吓退忠贞之士。大臣伍举在经过深思熟虑后来谒见楚庄王，只见庄王在宫中左拥郑姬、右抱蔡女，醉醺醺地观看歌舞。伍举拿鸟做比喻说："楚都有一只大鸟，五彩缤纷，艳丽无比，挺神气地在高坡上，三年来，不飞不叫，令满朝文武猜不透是只什么鸟。"楚庄王一听便知伍举的意思，就笑着说："我猜到了。这可不是一只普通的鸟，三年不飞，一飞冲天；三年不鸣，一鸣惊人，你们等着看吧！"伍举也明白了庄王的意思，高兴地退了下去。

从这以后，楚庄王上朝，亲自处理政务。后又出兵讨伐齐、晋两国，班师回朝。三年不鸣的楚庄王，终于一鸣惊人，成功地问鼎中原，成为霸主。

伍举讽谏楚庄王。

纪 jì

【姓氏来源】

纪姓的起源主要有二：

其一：出自姜姓，以国名为氏，为炎帝的后裔。据《元和姓纂》、《通志·氏族略》等史料记载，西周初年，为纪念贤帝圣主的功绩，周朝封炎帝之后姜静于纪，建立了纪国。春秋时，纪国被齐国所灭，纪国王族子孙就以国名为氏，称纪氏。

其二：上古有纪族，伏羲氏的大臣纪侗，即出自纪族。舜未成为帝时，他的老师纪后，也是古纪族后人。

【郡望堂号】

纪姓的郡望主要有天水郡、高阳郡和平阳郡。

天水郡：汉时置郡，治所在今甘肃通渭西北。
高阳郡：东汉时置郡，治所在高阳（今河北高阳县东）。
平阳郡：汉时置郡，治所在山西临汾市。
纪姓的堂号以"高阳堂"最具名望。

【繁衍变迁】

纪姓发源于山东。春秋时期，纪国灭亡，纪姓子孙便散布在山东各地。战国至秦朝初年这段时间，纪姓人开始向周边扩散，河北、江苏、安徽、山西、陕西等地均有落居。汉末至三国，河北纪姓人远徙至辽宁，山东、江淮地区的纪姓人则南下，陕西、河南的纪姓人迁居山西、甘肃等地。两晋南北朝至隋唐，今甘肃、河北、山西、辽宁部分地区的纪姓人发展迅速。北宋灭亡后，北方纪姓迁居江南避难。宋元之际，纪姓人进一步迁入两广地区。明朝初期，山西纪姓人迁往河北、河南、山东、北京、天津、东北等地。明朝中期，纪姓人渡海进入台湾。清康乾盛世以后，纪姓人遍布大江南北。

【历史名人】

纪信：秦末汉初刘邦麾下的将领，荥阳之战中假扮成刘邦，被项羽俘虏，为汉朝的建立立下了不可磨灭的功勋。

纪天祥：元代杂剧作家，作有杂剧六种，代表作为著名的《赵氏孤儿》。

纪昀：字晓岚，晚号石云，清朝乾隆进士，著名的文学家，主持编纂《四库全书》，著有《阅微草堂笔记》等书七种。

【姓氏名人故事】

铁齿铜牙纪晓岚

纪晓岚出生在一个书香门第之家，他儿时就非常聪慧，才华过人，有过目成诵的本领。纪晓岚4岁开始读书，21岁考中秀才，24岁时就考中乡试的解元。后来纪晓岚的母亲去世，他在家服丧，发奋读书，在31岁的时候考中了进士，为二甲第四名。

纪晓岚因为出众的才华，受到乾隆的宠待。乾隆命其为《四库全书》的总纂官，历时十三年，纪晓岚终于完成了这部卷帙浩繁的《四库全书》。《四库全书》按照经、史、子、集分为四部，部下有类，类下有属。全书共四部四十四类六十六属。它保存了我国历代的大量文献，其中有很多珍贵的善本，以及失传已久的书籍。可惜的是，因为正值清朝文字狱最为严酷的时期，在《四库全书》的编修过程中，有很多图书没能逃脱被焚毁、删削、篡改、错讹的命运，这也是文学史上的一次浩劫。

纪晓岚不仅学识渊博，而且为人幽默诙谐，伶牙俐齿。据记载，因为纪晓岚体态略胖，所以一到夏天格外难耐，经常赤膊纳凉。乾隆听说之后，就想戏弄纪晓岚一番。这天，纪晓岚正与几位同僚在房间里赤膊聊天，忽然间乾隆就走了过来。其他同僚们见到了都飞快地穿上衣服，而纪

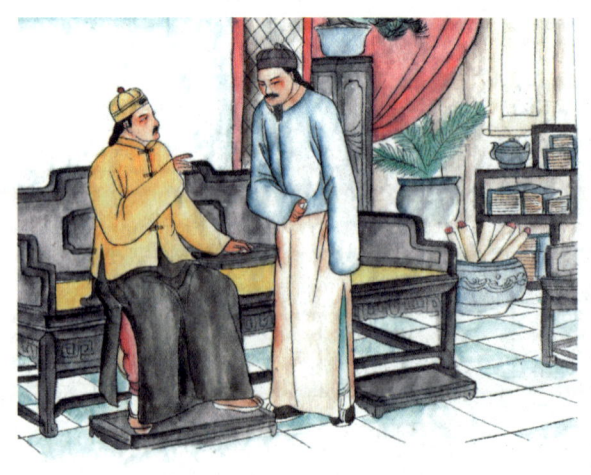

铁齿铜牙纪晓岚巧妙应对乾隆皇帝。

晓岚因为近视，直到乾隆走到门口，他才发现。情急之下纪晓岚只好躲到桌子下面。乾隆默默地坐了两个小时，纪晓岚听着没有声音了，就满头大汗地探出头问道："老头子走了么？"乾隆听了忍俊不禁，说道："纪晓岚你真是无礼，为何叫我'老头子'？"纪晓岚解释道："陛下您万寿无疆，所以叫'老'；又因为您顶天立地，所以叫'头'；这天地河川都是陛下您的，天地是皇上的父母，所以叫'子'。"乾隆听了他这解释，哈哈大笑，也就原谅了纪晓岚的无礼。

项
xiàng

【姓氏来源】

项姓的起源主要有二：

其一：出自姬姓。《广韵》记载，周朝有项国，是周朝的同姓诸侯国，后被楚国所灭，项国国君的子孙便以国名为姓，称项氏。

其二：出自芈姓，以国名为氏，为楚国王族后裔。春秋时期，楚国灭姬姓项国，楚国国君将公子燕封于项城，建立项国。后项国被齐国所灭，公子燕的子孙遂以国名命姓，称项氏。

【郡望堂号】

项姓郡望以辽西郡最有名望。

辽西郡：战国燕时置郡，治所在阳乐（今辽宁义县西）。

公子燕像。

【繁衍变迁】

项姓发源于河南。战国至秦末，项姓氏族十分显赫，在各地均有所发展。项羽兵败后，部分项姓人为避难，向东南迁入浙江、江苏、福建，向南进入湖北、湖南、云南、江西和广西等地，向北迁入河北、甘肃、河南、山东、辽宁、内蒙古等地。唐宋之际，浙江、江西、湖北等地的项姓人较为活跃。明朝初期，山西的项姓人作为迁民之一，进入河北、河南、山东、东北等地。明清之际，项姓人的分布范围进一步扩大，开始渡海入台，进而迁居东南亚和欧美各地。

【历史名人】

项元淇：字子瞻，明朝文学家、书法家，工诗文，善草书。

项羽：名籍，字羽，秦末农民起义领袖，古代杰出军事家及著名政治人物。秦亡后自立为西楚霸王，与刘邦争天下。项羽勇猛过人，颇有文采，留下了千古名作《垓下歌》。

项橐：春秋时期，莒国神童，相传7岁时与孔子辩难，使孔子窘困，被后世称为"圣人之师"。

【姓氏名人故事】

西楚霸王项羽

项羽，名籍，字羽，是秦朝末期著名的军事家，气压万夫的英雄豪杰。项羽是将门之后，年纪轻轻就率兵崛起，举兵反秦。项羽在年少的时候，就表现出了他的远大的志向。项羽的叔父项梁教他读书，没多久项羽就厌倦了。项梁又教项羽习武，没多久项羽又不愿意学了。项梁大发雷霆，项羽却说道："读书习字，能够记得名字便够了，学习武术，不过就能敌一人，要学我就要学能敌万人的功夫。"于是项梁就教他兵法。不过没多长时间，项羽又不愿意学了。一次秦始皇出游，项羽看见了那威风凛凛的车马队伍，就转头对项梁说道："我可以代替他。"后来陈胜、吴广在大泽乡起义，年仅24岁的项羽和叔父项梁也在吴中起兵响应。

西楚霸王项羽。

大泽乡起义不久,项羽在会稽郡斩杀郡守崛起,屡胜秦军。巨鹿之战后,率军入关中。年轻气盛的项羽在征秦战争中连连得胜,最终攻破秦朝的最后一支军队,彻底推翻了秦王朝的统治,分封天下,称霸诸侯。但是另外一支灭秦的主力刘邦,因为被封在偏远的汉中巴蜀,非常不满,于是起兵伐楚。刘邦带领五十六万大军浩浩荡荡地开进了楚地,两线作战且被盟友背叛的项羽陷入了前所未有的困境。楚汉两股势力展开了一场长达四年的大规模战争。到了战争后期的垓下之战时,项羽的手下只有十万兵马,而刘邦联合了齐王韩信、魏相国彭越、淮南王英布、刘贾等,共六十万大军包围了项羽。楚兵本就弹尽粮绝,又损伤无数,这时忽然听到四面传来用楚国方言唱的歌声,军心瞬间瓦解,项羽的宠妃虞姬也举剑自尽而死。项羽痛苦不已,只觉得对不起江东父老,最终也在乌江边自刎而死。

项羽虽然在政治上很失败,但是他在军事上却是拥有着难以掩盖的才华,而且项羽为人单纯爽快,英勇憨直,还留下了千古名作《垓下歌》。因此太史公司马迁在编写《史记》时将其归入"本纪"之中。司马迁评价道:"大政皆由羽出,号称西楚霸王,权同皇帝。位虽不终,近古以来未尝有也。"他的出现,为中国的历史掀起了一场风云,写下了一段不朽的神话。

zhù

祝

【姓氏来源】

祝姓的起源主要有四:

其一:出自姬姓,以地名为氏,为黄帝之裔。据《元和姓纂》、《新唐书·宰相世系表》等相关书籍记载,西周初年,黄帝之后被周武王封于祝,建立祝国。子孙以地名为氏,称祝氏。

其二:出自己姓,祝融之后。

其三:以官职名为姓。根据《姓谱》、《路史》记载,古时有司祝的官职,其子孙多以官名为氏,称祝氏。又远古时,巫师在社会中有很高的地位,称为巫史,或祝史,而官职往往是世代继承的,因此其后人为祝姓,世代相传。

其四:出自他族改姓。据《通志·氏族略》所载,魏晋南北朝时,北魏有叱卢(吐缶)氏,改汉姓为祝姓;清朝满洲八旗的爱新觉罗氏、喜塔喇氏等,均有改汉姓为祝者。

【郡望堂号】

祝姓的郡望主要有河南郡和太原郡。

河南郡:汉时置郡,治所在雒阳(今河南洛阳)。

太原郡:秦时置郡,治所在晋阳(今山西太原)。

祝姓的主要堂号有"怀星"、"太原"、"河南"等。

【繁衍变迁】

祝姓发源于山东。周朝时，祝姓人已经迁入陕西、河南等省。春秋时期，河北大部分都有祝姓人分布。西汉时，祝姓人迁居江南。东汉时，祝姓族人中有落籍于湖南者。魏晋南北朝时，北方社会动乱，战火频繁，大量祝姓人迁至今安徽、江苏、浙江、江西等地。唐中期以后，祝姓人徙居至湖北、四川。两宋时期，南方祝姓人昌盛起来，并进入福建、广东等地。明朝初期，山西祝姓人分迁于今山东、陕西、湖北、湖南等地。明朝中期之后，东南沿海地区的祝姓人渡海赴台。清朝初期，两湖祝姓人因湖广填四川进入四川。

【历史名人】

祝世禄：字世功，明朝著名学者。著有《祝子小言》、《环碧斋小言》、《环碧斋诗集》等。

祝允明：字希哲，明朝文学家、书画家。因右手有六指，自号"枝指生"，又署枝山老樵、枝指山人等。工书法，精于小楷、狂草，与唐伯虎、徐祯卿、文徵明并称"吴中四才子"。著有《前闻记》、《九朝野记》、《苏材小纂》、《祝氏集略》、《怀星堂集》等。

【姓氏名人故事】

吴中才子祝允明

祝允明，字希哲，号枝山，是著名的书法家、文学家。也就是我们经常耳闻的江南四大才子之一——祝枝山。他与唐寅、文徵明、徐祯卿齐名，明历称其为"吴中四才子"之一。祝允明学识渊博，精于诗文书法，尤其是他的狂草，格外受到世人的赞誉。当时流传有"唐伯虎的画，祝枝山的字"的说法，可以见得祝允明的书法受欢迎的程度。

祝允明幼时跟着祖父祝颢一同生活、学习，凭借着天资聪慧和勤奋好学，再加上祖父的指导，祝允明5岁时就能写一尺见方的大字，9岁时便能作诗文，10岁博览群书，被称为"神童"。祝允明32岁时中举人，本以为靠自己的才学，录取高第易如反掌，可是之后七次考试都没有成功，这给了祝允明相当大的打击。后来他开始做官，然而为人简易无拘束的他，对尔虞我诈、黑暗腐朽的官场十分不满，不久便辞官回乡。仕途的失意让祝允明的心境和性格都产生了非常大的变化，他由积极入仕逐渐向游戏人生的方向转变。常言道，不平则鸣。这种失意与转变让祝允明的书法和诗文逐渐走上了成功。

然而祝允明晚年的生活状况非常不好。虽然这时祝允明的书法已经名声大振，然而仕途失意和老师、好友的接连去世，都让祝允明很受打击。在悲痛中他更加放荡不羁，作出了很多狂草巨制。

祝允明的书法使吴门书派崛起，影响了明朝的浪漫主义书风，对明朝书法的发展产生了巨大影响。王世贞在《艺苑卮言》中评价道："天下书法归吾吴，祝京兆允明为最。"诗文杂稿《祝氏集略》是他除书法作品外的又一笔文化遗产。

吴中才子祝允明。

董 dǒng

董父像。

【姓氏来源】

董姓的起源主要有三：

其一：出自己姓，始祖为董父。相传颛顼的后裔陆终，其长子被赐己姓，封于昆吾国。其后裔有董父，对龙的习性非常了解，于是帝舜便任命董父为豢龙氏，专门养龙。在董父的驯养下，龙学会了各种表演，帝舜非常开心，便封董父为鬷川侯，赐董姓，董父的后代遂称董氏。

其二：出自姬姓，以官名为氏。春秋时期，周朝有大夫辛有，他的两个儿子在晋国做太史，董督晋国的典籍史册。其子孙后裔世袭晋国史官，遂以官职名为氏，称董氏。被孔子赞为"良史"的董狐即出自此支。

其三：出自己姓，以姓为氏。颛顼的后裔陆终有一子叫参胡，姓董，其后裔便以姓为氏，称董氏。

【郡望堂号】

董姓的郡望主要有陇西郡、济阴郡等，其中以陇西郡最有名望。

陇西郡：战国时置郡，治所在狄道（今甘肃临洮南）。

济阴郡：汉时置郡，治所在定陶（今山东定陶县西北）。

董姓的堂号主要有"直笔"、"良史"、"陇西"等。

【繁衍变迁】

董姓发源于山东、山西等地。秦汉时期，山西、甘肃、河北、河南的董姓氏族发展得较为集中，在陕西、山东、广东、四川、浙江、湖北、福建、河南等地也有散居。魏晋南北朝时，董姓人又继续向安徽、江西、江苏、湖北及长江中下游地区迁徙。隋唐之际，董姓人迁入福建、广东。明清之际，董姓人渡海赴台，东南亚、欧美国家也开始有了董姓人分布。

【历史名人】

董狐：春秋晋国太史，亦称史狐，因秉笔直书，被当时的孔子誉为"良史"的史官。现有"董狐直笔"的成语。

董仲舒：汉代思想家、政治家，著名的唯心主义哲学家和今文经学大师。主要思想是"天人合一"，将儒家思想总结为"三纲五常"，最终为汉室王朝所使用。

董卓：字仲颖，东汉末年著名的权臣，官至太师、郿侯。

董允：字休昭，三国时期蜀汉官员，与诸葛亮、蒋琬、费祎并称"蜀中四英"。

【姓氏名人故事】

"杏林圣手"董奉

董奉是东汉末年至三国时期的著名医学家，与华佗、张仲景同负盛名，史称"建安三神医"。

三国时期，董奉隐居在庐山西南端的柴桑盆地，这里距离柴桑城很近，柴桑城中人口稠密，每当有人患病，就会来到董奉的隐居之所求医问药。董奉对前来治病的人来者不拒，而且无论病情轻重，他都不收分文谢银，只要求患者痊愈之后，在他住所后面的山林之中栽种下五棵杏树。

因为董奉医术高超、声名赫赫，每日求诊的患者数不胜数，他住所旁患者所栽种的杏树也越来越多，多年之后，杏树郁然成林，数量之多竟达万余株。

这些树生长茂盛，每到结果之时，累累硕果金灿灿挂满枝头。董奉随即在杏林之中盖了间茅舍，待

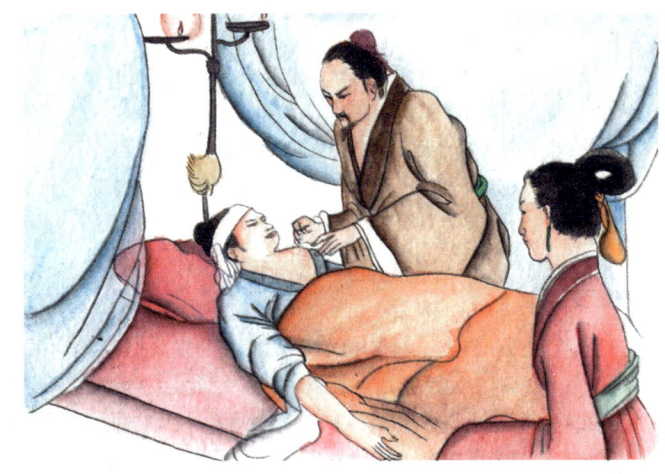

董奉治病救人，分文不取。

杏子成熟之际告知众人，若有人想买杏林的杏子，只要在摘完杏子之后，将价值相同的谷物放在茅屋之中便可。附近百姓争相去杏林中买杏，茅屋中的谷物随后越积越多，董奉便定期将这些谷物分给穷苦的百姓。后来人们在董奉隐居处修建了杏坛、真人坛、报仙坛，以纪念董奉。

而董奉修道行医、济世救人的事迹被后人演绎出了很多经典生动的故事："虎口取髌"、"杏林春暖"、"草堂求雨"、"虎溪三啸"、"浔东斩蛟"等。民众口口相传，影响甚广，这些故事中所体现的精神正是民众心中的需求与期盼。

董奉高超的医术与乐善好施的品质深得后世人敬仰，同时"杏林"一词也成了中医的代名词。自此之后，医家都开始将自己称为"杏林中人"，医技以被人称为"杏林圣手"为傲，医德以被赞为"杏林春暖"为誉。

梁
liáng

【姓氏来源】

梁姓的起源主要有五：

其一：出自嬴姓，为颛顼帝裔孙伯益之后。伯益因辅佐大禹治水有功，帝舜便赐他嬴姓以示嘉奖。周朝时，伯益第十六世孙非子，因善于畜牧，为周孝王在桃林养马，因为马群繁殖良好，周孝王封他于秦谷为附庸国，恢复其嬴姓，称为秦嬴。其后裔秦仲为大夫，征讨西戎有功，周宣王封秦仲次子康于夏阳梁山，建梁国，称梁康伯。后梁国为秦国所灭，其子孙便以国名为氏，称梁氏。

其二：出自姬姓。东周平王有子姬唐封于南梁，后为楚国吞并，其后世子孙遂以国名为姓，称梁氏。

其三：春秋时期，晋国解梁城、高梁和曲梁之地，有以邑名为氏，如梁益耳、梁弘、梁由靡等

其四：战国初期，赵、魏、韩"三家分晋"，赵魏惠王迁都大梁，因而魏国也称为梁国，后亦有梁氏。

其五：出自少数民族改姓。南北朝时期，北魏孝文帝迁居洛阳，实行汉化，将鲜卑族复姓拔列兰氏改为汉字单姓梁氏。

伯益像。

【郡望堂号】

梁姓的郡望主要有安定郡、扶风郡、天水郡、河南郡等,其中以安定郡最有名望。

安定郡:西汉时置郡,治所在高平(今宁夏固原)。此支梁氏,其开基始祖是春秋时晋大夫梁益耳。

扶风郡:三国魏时置郡,治所在槐里(今陕西兴平东南)。此支梁氏,为安定梁氏的分支。

天水郡:西汉时置郡,治所在平壤(今甘肃通渭西北)。此支梁氏,出自氐族梁氏。

梁姓的堂号主要有"仪国"、"安定"、"梅镜"等。

【繁衍变迁】

梁姓发源于陕西。晋朝以前,梁姓人的发展以西北为主。秦汉之际,梁姓人落居于山西、陕西等地。汉朝时,梁姓人则在甘肃、宁夏大部及陕西渭河流域繁衍得较为兴盛。到了魏晋南北朝时,为避战祸,梁姓人南迁到浙江和广东之间各地,此时,梁姓人遍布四川、安徽、江西、湖北、浙江、广东、福建。隋唐时期,梁姓人在南方有所发展。宋元时,为避兵灾,梁姓人再度南迁。明清时期,梁姓人已遍及大江南北,并以广东、福建、浙江为主要居住地。

【历史名人】

梁师都:为隋朝鹰扬郎将,隋末农民起义时,自称皇帝,国号梁,建元"永隆"。

梁令瓒:唐朝画家、天文仪器制造家。存世作品有《五星及二十宿神形图》。发明了自动报时装置,为全世界最早的机械钟。

梁红玉:宋朝著名女英雄,抗金名将韩世忠的妻子。史书中不见其名,只称梁氏。

梁启超:字卓如,中国近代史上著名的政治活动家、启蒙思想家和文学家等,是戊戌变法的领导者之一。著有《中国近三百年学术史》、《中国历史研究法》、《少年中国说》。

【姓氏名人故事】

巾帼英雄梁红玉

梁红玉出身武将世家,自小练就了一身功夫。在平定方腊之乱的战役中,梁红玉的祖父和父亲因贻误战机致使战败,获罪被杀,梁红玉也沦落为官妓。梁红玉在平定方腊的庆功宴上见到了韩世忠,两人一见倾心。韩世忠升为将军后,就正式迎娶了梁红玉。

后来南宋内乱,金兵趁机攻打南宋,双方交战之时,韩世忠听说金兵被岳飞击败,正准备渡江而逃路过此地。当时,金军拥兵十万,而韩世忠只有八千疲兵。韩世忠与夫人梁红玉商量对策,由韩世忠带领小股宋兵诱敌深入,再又大队宋兵埋伏,以梁红玉的鼓声为命,以火攻船。

归乡心切的金兵无心恋战,亦兵分两路,一部分对应战,另一部分保护金兵将领离开。就在这时,只见梁红玉英姿飒爽地登上金顶擂鼓台,手持鼓槌擂响战鼓,士兵听到振奋人心的鼓声都精神抖擞,奋勇向前,埋伏的宋军万箭齐发,来不及反击的金兵纷纷落水逃窜。宋

巾帼英雄梁红玉。

军乘胜追击，施以各种战术从不同的方向围剿准备逃逸的金人，金兀术大惊，慌不择路地逃到长江的死港，被困了四十八天。自此梁红玉也因其临阵击鼓的故事流传千古。

杜 dù

【姓氏来源】

杜姓的起源主要有三：

其一：源出自祁姓，为帝尧后裔刘累之后。相传帝尧将帝位禅让给舜后，舜封尧之子丹朱为唐侯，传至刘累，因善于驯龙，称御龙氏。至周朝初期，唐国不服周王的领导，被周公旦挥兵攻灭。并将自己的弟弟唐叔虞封于唐地，将原来唐国君主的后裔迁至杜地，因而又称唐杜氏。周宣王时，唐杜国君桓在朝中做官，宣王的一个宠妃名叫女鸠。女鸠看上了杜伯，便诱惑杜伯。不想却被杜伯拒绝。女鸠恼羞成怒，便向周宣王诬告杜伯。周宣王听信女鸠的话，将杜伯处死。杜伯无罪被杀，其子孙大多出逃，而留在杜城的裔族便以国名为氏，称杜氏。

其二：据《世本》中"杜康作酒"的记载，相传黄帝时，发明酿酒的杜康是现在杜姓的始祖。

其三：出自他族改姓。南北朝时期，北魏孝文帝实行汉化政策，将鲜卑族独孤浑氏族改为汉字单姓杜氏。北宋时期，有金朝女真族徒单氏族改为杜氏，以及清朝满洲八旗都善氏、图克坦氏等氏族均集体改为杜氏。

【郡望堂号】

杜姓的郡望主要有京兆郡、襄阳郡、濮阳郡等，其中以京兆郡最有名望。

京兆郡：汉时置京兆尹，治所在长安（今陕西西安市西北）。三国魏时改称京兆郡。

襄阳郡：东汉时分南郡、南阳两郡置郡，治所在襄阳（今湖北襄樊）。

濮阳郡：晋时置郡，治所在濮阳（今河南濮阳县）。

杜姓的堂号主要有"诗圣"、"少陵"、"京兆"等。

【繁衍变迁】

杜姓发源于陕西。春秋战国时期，杜姓人已经徙居到湖北、河南、安徽、江西、山东、四川、江苏和浙江的部分地区。秦汉之际，杜姓人主要在陕西地区繁衍。魏晋南北朝时，战争频繁，为避战乱，杜姓人大举南迁至湖北、四川和浙江等地，并在当地形成大族。唐末，有杜姓人迁居今浙江绍兴。明初，山西杜姓人迁入河南、河北、山东、江苏、安徽等地。明清之际，杜姓人已遍布全国大江南北，并远播东南亚、欧美等地。

【历史名人】

杜诗：字君公，东汉官员及发明家。修治陂池，广开田池，有"杜母"之称。

杜林：字伯山，扶风茂陵人。少好学，官至大司空，最大的成就是在学术方面。他博学多闻，被誉为通儒，后世推崇他为"小学之宗"。

杜如晦：字克明，唐朝初期名相。凌烟阁二十四功臣之一。

杜甫：字子美，自号少陵野老，盛唐时期伟大的现实主义诗人，被后世尊称为"诗圣"，他的诗也被称为"诗史"。杜甫与李白合称"李杜"。

杜牧：字牧之，号樊川居士，唐朝著名诗人。人称"小杜"，以别于杜甫。与李商隐并称"小李杜"。著有《樊川文集》。

【姓氏名人故事】

"诗圣"杜甫

杜甫，字子美，自号少陵野老，是唐朝时期伟大的现实主义诗人，对后世的诗歌影响非常深远，被后世尊称为"诗圣"。他的诗具有丰富的社会内容、强烈的时代色彩和鲜明的政治倾向，真实深刻地反映了安史之乱前后一个历史时代政治时事和广阔的社会生活画面，因而将他的诗歌称为"诗史"。杜甫作品被称为世上疮痍，诗中圣哲；民间疾苦，笔底波澜。

杜甫出生于一个书香世家，他的祖父是著名的诗人杜审言。受到良好的家教的影响，杜甫7岁学诗，15岁时已经扬名于世，可惜的是杜甫一生的仕途都非常坎坷，得不到当时人的认可。杜甫20岁时漫游于吴越之间，五年之后应举未中，又继续漫游齐赵之地。这之后杜甫在洛阳遇见了"诗仙"李白，两人一见如故，共同游历了一番后分别，之后再也没有见过。

"诗圣"杜甫。

后来杜甫又去了长安应试，可惜再一次落第。之后杜甫通过不断的走动，终于获得了一个参军的职位。杜甫在长安一共做官十年，一直过着困苦的生活，这一段时间他对于朝廷政治和社会现实有了更深一层的认识，写了很多批评时政、讽刺权贵的诗篇。

杜甫一生漂泊坎坷，他经历了唐朝由盛到衰的过程，遭遇了很多不幸，但是他仍然忧国忧民，心系天下。因此他的诗风"沉郁顿挫"，反映了社会的矛盾和人民的疾苦。

阮 ruǎn

【姓氏来源】

阮姓的起源主要有三：

其一：出自偃姓，以国名为氏，为皋陶氏之后。根据《通志·氏族略》和《姓谱》等相关史料的记载，皋陶的后裔有被封于阮，建立了阮国。商朝末期，阮国为周文王所灭，阮国的后代以国名为氏，称阮氏。

其二：出自石姓。据《南史》、《路史》记载，春秋时卫国大夫石蜡的后人在东晋时，有改姓为阮。

其三：出自少数民族姓氏。

【郡望堂号】

阮姓的郡望主要有陈留郡、太原郡。

陈留郡：汉时置郡，治所在陈留（今河南开封县东南陈留城）。

太原郡：战国秦时置郡，治所在晋阳（今山西太原）。

阮姓的堂号主要有"竹林"、"三斯"、"文焕"、"敦善"等。

皋陶氏像。

【繁衍变迁】

阮姓发源于甘肃，经周朝直到秦朝，阮姓人逐渐迁徙至陕西、河南、山东、山西、河北等地。西晋永嘉之乱时，阮姓人为避战乱，南迁至江苏、浙江和广西等地。到了南北朝时，阮姓人已经在安徽、江西、湖北、湖南等地定居，并有迁居至越南者。隋朝统一江山后，阮姓人开始向北方回迁。阮姓人始迁入福建始于唐朝。五代时，阮姓人迁居到四川、广东等地。北宋时，一支居住在福建的阮姓人北迁到江苏，而一支河南阮姓也徙居至江苏。明朝初年，山西阮姓人作为迁民之一，散居在山东、河南、江苏、安徽、湖北等地。明朝中期，开始有阮姓人渡海进入台湾。清康乾以后，山东阮姓人随着"闯关东"的风潮，迁至东北三省。

【历史名人】

阮瑀：字元瑜，东汉著名文学家，"建安七子"之一，能诗善书，有《阮元瑜集》。

阮籍：字嗣宗，三国时魏国文学家、名士，"竹林七贤"之一，好老庄，善诗文，八十余首《咏怀诗》颇负盛名，著有《阮嗣宗集》。

阮咸：字仲容，魏晋时期名士，"竹林七贤"之一。他精通音律，善弹琵琶，有一种古代琵琶即以"阮咸"为名。作有《三峡流泉》一曲。

阮孝绪：字士宗，南朝梁目录学家，仿照《七略》，撰写了《七录》，现已经失佚，唯自序尚存《弘明集》，可考察其分类情况。

【姓氏名人故事】

"竹林七贤"之一阮籍

阮籍是三国时期魏国著名诗人，"竹林七贤"之一。

史书上记载，阮籍容貌俊秀，气质宏放，傲然独立，放荡不羁，而且喜怒不形于色。

阮籍年幼丧父，家境十分清苦，他从小就十分勤奋，终于成才知名于天下。本有济世之心，但是当时政局非常险恶，司马懿和曹爽两方明争暗斗，于是阮籍选择了明哲保身的态度，要么几个月闭门不出，要么出去游山玩水长时间不回，没有加入到任何一方。

他博览群书，特别喜好老庄之道。当时主流的哲学思潮就是以老庄为主，儒道结合的玄学，他是魏晋玄学非常重要的代表人物。

阮籍不拘礼俗，放浪形骸，经常一个人驾着车出行，也不走大路，就随着牛车任意行驶。等到前方无路可走的时候，大哭着返回。阮籍非常孝顺，他的母亲去世的时候，他正在和朋友下棋，对方听说了他的母亲去世了就想终止棋局，他却执意一决输赢。棋局结束后，饮酒两斗，大号一声，吐血数升。等到母亲快下葬的时候，又吃了一只蒸熟的乳猪，喝了两斗酒，与母亲做最后的诀别。虽然喝酒吃肉，但是因为过度哀伤，他还是形销骨立，差点没命。

阮籍不拘礼法让很多人讨厌他，但是只有外表坦荡、内心淳朴，才是真正的性情之人。

"竹林七贤"之一阮籍。

蓝 (lán)

【姓氏来源】

蓝姓的起源主要有四：

其一：出自芈姓。根据《百家姓考略》记载，春秋时期，楚国的公族有食采于蓝邑的，其子孙以邑名为氏，称蓝氏。

其二，出自嬴姓。在《姓氏考略》、《竹书纪年》中有记载，梁惠王时，秦子向受封于蓝，为蓝君。其子孙有以地名为姓的，称蓝氏。

其三：出自赐姓。《蓝氏族谱》中有记载，昌奇公为炎帝神农氏第十一世孙、帝榆罔之子。昌奇出生的时候，有熊国贡秀蓝一株，帝榆罔便赐蓝姓，名昌奇。

其四：出自少数民族姓氏。

【郡望堂号】

蓝姓的郡望主要有中山郡和东莞郡。

中山郡：汉时置郡，治所在卢奴（今河北定州）。

东莞郡：汉时置城阳郡，晋改称东莞，治所在莒（今山东莒县），后又改为东安郡。

蓝姓的堂号有种"玉堂"、"汝南"、"蓝田"、"蓝玉"、"中山"等。

【繁衍变迁】

蓝姓发源于陕西。秦朝时，蓝姓人主要在河北、山东、河南部分地区繁衍，并形成三个蓝姓郡望。汉魏以后，蓝姓人向黄河中下游迁徙，并落居在安徽、湖北、江苏、浙江。隋唐之际，蓝姓人大批量南迁，开始有迁徙到福建者。唐末五代间，蓝姓人迁居广东。历宋元两代，蓝姓人在福建、广东发展得兴旺，并于宋末元初徙居湖南、四川和广西等地。明朝初期，山西蓝姓人迁往陕西、甘肃、河南、天津、北京、江苏等地。明朝中期以后，广东、福建等东南沿海地带的蓝姓人渡海定居台湾，而广西境内的蓝姓人则徙居云南、贵州，亦有远徙越南等东南亚国家。清朝伊始，蓝姓人徙居东北三省。

【历史名人】

蓝瑛：字田叔，明末清初著名画家，擅画山水，兼工花鸟人物，为武林画派创始人，是浙派后期代表画家之一

蓝廷珍：字荆璞，清朝著名将领，与施琅一同入台湾，平剿农民起义首领朱一贵，被称为"治台名将"。

【姓氏名人故事】

治台名将蓝廷珍

蓝廷珍年少时在家务农，但是志向远大的他不甘困守在穷乡僻壤，于是蓝廷珍不远千里投奔到浙江定海镇总兵的麾下。经过刻苦的训练和不懈的努力，蓝廷珍屡立战功，被授予南澳镇总兵的职位。康熙年间，蓝廷珍随施琅一同出兵台湾，征战朱一贵的义军，平定台湾。之后，蓝廷珍奉命留台，对台湾进行开发和治理，对台湾的历史发展有着非常深远的影响。

清朝统一台湾后，对台湾的地位认识不足，在台湾的去留问题上展开过一场非常激烈的论战。

一些朝臣认为应该"守澎去台",而施琅等官员却强烈反对。经过争论,清政府在台湾设置台湾府,隶属福建省。但是对台湾的治理仍然有争端。闽浙总督以台湾山地地形难以治理为由,将山地划归为"弃土",并下令居民迁出,禁止出入。这一举措遭到了蓝廷珍的坚决反对。蓝廷珍上书总督,主张开拓山地。蓝廷珍认为,人没有良民匪民之分,只要教化得当,就都是良民;地没有好坏之分,只要善于治理就一定能有所收获。不如增兵把手,开拓土地,百姓安居乐业,那么就算有盗贼也无处可躲。不能够因噎废食,抛去祖国一分一毫的土地,他的建议得到了闽浙总督的采纳。

蓝廷珍不仅提出了可实行的建议,还亲自组织开垦荒地,发展生产,使得大量移民来到台湾,促进了台湾的发展。同时蓝廷珍还致力于加强汉族和居住在高山上的少数民族之间的团结,注重防务,加强乡政建设,有"治台名将"的称号。

治台名将蓝廷珍。

季 jì

【姓氏来源】

季姓的起源主要有四:

其一:出自姬姓,以先祖名字为氏,为春秋时期鲁国大夫季友之后。根据《通志·氏族略》和《古今姓氏书辩证》的记载,春秋时期,鲁庄公的弟弟季友平定了庆父之乱,在鲁国为相。到了他的孙子行父执政时期,因为能够举贤任能,受到人民的爱戴,死后谥号季文子。其后人中,有以祖父字为氏的,称季孙氏,后简化为季氏。

其二:出自芈姓,以先祖名字为氏,为上古颛顼帝的后代季连的后裔。《史记·楚世家》中有记载,颛顼帝的裔孙陆,终有六子,第六子季连。季连的后世子孙中有以复姓"季连"作为姓氏的,有将"季"作为姓的,称季氏。

其三:出自兄弟排行,以先祖排行称谓为氏。据《吕氏春秋》所载,古时兄弟排行顺序为"伯、仲、叔、季",因此分别有以"伯"、"仲"、"叔"、"季"为氏的。古代人生存环境比较差,而且女孩不被列入生序,因此,最小的孩子也称为"季子"。因此春秋时期齐国和战国时期魏国的公族中的季氏,均属于这类的姓氏起源。

其四:出自少数民族姓氏。唐朝时期,西赵渠帅有季姓;元、明、清时期,蒙古族的博尔济氏、济鲁特氏、扎拉尔氏等,均有改汉姓时冠以季姓的。满族、土家族、东乡族等少数民族中均有季姓分布。

【郡望堂号】

季姓的郡望主要有渤海郡和鲁郡。

渤海郡:汉时置郡,治所在浮阳(今河北沧县),后移到南皮(今河北南皮东北)。

鲁郡:西汉时置鲁国,后改为郡,治所在鲁县(今山东曲阜)。

寿春县:秦时置郡,治所在寿春县(今安徽寿县)。

季姓的堂号有"三朝"、"静思"、"纯孝"等。

【繁衍变迁】

季姓的发源地已不可考,西汉时,季姓人已繁衍在湖北、江苏等地。东汉至魏晋南北朝时期,季姓氏族在河北、山东、安徽各地发展得十分繁盛。隋唐以前,社会动荡,战争频繁,季姓人开始向南迁徙。唐朝时,居住在安徽的季姓氏族十分昌盛。两宋时期,江苏、浙江两地成为南方季姓人的主要居地,而北方季姓氏族居住分散、聚居规模较小。宋末元初时,战争肆意,战火蔓延整个中原地区,部分季姓人已迁入今广东、福建、江西、湖北等地。明初,山西季姓迁至今河北、河南、山东、湖南、湖北等地。明清之后,季姓人已经遍布全国,江苏、浙江的季姓人繁衍得最为昌盛。

【历史名人】

季厚礼:明朝大孝子,以孝行著称于世。他的儿孙都效仿他的孝道,时人称他们为"一门纯孝"。

季羡林:字希逋,又字齐奘,中国著名文学翻译家家、语言学家、教育家和社会活动家等,精通十二国语言,著有《季羡林文集》。

【姓氏名人故事】

"一诺千金"的季布

季布是西汉时著名的官吏。秦朝末年,生于楚地的季布是西楚霸王项羽麾下五大将之一,后来为刘邦所用。季布以讲信用著称,在楚国流传着"得黄金百斤,不如得季布一诺"的谚语。成语"一诺千金"也由此而来。

季布因为年轻气盛,好打抱不平,因此在楚地非常有名气,很受百姓的爱戴。后来项羽挥兵起义,季布也参军入伍。季布骁勇善战,多次率领军队,大胜刘邦汉军,使刘邦大为窘迫。后来项羽兵败自刎,刘邦建立汉朝,就想捉拿季布,并下令若有窝藏季布的,论罪诛三族。季布假扮成奴隶,被剃掉头发,被铁箍束住脖子,穿着粗布衣服被卖到鲁地的朱家。经由汝阴侯滕公的劝说,刘邦赦免了季布,大家都称赞季布能屈能伸。后来刘邦召见季布,任命他为郎中。

季布为人诚恳,勇于直言纳谏,从不阿谀逢迎。汉惠帝时,匈奴单于曾写信,出言不逊,侮辱吕后。吕后非常生气,召集朝臣商议此事。樊哙和各将领都迎合吕后的心意,主张出兵横扫匈奴。这时季布却分析了当时的局势,认为樊哙的贸然起兵只会一败涂地,使天下动荡不安,理当斩首。殿上的将领们听了都十分惊悚,吕后也就此退朝,不再提攻打匈奴的事情了。汉文帝时,有人进言说季布非常有才能,汉文帝便召见季布。季布奉命来到长安。这时又有人进谏说,季布虽勇敢,但是爱喝酒经常发酒疯,不好接近。于是季布在长安留居一个月,又返回原地任职。季布对汉文帝说:"陛下您无缘无故召见我,一定是有人向您称赞我;而现在您又将我遣回原郡,一定是有人毁谤我。陛下您因为一个人赞誉就召见我,一个人毁谤就要我回去,我担心天下有见识的人,会以此事探知您为人处世的深浅了。"汉文帝听了十分窘迫。

一诺千金的季布。

贾 jiǎ

【姓氏来源】

贾姓的起源主要有二：

其一：出自姬姓，为贾伯之后。西周时期，周成王在周公灭唐后，将唐地封给弟弟唐叔虞。传至唐叔虞后代燮即位后，因临晋水，而改称晋侯，是为晋国。后成王之子康王即位，将唐叔虞的少子公明封于贾，建立贾国，为周朝的附庸国，而公明则号为贾伯。后贾国被晋国所吞并，贾伯的子孙后裔便以国名为氏，称贾氏。

其二：出自狐偃之后。春秋时期，晋文公重耳灭贾国之后，狐偃在重耳逃亡时始终不离不弃，帮助重耳完成霸业。晋襄公便将贾地封给狐偃之子狐射作为封地，人称贾季。后贾季为避祸逃至翟国，其子孙便以封地名为姓，称贾氏。

贾伯像。

【郡望堂号】

贾姓的郡望主要有武威郡。

武威郡：汉时置郡，治所在武威（今甘肃民勤东北）。三国时著名谋士贾诩即出身于此支贾氏。

贾姓的堂号有"至言"、"武威"、"维则"等。

【繁衍变迁】

贾姓发源于山西，先秦时期开始徙居河南、山东等省。秦汉时期，贾姓氏族发展繁荣。三国两晋南北朝时，为避战乱，贾姓人大举南迁，散居在江苏、浙江各地。唐朝末期，社会动乱不堪，贾姓人继续南迁，落籍于福建、广东、湖北等省，并与南方各姓融合发展，是贾姓发展得较为鼎盛的阶段。历元、明、清三朝，贾姓人在国内各地不断繁衍迁徙，并远徙海外。

【历史名人】

贾谊：西汉初期著名政论家、文学家。其散文《过秦论》、《论积贮疏》、《陈政事疏》为后人所称道，对后代散文影响深远。

贾诩：字文和，三国时期魏国著名军事家、谋士，人称"毒士"。

贾思勰：北魏著名农学家，著有《齐民要术》一书，在中国农学史以至世界农学史上具有重要的意义。

贾耽：字敦诗，唐朝著名政治家、地理学家。绘有《海内华夷图》，著有《古今郡国县道四夷述》，对后世制图有着深远的影响。

【姓氏名人故事】

贾岛"推敲"

贾岛是唐朝著名的苦吟派诗人，经常为了一句诗或是诗中的一个词煞费苦心、耗尽心血。

有一次，贾岛骑着驴，琢磨着一句诗，结果误闯了官道。原诗是这样的：闲居少邻并，草径入荒园。鸟宿池边树，僧推月下门。过桥分野色，移石动云根。暂去还来此，幽期不负言。

其中第二句中的"僧推月下门"，他拿不定主意。他想将"推"换成"敲"，但又觉着"敲"不如"推"

好。于是他嘴里这么念叨着，还伸出手做出推和敲的姿势来，不知不觉地闯进了正在出巡的韩愈的仪仗队里。

韩愈早见前面有一举止奇怪的书生，见贾岛闯进来，便问他原因。贾岛详细地回答了韩愈酝酿诗句的事，而且其中一句还不能决定是用"推"好，还是用"敲"好，结果想得出神，忘记了要回避。韩愈听了，也停下马想了良久，然后对贾岛说："我觉得还是用'敲'好。万一门是关着的，推如何能推开呢？再者晚上去别人家，还是敲门有礼貌呀！而且'敲'字，使静谧的夜晚多了一分声响，静中有动，岂不更妙？"贾岛听了连连点头。于是二人并排骑着马和驴，讨论着作诗的方法一起回家。贾岛也因此成了韩愈的布衣之交。

韩愈、贾岛"推敲"论诗。

jiāng
江

【姓氏来源】

江姓的起源有二：

其一：出自嬴姓，为颛顼帝裔孙伯益之后。相传颛顼有孙女名女修，因吃鸽子蛋而生皋陶。皋陶的儿子伯益因为帮助大禹治水有功，被赐为嬴姓，并将本族姚姓女子嫁给他为妻。传至西周时，伯益有后裔受封于江国。春秋时期，江国为楚国所灭，其子孙后代遂以国名江为姓，称江氏。

其二：出自姬姓，为翁氏所分。西周初期，周昭王的支庶子孙，被封于翁山，其后遂以邑名为姓，称翁氏。据《六桂堂丛刊》所载，宋朝初年，福建有翁乾度，生有六子，分姓洪、江、翁、方、龚、汪。其中次子处恭，分得江姓，其后世子孙遂称江氏。

【郡望堂号】

江姓的郡望主要有济阳郡、淮阳郡和六桂等。

济阳郡：西汉时置县，治所在河南省兰考东北。晋时置郡，治所在济阳。此支江姓，其开基始祖为东汉江德。

淮阳郡：西汉时置淮阳国，为同姓九国之一，建都于陈（今河南淮阳）。惠帝以后，有时为郡，有时为国。东汉时改为陈国。隋朝和唐朝又改陈州为淮阳郡。

六桂：六桂乃"六桂联芳"的誉称，治所在闽县（今福建福州市），唐时，改武荣州置州，治所在晋江（今福建泉州市）。

江姓亦以"济阳"、"淮阳"、"六桂"为堂号。

【繁衍变迁】

江姓发源于河南。春秋时期，江国被楚国所灭，江国人有为避难逃至河南、山东、安徽等地的。西汉时期，有江姓人迁居山东。西晋永嘉之乱时，陕西有江姓人移居进入甘肃等地。唐朝时，江姓人的足迹已经遍布北方。唐朝初年，世居河南的江姓人进入福建等地。唐安史之乱后，江姓人避祸大举南迁，散布在浙江、广东、福建、台湾等地。明朝初年，山西江姓人作为迁民之一，迁入江苏、浙江、山东、河南、湖南等地。明清之际，有江姓人渡海入居台湾，进而远徙海外。

【历史名人】

江淹：字文通，南朝著名文学家，辞赋大家，与鲍照并称。成语"江郎才尽"正是出自江淹的典故。

江参：字贯道，北宋杰出的画家，长于山水画，存世作品有《千里江山图》等。

江声：字叔瀛，清朝著名学者。精于训诂，著有《尚书集注音疏》。

江沅：字子兰，清朝文字训诂学家，著有《说文释例》、《说文解字音韵表》。

【姓氏名人故事】

江泌逐月读书

江泌是南北朝时期的著名学者，济阳考城人，自幼天资聪慧，勤奋好学。江泌的父母体弱多病，无法劳作，家中内外所有的活计都要靠小小年纪的江泌来做；但是江泌非常孝顺，对此毫无怨言。

他非常好学，每天白天辛勤劳作，到了晚上做完家务之后也舍不得休息，而是抓紧时间读书学习。但是江泌家里十分贫穷，他所挣的钱，除了吃饭和给父母治病之后所剩无几，根本买不起灯油照明。无奈之下江泌只得利用窗外皎洁的月光读书，为了读书，江泌不管春夏秋冬寒来暑往，只要月亮出现他都会拿着书站立在屋外阅读。

每天月亮会随着时间缓缓东移，随着移动，因为四周有建筑物的遮挡，月光会越来越暗。江泌于是搬来一架梯子放在自家的院墙上，跟随着月亮的移动，一步步向上爬，直到爬到屋顶之上。他往往会在屋顶上看书看到天亮才下来继续干活。

江泌因为白天工作繁重，到了晚上又得不到足够的休息，经常在读书的时候睡着，以至于好几次都在睡梦中从梯子上摔了下来。但是即便如此，他也从不以此为苦，仍然一如既往地认真学习用功读书。

江泌在这种坚苦卓绝的境遇里坚持了多年，后来终于成了人人敬佩的学者。

他逐月读书的故事也因此为世人所传诵。

江泌逐月读书。

颜 yán

【姓氏来源】

颜姓的起源主要有三：

其一：出自曹姓，以祖父字为氏，为陆终之后。据《元和姓纂》和《通志·氏族略》等史料所载，黄帝的孙子叫颛顼，颛顼有玄孙陆终。陆终有六子，其第五子叫安，为曹姓。曹安的裔孙挟，在周武王时被封于邾，建立邾国。邾挟的后代有夷父，字颜，因此称邾颜公。后来邾国为楚国所灭，颜公的子孙中有人以祖父的字为姓的，称颜氏。

其二：出自姬姓，以封邑名为氏，是周公旦长子伯禽之后。《通志·氏族略》中记载，周公旦的长子鲁侯伯禽被封于鲁,而伯禽的子孙有被封在颜邑的,其后人遂以封邑名为姓,称颜氏。

其三:出自他族改姓。金朝时,女真人的完颜氏改为汉字单姓颜;清朝满洲人中亦有颜姓。

【郡望堂号】

颜姓的郡望主要有鲁郡和琅琊郡。

鲁郡:西汉时置鲁国,魏晋时改为鲁郡,治所在鲁县(今山东曲阜)。

琅琊郡:秦时置郡,治所在琅琊(今山东胶南市琅琊台西北),西汉时移到东武(今山东诸城)。

颜姓的堂号则有"复圣"、"宝塔"、"四乐"、"旧雨"等。

【繁衍变迁】

颜姓发源于山东,先秦时期主要活动在山东,并已迁徙至河南地区。汉晋时期,颜姓人以山东为中心,西至河北,南至江苏,东汉时已经徙居到湖北,东晋时则越过长江,在安徽、浙江都有颜姓人的足迹。唐朝时期,陕西地区的颜姓人繁荣起来,并向江苏、江西、福建等地播迁,并有颜姓人进入四川地区。北宋末年,山东、河南境内的颜姓人南下至江南各地。南宋末期,颜姓人已经散播到两湖、两广地区。明初,山西的颜姓人迁至河南、河北、山东、陕西、湖北等地。清朝时,云南、贵州等西南各省有了颜姓人的居住。清朝康乾年间,山东颜姓人"闯关东"到东北三省,同时有颜姓人渡海赴台,进一步移居海外。

【历史名人】

颜回:字子渊,春秋时著名学者、思想家,是孔子最钟爱的弟子,列为七十二贤之首,后世称其为"复圣"。

颜师古:字籀,唐朝著名经学家、训诂学家、历史学家,博览群书,长于文字训诂、声韵、校勘之学,著有《五经定本》等。

颜真卿:字清臣,唐朝著名大臣、书法家,创立了"颜体"。楷书与赵孟頫、柳公权、欧阳询并称"楷书四大家",和柳公权并称为"颜筋柳骨"。著有《颜鲁公文集》。

【姓氏名人故事】

书法大师颜真卿

颜真卿是我国唐朝著名的书法家,他创立了"颜体"楷书,与赵孟頫、柳公权、欧阳询并称"楷书四大家",与柳公权并称"颜筋柳骨"。

颜真卿为琅琊氏后裔,家学渊博,他的曾祖、祖父、父亲都善于篆隶,他的母亲殷氏,也擅长书法。但是颜真卿少时家贫,没有纸笔,他就用笔醮黄土水在墙上练字。他最初师从褚遂良,后来又拜师张旭,学得笔法。汲取初唐四家所长,融会贯通,形成了自己独特的、不同于初唐书风的雄健宽博的颜体楷书。他遒劲郁勃的行书风格,不仅与他高尚的人格相契合,同时体现了盛唐时期的繁盛国情。

颜真卿的"颜体"楷书对后世书

书法大家颜真卿。

法艺术的发展有着非常深远的影响。苏轼曾经说过："诗至于杜子美，文至于韩退之，画至于吴道子，书至于颜鲁公，而古今之变，天下之能事尽矣。"

颜真卿不仅书法被人推崇，他在政治生涯中所作出的努力，也是为人所称道的。颜真卿性情正直，非常有正义感，为官清廉，不阿于权贵，当时有义烈之名。安史之乱时，颜真卿固守平原，率兵大破安禄山的军队。当时河北二十四郡，除了平原城守备完善，其他城池都失守。

安史之乱后，唐朝藩镇割据的局面异常严重，其中淮西节度使李希烈兵力最强。唐德宗找宰相卢杞商议对策，卢杞素来与颜真卿有隙，便推荐颜真卿去劝导李希烈，趁机铲除颜真卿。

年近八十的颜真卿来到叛镇，面对着包围他的尖刀，也十分镇定，面不改色。李希烈有意让颜真卿做自己的宰相，颜真卿坚决不应。李希烈想尽办法也没能让颜真卿屈服，最终派人将颜真卿缢死。

郭 guō

【姓氏来源】

郭姓的起源主要有四：

其一：出自夏、商时代郭支与郭崇的后裔。据《姓氏考略》所载："夏有郭支，见《抱朴子》。商有郭崇，见《三一经》，此郭氏之始。"

其二：以居处为氏。据《风俗通义》上记载："氏于居者，城、郭、园、池是也。"因住在城外，遂以郭为氏。如齐国公族有东郭氏、西郭氏、南郭氏、郭氏等。

其三：出自姬姓，为黄帝姬姓后裔。周朝建立后，周武王封文王弟虢叔、虢仲于西虢、东虢。周平王时，郑武公灭郐和东虢，建立郑国。因郑国实力强大，于是周平王不得不将东虢叔的裔孙序封于阳曲，号曰"虢公"。因古代虢、郭音同，又称"郭公"，其后代遂称郭氏。西虢几经辗转最后为秦所灭，流散在外的虢国后代，均以郭为姓。

其四：出自冒姓或改姓。如后梁有郭纳，本姓成，后冒姓郭氏。又如后晋时，有郭金海，本突厥人，改姓汉姓。亦有后周太祖郭威，本姓常，但因从小与母郭氏一同长大，故改姓郭。

【郡望堂号】

郭氏的郡望主要有太原郡、华阴郡、冯翊郡、汾阳县等。

太原郡：战国时秦庄襄王时置郡，治所在晋阳（今山西太原市西南）。此支郭氏，为东汉郭全之族所在。

华阴县：汉时置。此支郭氏为太原郭氏分支。

冯翊郡：三国时置郡，治所在临晋（今陕西大荔县）。此支郭氏，为太原郭氏分支，其开基始祖为东汉冯翊太守郭孟儒。

汾阳县：西汉时置，此支郭氏，为华阴郭氏分支，开基始祖为郭子仪。

郭氏的堂号主要有"太原"、"华阴"、"冯翊"、"汾阳"等。

【繁衍变迁】

郭姓发源于河南、山西、陕西等地。春秋战国时，郭姓人已经分布在山东、河北的部分地区。汉朝之后，郭姓人一直以山西为繁衍中心，持续了很长一段时间。此外，汉时亦有落籍于内蒙古和甘肃、四川、安徽等地的郭姓人。魏晋南北朝时，北方战火频繁，为避战祸，郭姓人开始大规模南迁，散居在浙江、江苏等地。隋唐时期，郭姓已经发展为山西、山东的第一大姓，同时有郭姓人徙居浙江、江苏、湖北、福建等地。五代一直到宋元时，郭姓人遍布全国。明末清初，居住在福建的郭姓人渡海迁居台湾，进而远徙欧美及东南亚。

【历史名人】

郭璞：字景纯，东晋著名学者，注释《周易》、《山海经》和《楚辞》等古籍。代表作是《游仙诗》十四首和《江赋》。

郭嘉：字奉孝，东汉末年曹操帐下谋士，史书上称他"才策谋略，世之奇士"。

郭子仪：唐朝名将，在平定安史之乱中立下汗马功劳，史称"权倾天下而朝不忌，功盖一代而主不疑"，享有极高的威望与声誉。

郭守敬：字若思，元朝的天文学家、数学家、水利专家和仪器制造专家。他主持编制的《授时历》，通行360多年，是当时世界上最先进的历法。

【姓氏名人故事】

"世之奇士"郭嘉

郭嘉是三国时期曹操麾下的重要的谋士，为曹操一统北方立下了重要的功绩。

年少的郭嘉就展露出其过人的智慧，并十分有远见。弱冠之时就觉得天下会大乱，因此隐居起来，不与世俗交往。隐居之前，郭嘉曾投靠过袁绍，但是没有几天，他见袁绍决策不果断，而且没有辨识贤才的能力，觉得袁绍难以成就霸业，就离开了袁绍，隐居起来。郭嘉27岁时，曹操的谋士戏志才死了，荀彧向曹操举荐了郭嘉。郭嘉与曹操

郭嘉献谋。

论天下大势，曹操特别高兴地说郭嘉就是辅佐他成就大业的人，而郭嘉也表示曹操才是真正值得他辅佐的人。

郭嘉出仕后，袁绍曾来信挑衅、羞辱曹操，这时郭嘉向曹操提出了十胜十败论，分析对比了曹、袁两方的优胜劣败，鼓舞了曹操的士气。之后郭嘉又进一步提出应该先扫平吕布，再谋取天下。曹操听取了郭嘉的建议，攻打吕布。但是战争持续了大半年，久攻不下。曹操的士兵都越显疲态，曹操也打算放弃，但是郭嘉和荀彧却看到了胜机，劝说曹操急攻。曹操听从郭嘉的计策，终于攻下吕布。

之后郭嘉为曹操出谋划策，使曹操打败袁绍。可惜郭嘉在随同曹操征讨乌桓时，因为身染重病，加上水土不服，最终英年早逝。后来曹操赤壁之战大败时，曾感慨道："郭奉孝在，不使孤至此。"也说明了曹操对郭嘉的重视。史书评价郭嘉为"才策谋略，世之奇士"。

méi

梅

【姓氏来源】

梅姓的起源主要有二：

其一：出自子姓，以封邑名为氏，为商汤后裔。根据《通志·氏族略》和《唐书·宰相世系表》等相关史料的记载，商朝时，商王太丁封其弟于梅，称梅伯。商朝末年，梅国的国君梅伯为纣王所杀，其后世子孙以封邑名为氏。

其二：出自他族改姓。《魏书》记载，汉朝时南蛮地区有梅姓；《旧唐书》中有，北狄奚酋长为梅姓；清朝满洲八旗中有梅佳氏，后改为梅姓；同时，贵阳府开州土司为梅姓。

【郡望堂号】

梅姓的郡望以汝南郡最有名望。

汝南郡：汉时置郡，治所在平舆（今河南平舆）。

梅姓的堂号有"宛陵"、"汝南"、"华萼"、"绩学"等。

【繁衍变迁】

梅姓发源于湖北，之后大规模地迁往安徽、江苏和河南，十分活跃。秦汉之际，大部分的梅姓人开始向中原移居。魏晋南北朝时，梅姓人在河南发展得尤为昌盛，这一时期虽然史册上的梅姓人不多，但是可以看出在隋唐以前，梅姓人已经散居在湖南、湖北、江苏、江西、安徽、浙江等江南地区。隋唐之际，战火四起，硝烟四溢，河南等中原地区的梅姓人迁入今四川，以躲避战乱。唐朝中后期，安史之乱的发生，使社会动荡不堪，有梅姓人进一步向南迁徙，进入广东地区。宋元之际，梅姓人在江南各地繁衍昌盛，并在甘肃定居。明朝初期，山西梅姓人迁至河南、山东、河北、江苏等地。明末清初，张献忠屠川，四川大批梅姓人逃至云南。清朝以后，梅姓人有渡海赴台，继而远赴海外者。

【历史名人】

梅尧臣：字圣俞，世称宛陵先生，北宋著名现实主义诗人，其诗歌多反映现实生活和民生疾苦，与苏舜钦齐名，人称"苏梅"，著有《宛陵先生文集》。

梅文鼎：字定九，号勿庵，清朝著名的天文学家、数学家，为清朝"历算第一名家"和"开山之祖"。著作有《明史历志拟稿》、《古今历法通考》、《勿庵历算书目》等。

梅庚：字子长，号雪坪，清朝著名画家、诗人，与梅清、石涛均为黄山派名画家，有《天逸阁集》。

【姓氏名人故事】

现实主义诗人梅尧臣

梅尧臣是北宋时期著名的现实主义诗人。梅尧臣出生于一个农民家庭，因为家境贫困，酷爱读书的梅尧臣16岁乡试未取，家中就无力供他读书再考。于是梅尧臣就随叔父到洛阳，担任主簿一职。后来梅尧臣又重新应考，考中了进士，开始入仕为官。梅尧臣原名"圣俞"，后改"尧臣"，是因为志向远大的梅尧臣希望能遇上一个像尧帝一样圣明的君主，成为他的贤臣。可惜的是，梅尧臣并没有遇到圣君，仕途也并不顺意。梅尧臣为人笃厚清高，做官也经常能够体察民间疾苦，做了很多有利于百姓的事情。当地的百姓都非常崇敬、热爱他。梅尧臣在担任建德县令时，为官清廉正直，卸任后，当地百姓为了纪念他，将县城改为梅城，并在梅城后面的山坡上建立了一座梅亭，表达他们对梅尧臣的敬仰之情。

诗人梅尧臣。

梅尧臣虽然在仕途不顺，但是他在诗坛上却享有盛名。梅尧臣的诗歌平易而深刻，细腻而贴切，凝练而又有自由的方式，展现了当时的社会现象，反映了社会生活。梅尧臣同时也是北宋诗歌革新运动的推动者，强调《诗经》、《离骚》的传统，反对浮艳空泛，对宋朝诗风由靡丽向质朴的转变起了巨大的作用，刘克庄在《后村诗话》中称之为宋诗的"开山祖师"。

林 lín

【姓氏来源】

林姓的起源主要有三：

其一：出自子姓，为黄帝高辛之后，比干之后裔。商朝末年，比干因为直言奉劝纣王而被纣王怀恨在心，被施以挖心的酷刑。当时比干的夫人陈氏有孕在身，为避难逃于长林，产下一子，名坚。周武王灭商后，陈夫人携子归周，武王因坚在长林而生，因而赐他林姓，称林坚。又拜为大夫，食邑于博陵。其子孙引以为氏，称林氏。林姓由他最早发源，后人尊他为受姓始祖。

其二：出自姬姓。据史料记载，东周时期，周平王有庶子姬开，字林。按周礼，其子孙以祖父字为氏，称林氏。

其三：出自少数民族改姓。南北朝时，北魏孝文帝将国都迁至洛阳，实行汉化，将原鲜卑族复姓丘林氏的一部分改成林姓。其他少数民族中，满族的林佳氏和布萨氏也有改姓林。

【郡望堂号】

林氏的郡望主要有南安郡、西河郡、济南郡、下邳郡等。

南安郡：东汉时置郡，治所在獂道（今陇西渭水东岸）。此支林氏，其开基始祖应为林坚后裔。

西河郡：战国魏初置郡，治所在平定（今内蒙古东胜县境）。此支林氏，其开基始祖为战国时赵国宰相林皋。

济南郡：西汉时置郡，治所在东平陵（今山东章丘西）。此支林氏，为西河林氏的分支，其开基始祖为汉平棘侯林挚。

林氏堂号有"西河"等。

【繁衍变迁】

林姓发源于河南。得姓之初，一直在河北地区发展繁衍。春秋时期，林姓人在陕西、河南、山东等地均有分布。到了战国时期，林姓人在河南进一步扩散。汉时，林姓人落居住山东，并在当地形成名门望族。东汉末年至三国时期，居住在今河南、山东、河北和山西等地的林姓人，为避灾祸而南迁入江苏、浙江一带。林姓人开始进入福建是在西晋末年。唐宋时期，林姓人迁居至海南。明朝时，甘肃地区也有林姓人分布。明清之际，今福建、广东等东南沿海地区的林姓人渡海移居台湾、徙至港澳，进而远居海外。

【历史名人】

林禄：字世荫，东晋大臣，匡扶晋室，战功卓著。是将林姓从北方带至南方的第一人，也是南方林姓中影响最大的"闽林"始祖。

林默娘：宋朝人，在东南沿海及台湾等地被人尊为圣母或妈祖，把她当作保护远航船只顺利安全的保护神。

林则徐：字元抚，是清朝后期政治家、思想家和诗人，是中华民族抵御外族侵略的伟大的民族英雄，主要功绩是虎门销烟。同时主张学习西方先进技术，是近代中国"睁眼看世界的第一人"。

林徽因：建筑学家和作家，为中国第一位女性建筑学家，被胡适誉为"中国一代才女"。代表作有《你是人间的四月天》、《九十九度中》等。

【姓氏名人故事】

妈祖的传说

妈祖是人们对海上女神的亲昵称呼，是保护远航之人能够安全回家的女神。

妈祖的本名叫林默娘，是北宋年间福建地区仕宦之家的女儿。相传默娘出生的时候红光绕室，香气弥漫。因为默娘从出生到满月都没有啼哭一声，因此取名为"默娘"。默娘自小聪明过人、心地善良，不仅通晓海上各种天气变化，还能呼风唤雨，在波涛汹涌的大海中挽救摇摇欲坠的船只。大家都称她为"神姑"、"龙女"。

在默娘28岁这一年，默娘在海上奋不顾身地抢救遇难渔民时，身陷激流，被海浪卷走不见踪影。人们都不愿意相信默娘因海难而死，都认为她是被龙王接走成仙了。

于是人们就在沿海地区建造了很多妈祖庙，用来纪念、供奉默娘，希望她能够继续保护出航的船只平安回航。在闽南方言中，"妈"表示对女性长者或德高望重者的最高尊称。因此后来人们尊称林默娘为妈祖，也是表达对默娘的尊敬和爱戴。

妈祖无私奉献的高尚品德和英雄事迹，体现了中华民族的传统美德，妈祖精神也成为中华民族的优秀文化遗产之一。

妈祖助航。

钟
zhōng

【姓氏来源】

钟姓的起源主要有三：

其一：出自子姓，以邑名为氏，为商汤后裔。相传上帝誉有一个妃子名叫简狄，因拣到一只燕子蛋，吃后生下契。后来契因辅助大禹治水有功，被封于商，赐子姓。传至商纣王时，有一庶兄名启，被封于微。周武王灭商后，微子投奔周武王，后他被周公封于宋，建宋国，称宋桓公。宋桓公有儿子公子遨在晋国做官，其孙子伯宗因直言谏劝而被杀害，伯宗的儿子州离便逃到楚国，任太宰，食采钟离。其后人便以地名为姓，单称钟氏。

其二：出自嬴姓。为钟离氏改钟氏。周朝初期，颛顼帝之子伯益的后裔被封于钟离国，春秋时钟离国被楚国所吞并，国人称钟离氏，其中有一部分取"钟"字，称钟氏。

其三：以官名为氏。古代有官名钟师，掌击钟奏乐。钟姓最早的一支是周朝乐官钟师的后代。

【郡望堂号】

钟姓的郡望主要有颍川郡和竟陵郡等。

颍川郡：秦时置郡，治所在阳翟（今河南禹县）。

竟陵郡：秦时置郡，治所在今湖北潜江西北。西晋时封江夏郡置，治所在石城。

钟姓的堂号有"颍川"、"知音"等。

【繁衍变迁】

钟姓发源于安徽。先秦时期，钟姓人主要分布在两湖地区。汉晋之际，钟姓人以河南为繁衍的中心。晋朝时，河南的钟姓人移居至江苏、福建、浙江、湖北及江西等地。南朝末期，钟姓人迁徙到广东、广西等地，并与当地少数民族融合。唐代，钟姓人分布于今山西、四川、广东、安徽等地。五代至宋元，北方战乱，钟姓族人大部聚居于今福建、广东。明初，钟姓人作为洪洞大槐树(今属山西)迁民之一，被分迁于今安徽、河南、河北、江苏、陕西等地。清代以后，有今广东、福建境内的钟姓人赴台、远播东南亚等地。

【历史名人】

钟子期：名徽，字子期，春秋时期楚国人。精音律，与俞伯牙为知音。钟子期死后，俞伯牙认为世上已无知音，终身不再鼓琴。

钟繇：字元常，三国魏大臣、大书法家。精于隶、楷。与晋王羲之并称"钟王"。

钟嵘：字仲伟，中国南朝文学批评家。提出了一套比较系统的诗歌品评的标准，著有《诗品》。

钟离春：战国时期齐国人，相貌奇丑无比，是中国历史上第一个以才取胜的皇后。

【姓氏名人故事】

直言劝谏的钟离春

钟离春是齐国无盐县人，姓钟，因此又称钟无盐、钟无艳。钟离春是春秋时期齐国齐宣王的妻子，也中国古代四大丑女之一。相传她才德兼备，但是相貌却丑陋无比，年到40还没有嫁出去。

当时春秋各国盛行纳之事，全国人民无论是谁都可以殿前进谏，钟离春也前往齐都，求见齐宣王。钟离春一见到齐宣王，便直截了当地说："我一直很倾慕大王的美德，希望能够尽自己绵薄之力，任由大王差遣！"齐宣王作为一国之君，后宫自然是不缺国色天香的美女，他看眼前钟离春的丑陋模样，觉得她格外的自不量力，就哈哈大笑起来。钟离春见齐宣王嘲笑自己，也不恼火，只是不慌不忙地连说了几句："危险啊！"齐宣王见他镇定自若的样子，便好奇地问："危险？什么危险？说来听听！"

钟离春便泰然自若地说道："秦国和楚国这两个虎狼之国，正虎视眈眈地盯着齐国，但是我齐国现在，因为齐王您忠奸不分，不立太子，不教众子，沉迷嬉戏，致使内政不稳，这是第一虑；兴台建筑，奢靡浪费，玩物丧志，这是第二虑；齐国当前，贤德的人隐居深山，

钟离春直言劝谏齐宣王。

谄媚小人伺候在您左右,使真诚的有利于国家的谏言都无法上传试听,这是第三虑;齐王您花天酒地,声色犬马,沉迷女色,对外不修诸侯之礼,对内不秉国家之治,这是第四虑。"

齐王听完目瞪口呆,良久才起身恭敬地说道:"听了你的教诲,如同醍醐灌顶,我今后若是有进步,都是因为您今天的劝谏。"齐宣王说罢,便下令拆除渐台、罢去谗佞,励精图治。而钟离春最终也成了齐宣王的王后,辅佐齐宣王治国,使齐国国势大增。

xú

徐

【姓氏来源】

徐姓是起源比较单一的姓氏,主要出自嬴姓,是颛顼玄孙伯益之子若木的后裔。

相传伯益因协助大禹治水有功,帝舜除了赐他嬴姓以外,还将本族姚姓女子嫁给他。姚女为他诞下二子,小儿子便是若木。因为他父亲的功劳,夏禹时被封于徐地,建立了徐国。周穆王在位时,徐君偃欲代周为天子,自称徐偃王向周进攻,周穆王正在西王母处做客,听闻此事立即乘坐造父之车适时赶回,兵戎相见之时,徐偃王不忍见士兵牺牲,于是弃国出走,躲进彭城一带的山里。由于徐偃王深得民心,数以万计的百姓与他共同进山。周穆王见徐偃王如此深得民心,十分感慨,遂封其子宗于徐,称"徐子",继续治理徐国。春秋时期,徐国为吴国所吞并,其后世子孙便以国名为姓,是为徐氏。

颛顼像。

【郡望堂号】

徐姓的郡望主要有东海郡、琅琊郡、濮阳郡、高平郡、东莞郡等。

东海郡:秦时置郡,治所在郯(今山东郯城北)。

琅琊郡:秦时置郡,治所在琅琊(今山东胶南市琅琊台西北)。

高平郡:晋时置郡,治所在高都(今山西晋城东北)。

徐姓因以东海郡最有名望,故也以"东海"为堂号。

【繁衍变迁】

徐姓发源于江苏、安徽。春秋末期,徐国被吴国攻灭,徐姓人为避灾祸移居河南、山东等地。秦汉之际,徐姓人已经散布在江苏、安徽、江西、浙江一带。东汉之前,甘肃地区已经有了徐姓人居住。魏晋南北朝时,徐姓人为避战乱开始大举南迁,隋唐之际,南方的徐姓氏族得到进一步的发展。宋朝末年,有徐姓人进入福建地区。元朝时,江西、福建地区有徐姓人迁居广东。明清两朝,徐姓人已遍布全国各地。

【历史名人】

徐干:字伟长,汉魏间文学家。善诗歌辞赋,著有《中论》,曹丕称赞此书为"成一家之言,辞义典雅,足传于后"。"建安七子"之一。

徐庶:字元直,本名福,东汉末年名士及战略家。先归刘备,辅佐刘备治理新野,后曹操掠徐母至许都以胁迫庶弃刘从曹。徐庶至孝,到曹营后其母自缢而死,徐庶不为曹操设谋。故后世有"徐庶进曹营——一言不发"的谚语。

徐达：字天德，明朝开国军事统帅。因其文武双全，为朱明王朝的建立立下汗马功劳，封魏国公，追封中山王。

徐渭：字文长，明代杰出文学家、书画家、军事家。自称书法第一，尤其善于行草，有《徐文长全集》存世。与解缙、杨慎并称"明代三大才子"。

徐霞客：名弘祖，明朝著名的地理学家、旅行家和探险家。有《徐霞客游记》一书流传于世。

【姓氏名人故事】

徐庶走马荐诸葛

徐庶是三国时期颍川阳翟（今河南禹州）人，字元直，自幼习武，颇有侠情，后弃武从文，博学多闻，才智过人。徐庶身逢乱世，遍地狼烟，因觉刘备迥出伦辈，宽厚仁和，所以投其麾下效力。徐庶与刘备脾气秉性相投，宾主甚为相得。

刘备尤其爱重徐庶的才能，随即拜徐庶为军师。徐庶不负刘备之望，在之后的几次战役中屡出奇策，使刘备之军多次逢凶化吉以弱胜强，而曹军接连受挫。

曹兵败回许昌之后，将领将徐庶之能转述曹操，曹操大惊遂令群臣献计，要将徐庶收为己用，谋士程昱知道徐庶乃是孝子，于是献一计，曹操依言将徐庶之母骗至许昌，随后仿照徐母笔迹写信要徐庶来许昌相会，若不，其母性命不保。

徐庶接到母亲书信，心急如焚自知如此境况之下忠孝难以两全，无奈只得向刘备洒泪辞行，刘备依依不舍亲自送别，徐庶牵挂母亲安危匆匆纵马而去，谁知少顷原路而返，对刘备道："我刚才心绪纷乱，竟将一要紧之事遗漏，我走之后，主公身边缺少谋士，襄阳城外隆中有一奇人，才智谋略皆胜于我，您若能请他出山助您，霸业必定可成。"刘备果然依徐庶所言，三顾茅庐将徐庶所举荐的奇才诸葛亮请出卧龙岗，正因为有诸葛亮的辅助，刘备才能与曹操、孙权三分天下。

徐庶走马荐诸葛。

qiū
邱

【姓氏来源】

邱（丘）姓的起源主要有四：

其一：出自姜姓，为姜太公的后裔。西周成立后，太师姜尚因辅佐武王灭商有功，被封于齐，建齐国，建都于营丘，号称齐太公，俗称姜太公。姜太公因尊重当地人生活习惯，很快受到百姓的爱戴，齐国也逐渐强大起来。于是姜太公的子孙中后有以地名为氏的，称丘氏。

其二：出自妫姓。帝舜时期，鲧的儿子禹，被赐予妫姓。后禹的儿子启建立夏朝，为中国历史上第一个奴隶制国家。禹的第五世孙少康中兴夏朝后，封其次子曲烈于鄫，建立鄫国。后鄫国经历了夏商周三代，直至春秋时期，为莒国所灭。其后世遂去阝旁为曾氏，曾氏的分支有以丘为氏。因此有曾、丘联宗之说。

其三：出自妫姓，以地名为氏。古帝颛顼的玄孙陆终共有六子，第五子名安，封于曹，赐曹姓。周武王灭商建立周朝后，因封弟弟振铎在曹，所以改封曹安的后裔曹挟在邾，建立邾国。据说邾国有弱丘这个地方，居住在弱丘的人都以"丘"为氏，称丘氏。

其四：出自他族改姓。如汉朝时，少数民族乌桓族中有丘氏。南北朝时，北魏孝文帝迁都洛阳后，实行汉化，将鲜卑族复姓丘林氏、丘敦氏改为汉字单姓丘，称丘氏。

【郡望堂号】

邱姓的郡望主要有河南郡、吴兴郡、扶风郡等。

河南郡：西汉时改秦三川郡置郡，治所在雒阳（今洛阳市东北）。此支丘氏，其开基始祖为丘穆。

吴兴郡：三国吴时置郡，治所在乌程（今浙江吴兴南）。此支丘氏，其开基始祖为汉朝丘俊。

扶风郡：西汉时置郡右扶风，为三辅之一。三国魏时改为扶风郡，治所在槐里（今陕西兴平东南）。

邱姓的堂号亦有"河南"、"吴兴"、"扶风"、"敦睦"等。

【繁衍变迁】

邱姓发源于山东，成姓之初主要分布在河南境内。秦汉之际，陕西、浙江和内蒙古均有邱姓人的分布。魏晋南北朝时，为避战乱，居住在河南的邱姓人南下徙居至福建。东晋时，邱姓人迁徙到四川，继而迁居到河南、福建等地者，使邱姓人在福建、广东地区广泛分布。宋朝时，福建已经形成了较大的聚落。明朝时，贵州、云南等地区亦有邱姓人的聚居点，山西邱姓作为迁民之一，进入陕西、山东、河北、河南、北京、天津等地。清朝初年，福建、广东等东南沿海地区的邱姓人渡海赴台。

【历史名人】

丘处机：字通密，道号长春子，是道教的一支全真道掌教人，为"全真七子"之一。死后又被元世祖忽必烈褒赠"长春演道主教真人"封号。著有《摄生消息论》、《大丹直指》等。

丘濬：字仲深，号琼台，明朝杰出的政治家、思想家，著有《大学衍义补》。

邱远才：即邱朝贵，清朝太平天国时，英王陈玉成手下猛将，军中称"邱老虎"。

丘心如：清代弹词女作家，创作长篇弹词《笔生花》。

【姓氏名人故事】

丘处机一言止杀

丘处机，字通密，道号长春子，山东栖霞人，是金朝末年全真道教七真人之一，也是龙门派的祖师。元世祖时，追封其为"长春演道主教真人"。著有《大丹直指》《摄生消息论》《磻溪集》和《鸣道集》等。其诗词作品，在金、元之交有一定的代表性。

丘处机年幼失去双亲，尝遍人间苦楚，少时栖身村北的公山上，过着风餐露宿的生活。曾一次次把铜钱从石崖上扔进灌木丛，然后再去找回，以此来磨炼自己的意志。

丘处机师从中国道教分支全真道的始创人王重阳。在王重阳去世后入磻溪穴居，历时六年，行携蓑笠，人称"蓑笠先生"。又赴饶州龙门山隐居潜修七年，成为全真龙门派创始人。后来，丘处机成为全真道第五任掌教，掌教时间长达二十四年，期间他在政治和社会上积极发挥自己的影响，使全真道的发展进入兴盛时期。

元太祖十四年（1219），成吉思汗派使者刘仲禄等人携带诏书前往山东，邀请丘处机前往蒙古帝国相见，丘处机说："我循天理而行，天使行处无敢违。"欣然同意前往，一路西行至雪山行营，亲自面见这位蒙古大汗。

他之所以不辞辛苦万里赴约,是因为他审时度势,早已看清楚结束天下战乱者非成吉思汗莫属。他虽长期从事宗教活动,但对社会问题有着敏锐的洞察力。深知要使自己的理论有长盛不衰的生命力,必须在实践中给人们带来好处,而这种实践又必须得到统治阶级的全力支持。因为想减少蒙古军进攻中原时的杀戮和破坏,所以他决定利用这次与成吉思汗谈经论道的机会,劝说成吉思汗广施仁政,避免生灵涂炭。

他首先赞扬了成吉思汗起兵灭西夏和金是符合天意民心的,迎合了成吉思汗的心理,然后劝其禁止残暴杀戮,才能使事业最后成功,并强调以敬天爱民为本。成吉思汗深以为然,感叹地说:"天赐仙翁,以悟朕志。"当即命左右将他的话全部记录下来,并以此教育自己的儿子,之后还赐予他虎符和玺书,以示对全真教的认可。

返回中原之后,丘处机将从蒙古贵族那里得到的粮食广济饥民,安抚流民,免除他们的苛捐杂税。后来在蒙古进军中原的过程中,成吉思汗大都施用招安之策,即便交战,蒙军也极为收敛自己的行为,这其中得以活命的百姓何止千万!

后世评论丘处机这一言止杀,拯救生灵的功德,更胜于他在道学上的贡献。

丘处机像。

luò

骆

【姓氏来源】

骆姓的起源主要有五:

其一:出自姜姓,以祖父名为氏,为姜太公之后公子骆的后代。《姓谱》和《元和姓纂》上有记载,周朝建立后,周武王封姜太公于齐,建立了齐国。姜太公的后代中有叫公子骆的,他的后人以他的名字为氏,称骆氏。

其二:出自嬴姓,以国名为氏,为商朝大臣恶来革之玄孙大骆的后裔。根据《史记》记载,商纣王时有大臣叫恶来革,他的玄孙叫作大骆。大骆的子孙以祖父名为氏,称骆氏。

其三:春秋时期郑国大夫王孙骆的后代。

其四:根据《史记·东越列传》上记载,东海王摇,本姓驺,古时"驺"也写作"骆"。其后世子孙也称骆姓。

公子骆像。

其五:出自他族改姓。魏晋南北朝时,北魏代北地区的他骆拔氏,汉化后改为骆姓;唐朝时吐谷浑族中有骆姓;金朝时女真中散答氏和独鼎氏,均改为汉姓骆;清朝满洲八旗的萨克达氏,后亦改为骆姓。

【郡望堂号】

骆姓的郡望主要有内黄郡和会稽郡。

内黄郡:汉时置郡,治所在今河南内黄。

会稽郡：秦时置郡，治所在吴（今江苏），东汉时，移到山阴（今浙江绍兴）。

骆姓的堂号有"才子"、"河南"、"瓯香"等。

【繁衍变迁】

骆姓发源于山东，先秦时期，骆姓的迁徙没有记载，根据秦汉时期对骆姓人的记载，可以看出魏晋以前，北方的陕西和南方的浙江都有骆姓人居住。到了魏晋南北朝时，北方战乱，硝烟四起，北方的骆姓人纷纷南下以避战祸，并与浙江地区的骆姓人互相融合，经过不断的繁衍发展，形成了会稽郡望。直到隋唐时期，河南的骆姓人发展迅速，并逐渐向河北、山西等地迁徙。宋元两朝，居住在江苏、浙江的骆姓人播迁到福建、广东等东南沿海地区后，继而又迁至云南、贵州等西南各地。明朝初年，山西骆姓氏族被分迁到今浙江、河南、河北、山东、北京等地。明朝中期后，福建和广东等地的骆姓人渡海，定居到台湾。

【历史名人】

骆俊：字孝远，会稽乌伤人。东汉末年陈王刘宠的国相，在丞相任内励精图治，深得民众爱戴。其子为三国吴国著名武将骆统。

骆宾王：字观光，与王勃、杨炯、卢照邻合称"初唐四杰"，辑有《骆临海集笺注》。

骆绮兰：字佩香，号秋亭，清朝杰出女诗人，善诗文，工写生，自绘《佩兰图》及《秋镫课女图》，著有《听秋轩诗稿》。

【姓氏名人故事】

"江南神童"骆宾王

骆宾王是唐朝初期杰出的诗人，与王勃、杨炯、卢照邻合称"初唐四杰"。

骆宾王出身于书香世家，虽然家道中落，但是"诗书传家、清节自守"的家风却没有改变。骆宾王的祖父和父亲都是学识渊博、满腹经纶，在当地颇有名望的才士。骆宾王出生的时候，祖父和父亲两个人非常高兴。望子成龙的心愿，以及期盼社会安慰的渴望，父子俩决定取《周易·观·六四》中"观国之光，利用宾于王"的意思，给小儿取名宾王，字观光。骆宾王长大后，也确实没有辜负祖父和父亲对自己的一番苦心，以自己的名、字为座右铭，辅君治国，干了一番事业。

骆宾王的父亲出仕为官，所以骆宾王从小和祖父一起长大。在骆宾王还咿呀学语的时候，祖父就教他朗读简单上口的诗句，而骆宾王也对诗句表现出异常的兴趣，一首诗只要朗读几遍，骆宾王就能学着朗诵出来。骆宾王5岁时，就已经熟记很多诗文，并开始自己作诗文。相传骆宾王7岁时，就咏出那首著名的"鹅鹅鹅，曲项向天歌。白毛浮绿水，红掌拨清波"千古诗篇。这首诗虽然看似简单，但是其语言和韵律自然清新，通过简单的勾勒，就将一只鹅的形象自然、真实、传神地表现出来，使得这首诗很快成为人人传诵的童谣。骆宾王也从此获得了"江南神童"的美誉。

"初唐四杰"之一骆宾王。

高 gāo

【姓氏来源】

高姓的起源主要有四：

其一：出自姜姓，是炎帝的子孙。炎帝有后裔名为伯夷，因帮助大禹治水有功，受封于吕，建立吕国。其子孙以吕为氏。吕氏有后裔名叫吕尚，因协助周文王、周武王推翻商朝，建立周朝。周武王遂封吕尚于营丘，建立齐国。吕尚被尊称为"齐太公"。齐太公第六代孙文公姜赤，文公次子受封于高邑，称公子高。公子高之孙傒于齐国任上卿时，迎立公子小白，即齐桓公为君，齐桓公为表彰其功劳，赐以王父字为氏，称为高傒，并封以卢邑，其后世遂为高氏。高氏世袭齐国上卿之职，是春秋齐国十分有实力的名门望族。

其二：以王父为氏。据《通志氏族略》所载，齐惠公的儿子名叫公子祁，字子高，其后裔为高氏。

其三：出自他族、他姓改姓。北魏孝文帝时，推行汉化政策，鲜卑族娄氏改为高氏。另有十六国时，后燕皇帝慕容云自称为高阳氏后裔，遂改姓高，称高云。其后裔改复姓为单姓，称高氏。又有高丽羽真氏，后改为高氏。北齐文宣帝姓高名洋，赐国姓于有功于北齐的鲜卑族元景安、元文遥；时有重臣高隆之，本姓徐，因其父与高欢交好，遂改姓高氏。

其四：以"高"字开头的两个字复姓，后有改单姓"高"为氏。如高车氏、高堂氏、高阳氏等。

【郡望堂号】

高姓的郡望主要有渤海郡、渔阳郡、辽东郡、广陵郡等，其中以渤海郡最有名望。

渤海郡：西汉时置郡，治所在浮阳（今河北沧州）。此支高氏，其开基始祖为东汉太守渤海太守高洪。

渔阳郡：战国燕将秦开击退东胡后置郡，治所在今北京市密云县西南。以渔水之阳得名。

广陵郡：汉时置郡，治所在今江苏扬州市。此支高氏，为吴丹阳太守高瑞之后。

高姓堂号有"渤海"、"渔阳"、"辽东"、"广陵"等。

【繁衍变迁】

高姓发源于山东。战国至秦汉这一时期，高姓人已分布在河北、辽宁等地。秦汉到三国时期，高姓人在海河流域、黄河流域、淮河流域、长江流域均有分布和活动。两晋南北朝时，社会动乱，高姓人大规模南迁。高姓人迁居至福建，是始于隋唐之际。五代时期，居住在河南的高姓氏族移居到湖北，有原居于山西的高姓人进入四川。两宋时期，高姓人向江南迁徙，落籍于浙江、江苏的部分地区。元明清时期，东南地区，尤其是江苏和浙江地区的高姓人较为集中。

【历史名人】

高渐离：战国末年燕国人，擅长击筑，与燕太子丹，一同到易水送行谋去刺秦王政的荆轲。高渐离击筑，荆轲和歌。代表作为《易水歌》。

高适：字达夫，是我国唐代著名的边塞诗人，与岑参齐名，并称为"高岑"。代表作有《燕歌行》和《别董大》。

高克恭：字彦敬，元代画家。善书画，《云横秀岭》、《墨竹石坡》为其代表作；兼有诗名，诗风"神超韵胜"，代表组《寄友》、《过信州》等。与赵孟頫齐名，时人有"南有赵魏北有高"之称。

高启：字季迪，长洲人。明朝初期著名诗人。高启与杨基、张羽、徐贲合称"吴中四杰"，比拟"初唐四杰"。著作被后人汇编为《高太史全集》，以及文集《凫藻集》，词集《扣舷集》。

高鹗：字兰墅，一字云士，清代文学家，续写了四大名著之一《红楼梦》后四十回。因酷爱小说

《红楼梦》，别号"红楼外史"。

【姓氏名人故事】

高渐离的故事

高渐离是荆轲的好友，荆轲去刺杀秦王的时候，高渐离与太子丹一同在易水边为荆轲送行，高渐离击筑，荆轲和歌。后来秦王统一了天下，便通缉太子丹和荆轲的门客，门客们纷纷逃走，高渐离也改名换姓，隐藏在一个富人家做工。

一次主人家请客，客人击筑助兴。正巧高渐离做工做了很久，感觉很疲惫，就流连在堂前久久不离去，还忍不住评价了两句。侍候的人听到了就告诉了主人，主人把高渐离叫到堂前让他击筑，满座宾客都说他击得好，赏给他酒喝。高渐离想到自己长久以来隐姓埋名，这样担惊受怕地躲藏下去也没有

高渐离击筑唱歌。

尽头，就退下堂去，把自己的筑和从前的衣裳从行装匣子里拿出来，改头换面地来到堂前，满堂宾客不由得大吃一惊，离开座位以礼接待，尊为上宾。听了高渐离击筑唱歌的宾客，没有不被感动得流着泪而离去的。

后来秦始皇知道了，就召令进见。之前见过高渐离的人就对秦始皇说这就是高渐离。秦始皇怜惜他过人的击筑才华，赦免了他的死罪，却熏瞎了他的眼睛。一次击筑演奏时，高渐离把铅放进筑中，等到靠近秦始皇时，就举筑撞击过去。但是没有击中，高渐离就被秦始皇杀了。

夏 xià

【姓氏来源】

夏姓的起源主要有三：

其一：出自姒姓。相传帝尧时，鲧的妻子因梦里吃了薏苡而生禹，故帝尧便赐禹为姒姓。当时中原洪水泛滥，禹治理了水患，并发展农业，还领兵平定了三苗之乱。为了表彰他的丰功伟绩，帝舜封他为夏，后来还将帝位禅让给他。夏禹死后，其子启继位，建立了中国历史上第一个奴隶制国家——夏朝。后来夏朝的第十六代君主桀暴虐无道，被商汤推翻，夏王族便以国名为氏，称为夏氏。

其二：出自姒姓。周武王伐商建周后，分封诸侯，将夏禹的后裔东楼公被封于杞，为杞侯。传至简公时，杞国被楚国所灭。简公的弟弟佗出奔逃至鲁国，鲁悼公因他是夏禹的后裔，便给予采地为侯，称夏侯氏，其后裔遂以夏为姓，称夏氏。

其三：出自妫姓，以王父字为氏。西周初年，周武王追封帝舜之后妫满于陈，建立陈国，史称胡公满。到了春秋时期，传至陈国第十六位君主陈宣公杵臼时，有庶子名子西，字子夏。子西的孙子征舒以祖父之字为氏，称为夏征舒，其后遂称夏氏。

夏禹像。

【郡望堂号】

夏姓的郡望主要有会稽郡、谯郡、高阳郡、鲁郡等。

会稽郡：秦时置郡，治所在吴县（今江苏苏州市）。此支夏氏，为西晋高士夏统之族所在。

谯郡：东汉置郡，治所在谯县（今安徽亳县）。

高阳郡：东汉时置郡，治所在高阳（今河北高阳县东）。

鲁郡：西汉时置鲁国，治所在鲁县（今山东曲阜）。晋时改为郡。

【繁衍变迁】

夏姓发源于河南，早期活动在中原一带，徙居山东等地。秦汉之际，江西、江苏、浙江等南方地区已经有夏姓落籍。魏晋南北朝之际，烽烟四起，夏姓人为避难大举南迁，以浙江夏姓氏族发展得最为昌盛。唐宋两朝，夏姓人发展得十分繁盛，名人辈出。明朝初期，居住在山西的夏姓人迁入浙江、江苏、安徽、河南等地。清朝末年，福建、广东等沿海地区的夏姓人渡海迁居台湾，进而辗转进入新加坡等东南亚国家。

【历史名人】

夏圭：字禹玉，南宋杰出的画家。以山水画著称，与马远同时，号称"马夏"。

夏完淳：原名复，字存古，明末著名诗人，少年抗清英雄。

夏昶：字仲昭，明代著名画家。善画能诗，有"夏卿一个竹，西凉十锭金"之谣。

夏衍：原名乃熙，字端先，著名文学、电影、戏剧作家，文艺评论家等。代表作品有《赛金花》、《秋瑾》、《包身工》等。

【姓氏名人故事】

夏完淳斥诉洪承畴

夏完淳是明末清初著名的神童，天资聪颖。5岁读经史，7岁能诗文，9岁的时候，他就已经写出了一部诗集《代乳集》。父亲夏允彝出游远方，常带他在身边，使他阅历山川，接触天下豪杰。而父亲及其朋友为匡救天下，恢复优秀儒家传统和阉党进行斗争的情景更是给了他现实的教育。后从陈子龙为师，又受知于复社领袖张溥，在文章气节方面，深受二人熏陶。著有《南冠草》、《续幸存录》等。

他的父亲是明末一个爱国文学团体——"几社"的领袖之一，后来发动起义抗清。当时只有15岁的夏完淳，刚结婚就离开了新婚的妻子，奔赴战场。

清军实力强大，起义军最终还是失败了。他的父亲不愿落到清兵手中，便投河自尽，并留下遗嘱，要夏完淳继承他的抗清遗志。他继承父亲的遗志，继续满腔热情地到处奔走，联络抗清义士。为此他还写了大量诗篇，抒发忧国忧民的心情。但是，由于叛徒的出卖，义军最终还是失败了，与他一直奋斗的陈子龙、吴胜兆等人也都相继身亡。他也被清兵逮捕。

审讯他的是洪承畴，洪承畴早就听说他是有名的神童，想用软化的手段使他屈服，便对夏完淳说："你年纪这么小就起兵，

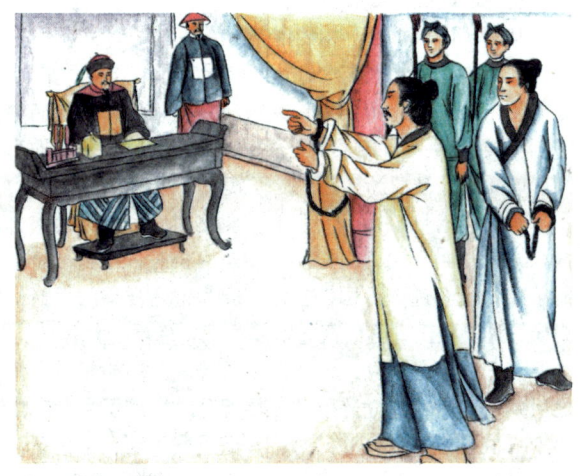

夏完淳斥诉洪承畴。

百家姓

想必是受人指使。只要你肯回头归顺大清,我给你官做,如何?"夏完淳故意假装不认识前面的洪承畴,义正词严地说道:"我听说有个洪承畴先生,是个英雄豪杰,以身殉国,震惊中外。我虽然年纪小,但是说到杀身报国,怎能落在他的后面。"

洪承畴听了哭笑不得,旁边的士兵提示夏完淳坐在上面的就是洪承畴。他"呸"了一声说:"洪先生为大明殉职,天下谁人不知。崇祯帝亲自为他祭祀,官员为他悼念。你这个叛徒,怎么能冒充忠烈?"他指着洪承畴骂个不停。洪承畴被骂得脸色一会青一会儿白,只得叫士兵把他拉出去。

后来这位年仅17岁的小英雄赋绝命诗,遗母与妻,临刑神色不变,是中国五千年历史上年纪最小的华夏先烈。死后被运回家乡,和他的父亲合葬在一起。

cài
蔡

【姓氏来源】

蔡姓的主要起源有二:

其一:出自姞姓,为黄帝支裔。相传黄帝有二十五子,得姓者十四人,共十二姓,姞为其中之一,被封于燕。随着"姞姓"子孙的繁衍,其后裔分支又为"阚"、"严"、"蔡"、"光"、"鲁"等姓氏。

其二:出自姬姓,为周文王后裔。周武王灭商后,封商纣王之子武庚于朝歌,管理商朝遗民,又封其弟叔度封于蔡,让他与管叔、霍叔一同监管武庚,称"三监"。武王死后,周成王即位。周公旦因成王年幼临朝摄政。"三监"对此不满,联合武庚和东方夷族进行叛乱。周公出兵平定反叛,事后处死了武庚与管叔,并将蔡叔放逐。后蔡叔度之子胡,因遵守文王德训,与人为善,周成王封其于蔡,称蔡仲。春秋时,因受楚的逼迫,多次迁徙。后终被楚国所灭,其子孙后裔散居楚、秦、晋等各国,以国名为姓,称蔡氏。

【郡望堂号】

蔡姓的郡望主要有济阳郡。

济阳郡:晋时置郡,治所在济阳(今山东济阳)。

蔡姓的堂号主要有"济阳"、"福谦"、"九峰"、"龙亭"等。

【繁衍变迁】

蔡姓发源于河南。先秦时期,蔡姓人已经散居在湖北、陕西、河南、山西、山东等地。秦汉之际,蔡姓人以河南、山东为繁衍中心,主要活动在中原地区。魏晋南北朝时,战争频繁,蔡姓人大规模南迁,进入江苏、浙江等地。唐宋时期,蔡姓发展为中原一大姓氏,进入发展的鼎盛期。蔡姓人进入福建、广西始于唐朝初年。宋朝时,居住在北方的蔡姓人再次大举南迁,落籍于江苏、浙江、安徽、福建、广东等地。明清之际,已经有蔡姓人远徙海外。

【历史名人】

蔡邕:字伯喈,东汉时著名文学家、书法家。博学多才,善画,是东汉四大画家之一。

蔡伦:字敬仲,东汉宦官,是我国四大发明中造纸术的发明者。被誉为"人类有史以来最佳发明家"之一。

蔡文姬:名琰,字文姬,东汉时著名女诗人和文学家,博学有才,通音律,善诗赋。代表作有《胡笳十八拍》、《悲愤诗》等。

蔡元定:字季通,南宋著名理学家,通晓天文、地理。朱熹理学的主要创建者之一,被誉为"朱门领袖"。著有《律吕新书》、《西山公集》等传世。

蔡元培：字鹤卿，现代著名革命家、教育家、政治家。曾任教育总长、北京大学校长、人学院院长、中央研究院院长等职。

【姓氏名人故事】

文姬归汉

东汉末年，三国鼎立，社会动荡，当时大文豪蔡邕的女儿蔡文姬，不幸被掳到了南匈奴，嫁给了匈奴左贤王，并生养了两个儿子。一住十二年，虽然习惯了匈奴的生活，蔡文姬却还是十分想念故乡。

后来曹操统一北方为魏王，南匈奴的呼厨泉单于到邺城来拜贺时，他想到了恩师蔡邕的女儿还留在南匈奴，便想把她接回来。曹操派使者带着礼物到南匈奴去接蔡文姬，左贤王不想让蔡文姬走，却也不敢违抗曹操的意志，就对蔡文姬说，回去可以，但是不能带走两个儿子。蔡文姬不愿意离开自己的孩子，但是又想回到日夜想念的故国，十分矛盾。最终她还是选择回到故乡，在极度的悲伤中创作了著名诗歌《胡笳十八拍》。

回到邺城后，曹操将蔡文姬嫁给了董祀。谁料不久董祀犯了法，判了死罪。眼看就要执行死刑了，蔡文姬忙跑到魏王府里去找曹操求情，蔡文姬声泪并下地替丈夫请罪，听到的人无不为之感动，曹操也亲自批了赦免令，赦免了董祀的死罪。

文姬归汉。

一次，曹操与蔡文姬闲谈，曹操表示很羡慕蔡文姬原来家中藏书。蔡文姬感慨地告诉他，原来家中所藏的四千多卷藏书，几经战乱，已经全部遗失。曹操表示非常可惜。接着蔡文姬又说自己能背出四百篇，曹操十分高兴，于是蔡文姬凭记忆默写出四百篇文章，没有一点错误。

曹操将蔡文姬接回，为保存古代文化方面做了贡献，历史上将"文姬归汉"传为美谈。

田 tián

【姓氏来源】

田姓的起源主要有二：

其一：出自妫姓，为胡公满之后，由陈姓所改。相传帝舜因曾住妫汭河边，他的子孙有留在妫汭河附近的，便称妫姓。周武王伐商建立周朝后，分封前代圣王的后人，就找到了帝舜的后裔妫满，封之于陈地，为陈侯，史称胡公满。春秋时期，陈国内乱，妫满的第九世孙陈厉公之子陈完怕祸及己身，逃奔至齐国，任工正，封于田地。陈完遂改田姓，称田氏。后来田氏子孙逐渐掌握齐国大权，传至田和时，田和取代了齐国原来姜姓国君，自立为君，就是历史上著名的"田氏代齐"。传至齐威王时，国力盛强，成为战国七雄之一。最后为秦国所灭。

其二：出自黄姓所改。《明史》上记载，明朝初期有辅佐惠帝之黄子澄，因为向惠帝献上削藩之策，激怒诸侯被杀，引起靖难之祸。黄子澄之子黄子经为避祸改姓田，称田终。其后世子孙也以田为姓，称田氏。

陈完像。

【郡望堂号】

田姓的郡望主要有北平郡、雁门郡、京兆郡、平凉郡、河南郡等。

北平郡：西汉时置郡，治所在今河北满城北。

雁门郡：战国时置郡，治所在善无（今山西右玉南）。此支田氏，其开基始祖为唐太尉田承嗣。

京兆郡：汉时置京兆尹，为三辅之一，治所在长安（今陕西西安市西北）。此支田氏，为西汉大臣田蚡之族所在。

河南郡：汉时改秦三川郡置郡，治所在雒阳（今河南洛阳市西北）。此支田氏，其开基始祖为北宋右谏大夫田瑜。

田姓的堂号主要有"贫骄"、"凤翔"、"紫荆"、"北平"、"雁门"、"凤鸣"等。

【繁衍变迁】

田姓发源于山东淄博，先秦时期，田姓人已分布于今山西、河南、北京、湖北等地。汉朝初期，陕西、河北等地也有田姓人居住，四川、湖北、湖南、贵州的部分地区也有部分田姓人落籍。三国两晋南北朝时，田姓人散布在长江中下游地区，也有部分田姓人进入山西、宁夏和天津等地。宋代以前，田姓人主要在北部和中部地区聚集，并开始进入福建、广东等地。清朝中期，居住在福建、广东的田姓人渡海入居台湾，进而远徙海外。

【历史名人】

田文：号孟尝君，战国时齐国名臣，为"战国四君子"之一。

田忌：战国时期齐国人，有"田忌赛马"的典故流传千古。

田横：原为齐国贵族，是秦朝末期起义首领。楚汉战争中，自立为齐王，后兵败逃至海岛，因不愿臣服汉朝，自杀而亡。此岛后称"田横岛"。

【姓氏名人故事】

田横舍命救部下

田横，秦末齐国旧王族，是我国古代著名的义士。诸葛亮曾说："田横，齐之壮士耳，犹守义不辱。"高度赞扬了田横宁死不屈的精神。

秦朝末年，陈胜、吴广举起抗秦的大旗后，四方的英雄豪杰纷纷响应，如刘邦、项羽等，田横一家也是抗秦的力量之一。田横与兄田儋、田荣反秦自立，兄弟三人先后占据齐地为王。

后来刘邦消灭群雄，统一天下，田横不肯称臣于汉，带着他的五百战友一直退守，后来被困在一个孤岛上。刘邦知道田横治理齐国多年，非常得人心，齐地的贤者大多归顺依附于他，为了斩除后患，就意图招抚田横，劝田横投降，如果投降的话就封田横为王侯，如果不投降就派兵将岛上的人全部杀掉。

田横听说了这个消息后，为了保存五百个战友的性命，就带了两个部下，去见刘邦。三人离开海岛，向汉高祖的京城进发，在离京城三十里的地方，田横忽然自刎而死。田横留下遗书，嘱咐同行的部下拿他的头去见汉高祖，表示自己不受投降的屈辱，也请求汉高祖能够放过岛上的五百人。

刘邦知道田横的行为后非常感动，感叹道："嗟乎！起自布衣，兄弟三人更王，岂不贤哉！"便以王礼葬他，并封随行的两个部下做都尉。然而在埋葬田横时，那两个部下也自杀于田横墓穴之中。后来刘邦派人去岛上招降那五百人，他们听到田横自刎的消息后，全都跳到海里，自杀身亡。

为了纪念田横，人们将这个海岛称为"田横岛"。

田横舍命救部下。

fán
樊

【姓氏来源】

樊姓的起源主要有三：

其一：出自姬姓，以邑名为氏，是周文王的后代。据《通志·氏族略·以邑为氏》所载，周文王的儿子虞仲有孙名仲山甫，他辅佐周宣王南征北战，扩大周朝疆域，形成了"宣王中兴"，被宣王封于樊，为樊侯。其子孙以樊为姓，称樊氏。

其二：出自子姓，是成汤王的后代。据《左传》所载，成汤的后裔在商朝中期以后，形成了陶、施、樊、繁、锜、几和终葵七大族，其中便有樊姓。樊姓子孙一直传承下来，直到周朝建立，归入商朝遗民七族，归齐国管辖。

其三：为西南少数民族姓氏。东汉时，巴郡、南郡蛮夷中有五姓，分别为巴氏、樊氏、䓣氏、相氏、郑氏。

【郡望堂号】

樊姓的郡望主要有上党郡和南阳郡。

上党郡：战国韩时置郡，治所在今山西沁水以东地区。

南阳郡：战国秦时置郡，治所在今河南南阳。

樊姓的堂号有"忠烈"、"南阳"、"文魁"和"上党"等。

【繁衍变迁】

樊姓发源于河南，是商汤时期形成的七个大族之一的姓氏，后商朝为周朝所灭。樊姓也随这七大族被迁往山东、山西地区，并形成诸多名门望族。先秦时期，樊姓人主要活动在河南、陕西地区。秦汉之后，河南、山东、河北和山西的部分地区樊姓氏族发展较为迅速。隋朝初年，樊姓人在山西和河南形成望族。唐宋两朝，樊姓人向东、向南迁徙到浙江、江苏、江西、安徽等地。明清时期，樊姓人的足迹已遍布大江南北。

【历史名人】

樊哙：西汉开国元勋，著名军事统帅。楚汉战争时，项羽的谋士范增打算在鸿门宴上谋杀刘邦，樊哙在鸿门宴上，勇敢果断，使刘邦逃脱被杀的噩运。

樊逊：字孝谦，河东北猗氏人，北朝北齐哲学家。幼时好学，专心典籍。初为县主簿，后诏入秘府刊定书籍，时有"文章成就，莫过樊孝谦"之说。累官至员外散骑侍郎。

樊圻：字会公，清朝著名画家，擅画山水、人物，是"金陵八家"之一。

【姓氏名人故事】

樊哙鸿门宴上英勇救主

樊哙是西汉的开国元勋，楚汉之争时是仅次于项羽的第二猛将，刘邦的第一心腹。

樊哙出身贫寒，最开始以卖狗肉为生。相传樊哙与刘邦年轻时就认识，刘邦还没有发迹时，经常去樊哙那里吃狗肉。后来刘邦起兵反秦，做了沛公，樊哙就做了刘邦的随从副官，跟着刘邦到处征战，骁勇善战，立下不少战功。

后来刘邦率军率先入关，灭秦后封关自守。这引起了项羽的不满，因为根据楚怀王的约定，先入关者称王。于是项羽入关，驻扎在戏西，打算攻打刘邦的军队。刘邦觉得自己势力单薄，便赴鸿门请罪，就是著名的"鸿门宴"的典故。

鸿门宴上，项羽的亚父范增，打算杀掉刘邦，就派项庄舞剑，名为助兴，实为趁机杀掉刘邦。而刘邦在来之前就拉拢了项羽的族叔项伯，项伯在宴会上处处保护刘邦，项庄舞剑时项伯也拔剑而起，与之共舞。在危急关头，樊哙带剑拥盾闯入宴会，怒发冲冠，目眦尽裂地盯着项羽。项羽看樊哙气度不凡，就问他是什么人，张良回答是刘邦的参乘。项羽称赞道："真是位壮士啊！"就命人赐酒一杯，猪腿一条。樊哙立饮而尽，切肉而食。项羽又问："壮士还能再喝一杯么？"樊哙回答说："我死都不怕，难道还会推辞一杯酒么？"接着樊哙又说了刘邦的良苦用心，项羽一时间沉默不语。刘邦这个时候则借故去厕所，偷偷地返回了营地。

如果鸿门宴上樊哙没有闯入宴会，怒目对项羽，那么刘邦的事业将就此终结，所以在刘邦为汉王后，就赐樊哙为列侯。

樊哙鸿门宴上英勇救主。

hú

胡

【姓氏来源】

胡姓的起源主要有三：

其一：出自妫姓，以谥号为氏，为帝舜之后裔。周武王灭商后，建立周朝。周公旦追封帝舜的后裔妫满于陈地，建立陈国。妫满去世后，谥号胡公，也称胡公满。春秋时期，陈国为楚国所灭，其子孙以妫满谥号为氏，即为胡氏。

其二：以国为氏。周朝时，有两个胡国。一个为周初分封的姬姓小诸侯国，一个是归姓国，这两个胡国在春秋时期先后为楚国所灭，后世子民以胡为氏，称胡氏。

其三：出自他姓、他族改姓。据史料记载，楚时有胡广，原姓黄，后改姓胡。又有南北朝时期，北魏的纥骨氏改复姓为汉字单姓，为胡氏。

【郡望堂号】

胡姓的郡望主要有安定郡、新蔡郡、淮阳郡等。

安定郡：汉时置郡，治所在高平（今宁夏固原）。此支胡氏，其开基祖为汉武帝时守军正丞胡建。

新蔡郡：晋时置郡，治所在新蔡（今河南新蔡县）。此支胡氏，为安定胡氏分支，其开基祖为西晋尚书左仆射胡奋。

淮阳郡：汉时置郡，治所在淮阳国。此支胡氏，为胡氏世居旺族。

胡姓的堂号有很多，主要有"安定"、"庐陵"、"澹庵"、"明经"等。

【繁衍变迁】

胡姓发源于河南和安徽。从先秦一直到两汉时期，胡姓人向西迁居到陕西、甘肃两省；向北进入山西；向东落籍于山东，向南迁入湖北和江西，使得胡姓在各地都有所发展。魏晋南北朝时，战火频繁，河南地区的胡姓人大规模南迁，进入到福建等地。历经唐宋两朝，胡姓人在安徽、福建、江西等省都有所分布。五代南唐时，湖南胡姓人迁居至江西，并在当地形成胡姓的繁衍中心。元明清三朝，河南部分胡姓人为躲避战乱进入福建、广东等地，并远徙海外。

【历史名人】

胡安国：字康侯，南宋时期的著名经学家，是湖湘学派的创始人之一。学者称之为"武夷先生"，后世称胡文定公。著有《春秋传》流传于世。

胡应麟：字元瑞，是明朝时期著名的学者、诗人和文艺批评家。他在文献学、史学、诗学、小说及戏剧学方面都有突出成就。著有《诗薮》，是一本集本体建构和作家作品批评为一体的诗学专论。

胡适：原名嗣穈，学名洪骍，字希疆，后改名胡适，字适之，现代著名学者、诗人、历史家、文学家、哲学家。是新文化运动的领袖之一。

【姓氏名人故事】

胡瑗培养"致天下之治"的人才

胡瑗，字翼之，中国北宋学者、理学先驱、思想家和教育家。因世居陕西路安定堡，世称"安定先生"。

胡瑗培养"致天下之治"的人才。

胡瑗自幼聪颖好学，7岁善属文，13岁通五经，被左右乡邻视为奇才。胡瑗读书勤奋，好学上进，且志向远大，常以圣贤自任，但因家境衰微，早年并未受过良好教育。直至二十多年后才得以到山东泰山栖真观求学深造。此间心志远大，十年不归，潜心研习圣贤经典。他为了不让心志受到干扰，每当拆开家书，见有"平安"二字即投入山涧不再展读。在此期间，他"食不甘味，宿不安枕"，刻苦钻研学问，为以后从事教育打下坚实基础。40岁时在泰州城办起了一所书院，并以祖籍安定立名，称

"安定书院"。

胡瑗对教育事业做出了很大贡献，他的教育思想和教学方法，很有特色和首创精神，不愧为一代宗师。他的教育理论和教育实践成就，经受了千年历史检验，依然熠熠生辉。他从"致天下之治"的政治目的出发，揭示了人才、教化、学校之间的内在联系，提出了自己的独到见解，认为培养真正的人才对社会的长治久安有着现实意义。

胡瑗不仅是著名的古代教育家，而且是杰出的思想家。他独特的教育理论和丰富的社会实践皆源于其学术思想的深厚造诣。

万 wàn

【姓氏来源】

万姓的起源主要有四：

其一：出自姬姓，以祖父字为姓。西周建立后，周武王大肆分封诸侯，将卿大夫姬良夫封在芮邑。周成王时建立芮国，其国君称芮伯。春秋时，传至芮伯万时，因芮伯万宠姬太多，其母芮姜便将芮伯万赶出芮国。芮伯万奔去魏城，其后代子孙遂以祖父的字"万"为姓，称万氏。

其二：出自姬姓，以祖父的字"万"为氏。周朝建立后，周文王的第十五个儿子毕公高受封于毕地，后毕国被西戎攻灭，毕公高的后裔毕万投奔晋国，做晋国大夫。后来，毕万因在晋国攻灭他国的战争中立下大功，晋献公便将魏地赐给他为邑。毕万的子孙后代中有以祖父的字"万"为氏，称万氏。

其三：出自他族改姓。南北朝时，北魏孝文帝迁都洛阳后，将鲜卑族复姓叶万氏改为汉字单姓万氏。亦有代北三字姓万纽于氏改为万氏。

其四：以地名为氏。古代有个叫弈叶的人，曾居住在万纽于山，其后代以居住地为氏，山名第一次以"万"作为姓，称万氏。

芮伯像。

【郡望堂号】

万姓的郡望主要有扶风郡、河南郡等。

扶风郡：西汉时置右扶风，为三辅之一。三国魏时改为扶风郡，治所在槐里（今陕西兴平东南）。西晋时移到池阳（今陕西泾阳西北）。

河南郡：西汉时改秦三川郡置郡，治所在雒阳（今河南洛阳市东北）。

万姓的堂号主要有"扶风"、"河南"、"成孝"、"滋树"等。

【繁衍变迁】

万姓发源于山西、陕西。汉朝以前，已经有万姓人居住在山东。两汉时期，陕西地区的万姓家族发展得十分繁盛。魏晋南北朝时，战火纷飞，居住在中原的万姓人开始南下。唐朝时，居于浙江、安徽的万姓家族已繁衍得较为昌盛。宋元之际，战争频繁，万姓人大规模南迁，落籍于江西、湖北、湖南、天津等地。明初，山西的万姓人作为迁民之一，散居在河北、河南、山东、安徽、陕西、北京等地。明清时期，四川、江苏、广东和广西地区都有万姓人分布。

【历史名人】

万修：字君游，东汉大将，为云台二十八将之一。

万树：字花农，清代文学家、戏曲作家。编有《词律》二十卷，是一部重要的词学著作。

万敬儒：唐代大孝子。相传他母亲死后，他就住在墓旁，刺血写佛经，写到两个指头都断掉时，母又活了过来。

万斯同：字季野，号石园，清朝著名史学家，修《明史稿》五百卷，著有《历代年表》。

万家宝：笔名曹禺，现代史上杰出的文艺家、戏剧作家。作品有《雷雨》、《日出》、《原野》、《北京人》等。

【姓氏名人故事】

"医圣"万密斋

万密斋，亦名万全，湖北罗田大河岸人，是与李时珍齐名的明代大医学家。他擅长治疗儿科、妇科、痘疹病症，创造了不少起死回生的奇迹。清初，康熙皇帝追封其为"医圣"。

万密斋家祖孙三代行医，医学渊源深厚，以"医药济世"。万密斋自幼受到医学的熏陶，加上后天的努力，医术不断进步，后能明确辨别疑难病，对儿科、妇科、内科杂病也有精深的研究。在儿科方面，他不断钻研古人医书，结合自己的临床经验，发明了"万氏牛清心丸"，至今仍是治小儿急惊风的良药；他还详细归纳小儿生病的原因，创造性地提出了几种病型不宜滥吃药的方针。在妇科方面，他认真总结妇女的病理特

万密斋行医济世。

点，结合妇女的生理因素，指出应该从调解脾胃、补足气血方面进行调理，在中医妇科养生保健方面有重要的意义。

万密斋不仅医术高明，而且医德高尚。在行医过程中，万密斋不断钻研古人留下的医书资料，结合病情灵活运用医学知识，对医术精益求精。所开药方，言简意赅，病人可以一目了然；用药甚少，药到病除，深受百姓的爱戴，被当时人们称为"神医"。

几十年间，万密斋共写了数十卷很有价值的医书，所著《万密斋医学全书》至今仍有很高的临床价值。医书中以诗、词的形式记录的医学知识，显示出了他深厚的文字功底，特别方便后人学习和记忆。

万密斋在养生学、保健医学方面也有独到的见解，至今仍受到后世的推崇。

管

_{guǎn}

【姓氏来源】

管姓的起源主要有三：

其一：出自姬姓，以国名为氏，为周文王之后。据《通志·氏族略》、《广韵》所载，周武王灭商建周后，封弟叔鲜于管，建立了管国，史称管叔鲜。管叔鲜与蔡叔度一起管理商朝遗民。武王去世

后,周成王年幼,由周公旦主持朝政,管叔和蔡叔不服,就联合武庚起兵发动了叛乱。周公旦出兵平息叛乱,管叔被杀,其后人以封地名"管"作为姓氏,称管氏。

其二:出自姬姓,以邑名为氏,为周穆王之后。根据《通志·氏族略》、《风俗通义》的记载,周穆王将其庶子分封在管邑,其后世子孙以邑名为氏,称管氏。春秋时代著名的政治家、齐国宰相管仲即出自管邑。

其三:出自他族改姓。如锡伯族的瓜尔佳氏,其汉姓为管姓。

【郡望堂号】

管姓的郡望主要为平原郡和晋阳郡。

平原郡:西汉时置郡,治所在今山东平原县。

晋阳郡:汉时置县,治所在今山西太原市。

管姓的堂号有"匡世"、"平原"、"白云"等。

【繁衍变迁】

管姓发源于河南,西周初期,管姓人已经散布在山东、安徽、江苏和河南各地。春秋到两汉时期,管姓人主要在山东、河南等地繁衍。到了魏晋南北朝,管姓人为避战乱迁到陕西、甘肃、湖南、江苏等地。唐宋之际,江南地区的管姓人日益繁衍。宋朝时,浙江地区有管姓人迁入江西。明朝初年,山西管姓人迁到河南、河北、山东、陕西、天津、江苏、安徽等地,并有部分山东管姓随着"闯关东"的风潮进入东北三省。同时沿海地区的管姓人渡海赴台,继而远徙海外。

【历史名人】

管仲:名夷吾,史称管子,春秋时期齐国著名政治家、军事家,在齐国任宰相,辅佐齐桓公成为春秋时期的第一霸主,被称为"春秋第一相"。著有《管子》八十六篇。

管宁:字幼安,三国时期著名学者,著作有《姓氏论》。

管道升:字仲姬,一字瑶姬,元朝著名女画家,世称管夫人。

管珍:字阳复,号松崖,清朝著名画家,善花鸟,有《松崖集》。

【姓氏名人故事】

"春秋第一相"管仲

管仲是春秋时期齐国著名的政治家和军事家,他辅佐齐桓公成为春秋时期五霸之首,被称为"春秋第一相"。

管仲的父亲本是齐国的大夫,后来家道衰落,到管仲时已经非常落魄了。为了谋生,管仲不得不去做当时被认为地位低贱的商人。也正是因为如此,他到过很多地方,见识了很多风水人情,积累了丰富的社会经验。

后来齐僖公去世后,齐襄公继位。但是齐襄公没有治国的才能,穷兵黩武,荒淫无耻,政治局面一片混乱。管仲预感到齐国会有大事发生,就告

管仲辅佐齐桓公。

诉自己的好友鲍叔牙，让他带着后来的齐桓公即公子小白逃到莒国，而管仲则辅佐公子纠逃到了鲁国。果然没过多久，公孙无知杀了齐襄公，自立为君。第二年雍林人又杀了公孙无知。没有了君主的齐国陷入一片混乱。得知此事的公子小白和公子纠连夜赶回齐国。鲁国出兵送公子纠，而管仲则带兵去堵截公子小白。两者相遇后，管仲一箭射中小白的衣带勾，小白立即倒地装死。管仲以为小白死了，就派人告诉了公子纠。以为稳坐王座的公子纠六天之后到达齐国后，小白已经日夜兼程地赶回齐国，成为国君了。

齐桓公本打算杀死管仲，报一箭之仇。但是，鲍叔牙劝谏齐桓公，说管仲能够助齐桓公完成霸业。齐桓公将信将疑地将管仲召来，与他谈论霸王之术，大为惊喜。于是拜管仲为相。管仲拜相后，与齐桓公一起励精图治，对内改革体制，整顿朝政，富国强兵；对外尊王攘夷，最终称霸诸侯，成为春秋五霸之首。

第三卷
千字文

千字文

《千字文》是南朝梁武帝在位时期（502—549）编成的，其编者是梁朝散骑侍郎、给事中周兴嗣。据唐代李倬《尚书故实》记载，梁武帝命大臣殷铁石模次王羲之书碣碑石的字迹，又要求拓出一千字都不重复，以赐八王。梁武帝又命令周兴嗣将这一千字编成有意义的句子，"卿有才思，为我韵之"。结果周兴嗣用尽心血写成了《千字文》，据说写完以后，头发都白了。

《千字文》是我国最早的一篇启蒙读物，用了整整一千字，内容包含了上古传说、历史源流、九州地理、文明与制度、名人与典故等，其中很多都已经成为我们常用的成语。它通篇四字一句，每句押韵，音韵和谐，读起来朗朗上口。《千字文》一千字全不重复，可以让学生用最短的时间认识最多的字，是最好的集中识字教材之一。《千字文》也是一部袖珍的中国文化百科知识全书。

直至今天，这部优秀的启蒙读物仍然具有很高的现实应用价值，它不仅可以帮助学生最高效率地集中识字，同时也可以帮助学生学习中国文化史入门。

我们现在常用的成语有很多都见于《千字文》，如"天地玄黄"、"寒来暑往"、"秋收冬藏"、"云腾致雨"、"吊民伐罪"、"化被草木"、"知过必改"、"空谷传声"、"川流不息"等。

《千字文》中的很多语句还是非常好的格言警句，教给人们做人做事的道理。如"女慕贞洁"、"男效才良"、"信使可复"、"器欲难量"、"祸因恶积"、"福缘善庆"、"尺璧非宝"、"寸阴是竞"等。

《千字文》中蕴含着丰富的文史知识，如"孟轲敦素，史鱼秉直。庶几中庸，劳谦谨敕"和"耽读玩市，寓目囊箱"等。

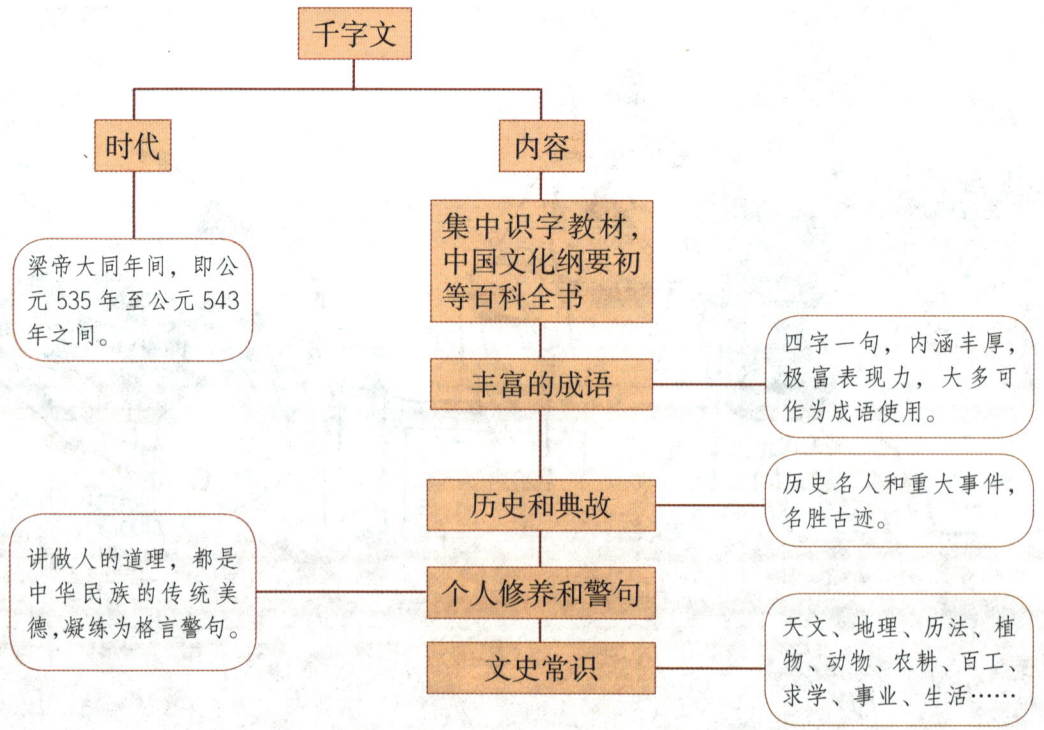

千字文

【原文】

天地玄黄①，宇宙洪荒②。日月盈昃③，辰宿列张④。

【导读】

开篇四句话说的是宇宙最初形成时的状态。"宇宙"这个词最先起源于中国，宇指的是时间，宙指的是空间，在《淮南子》中就有"四方上下谓之宇，古往今来谓之宙"的说法。

在中国古代，玄原指黑色，而在这句话中形容的是浩瀚天空的深蓝色，意为天道高深悠远；黄指的是大地的颜色，温暖而滋生万物。洪荒则是意为宇宙起始的年代距离我们十分久远。"日月盈昃"中的盈，意为充盈饱满，昃是太阳偏西的意思，"辰宿列张"意为星辰在天空中有秩序地排列开来。

这四句话的意思是，自从宇宙形成，昼夜往复，周而复始，日月星辰与尘世间的一切虽然在不断地变化，但是各自都有自己固定的规律和位置。

天地玄黄，宇宙洪荒。

日月盈昃，辰宿列张。

【注释】

①玄黄：指天地的颜色。玄，黑色，天的颜色；黄，黄色，地的颜色。②洪荒：无边无际、混沌蒙昧的状态，指远古时代。洪，洪大、辽阔；荒，空洞、荒芜。③盈：圆满，这里是针对月亮说的。昃：太阳偏西。④辰宿：星宿，星辰。列张：陈列，散布。列，排列；张，张开。

【译文】

开天辟地，宇宙形成。天是黑色的，高远苍茫；地是黄色的，深邃宽广。宇宙辽阔无垠、混沌蒙昧。日月在宇宙中运转，日出日落，月圆月缺，周而复始，无数星辰陈列散布，闪闪发光。

【知识与典故】

盘古开天辟地的故事

相传在天地形成以前，天地宇宙是完整的一体，内中漆黑混沌，清浊不分，在这团"混沌"之中酣睡着一个名叫盘古的巨人。盘古身形巨大，头顶天，脚踩地，一天，盘古大梦初醒，他发现眼前漆黑无法视物，周身被困难以舒展，只觉燥热难当。

盘古一怒之下，伸手从口中拔了一颗牙齿，将牙齿变成锋利的斧头，用力地向四周劈去，霎时间一声巨响，"混沌"被劈开，"混沌"中清而轻的气体渐渐上升成了天，重而浊的物质开始下沉化为了地。但是两者始终相距不远互有相连，盘古怕天地分而复合，于是顶天立地站在天地之间施法，将天不断升高让地持续下沉。自此之后，天每日升高一丈，地每日加厚一丈，盘古的身躯也随之而长。

就这样一万八千年之后，天地终于相距遥远再也无法合拢，盘古也因为过于劳累而死去。盘古临死之时，眼见天地虽然分开了，但是这个世界上空旷寂寞，毫无生机，于是他将自己的身躯幻化成了天地间的万物。

他的气息化为风云，声音化作了雷霆之声，左眼变成了太阳，右眼变成了月亮，手足身躯化为了地上的高山峡谷，一腔热血化为江河湖海，筋络变成道路，头发与胡须成了夜空中的繁星，皮肤与汗毛化为草地林木，牙齿和骨骼成了隐藏在大地之中的金属与宝石，汗水变成了雨露甘霖来滋润大地上的万物，最后，盘古的精魄化为了人。

自此之后，天地之间才有了生命，而人更成了万物的灵长。

盘古开天的故事虽然只是一个神话传说，但是从中看到了先人们对宇宙构造和世界上各个物种起源的理解与想象，使我们了解了先人们的世界观与思想体系。

【原文】

寒来暑往，秋收冬藏。闰余成岁①，律吕调阳②。

【导读】

世间春夏秋冬，四季交替，秋天收获，冬天贮藏。因为古人发现以最初的历法计算日期会出现很大的偏差，于是效法音乐中用律管和吕管来制定节奏调律的方法，采用闰年闰月来调和矫正。

【注释】

①闰余成岁：中国古代历法以月亮圆缺变化一次为一个月，十二个月为一年，但人们实际经历的一年（地球绕太阳运行一圈所用的时间）和它之间存在差额，这个时间差额被称为"闰余"。为了解决这个问题，古人每过几年，就把积累到一定程度的"闰余"相加，合成"闰月"，插入该年份中，有"闰月"的这一年就是"闰年"。闰，余数；岁，年。
②律吕：律管和吕管，中国古代用来校定音律的一种设备，相当于现代的定音器。古人将一个八度分为十二个不完全相等的半音，从低到高依次排列。每个半音称为一律，其中单数各律称为"律"，双数各律称为"吕"，十二律分为"六律"、"六吕"，简称"律吕"。古人认为十二音律代表一年的十二个月，分"阴"、"阳"两组，所以"律吕"除了用来校正音律，还用来勘测地下阴阳二气的变化，以校正历法节气的偏差。调：调整。阳：阴阳，这里指节气。

寒来暑往，秋收冬藏。

【译文】

四季气候总是冬夏交替，农事活动总是春生夏长、秋收冬藏。历法上的一年与地球实际上绕太阳运行一周的时间出现误差，就设置闰月和闰年来解决；历法节气上产生偏差，则根据律管和吕管对地下阴阳二气进行勘测的结果进行调整。

【知识与典故】

中国古代的历法

自古，中国的天文学就极为发达，超越世界上其他国家很多年，因为中国以农为本。务农至关重要的是不可误时，所以中国历代都有司天监，专门观测天气变化，以此作为依据来制定历法，指导农民在春夏耕作、秋季收获、冬季贮藏。

首先制定的历法是"太阴历",是依照月亮的周期变化来制定的,29天至30天为一个月。随后又根据太阳周天360度,运行365天而制定了一个历法,称为"太阳历"。以太阴记月,太阳记年,两部历法相辅相成。

但是随着时间的推移,古人很快就发现了"太阴历"与"太阳历"中间的偏差。因为月球质量较地球轻,所以自转速度快,绕地轨道不是正圆而是椭圆。这才有了月亮的盈亏朔晦,一个周期下来近地点时是30天,远地点时是29天,平均是29天多一点。这样,加起来一年是354天,但是按照太阳历的历算一年却是365天,两者差了11天,每三年就相差一个月,长此以往原有的十二节气会全部混乱,导致六月飞雪,十二月花开,严重干扰农业发展与百姓的生活。

闰余成岁,律吕调阳。

为了矫正这种偏差,聪明的古人首先想到了用闰月来化解的方法,每三年,多加一个月出来,这样加出的这个月叫闰月,加闰月那年就叫闰年。平年是十二个月,闰年就是十三个月。多出的这个月加在有节没气的那个月,经过反复的计算,古人发现十九年闰七次最为适合。

其原理出自我国古代用来协调阴阳、校定音律的定音管律吕。律吕之数用三分损益法,就是"先三分减一,后三分加一"。比如:黄钟的管长九寸,其数为九。先进三,就是九的三倍(三次方)得数为729,再减一倍,得数是364.5(729÷2=364.5)。这就是阴历年加闰以后的天数,用律历对应节气勘定出来的调整数,与太阳历的365天只差半天。这种协调方法被称为律吕调阳。

【原文】

云腾致雨①,露结为霜。金生丽水②,玉出昆冈③。

【导读】

"云腾致雨,露结为霜"所说的都是自然现象。云上升遇到冷空气凝结,形成水滴,随后越来越重,无法以原有的形态飘浮,坠落的时候就是降雨;而寒冬里草木上的露水,在夜晚温度降低时会凝结成细微的冰粒就是霜。

"金生丽水",指的是我国云南的丽江,丽江因盛产金沙,自古被称为金沙江;"玉出昆冈",指的是中国西北边陲的昆仑山,昆仑山是我国古代最主要的玉脉之一,以出产美玉而闻名。

云腾致雨。

【注释】

①腾:上升。致:导致,造成。②丽水:就是云南丽江,因为盛产黄金,又名"金沙江"。③昆冈:昆仑山,在新

疆维吾尔自治区、西藏自治区一带，古代出产玉石，著名的"和田玉"便产自这里。

【译文】

云气上升遇到冷空气就形成了雨，夜晚气温下降露水就凝结成霜。丽江水中盛产黄金，昆仑山上盛产美玉。

【知识与典故】

雨的形成

地气上升为云，下降为雨。当地球受到太阳光的照射地表温度升高，土壤中的水分变成水蒸气被蒸发到空气中去。水蒸气逐步上升，到了一定的高度，遭遇到冷空气便凝聚成小水滴。

这些水滴的直径只有0.0001至0.0002毫米，最大的也只有0.002毫米。它们又小又轻，遇到空气中的上升气流，就会被托浮在空中。水滴越积越多凝聚在一起就形成了云，但是那些小水滴在云中并不是很稳定的状态，它们随着云的移动而互相碰撞，因而汇聚成了更大的水滴，汇聚到一定程度的时候，上升气流便托不住它们了，此时原先微小的水滴已经增大了100多万倍，它们自云中坠落下来，形成降雨。

而霜和露先前的形态和雨一样都是蒸汽，所不同的是蒸汽在地球表面遇到冷空气，就凝结成露水，当气温持续降低露水就化为霜，特别是到了霜降的时候，会变成白色的霜。

而"露结为霜"这一句话原本出自《易经》，其意为看到一件事情的因，就要想到它会带来的后果，如若不想得到恶果，就不要制造恶因。

丽江边的人民，自古就靠淘金为生，昆仑山的玉矿也是久负盛名，古人认为，玉是天地间的精华，可以作为与神沟通的工具，所以他们将玉石制成各种饰物随身佩戴，连去世后也要将所佩戴的玉饰殉葬。而黄金被古人视作财富并且认为其可以避邪，我国地大物博，矿产丰富，这里所提到的金玉只是作为众多矿产珍宝的代表。

【原文】

剑号巨阙①，珠称夜光。果珍李柰②，菜重芥姜③。

【导读】

剑为百器之王，在众多名剑之中，以"巨阙"为首，这把剑为越国著名的铸剑大师欧冶子所铸就，此剑可以"穿铜釜，绝铁砺"，故而取名"巨阙"。

珍珠中最为珍贵的当属夜明珠，对于夜明珠，据说夜明珠可以将十步左右的暗室，照耀得如同白昼一样，世所罕见。

在水果之中，最好的是李子和柰子，这两样水果可以"和脾胃，补中焦"，而蔬菜里的芥菜和姜能够开窍解毒，祛除人身体中的邪气，不但可以调味还能解毒，这些东西既可食用又有药性，所以被古人所喜爱。

剑号巨阙。

【注释】

①巨阙:古代宝剑名,相传是春秋时期越国铸剑大师欧冶子所铸造的五大名剑之一,其余依次为纯钩、湛卢、莫邪、鱼肠,全都锋利无比,以巨阙为最,后来逐渐成为宝剑的代称。②李柰:两种水果名称,"李"是李子;"柰",柰子,俗名花红,又叫沙果。③重:重视、看重。

【译文】

"巨阙剑"在宝剑中最锋利,"夜光珠"在珍珠中最明亮;水果里最珍贵的是李子和沙果,蔬菜中最重要的是芥菜和生姜。

【知识与典故】

随侯救蛇得明珠

相传春秋时期的随国,国君随侯一次在渣水巡游。看见路边的山坡上有一条巨大无比的蛇受了很重的刀伤,随侯见巨蛇虽然气息奄奄,但双目炯炯颇有灵性,望着自己似有求救之意,顿时心生恻隐,当即命令随从取出药来,为巨蛇医治刀伤。随侯的药很有疗效,巨蛇敷药之后不久,便行动自如,它游动着巨大的身形,围绕着随侯的马车转了三圈,首摇尾动,似乎在致谢,随后转身游走进苍茫的山中。

几个月过去了,随侯早已将此事抛于脑后,一日,他巡游回来,忽然路上有一个黄毛小子上前拦车。随侯停车询问,那小儿竟从怀中取出一颗硕大的珍珠相赠,随侯见珍珠晶莹璀璨,知道定非凡品,不禁又惊又疑,当即问小儿为何无故将至宝送给自己,小儿沉默不语,随侯不肯受无功之禄,随即婉拒,小儿怏怏而去。

转眼第二年秋天,随侯又行至渣水地界,因行路疲惫,中午在一山间驿站小憩。梦中又见那个赠珠的黄毛小儿,小儿在梦中向随侯频频跪拜,坦言自己就是当年随侯在路边救助的那条巨蛇,为了报答随侯的救命大恩,特意前来献珠。

随侯在此时陡然惊醒,果然发现枕边多了一颗洁白圆润的大珍珠,与当年黄毛小儿所持的宝珠一般无二。随侯惊奇地将珠子托在掌上细看,此珠近观如晶莹之烛,远望如海上明月。到了夜晚,随侯更是惊讶地发现这颗珠子竟发出了耀眼的光芒,光芒璀璨照得满室通明。随侯大喜随后将此珠称为"夜明珠",世人称为"随珠"。

不久,随侯得到稀世珍宝的消息四下传开,各国诸侯大为垂涎,人人欲将"随珠"占为己有,几国诸侯因此互相征战,天下大乱,"随珠"最后不知所终。

珠称夜光。

【原文】

海咸河淡,鳞潜羽翔①。

【导读】

地球有71%的面积被水所覆盖,水源分咸淡两种,海水中富含各种矿物质,味道咸苦;而河水清淡甘甜可供人畜生活饮用,灌溉田地。水中生活着鳞甲类的鱼虾海蟹等动物,而长有翅膀的各种鸟类则自由地飞翔在天空。

【注释】

①鳞：鱼的鳞片，这里代指鱼类。潜：隐藏在水面下活动。羽：鸟的羽毛，这里代指鸟类。翔：盘旋地飞而不扇动翅膀。

【译文】

海水咸，河水淡；鱼儿在水中潜游，鸟儿在空中飞翔。

【知识与典故】

珍惜爱护水资源

地球虽然含水量丰富，但是其中海洋面积占了大约96.53%之多，而真正可以为人所利用的淡水只有2.53%。所以，事实上地球是个淡水资源匮乏的星球。

我国是一个水量分布很不均衡的国家，尤其是我国的北方，在黄河、淮河、海河、辽河流域，人均水资源量只是全国平均水平的三分之一，河川流量仅为长江、珠江流域所覆盖地区的六分之一左右。即便是素有"水塔"之称的青海省，因为有2000多处河流湖泊干涸，已经不足以维持以往的植被覆盖面积与应有的生态系统。

鳞潜羽翔。

据数据显示，我国的600多座城市中，有400座已经开始面临供水不足的问题，110座严重缺水。在32个百万人口以上的特大城市中，有30个长期受缺水困扰。而46个重点城市中，45.6%水质较差，14个沿海开放城市中有9个严重缺水。尤其是北京、天津、青岛、大连这些发达城市，缺水的情况尤为严重。

水与人类的发展息息相关，人类的生活、生产，事事离不开水，所以我们应该珍惜每一滴水，杜绝浪费、毁坏水资源的行为，当然不只是水，在大自然中与我们共生的每一个物种，水中的游鱼、空中的飞鸟，我们都应当珍惜爱护。

【原文】

龙师火帝①，鸟官人皇②。始制文字③，乃服衣裳④。

【导读】

龙师是指中国古代的三皇，伏羲氏、神农氏和黄帝，而火帝是指发明钻木取火术的燧人氏。人类正是因为有了火，才告别了茹毛饮血的蛮荒时代，钻木取火是人类文明的起源。

在五帝之中，第一个皇帝是黄帝之子，他精通太昊伏羲氏的学问，所以人称少昊氏。传说他所统治的时代是太平盛世，常有凤凰飞舞，是以，他将自己文武百官的官衔全部用鸟名来命名，如凤鸟官、玄鸟官等，而少昊氏就被称为"鸟官"。

上古时代，记载事情仅限于结绳记事，在

钻木取火。

千字文

黄帝时代一个叫作仓颉的人因为事情庞杂,无法用绳结记录明白,遂创造原始文字。这个时期,人们已经开始穿上衣裳,脱离了蒙昧的原始状态,仓颉造字之后,中国文明开始了辉煌的历程。

【注释】

①龙师:相传上古帝王伏羲氏所封的官名都带"龙"字,因此被称为"龙师"。火帝:相传上古帝王神农氏所封的官名都带"火"字,因此被称为"火帝",又称炎帝。②鸟官:相传上古帝王少昊氏所封的百官都带有"鸟"字,因此被称为"鸟官"。人皇:人间的皇帝,这里指传说中上古部落的首领,后来被神化,与天皇、地皇合称三皇。③始制文字:传说黄帝命一个叫仓颉的史官创造了汉字。④乃服衣裳:传说远古时期,人类开始都是用树叶遮蔽身体、抵御寒冷。直到黄帝时,才有一个叫胡曹的人发明了衣裳,上身穿的叫衣,下身穿的叫裳(古代指裙子)。乃,才;服,穿(衣服)。

仓颉像。

【译文】

　　上古时期,伏羲氏以龙来命名百官,被称为"龙师";神农氏以火来命名百官,被称为"火帝";少昊氏以鸟来命名百官,被称为"鸟官"。还有传说中远古部落首领人皇,与天皇、地皇合称三皇。

　　黄帝时仓颉创造了文字,百姓穿上了衣服。

【知识与典故】

　　相传远古时代,皇帝分天皇、地皇、人皇,据《史记·补三皇本纪》中记载,人皇生有九个头,出行驾乘六只大鸟所拉的云车,他的九个头颅,分掌九州各立城邑。但事实上九头人皇只是个传说,历史上把三皇定为太古时代的伏羲氏、神农氏,还有黄帝,将太昊、炎帝、黄帝、少昊、颛顼称为五帝。

　　在黄帝时期因为没有文字,人们依靠在绳子上打结来记录日常所发生的事件,这种方法过于简单,人们无法正确表达自己的感受,互相交流与生活都很受限制。因而黄帝命令史官仓颉设法创造出可以精细地描绘世间万物与事件的文字,仓颉领命之后来到一所临水的房子中苦思冥想。

　　一日,他正在门前思索,天空中一只凤凰飞过,嘴中掉落一枚果实,上面的图案十分精美,仓颉大为惊奇,此时一路人道:"这是貔貅的蹄印,貔貅是灵兽,与世间百兽的蹄印全不相同。"仓颉因此茅塞顿开,觉得自己若是一直闭门造车,会终将一无所获,于是开始周游四方,穿山越水观察万物形态,并且逐一记录下来,最终逐渐演绎成最早的象形文字。据说仓颉在最初造字的时候,其周围发生了种种异象,或是天降粟米,或是夜半鬼啼,但是仓颉毫不理会,潜心研究造字,终于将完整的象形文字发明出来,黄帝看后十分赞赏,下令让九州各岛的酋长在自己的部落大力推行。

　　仓颉因为造出了文字,为中华民族文明的发展做出了不朽的贡献,而为后人所称颂。

【原文】

推位让国①,有虞陶唐②。吊民伐罪③,周发殷汤④。

【导读】

　　"有虞"与"陶唐"指的是五帝中的虞舜与唐尧,有虞是指舜帝,舜帝号有虞氏,故称之为虞舜。陶唐指尧帝,因他的封地在陶和唐,所以叫他唐尧。他们都是上古时代有名的圣主贤君,在位期间居茅屋穿布衣,当感觉自己年纪渐老无力管理国家之时,无私地将自己的帝位禅让给了年轻贤能的人。

　　周武王姬发,史称周发,他灭了暴君纣王,立周朝,是周朝的第一位君主。而殷汤指的是成汤,他讨伐夏朝暴君桀，建立了商朝，为商朝的第一个君主，年号成汤，史称殷汤。

这两句的意思是能退位让贤当属舜帝尧帝，而讨伐暴君当属周武王与成汤，这些都是古时贤明通达的君主，为百姓所拥戴。

【注释】

①推位：把皇位让给别人。推，推让，把自己的东西送给别人；位，这里指皇位。让：不争，谦让，这里指古代所说的"禅让"，指君王把帝位让给他人。②有虞：这里指舜，远古部落有虞氏的首领，号有虞氏，史称虞舜，传说中的五帝之一。陶唐：这里指尧，远古部落陶唐氏的首领，号陶唐氏，史称唐尧，也是传说中的五帝之一。传说尧把帝位禅让给了舜，舜又禅让给了禹。③吊民伐罪：慰问受苦的人民，讨伐有罪的统治者。吊，抚恤、慰问；民，人民；伐，征讨、讨伐；罪，作恶或犯法的行为，这里指有罪的统治者。④周发：指周武王姬发，他率军讨伐暴君商纣王，建立了西周。殷汤：成汤率军讨伐暴君夏桀，建立了商朝，历史上商朝又称殷，因此成汤又叫殷汤。

商纣王荒淫残暴。

吊民伐罪，周发殷汤。

【译文】

贤明的上古君王尧和舜，无私地把帝位让给德才兼备的人。商汤率军讨伐残暴的夏桀，而周武王又率军讨伐残暴的商纣王。

【知识与典故】

尧帝是黄帝的玄孙，他为人简朴，虽为一国之君，但是所食所用与寻常百姓无异，平日住在有土阶的茅草屋中，吃粗米饭、穿麻布衣、喝野菜汤，丝毫不以为意，他在位数十年，年老时，觉得自己无力管理国家，便公开让人民推举贤能之人继位，百姓一直推举舜，尧帝悉心考察舜的品德与才干之后，非常满意，就将位子让给了舜，并且将自己的两个女儿娥皇女英都许配给了舜。

舜帝是颛顼一脉的子孙，他为帝之后果然不负众望，为政仁和，宽厚待民，并且在自己年老之后，效法尧帝的作为将君位禅让给了禹，自己退位之后，依旧心怀民生四处巡游，在途中去世，他的两位夫人闻讯双双投江自尽，传说化为湘水之神。

尧帝和舜帝，在位之时兢兢业业治理国家，使九族和睦、国泰民安。老迈得不再能为国家出力之时就慨然地将自己帝位推让给贤能有才的人，这样的胸襟与见识无人能比，在历代君王中，真正能做到退位让贤的只有尧舜两帝。

商朝的最后一个君王名叫纣，在位期间穷奢极侈、暴虐昏庸，他搜刮民脂民膏为自己修建奢华的琼楼玉宇，将池子中注满美酒，在树林中挂满肉脯，起名酒池肉林供自己与嫔妃享乐。百姓因为税赋过重而怨声载道，对纣王极为不满，纣王便设置"炮烙"酷刑，将反对他的人绑在烧得通红的铜柱上活活烙死，以儆效尤。纣王的叔父比干见状直言规劝，谁知纣王不知悔改反而心怀怨怒，竟下令挖出了比干的心。

此时，渭河流域的姬姓周部落逐渐强大，首领周武王姬发对纣王残暴的统治深恶痛绝，决意伐纣灭商，他重用贤臣增强国力，伺机以待。

终于趁纣王与远处国家作战，国内兵力空虚之际，联合各部，率兵车三百辆，虎贲三千，士卒五万，进军到紧邻商纣王所居朝歌的牧野，举行了誓师大会，列数纣王罪状，激励将士灭纣的决心，随后进攻牧野。

当纣王惊闻周军兵临城下的时候，主力军队已经所离甚远，无法救助，仓促之下只得将奴隶、战俘，连同守卫国都的军队一起集结起来开赴牧野迎战。

周军大将姜尚率数百名精兵上前叫战，先震慑了商军并冲乱其阵脚，随后周武王亲率主力跟进冲杀。

商军本就是乌合之众，其中的奴隶与战俘全无斗志，纷纷倒戈，商军迅速崩溃。纣王眼见大势已去心如死灰，他独自返回朝歌，登上富丽辉煌的鹿台，全身挂满珠玉珍宝自焚而死，商朝就此灭亡。

尧舜广施仁政退位让贤，万民敬仰后世传诵，而纣王残暴终导致灭国亡身，为世人所唾弃，由此可知，得民心、安民心才是国家长治久安的关键所在。

【原文】

坐朝问道①，垂拱平章②。爱育黎首③，臣伏戎羌④。遐迩一体⑤，率宾归王⑥。

【导读】

这六句话是赞美历史上的贤德君主，秦始皇特许群臣可以同自己一样坐着上朝，意为关系平等，并垂衣拱手以谦逊的态度治国。

唐太宗广施仁政，消除种族间的隔阂与芥蒂，令少数民族心悦诚服地归附。

以王道治理国家，体恤爱护百姓，因而四海承平，一个国家的统治者只有真正心系民生，对天下百姓一视同仁，宽厚仁和才能达到"垂拱平章"、"臣伏戎羌"、"率宾归王"的太平盛世。

【注释】

①坐朝问道：君主端坐在朝堂上，与大臣们共同商讨治国之道。②垂拱：语出《尚书·武成》："惇信明义，崇德报功，垂拱而天下治。"垂衣拱手，形容毫不费力，这里指天子不做什么而使天下安定，多用来称颂帝王无为而治。垂，垂衣，把衣服挂起来；拱，拱手。平章：太平彰明，指把国家治理得很好。平，平安、太平；章，通"彰"，明显、显著。③爱育：爱护养育。黎首：黎民，指老百姓。黎，黑色的；首，头，因为老百姓脸是黑色的，所以称为"黎首"。④臣伏：屈服称臣。戎羌：中国古代西北地区的两个少数民族，这里代指全部少数民族。⑤遐迩一体：指远近地区关系密切，形成一个整体。遐，远；迩，近。⑥率宾归王：出自《诗经·小雅·北山》："普天之下，莫非王土；率土之滨，莫非王臣。"意思是：普天之下的土地都是君王的领土，领土内的百姓都是君王的臣民。率，率领、带领，这里是"自、由、从"的意思；宾，通"滨"，水边、近水的地方。率宾，四海之内。归，归依、归属；王，君王、天子。

【译文】

贤明的君王只要端坐朝堂，和大臣们共同商讨治国之道，无为而治，就能毫不费力地把国家管理好，开创天下太平、政治清明的盛世。君王体

遐迩一体，率宾归王。

恤爱护百姓，百姓自然会心悦诚服地拥戴他，连边疆的少数民族也会心甘情愿地归顺臣服。远近地区关系密切，国家自然会形成统一的整体，四海之内的百姓都会主动归顺于贤明的君主。

【知识与典故】

"坐朝问道"一词始于秦始皇。在此之前，君臣上朝都站着，没有座椅，称之为"立朝"。立朝显示君臣之间关系平等，君王只是召集会议。直至到了秦始皇时期，才开了君臣共坐上朝的先河，但是坐朝，并不是普通休息时的样子，而是有特定的姿势，要席地而坐，坐时两膝着地，臀部压在脚跟上。这个坐姿包含了一定的礼仪，不但表示君臣平等，而且表示君王在与臣子讨论治国之方时候的礼仪。

"垂拱平章"出自《尚书武成》中的"谆信明义，崇德报功，垂拱而天下治"以及《尚书尧典》中的"九族既睦，平章百姓"。垂是垂挂之意，将衣服挂起称为垂衣。而拱手是行礼，此句话的意思是表示不用花费气力以无为而治，就可以天下太平。当然无为不是无所作为，而是政令实施之前，就应当想到过程中可能出现的问题，未雨绸缪准备预防措施与解决的方案，君主不可主意反复、朝令夕改，民心方可安定。

唐太宗是中国历史上著名的贤君，在位期间，他虚心纳谏，事事节俭，百姓安居乐业，休养生息。国家一直保持国泰民安的局面，历史上称之为"贞观之治"。唐太宗之所以是一个杰出的古代帝王，表现之一就是对少数民族采取了开明宽容、安抚怀柔的措施。

他认为，"非我族类，其心必异"的说法是谬论，对少数民族不可妄加猜忌，应该多给他们关怀与恩惠，于是对边疆少数民族采取了"全其部落，顺其土俗"的政策。并且设立与内地不相同的行政措施，由当地人担任长官，并且职务可以世袭，唐朝政府不会轻易干涉其内部政务，这种以特殊的方法统治边远民族的地方行政制度叫"羁縻州"。

尤其，唐太宗不杀亡国之君，颉利可汗是东突厥部落的首领，唐朝初年，突厥连年进犯，甚至一度逼近长安城，强迫唐太宗与其签订城下之盟。但是唐太宗以德报怨，当后来擒获了颉利可汗之时，他并没有采取以往那种将亡国之君灭族或流放为奴的做法，而是将颉利与他的家眷安置在太仆寺，极为厚待，随后又将他任命为右卫大将军（禁军的高级武官），并且赏赐了大量田宅。

此外，唐太宗还允许与少数民族通婚。公元640年，贞观年间，松赞干布多次向唐朝求婚，请求公主下嫁，唐太宗答应把宗室文成公主嫁给松赞干布，次年文成公主入藏，带去了唐朝优良的农作物种子、工艺品、药材、茶叶以及诗文农艺的书籍。

唐太宗的这种宽厚的仁政，很大程度

唐太宗唯才是举，委以重任。

唐太宗开创了中国历史上著名的"贞观之治"。

上加强了内地与周边少数民族之间的民族融合，并且也促进了各民族在经济、文化上的联系，大大提高了唐朝朝廷的威望。这种成效极为显著，东突厥灭亡之后，东北地区的奚、室韦等十几个部和西域的各小国纷纷要求归属，逃至高昌的突厥人，当听说唐朝对待归降部落的种种优厚待遇，又重新归附唐朝。西域与北部边疆各族的君长一起来到长安，请尊奉唐太宗为各部共同的"天可汗"。

在用人上，唐太宗也毫不避讳，唯才是举，无论是什么民族只要有真才实学，他都会委以重任。唐朝宰相共有369人，其中少数民族人士为24人，占6%，这在历代汉人王朝中是极为罕见的。

公元649年，唐太宗驾崩，当时，正在朝廷做官和来朝贡的少数民族首领共有几百人，听闻噩耗一起悲恸大哭，有的甚至剪去头发，用刀划破面孔，割去耳朵，自毁容颜以示心中的悲伤，更有甚者，还请求杀身殉葬。连松赞干布也上书效忠致哀道："先皇晏驾，天子新立，臣子有不忠的，我将率兵赴难。"

从这些事例中完全可以看出，唐太宗的政策大得人心而且很成功。

【原文】

鸣凤在竹①，白驹食场②。化被草木③，赖及万方④。

【导读】

凤凰在竹林中欢唱，白色的马在茂盛的草场悠闲地进食，但此处的白驹并非普通的白马而是指天上的龙。传说龙有三形，飞龙在天，游龙戏水，而在陆地上则会化为马形。

"化被草木，赖及万方"是指有德行的君主在治理着国家，他的仁义泽被苍生，不只百姓有所感受，连草木都沐浴到了恩泽。

【注释】

①鸣凤在竹：凤凰是传说中的珍禽，只吃竹子的果实，只落在梧桐树上休息，它的出现象征着太平盛世。②白驹食场：出自《诗经·小雅·白驹》："皎皎白驹，食我场苗，执之维之，以永今朝。"这里借白色的小马在牧场自在地吃草，来表现处在太平盛世的人生活非常悠闲。驹，小马。场，牧场。③化被草木：圣君贤王的感化使草木都沾光。化，政教风化。被，覆盖、遮盖。④赖及万方：普天下的百姓都享受到明君的恩泽。赖，幸蒙、依赖。万方，各地、四方，不仅仅指人，还泛指一切生物。

【译文】

明君的恩泽覆盖了世间万物：竹林间，吉祥的凤凰在欢快地鸣叫；牧场上，白色的小马驹正悠闲地吃草；草木沐浴着君王的教化，生机勃勃；百姓享受君王的恩泽，生活幸福。

【知识与典故】

凤凰与龙同为传说中的瑞兽，只会在仁义之君治理下的太平盛世中出现，凤凰非竹根不食，非梧桐不栖，其中雄性为凤，雌性为凰，为百鸟之王，故而有百鸟朝凤，之说。"白驹食场"出自《诗经·小雅·白驹》中的"皎皎白驹，食我场苗，执之维之，以永今朝"。白驹在此处代表龙，在传说中，龙神通广大，时隐时现，身形巨大，据《尔雅翼》中记载，龙的形象十分奇异，牛头，鹿角，虾眼，象耳，蛇颈，鱼鳞，背上长

白驹食场。

有八十一枚鳞片，嘴边有长须，颌下有明珠，头上有尺木，龙无尺木不能飞天。龙若是来到陆地之上就会化身为白色的马驹。

在这句话中的鸣凤与白驹，正是代表了太平盛世，它们的出现正是因为有德之君的教化覆盖了天地间的万物。

在传说中与龙凤并称为"四灵兽"的还有龟与麒麟，它们与龙凤一样都具有奇特的外形与神力，只会受到太平盛世或是圣人的感召才会出现。传说圣人孔子生活的年代中，就有麒麟现身于世，《左传》有记载，在鲁哀公十四年（前481），鲁国曾经有个猎人猎杀了一头奇怪的野兽，此兽身如獐鹿，额头似狼，马蹄牛尾，身披五色毛身高一丈二，所见之人，都不能识，山民愚鲁，见它长相奇特以为奇货可居，捕获之后就将其杀死了。

孔子听说此事之后前去观看，看后惊叹道："此兽名叫麒麟，乃是仁兽，它心怀仁义，叫声如同奏乐，行走旋转都循规蹈矩，蹄不踏虫蚁，连青草都不会折断。它不逢盛世是不会出现的，现在这种乱世它却出现，以至于被愚民所荼毒啊。"孔子说完掩面大哭，泪湿前襟。

此时，孔子正在写《春秋》，因为目睹麒麟被杀，有感这本应太平盛世出现的仁兽，因错入乱世而被杀，心中极为伤感，他在《春秋》中写下了"西狩获麟"四字之后，便难过地停笔不愿加以描述了。

【原文】

盖此身发①，四大五常②。恭惟鞠养③，岂敢毁伤④。

【导读】

身发，意为身体发肤，在此代表人的肉身，而"四大"与"五常"则分指物质与精神。

这几句话的意思为，身体发肤由父母给予，并且由父母辛苦养育而成，所以这具肉身我们仅限于使用，供上天所赐的神识与心智来居所，肉身真正拥有者是父母，所以应保护周全，不可轻易地损伤。

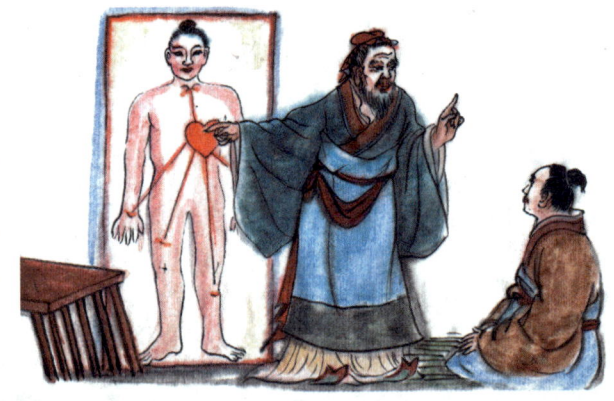

盖此身发，四大五常。

【注释】

①盖：发语词，引起下面所说的话，本身并无意义。身发：身体和头发。这里代指整个身体。②四大：指地、水、火、风四种元素。五常：指儒家认为人应具备的五种品德，仁、义、礼、智、信。③恭惟：也作"恭维"，对上的谦辞，一般用于文章开头。惟，助词，与恭合起来成为表谦虚的专辞。鞠养：抚养，养育。这里"鞠"和"养"意思相同。④岂敢：怎么敢，不敢，表示谦虚。岂，助词，表示反问的语气。

【译文】

人的身体发肤，是地、水、火、风四大基本元素构成的；人的思想行为，是受仁、义、礼、智、信五种品德约束的。做儿女的要恭恭敬敬，时刻谨记父母的养育之恩，这样的话，怎么还敢轻易损毁自己的身体呢？

【知识与典故】

古代印度的哲学观念认为，所有的物质都是由"地、水、火、风"所构成，谓为"四大"，而古代中国的观念将物质归纳为由"木火土金水"五种元素所构成。"五常"是指精神层面，分为"仁、

身体发肤，受之父母，不敢毁伤。

义、礼、智、信"，用以代表人的德行素养。

在现代汉语中若是恭唯连用，便携带贬义，有曲意奉承之意。但是这句"恭惟鞠养"中的意思截然不同，"恭"是恭敬的意思，而"惟"是谨慎顺服的意思。

"鞠"与"养"，在此都是抚育的意思，《诗经·小雅·蓼莪篇》中曾说："父兮生我，母兮鞠我，抚我畜我，长我育我。"与此句中的"鞠养"意思相同。

中国自古重视"孝"道，以"百善孝为先"劝道世人。

所以孔子的《孝经》，被列为儒家十三经之首。《孝经》开篇中说道："身体发肤，受之父母，不敢毁伤。"其意思为，身体是由父母所赐，不可轻易毁伤，否则就是有悖孝道。

在春秋时代，有个名叫闵子骞的人，他自幼丧母，父亲续娶之后，又生了两个弟弟。继母将他视作眼中钉，经常虐待责骂。一年冬天，天气非常寒冷，继母做了三件冬衣给闵子骞兄弟三人御寒，两个弟弟的冬衣里放的是棉花，很保暖，但是闵子骞的冬衣里用的却是芦花，徒有其表，无法御寒。

兄弟三人都穿上冬衣后，闵子骞的父亲带闵子骞外出，父亲令闵子骞驾驶马车，因为天气太冷，闵子骞在凛冽的寒风中冻得瑟瑟发抖。他的父亲因为毫不知情，见他穿着如此厚实的棉衣还在发抖，以为他故意做作，耍赖偷懒，一气之下，就拿起鞭子抽打闵子骞。

谁知一鞭下去将衣服打破，芦花四散而飞，父亲大惊，当下明白是后妻虐待闵子骞，父亲又痛又悔抱着闵子骞落下泪来，回家之后，父亲于愤恨之中要写休书将后妻休掉。

但是闵子骞对继母却全无怨恨，当听说父亲因为继母给自己做芦花衣而要将其休掉时，当即跪下来悲伤地对父亲道："母亲若在，仅儿一人稍受寒冷，若驱出母亲，我们弟兄三人都会受寒，求父亲不要这样做。"

父亲闻言十分感动，随后打消了休妻之念，闵子骞的继母听说此事之后又羞又惭，幡然悔悟，自此对闵子骞视若己出，两个弟弟也与闵子骞越加亲厚。孔子听说此事后道："闵子骞真是至孝之人，人们对他的赞美毫不为过。"

后来，闵子骞以德报怨，将继母视若亲母的故事被编撰进明朝的《二十四孝图》之中，闵子骞自此家喻户晓，为人所称颂。

【原文】

女慕贞洁①，男效才良②。知过必改③，得能莫忘④。

【导读】

这几句话的意思是，女子应当羡慕那些为人所称道的贞洁烈女，而男人要效法德才兼备的贤人。当明白自己的过错之后，一定要改正，已经学过的知识不可忘记，力所能及的事情，不可轻弃。

【注释】

①慕：向往,敬仰。贞洁：纯正高洁，指纯洁的内心和端正的品行。贞，端方正直，形容一个人的意志或操守坚定不移；洁，干净。②效：效法、学习。才良：德才兼备的人。才，有本领、有才能；良，善良、美好。③知过必改：

知道自己错了就一定要及时改正。过，过错、过失；必，一定；改，改正。④得能：学到了本领。能，才干、本领。

【译文】

女子要崇尚那些内心纯洁、品行端正的人；男子要效法那些德才兼备的人。发现自己错了，一定要及时改正；学到了知识本领，一定不要忘记。

【知识与典故】

中国古代对女子最首要的要求是贞洁，古代女子自幼就被教导，贞洁重于性命，要将那些贞洁的女人，当作自己终身的榜样。所以女子的名字中"贞"、"洁"二字居多。

而男子应该效法德才兼备的贤人，所以男子取名多用"才"、"良"。古人极其重视自身的修养，儒家一直有"修身、齐家、治国、平天下"的说法，其中"修身"更是"齐家、治国、平天下"的基础，若是此身不正，那么其他的都是虚谈。

女慕贞洁，男效才良。

所以先贤告诫世人"知过必改，得能莫忘"，知过必须改正，自己所学得的本领、技能，是一生创业的基础，若想成就一番作为就不可废弃。并且，做人要饮水思源，不可忘记。别人所给予自己的，要时刻谨记，并且回报对自己施恩的人，将助人的思想传承下去。

孔子曾经在《论语·述而篇》中道："德之不修，学之不讲，闻义不能徙，不善不能改，是吾忧也。"意思是一个国家有四件事最为令人担忧，首先是人无品德，缺乏修养；其二是人心浮躁，不肯踏实向学；其三是明知应该所为而不所为，其四就是明知自己的错处却不去改正。这四点最为令人担忧。

可见知错必改是多么重要的品质，我国自古就留下了许多先贤的典故，用来教育世人，距今八百多年前的宋朝，有个著名的历史学家，名叫司马光。

在司马光6岁的时候，一日，与姐姐一同在父亲的书房里玩耍，玩了一会儿，司马光从口袋里掏出几枚核桃，砸开了硬壳，挑里面的核桃仁来吃，但是刚嚼了口就发现又苦又涩，连忙皱眉吐了出来。

司马光的姐姐见到这个情景对他道："核桃仁之所以苦涩，是因为外面有一层薄皮，将这层薄皮剥掉，里面白色的肉是清甜的。"司马光点头照着姐姐所说的去做，谁知怎么也剥不下来，姐姐在旁边帮忙，因为不得法也没有剥下来，于是走开了。

姐姐刚走，一个婢女前来倒开水，她看见之后帮司马光把核桃仁放在茶杯里，倒上开水泡一会儿再剥，果不其然，核桃仁上的皮应手而落。

又过了一会儿，司马光的姐姐回到书房里来，当看见桌上放着白白的核桃仁，大为惊讶地问道："这是谁剥的？"司马光此时不无得意地道："自然是我剥的。"

坐在窗口看书的父亲听见司马光这样说，非常生气，起身走到司马光身边严厉地道："明明不是你剥的，为什么要说谎？为人处世，诚信是根本，一个人若从小便染上说谎的恶习，长此以往这种思想便会影响其德行，长大了势必成为投机取巧、沽名钓誉之人，如同树苗生了蛀虫若不及时清除，便会蛀蚀树心，此树即便长大也难以成才。"

司马光大为羞惭，意识到自己错误的严重性，自此之后再不说谎，并为自己取名"君实"，借以勉励警诫自己，不仅如此，他还将诚实作为家训，授言于子孙，代代相传。

千字文

【原文】

罔谈彼短①，靡恃己长②。信使可复③，器欲难量④。

【导读】

这几句话的意思是既不要随便谈论别人的短处，也不可以依仗自己优势而骄傲自满。为人应当诚实守信，其言行必须经得起考验，而他的内心与气量应该大得难以衡量。

【注释】

①罔：不，不要，表示禁止、否定。彼短：别人的缺点。彼，他人、别人；短，缺点、短处。②靡：不，不要，表示禁止、否定。恃：依赖，仗着。己长：自己的长处。③信：诚信，诚实不欺骗。复：实践，履行。④器：气度,器量。欲：需要。

罔谈彼短。

【译文】

不要谈论别人的短处，不可炫耀自己的长处。做人要诚实守信，经得起反复考验；器量越大越好，最好大到让人难以估量。

【知识与典故】

这四句话是在告诫人们该如何修身养性。"罔谈彼短，靡恃己长"中的"罔"与"靡"词义相同，都是表示禁止、劝阻的否定性动词。

当你的手指指向别人的短处，与此同时却将三根指头指向了自己，往往人在指责别人的时候，会加倍地暴露自己的不足。

靡恃己长。

不可以因为自己的优势而沾沾自喜，或目高于顶对别人的作为嗤之以鼻，谦虚才会令人进步，在《易经》中共有八八六十四卦，但是唯独一卦六爻皆吉无凶，那就是"满招损，谦受益"的谦卦。

古人陈抟老祖在《心相篇》里也说过，"好矜己善，弗再望乎功名；乐摘人非，最足伤乎性命"。骄傲的人只会看见自己的优秀之处，不会有反省的时候，人若是不懂得反省就如同眼耳被封堵住，不会进步也不会修正自己言行的偏差，这样的人毫无宽容之心，难以有所成就。

妄谈别人的缺点，不仅会失去很多朋友与机会，同时，祸从口出，往往也会招惹很多不必要的麻烦，为自己前进的道路增加障碍，甚至还会有性命之虞。

事实上尺有所短寸有所长，每个人都有自己的优点与缺点，若能做到观人所长补己之短，才会成为一个有德行、有修养的人。

同时，先贤们还告诫世人应当以宽宏的气度为人处世，这样可以将无数的纷争化解为无。

在安徽桐城，有一条著名的六尺巷，这条巷子非常狭窄，长只有一百米，而宽才两米，巷子的一边是清朝宰相张英的居所，而另一边是平民商人吴氏的住宅。

这两家都是祖宅，真正的宅基地尺寸因为日久年长早已模糊，有一年宰相张英家因为修筑围墙而与邻居在地界的划分上发生纠纷，两家矛盾日渐激烈，谁也不肯相让，闹得不可开交。当地官员因为忌惮张英的权势，而不知如何调停，迟迟不肯裁决。

张英的家人一怒之下写了封书信寄到北京，请求张英出面处理此事，张英家人觉得他贵为宰相，一人之下万人之上，多少国家大事都在他的运筹帷幄之中，只要张英开口，县官断无不从之理，邻家也必然不敢违拗。

张英接到书信随即写了一封回信，他的家人接到信件喜不自胜，想着张英一定是写明了如何让邻人退让，谁知打开一看不禁愕然，只见上面写着四句诗："千里修书只为墙，让他三尺又何妨，长城万里今犹在，不见当年秦始皇。"

家人看完此信，极为惭愧，当即主动将自家的墙退让了三尺，邻居吴氏听闻事情的缘由之后，更为感慨，于是也将墙让出了三尺，于是两家房屋的中间便出现了这条六尺巷。张英写诗让地的故事被人口口相传，百姓都感叹位高权重的张英能谦让于人，这件事自此也被当作告诫人胸襟宽广会得到尊敬、器量宏大会化解纷争的实例。

【原文】

墨悲丝染①，诗赞羔羊②。

【导读】

这两句话的意思是说，雪白的生丝原本无暇，但是在经过各色染缸漂染之后，任凭怎样漂洗，也无法恢复到未下染缸前的本色了，暗喻了人的本性原本如同生丝一样洁白，但是只要被外界环境污染，再想恢复当初的纯洁，已经不可能了。

墨悲丝染。

【注释】

①墨：这里指墨子，名翟，是战国时期著名的思想家、教育家，墨家学派创始人，著有《墨子》一书。墨悲丝染：典故出自《墨子》，说有一次墨子路过染坊，看到雪白的生丝被放在各色染缸里染了颜色，无论怎样漂洗，再也无法将染过的丝恢复生丝的本色了。墨子于是悲叹道："染于苍则苍，染于黄则黄，不可不慎也。"墨子认为人的本性像生丝一样洁白美好，一旦受到环境的污染，就像生丝被染了色，再想恢复本性的质朴纯洁已经不可能了，因此而感到悲哀。这个故事教育我们要注意抵御不良影响，保持本性的纯正美好。②诗：这里指《诗经》，我国古代第一部诗歌总集，共305篇，又取整数，称为"诗三百"，分为风、雅、颂三部分。羔羊：《诗经·召南》里有"羔羊"一篇，表面上是赞美羔羊的素白，实质上是称颂穿皮袄的人——士大夫具有羔羊般纯洁正直、不受污染的品德。

【译文】

墨子悲叹白丝被染了色，《诗经》赞美了士大夫纯洁正直的品德。

【知识与典故】

这两句话原本出自于《墨子》与《诗经》。墨子是墨家的创始人，在《墨子》一书中曾有这样的记载：一次墨子偶然路过染坊，看见染坊里正在染丝，工匠把纯白的丝放进染缸里，拿出来之后丝就变成了五颜六色，任凭怎样漂洗，也不能将其恢复到本色。

墨子看后大为感慨，他伤感地道："入青色染缸中成青色，入黄色染缸中成黄色，所放入的染缸不同，决定生丝出来的颜色也不同。若是将丝先后放入五种不同颜色的染缸，那么这条丝上也会携带五种颜色，染丝不可不慎重。"

我们所处的世界包罗万象，就如同一个可以浸染人的染缸，身在其中难免不受沾染，若是碰上什么就被染成什么样，无法恢复自己的本质，那样就太危险了。

因此，立身处世一定要慎重，避免被染成社会所唾弃的颜色而不可自清而追悔莫及。

【原文】

景行维贤①，克念作圣②。德建名立③，形端表正④。

【导读】

"景行"的意思是崇高光明的德行，景字的本义是太阳照在高山上，有高大、光明的意思。德行正大光明是贤人的正解，而贤人是世人做人的标准与榜样，人如果能够克制住自己混乱的思想和难以抑制的私心杂念，就可以成为圣人，与此相同，若是圣人放纵自己的心念，便与凡夫俗子无异。

只要有了德行，自然就会建立声名，相由心生，心中端正，那么仪容仪表自然会端正。

【注释】

①景行：大路，比喻高尚光明的德行，语出《诗经·小雅·车辖》："高山仰止，景行行止。"意思是贤德的人，德如高山人人敬仰，行如大道人人向往。景，高、大；行，道路。维贤：要像贤人一样。维，思考；贤，贤人。②克念：克制自己的私欲杂念。克，制服、抑制。圣：圣人，古代对人格最高尚的、智慧最高超的人的称呼。③德：道德品行。名：名声。④形端：既包括形体端庄，也包括内在谦虚诚恳。形，这里指人的整体形态，包括外在的言行举止和内在修养两部分。表正：仪表端正。表，仪表，指人的容貌、姿态、风度等。

景行维贤，克念作圣。

德建名立，形端表正。

【译文】

行为光明正大，才能接近贤人；克制私欲杂念，才能成为圣人。高尚的德行建立了，名声自然就会树立；心性举止庄重，仪表自然就会端正。

【知识与典故】

"景行维贤，克念作圣"出自于《诗经》与《尚书》，在《诗经·小雅·车辖》中的一篇里也有这样的诗句，"高山仰止，景行行止"。说的是贤德之人，德如高山，人人敬仰；行如大道，人人向往。有了好的德行之后，才会有好名声，形体端正才会有好仪态。

这几句话解释了德与名、形与表之间的必然联系，德为内因，名是外果，有好因必然生好果。世上之人熙熙攘攘，无一不追逐名利。古人曾经说"德是摇钱树，信是聚宝盆"，如果一个商家能长期地童叟无欺货真价实,那么,顾客一定往来如织,怎么会不发财?

常言道:"有道无德,必定招魔,有德无道,是一座空庙。"

一个人若毫无功德之心,自以为是地修炼,难免走火入魔,若是空有德心却全无行动,也只能是一个道貌岸然的伪君子,所以有道有德两者必须兼顾。

同理,人的容貌仪态全是出自于心,装饰打扮无法长久地维持外形的美丽。良善之人往往容颜慈和,邪恶之人往往面露狰狞。

所以人应当从内而外地端正自己。

在晋朝的时候,有晋官名叫邓攸,他的弟弟早亡,身后只留下一子名唤邓绥。当时是永嘉年间,石勒率胡人大肆入侵京城,抢夺百姓的牲畜与细软,石勒对邓攸早有耳闻,听说他在附近,于是想要杀他,邓攸无奈之下只好带着妻子与孩子逃走。

不想逃命途中遭遇强盗,将他们的牛马掠走,邓攸只得用扁担,挑着自己的儿子与侄子邓绥逃命,途中粮尽食绝,而强盗依旧穷追不舍。

邓攸身背两子行动缓慢,便对妻子道:"我弟弟英年早逝,只留下这个血脉,托孤于我,我不能令他绝后。看如今的境况无法两全,若是依旧带着两个孩子逃,恐怕谁也无法活命了,事到如今,只能舍弃我们的孩子。"妻子听了又惊又悲顿时泪如雨下,邓攸也悲伤地道:"你我日后还会有孩子,但是弟弟不可能了。"妻子听完无奈地点头同意。

于是邓攸将自己儿子扔掉,只带着侄子继续逃命,他的儿子早晨被扔掉,傍晚时又追上来了,于是邓攸将儿子绑在树上离去。

邓攸一家后来果然成功逃生,但是后来再没生下子嗣,在邓攸死后,他的侄子邓绥为他服丧三年。

邓攸因为做出了超越常感的德行,因而被世人传诵。

【原文】

空谷传声①,虚堂习听②。祸因恶积③,福缘善庆④。

【导读】

在空旷的山谷中,会有回声,声音会接连地传播很远;在空荡的房屋中,同样会有回声,而且声音会十分清晰。一个人若能做到虚怀若谷,海纳百川,接纳各种见解,包容不同的事物,不但会令自己的心智增长,并且可以得到更多人的响应与支持。

"祸因恶积,福缘善庆"说的是善与恶,福与祸的因果关系。善恶决定事情的性质为因,福祸是秉承前因而结的果,小的坏事积累多了就会酿成大祸,多做善事往往会有福报。所以我们为人处世一定勿以恶小而为之,勿以善小而不为。

【注释】

①空谷:空旷的山谷。传声:传播声音。
②虚堂:高大而空荡的厅堂。虚,空;厅,厅堂,用于聚会、待客等的宽敞房间。习听:回声引起重听。习,本义是小鸟反复地试飞,这里是重复的意思。
③积:积累,聚积。④缘:因为,由于。庆:奖赏,赏赐。

【译文】

空旷的山谷中,声音传播得很

祸因恶积,福缘善庆。

远；空荡的厅堂里，说话会有回声。灾祸是罪恶不断积累的下场，幸福是善行持续增加的奖赏。

【知识与典故】

前两句话其实讲的是人的自我修养。谦虚是我国古人非常重视的德行之一，也是我国的传统美德之一。

所谓"空谷传声，虚堂习听"讲的都是自己的声音，若自己不出声何来回应，这与后面的"祸因恶积，福缘善庆"相呼应，人得到的回应大小与自己的本身有很大关联，同理，一个人所造的善恶之因，在得到果报时不知会放大多少倍。"善恶有报，因果循环"似乎只是千百年来民众传承下来的良好愿望，但是不可否认的是，这种观点对于稳定社会的秩序，从内心令民众产生自我的管理，有着很重大的意义。

自古，弃恶从善、勤修己身就为众多的贤人学者所倡导，但是民众的本质、学识，所处的境遇各不相同，那么势必也决定了人的素养与思想的差异，在这样迥异的群体中树立德行，令所有人修身养性，不是一日之功，而单凭刑法去管理也不可能完全奏效，若一个人将生死置之度外，那么哪里还会顾忌律法。

而"因果"刚好可以辅助与弥补这两者之间的间隙，在"因果"论中系统地描述出了一个人死后的世界。那里有着绝对的公正，无论是平民百姓还是帝王公卿只要做了恶事，便要视情节轻重承受刀山火海、油锅冰河的惩罚，或者堕入畜生之道受苦，直至将罪孽赎清；而一个人若是生前广施善举、造福他人，死后便会脱离六道轮回的苦楚，进入仙界享福。

这种"轮回"之年一旦植入人心，为百姓所信奉，那么谁也不敢轻易地杀人越货，为非作歹，对于社会的安定益处良多，中国传统的道教与汉代时传入中土的佛教，与"轮回"之论都有异曲同工的地方。

【原文】

尺璧非宝①，寸阴是竞②。

【导读】

这两句话的意思是，与时间相比，一尺长的碧玉也不能算是真正的珍宝，而片刻的光阴都应该珍惜。金银珠宝还能再得到，时间一去不复返。

【注释】

①尺璧：直径一尺长的美玉，形容极为珍贵的玉。璧，本义是平滑、中心有孔的圆形玉环，后来将上等的美玉称为璧。②寸阴：一寸长的光阴，形容时间非常短暂。竞：竞争，争取。

【译文】

直径一尺的美玉还不算真正的宝贝，短暂的时光却要努力争取。

【知识与典故】

"圣人不贵尺之璧，而重寸之阴。"璧原指光滑平圆、中心有孔的玉环，后世将质量上乘、无瑕的美玉称为璧。璧的尺寸都不是很大，直径

尺璧非宝，寸阴是竞。

若有一尺应当算十分罕见,古时便有"和氏之璧,价值连城"的典故。

古人之所以将时间称为"寸阴"是因为当夕阳落山的时候,阳光在日暑上的阴影只有一寸长。夕阳在一瞬间落下,这一寸的阴影就消失了,"寸阴是竞"中的"竞"字是角逐和比赛的意思,即便是一寸的光阴也应当争取。

东汉时的孙敬是著名的政治家,孙敬年轻时勤奋好学,喜欢独自一人静静地读书,经常从早至晚,废寝忘食。他因为读书的时间过长,身体得不到应有的休息,读着读着书便不知不觉地开始打起瞌睡来,每当此时,对自己要求十分严格的孙敬,因为怕昏昏欲睡影响了自己的学习,于是想出了一个办法来克制自己的疲惫感。

他将用根绳子一头系在自己的头发上,另一头系在房梁上,高度控制在身子坐直抬头看书的高度,每当孙敬因为控制不住睡意,低头的时候,绳子就会将他的头皮扯得生疼,他立刻便清醒过来,重新恢复精神读书学习。孙敬最后终于成了一个学富五车通晓古今的著名学者,因为声名在外,经常有书生学子不远千里来向他讨教学问。后来人们将孙敬系发读书的故事称为"头悬梁"。

无独有偶,在战国时期,也有一个酷爱读书的人,名叫苏秦,他年轻时因为才疏学浅去很多地方任职都不被器重,回到家里,就连家人也因为他不学无术而冷淡他。这让苏秦深受刺激,他决心痛下苦功发奋学习,自此之后他将自己关在房中,经常读书学习至深夜,还不肯休息。但是身体的疲倦是不可抑止的,苏秦知道自己已经荒废了太多的时间,所以惜时如金,于是准备了一把锥子。每当自己困顿不堪的时候,他就拿起锥子在自己的腿部刺一下,剧痛之下,头脑立刻清醒,他便接着读书,苏秦的腿因此经常被他刺得鲜血淋漓。

苏秦用这种常人无法忍受的办法激励自己学习上进,最终成为战国期间最有名的政治家,他在最辉煌的时候,身上曾经同时佩戴六国的相印,他的故事被后人称为"锥刺股"。

【原文】

资父事君①,曰严与敬②。孝当竭力③,忠则尽命④。

【导读】

这几句话中的"严"指的是严谨,"敬"指的是恭敬,意思是,孝养父母与侍奉君王相同,都应当一丝不苟,毕恭毕敬。而"孝"指内心的敬爱,"忠"指尽职与忠诚。

孝顺父母与侍奉君王不同的地方是,孝顺父母应当竭尽全力能做到多少就做多少,绝对不应当有所保留,而侍奉君王则只要恪尽职守,忠诚无私地将本分做好就可以了。

孝当竭力。

【注释】

①资:奉养。事:侍奉。②曰:本义是"说",这里是"就是"的意思。严:严肃,认真。敬:恭敬。③竭力:尽力,用尽全力。竭,尽、用完。
④尽命:忠于君主要不超越本位,一心一意做好本职工作。命,孔子说过"命者,名也",命就是一个人的本分、名分。做人做事,都不要超越自己的本分,才有功德;越位行事,劳而无功。

【译文】

奉养父母、侍奉君主,要严肃而恭敬。孝敬父母应当尽己所能,能做多少就做多少;忠于君主不要超越本位,一心一意,恪尽职守。

308

【知识与典故】

中国的儒家有"五伦"之说,所谓五伦指的是父子、夫妻、兄弟、朋友、君臣这五种伦常关系,前三种是家庭关系,后两种是社会关系。在中国传统的忠孝观念中,五伦之首便是父子之道,父亲对孩子应当严教,而孩子对父亲应当孝敬。

孔子曾经在《孝经》中说过:"资于事父以事母而爱同,资于事父以事君而敬同。"意思为,对待父母与君王应当恭敬严谨,这些不光是表面的功夫,这种虔诚与恭敬必须表里如一,在内心中尤为重要,一个人光有孝顺谦恭的言行,但是心中没有敬爱,那么他所做的一切只是虚空,不但没有意义而且不能长久。心存敬爱,言行顺从才是孝敬。

忠则尽命。

曾经有人将"忠则尽命"解释为为了君王可以不珍惜性命,但是这样的解释被孔子与孟子大加驳斥,为人臣子要运用智慧,即便是进谏忠言也应当考虑自己的语气与态度是不是能为君主所接受。作为一个臣子只要尽职尽责不越本位就可以了,将宝贵的生命轻易地牺牲并不可取。

苏武牧羊。

在西汉时有个名叫苏武的外交家,他就将"忠则尽命"的尺度把握得很到位。

一次,苏武奉汉武帝之命出使匈奴,但是因故被扣押,单于希望苏武投降于他,便派遣之前投降自己的汉人卫律前去劝说。苏武不仅断然拒绝而且言辞凌厉地训斥了卫律,卫律见苏武十分坚决,知道他不可能因胁迫而投降,于是回去向单于复命。

单于大怒,但是心中越发希望能将苏武收归麾下,于是下令囚禁苏武,将他放在阴冷的地窖中,断绝他的饮食,此时天上飘着大片的雪花,苏武躺在地牢中,将随身携带的毡毯中的毛扯了下来,一边嚼着雪一边吃着毡毛,竟然多日未死。

单于大为惊讶,遂打消了继续囚禁苏武的念头,他派遣苏武到北海边孤身放牧一群公羊,并且戏言道:"等到公羊生了小羊之后,苏武便可归汉了。"

苏武来到北海之后,发现这里缺衣少食,为了果腹,他不得不去挖掘野鼠储藏的野果来吃。即便是在这无人的荒野之中,他也时刻提醒自己是汉朝的臣子,将符节随身携带不敢轻离,以至于系在符节上的穗子都掉光了。

多年之后汉昭帝即位,汉朝与匈奴和亲,汉朝借此要匈奴将苏武等使臣送还,但单于因为恼恨苏武等人的忠贞,谎称他们都已经去世。

直至后来一名汉朝使者在匈奴地区,无意中得到了苏武的音讯,那名使者为了将苏武等人救回,于是妄称汉朝的天子在上林苑射中了一只迁徙的大雁,发现了雁脚上系着一封书信,上面写明了苏武所在匈奴地区的位置,单于一听之下无法推脱,只得将苏武等人放回。

苏武回中原之时，长安城的百姓都出来迎接他，苏武当年离开长安正当壮年，如今十九年过去了，他已经成了须发皆白的老者，手中的旌节也已经磨成光杆，百姓深受感动，都为苏武不屈的气节与忠诚所折服。

【原文】

临深履薄①，夙兴温凊②。似兰斯馨③，如松之盛。

【导读】

这几句的意思是侍奉君王要谨慎小心，应当像如履薄冰一样，时刻提醒自己不可忘形，而侍奉父母应当早起晚睡，晨昏定省，并且冬天为父母保暖，夏天为父母解暑。如若能照着这些话去做，那么德行就如兰花般馨香，如同松树般长青。

【注释】

①临深履薄：语出《诗经·小雅·小旻》："战战兢兢，如临深渊，如履薄冰。"意思是面临深渊，脚踩在很薄的冰面上。比喻小心谨慎，唯恐出现差错。临，面对、面临；深，深渊；履，踩、踏；薄，薄冰。②夙兴："夙兴夜寐"的缩略语，早起晚睡。夙，早；兴，起来、起床。温凊："冬温夏凊"的缩略语，冬天注意防寒保暖，夏天注意防暑降温。温，温暖；凊，凉，凉爽。③馨：散布很远的香气，多比喻声誉流芳后世。

临深履薄。

【译文】

侍奉君主要像站在深渊边、踩在薄冰上一样小心谨慎；孝顺父母要比他们睡得晚、起得早，冬天注意防寒保暖，夏天注意防暑降温。这种尽忠尽孝的美德，像兰花那样清香远播，陶冶人心；像青松那样傲霜斗雪，苍翠茂盛。

【知识与典故】

侍奉君王之所以应当战战兢兢，谨慎小心，是因为君王手握生杀大权，经常一语不合就会被降罪，有时无意间的失言甚至会导致家破人亡，所以应当慎之又慎。而"夙兴温凊"是夙兴夜寐，冬夏温凊的缩语。夙兴是早起的意思，而夜寐

似兰斯馨，如松之盛。

是晚睡的意思，其标准是，子女应当先于父母起床，迟于父母睡觉，早晚都要去向父母请安，请早安并非只是形式，而且还有实际的用处，因为一早一晚是老年人发病的高峰时间，子女此时去探望，可以对自己父母的健康状态有所了解。并且能做到在夏天为父母消暑，在冬天为父母御寒，这是有德行的人最应当做到的事情。

在东汉时期，有个叫作黄香的人，自幼非常孝顺父母。他家中贫苦，9岁时母亲去世，在母亲生病期间小黄香在病床前寸步不离，端汤送水，嘘寒问暖。母亲过世之后，黄香悲痛欲绝，对父亲更加

的关心。

寒冬时候天气极为寒冷，黄香家中贫穷，没有钱买炭取暖，一到晚上尤为难熬，有时甚至冻得难以入睡。

一天晚上，黄香读书时觉得自己的双手冻得冰凉，他想着父亲白天辛苦劳作了一整天，到了晚上还要忍受寒冷无法好好休息，长此以往，父亲的健康一定会受到损害。小黄香为了让父亲不必在寒冷中入睡，便事先走到父亲的房中为他铺好被子，随后脱衣钻入被子中，用自己的体温为父亲暖被，等被子中的寒气都被黄香的体温驱散了，他再起身请父亲睡觉。

黄香温席的故事被口口相传，众人都道，黄香小小年纪就如此注重孝道，长大了也必定是个忠义之人。后来黄香长大之后果然成了一个为民造福的好官。

他对父母行孝的故事自此也千古流传。

【原文】

川流不息①，渊澄取映②。容止若思③，言辞安定④。

【导读】

水之所以能够川流不息是因为活水有源，之所以能够如镜子般照物，是因为清澈见底不染尘埃。一个人的德行若是发自本心，便会如同有源之水没有断绝的时候，也会如同澄澈的水一样可以令人以他为鉴。

而一个人的仪容应当做到言谈举止安详，行事从容不迫，言语对答沉稳安定，这样才是一个君子应当有的修养。

【注释】

①川：河水,河流。息：停歇,停止。②渊：深水,深潭。澄：水静而清。取映：拿来当镜子照。取，拿、拿来；映，反映,因光线照射而显出。③容止：容貌仪表和行为举止。若思：像在思考问题一样。若，好像。④言辞：言语，所说的话。

【译文】

要像河水那样流淌不息，要像潭水那样清澈照人。仪容举止要像在思考问题时那样沉静安详，言语对答要稳重自信。

川流不息，渊澄取映。容止若思，言辞安定。

【知识与典故】

一个人只有内心的修养到了一定程度的时候才会反映到仪表上来，所以古人留下"修己以敬"和"修己以安人"的教诲。

对于个人的修养，不但应当时刻自警自省，并且还应当使自己的德行如不息的流水一般传承给子孙后代，而子孙后代会在祖先德行的基础上再建立属于自己的德行，一代代传承有序才是这句话中川流不息的真正意思。

"容止若思，言辞安定"，这两句话出自《礼记·曲礼》。《礼记》上曾有"毋不敬，俨若思，安定辞"的句子，举止沉静安详就是"容止若思"。"容"所指的是人的容貌仪表，"若思"是若有所思，人必定要内心平静安定才会举止从容。

三国时期，诸葛亮失去了军事重地街亭之后，司马懿打算率领十五万大军趁势将诸葛亮剿灭。此时诸葛亮的身边只有一班文官，仅有的五千军队又被派出一半运送粮草，此时司马懿重兵来袭，城中只有区区两千五百名士兵，要对抗兵临城下的十五万大军，简直是螳臂当车。

城中官兵此时都惊慌失措，不知如何应对才好，诸葛亮告诉众人不必慌张，说道自己自有退司马懿大军的良策。众人半信半疑，只听诸葛亮传令道：将所有旌旗都收起，士兵们原地待命不可私自移动或者大声喧哗，违令者斩首。

随后又命令士兵将四个城门敞开，每个城门口都有二十名穿着百姓服饰的士兵洒水扫街。随后诸葛亮自己穿戴整齐，命两个小书童抬着琴随自己登上城门，在望敌楼前坐下，燃香弹琴。

待得司马懿的先遣队来到城下，乍见了这个情景，顿时心生疑惑，不敢轻易入城，先遣队的将领命兵士停在城外，然后赶去后面向司马懿报告。司马懿听后笑道："怎会如此。"他勒令三军暂停脚步，自己带着几名亲兵前去细看，待来到城前，一抬头，果然见诸葛亮端坐在城楼之上，面带笑容正在弹琴。

诸葛亮空城退司马。

司马懿查看四周见城门大开，门前扫街的百姓毫无惧色，诸葛亮更是一副成竹在胸的样子，顿时疑窦丛生，迟疑了一会儿，司马懿当机立断命令自己的大军后队变前队，前队改为后队，全速撤退。司马懿二子司马昭奇怪道："父亲，这诸葛亮已经山穷水尽，所以做出这个样子故弄玄虚而已，您何必退兵呢。"

司马懿若有所思地道："你有所不知，我与诸葛亮交战多年，他兴兵打仗一向谨小慎微，从不冒险投机，以他现在的举止，这城中必定埋有伏兵，我等若是进城势必中计，所以必须速速撤兵。"

司马懿随后退兵，诸葛亮凭借自己的胆识与智慧，以从容不迫的态度和镇定自若的气势，吓退了带领着重兵的司马懿，西城因此转危为安。空城计的故事也成为流传于后世的佳话。

【原文】

笃初诚美①，慎终宜令②。荣业所基③，籍甚无竟④。

【导读】

这几句话的意思是万事都有开始，但并不是每一件事情都会有结尾，世人最大的毛病就是虎头蛇尾有始无终。若是做一件事情不但有了好的开始，还让它有个好的结局，那么什么事情做不成呢？持之以恒的品质是一个人事业的根基，有了这个品质，他的前途才会不可限量，事业才会长远无止境。

【注释】

①笃初：以忠实的态度开始做一件事情。笃，忠实，一心一意；初，开始。诚：虽然，固然。美：美好。②慎终：谨慎小心直到结束。慎，谨慎、慎重；终，完、结束。宜令：应该美好。宜，应该、应当；令，美好、善。③荣业：荣誉与功业。基：基础，根

慎终宜令。

本。④籍甚:"籍籍之甚"的简称,形容声名盛大。竟:通"境",止境。

【译文】

以忠实的态度开始做一件事情固然很好,但直到事情结束都保持小心谨慎才更加难能可贵,这是人一生荣誉与事业的基础,有了这个基础,才能声名远扬,没有止境。

【知识与典故】

这里的"笃"是厚实硕大的意思,"初"是指事情的开端,而"慎终"是"慎终如始"的简称,"令"为美好之意,意为这世上的所有事情,无论是修身求学还是建立事业,一个好的结尾比一个好的开端更为重要。

好开始并不能决定一件事的成败,大部分不成功的人都是因为不再坚持而功亏一篑,而只有从始至终坚定如初的人才会得到完美的结果。

唐朝郭子仪,一生戎马战功赫赫,曾经平定安史之乱,光复唐朝的江山,被封为汾阳郡王,郭子仪被封王之后权倾朝野,甚至有了功高盖主之嫌。古往今来,君王对待这样的臣子,都是采用"狡兔死,走狗烹,鸟飞尽,良弓藏"的政策,是以这样功绩显赫的臣子大多难逃一死,只有郭子仪是个例外,他做到了"权倾天下而朝不忌,功盖一代而主不疑",安然无恙地寿享84岁的高龄,子孙满堂富贵一生。

郭子仪能得善终,皆是拜他的个性所赐,他一生小心谨慎随和谦恭,从来不会自以为是,以能者自居。当时,李光弼和郭子仪同为唐朝大将,又曾经同在朔方镇当过将军,但是两人却关系冷淡,全无同僚的情义。安史之乱初始,唐玄宗升任郭子仪任朔方节度使,此官位在李光弼的官职之上。

李光弼因素来与郭子仪不和,心中惧怕郭子仪会想法为难他,就打算躲开这个是非之地,请调离开。此时,恰巧朝廷命郭子仪挑选一位得力的大将,去平定河北。郭子仪深知李光弼的才干,当即毫无私心地保举了他。

消息传到李光弼耳中,他却以己之心度人之心,认定郭子仪假公济私,借此机会要自己的性命,但是身为臣子又不能违抗君命。无奈之下李光弼于临行之际凄楚地对郭子仪相求道:"我已经甘心赴死,你就不要再加害我的妻儿了。"

郭子仪听完始知李光弼对自己误会至此,不由得双目垂泪道:"如今国家危难,你我同为人臣,当挺身而出共赴国难,我心中器重将军的才能,是以一力保举,希望能与将军共处荆棘,同赴疆场,我是将自己的性命与将军共系一处,将军怎么能以私愤之心想我呢?"

李光弼听完大为惭愧,感动之下与郭子仪相对跪拜,前嫌尽释。

郭子仪身为有功之臣,又与皇家联姻,但是依旧是谦和有礼,毫不跋扈,在他70大寿之际,全家上下齐来拜寿,只有他的六儿媳升平公主姗姗来迟,他的六子郭暖因感觉颜面无光一怒之下打了公主,并斥责道:"你以为身为公主就可以不尽儿媳的孝道吗?"郭子仪知道此事后大惊,当即绑子亲自去向皇帝请罪。

唐代宗听后笑道:"儿女闺房琐事,何必计较,老大人权作耳聋,当没听见这回事算了。"郭子仪谢过皇恩,但是回家后把儿子痛打一顿,教训一番。郭子仪正是凭借自己谨慎谦让,善始善终的态度与对手冰释前嫌,消除了皇帝对自己的猜忌,使自己平安无事地度过了一生。

郭子仪义感李光弼。

313

【原文】

学优登仕①，摄职从政②。存以甘棠③，去而益咏④。

【导读】

前两句话的意思为，成绩优异的学子才可登上仕途为官。"摄职"中的"摄"，是辅佐的意思，意为当官之后，凭借自己的职位便可处理国家的政事。

"存以甘棠，去而益咏"指的是周朝的重臣周召伯因为政绩卓著，去世后备受百姓的怀念。他生前巡视南方时，因为疲惫，曾经在一棵高大的甘棠树下休息，百姓因为怀念召伯，传言子孙不可伐掉这棵甘棠树。这句话借此典故告诫世人，为官应当以周召伯为榜样，廉洁奉公，才会得到百姓的拥戴与称颂。

学优登仕，摄职从政。

【注释】

①学优登仕：出自《论语·子张篇》："子夏曰：仕而优则学，学而优则仕。"意思是做了官还有余力就去学习（以便更好地发展）；学习好了就可以去做官（以推行仁政）。学优，学习成绩优异；登仕，当官、做官；登，登上；仕，官员。②摄职：代理官职。摄，代理。从政：参与政治事务，指做官。③存：保存，保留。甘棠：即棠梨树。典故出自《诗经·召南·甘棠》，相传周武王的臣子召伯巡视南方时，曾在甘棠树下休息、理政，当地人因其勤政爱民感激他，为了怀念他的功绩，一直珍惜这棵甘棠树不忍心砍伐，并作了《甘棠》一诗加以怀念。④去：离去，离开。益咏：更加歌颂赞美。益，更加。

存以甘棠。

【译文】

学问好的人就可以去做官，行使职权、处理政事。周人怀念召伯的德政，不忍砍伐他休息过的甘棠树，召伯虽然离去了，但百姓却作诗歌怀念他。

【知识与典故】

"学优登仕"出自《论语·子张篇》中的"仕而优则学，学而优则仕"。中国古代选官的程序极为复杂，首先要"取士"，即在十个学子之中选其一，所选出的士由皇家出资修习礼仪，法规，国策等，这之后再从众多的士中挑选出优秀的人才，称为"出仕"。并不单单是学习优异就可以为官，随后，那些做官政绩突出的仕官，又被选拔出来再学习以提升自己的学识素养，这就是"仕而优则学"。

周召伯是西周的名臣，他姓姬，名奭，与周武王为同父异母的兄弟，曾帮助武王伐纣，为武王建立周朝立下了辉煌的功勋。

周武王灭了殷商之后始建周朝,不久后武王去世,其子周成王继位,但是成王继位时年方十四,无法独理朝政,朝中两名贤臣便辅佐他治理国事,一为周公,一为召公。但是召公参与幼帝理政之初,曾经遭受朝中部分大臣的强烈反对,他们称召公并非周文王嫡出不可干预朝政,但是周召伯毫不理会这种说法,依旧呕心沥血地与周公一同辅佐幼主,他公正清廉,毫无私心,政绩非常显赫,终于将众臣折服。

召公为了能清楚地了解百姓的疾苦,经常到各地巡视。一次,召公来到召地,因为天气炎热,他便在一棵茂盛的甘棠树下处理公务。

召公在召地数日,将当地的事务处理得井井有条,他处事公正廉洁,明察秋毫,为当地百姓排忧解难。以至于召公走后,百姓都依依不舍地道:"这样的好官可惜太少,没有排场与官威,连一棵甘棠树就能成为官衙供他审案,又对百姓纤毫不取,若是天下的官员都能如召公一般,就是苍生之福了。"

召公走后,当地的百姓因为十分怀念与敬重他,所以他曾经倚靠着处理公事的那棵甘棠树,被很好地保护了下来,当地人代代相传,不可伤损此树。

《诗经》曾有这样的句子:"蔽芾甘棠,勿翦勿伐,召伯所茇;蔽芾甘棠,勿翦勿败,召伯所憩;蔽芾甘棠,勿翦勿拜。"

召公因为注重民情民意,真心为百姓做事,也换来了百姓对他的爱戴,"甘棠遗爱"自此被用来称颂离去的清官。

【原文】

乐殊贵贱①,礼别尊卑②。上和下睦③,夫唱妇随④。

【导读】

这四句话的意思是选择乐曲要根据人身份的尊卑来决定,施礼节也要看人的地位高低来区分。在家中长辈与晚辈应当和睦融洽地相处,夫妻之道更是应当亲近好和,丈夫倡导的事情,妻子应当顺从地附和。

【注释】

①乐:音乐。殊:不同。贵贱:身份的高贵和低贱。②礼:礼节,礼仪。别:差别。尊卑:地位的尊贵和卑贱。③上:长辈或地位高的人。下:晚辈或地位低的人。睦:融洽。④夫唱妇随:原指封建伦理道德规定妻子必须绝对服从丈夫,后比喻夫妻亲密和睦相处。唱,通"倡",倡导、发起;随,附和。

上和下睦。

【译文】

要根据身份贵贱选用不同音乐,要依据地位高低区别使用礼仪。不管地位高低,还是辈分大小,都要和睦相处,丈夫倡导的,妻子要顺从。

【知识与典故】

"乐殊贵贱,礼别尊卑"中的"乐"和"礼"代表了中国古代的礼乐制度,中国传统的文化可以用这两个字来概括。从广义上说"礼"字代表了哲学、政治、教育等文化内容;而狭义上理解,就是指人与人之间的交往关系。

乐殊贵贱，礼别尊卑。

礼中的种种约束，事实上主要针对自己而言，古语道：礼多人不怪。施礼重礼其实是为了力求一个"和"字。中国的文化千经万论归根结底都是为了讲和。

而"乐"是古代艺术的总称。

孔子在《论语·阳货》就曾经说过："礼云礼云，玉帛云何哉？乐云乐云，钟鼓云何哉？"意思是，所谓礼，不是送两包点心那么简单，礼是我们的文化精神、；而乐，也不只是唱歌跳舞，而是能将我们的精神升华的东西。

中国是世界上唯一一个拥有五千年文明的古国，其他的古国的文明都因为各种原因而消亡了，一个民族只有拥有积极乐观向上的民族精神才能将民族文化源源不断传承下去。

在第二句的中的"夫唱妇随"之所以将妻子放在一个顺从的位置上，是因为古代的儒家礼教对于女人的一生在道德、行为、修养方面都有诸多的规范要求。

古人要求女人应当遵守"三从四德"，所谓的"三从"是指：未嫁从父，既嫁从夫，夫死从子。

其意为，女孩子出嫁之前要听从父亲的指导教诲，不可做出违逆父亲的事情，而出嫁之后要礼从夫君，协助丈夫理家一同孝敬长辈，抚育幼小。

若夫君先去世，就应当坚守妇道，守护好丈

儒家提倡"夫唱妇随"的夫妻生活。

夫留下的家业，将孩子养育成人。

儿子长大之后，要遵从儿子的生活方式与生活理念。

"四德"包含"德、容、言、功"四字。"德"是立身的根本，也就是为人最基础的素质；"容"，指的是出入要端庄稳重，不可轻浮失礼；"言"，指与人交谈要会随意附义，能理解别人所言，并且注意自己谈话的分寸；"功"，即治家之道，包括相夫教子、尊老爱幼、勤俭持家等品质与能力。

当然，"三从四德"中带有明显的性别歧视与男尊女卑观念，在现今男女平等的社会中早已被摒弃，但是其中有着积极意义的，关于德行方面的劝导，还是可以借鉴的。

【原文】

外受傅训①，入奉母仪②。诸姑伯叔③，犹子比儿④。

【导读】

对于教育应当内外结合，在外接受老师的教诲，在家要遵从母亲的规范。对待家中的长辈，诸位叔叔伯伯姑姑，应当孝顺如自己的父母，对待子侄之辈都应当疼爱如自己的孩子。

【注释】

①外：在外。傅训：师傅的教诲。傅，师傅、老师；训，教导、教诲。②入：进入家里，在家。奉：奉行,遵守。母仪：母亲的举止仪表。仪，容止仪表。③诸：众，各。④犹子：犹如自己的儿子，《礼记·檀弓》："兄弟之子，

犹子也。"就是侄子。犹，如同。

【译文】

在外要接受老师的教导，在家要奉行母亲的礼仪。要像孝顺父母那样对待姑姑、伯伯、叔叔；要像关爱亲生子女那样爱护侄子侄女。

【知识与典故】

"傅训"是指在外得到的师长的教诲与训责。为师长者，以传道、授业、解惑为己任，其中授业尚在其次，主要应是教导学生为人处世之道。学生若不会为人处世，即便是学富五车，日后在社会上会举步维艰，难成大事。

所谓"母仪"，古人对女子最重要的要求之一，便是能够相夫教子。父亲在外挣钱养家，母亲主持家中日常事宜。尤其是孩子，自幼起，孩子便与母亲朝夕相处，母亲成了孩子最先效仿的榜样，母亲的仪态规矩与素养会对孩子产生极大的影响，是以中国自古便极其看重母教。

外受傅训。

教育应当内外结合，缺一不可，否则孩子的成长必有缺失。

而对家中叔伯姑姑的孝敬是孝道的扩展，爱家中的子侄是博爱的延伸，人非圣贤，不可能直接变成如孟子所说的："老吾老以及人之老，幼吾幼以及人之幼。"博爱是后天的德行修炼而非先天本性，应当先从爱自己的亲人开始，然后爱护普天之下的人民，最后是爱物，包括世间的众生万物，爱自己的家人是小爱，爱天下众生才是大爱。

入奉母仪。

《三字经》中曾经有"教不严，师之惰"的句子，人生中，若是能遇到一位负责的明智之师，实为幸事。

子路是春秋战国时期鲁国人，也是孔子的得意门生。他为人豪爽率真，侍亲至孝，除了平时跟随孔子修习六艺之外，还近身侍候孔子，为孔子驾车，担任孔子的卫士。孔子对子路十分看重，曾经称赞他是国之栋梁。

在子路第一次拜见孔子的时候，孔子曾经问子路有什么喜好，子路答道："我喜爱长剑。"孔子道："我问的是其他的方面，以你的天资，若是再加上刻苦的学习，那么日后一定会有大作为。"子路此时对于学习并不以为然，认为学习并无多大的用处，于是言辞含蓄地反驳道："我认为人的天资比后天的学习更为重要，南山有种竹子，不须揉烤就笔直如尺，削尖后射出能穿透皮革，有些东西天赋异禀，不必经过学习的过程。"

孔子道："你所说的竹子的确胜于同类，但是若能将它劈开绑上金属的箭头，做成羽箭，其威力岂不是比不经加工竹子的更强数倍吗？所以说，天赋固然重要，但是学习也是不可或缺的。学习对于人来说，便如给竹子做进一步的加工一般，不但可以增加人的能力，更可以增长人的心智。一国之君即便是再贤明，没有敢于进谏的臣子，处理国事上也难免有错失；文人若是不能指正自己友人的错处，于德行上就有损伤，而学习是一个完善自己的过程。"

子路听完恍然大悟，当即拜谢孔子道："听完您的教诲，我真是受益良多。"

孔子用加工过的箭与先天的竹竿做比喻，生动地阐述了学习可以增益身心的道理，使子路明白了学习的重要。

子路后来一生追随孔子，时刻聆听孔子的教诲，成了众所周知的人物。

【原文】

孔怀兄弟①，同气连枝②。交友投分③，切磨箴规④。

【导读】

这里的"孔怀"所指的是兄弟之间的手足之情，兄弟属于儒家"五伦"之一，血缘相同血脉相通，就如大树的枝干一样，同气连枝，亲厚无比。

而交朋友注重的是缘分，朋友也是"五伦"之一，因为没有血缘关系，就更为看重脾气秉性的契合。朋友若意气相投，就要彼此帮助、鼓励、规劝，并且能够在学习上互相交流。

孔怀兄弟。

【注释】

①孔：很，甚、非常。怀：思念，想念。②同气连枝：兄弟虽然形体不同，但共同承受父母的血气，就像同一树干上的枝条。③投分：投缘，情投意合。投，相合、迎合；分，情分，缘分。④切：切磋。磨：琢磨。箴：劝告，劝诫。规：劝告，建议，尤指温和地力劝。

【译文】

兄弟间要互相关爱，气息相通，因为彼此有共同的血缘关系，就像形体不同，却同根相连的枝条一样。交朋友要意气相投，要能共同切磋钻研学问，还要能互相劝诫激励。

【知识与典故】

兄弟之间的相处，应当以情谊为重，利益为轻；兄长应当对弟弟爱护指教，弟弟应当对兄长尊重恭敬，若是为利益而反目，那么不仅有悖兄弟之道，更重要的是悖逆了孝道，兄弟之间若生间隙矛盾，父母看在眼中最是伤心，令父母伤心，岂不有悖孝道？

孔子曾经道，"孝悌也者，其为仁之本与"。一个人若是连手足之情都不顾念，那必定无法成为一个真正孝顺的人，自然也不会是一个仁者。

而只有一个看重兄弟之情的人，才会将真心交付于友情之中，才有可能交到真正的朋友，交朋友最注重意气相投，物以类聚，人以群分，作为朋友若与你不是志同道合之人，那么教来何益？

三国时的管宁，节操高尚，不慕名利，是当时有名的高士，魏国多次以高官厚禄相邀，但是他都固辞不受。平原人华歆因久闻管宁之名，所以自千里之外前来拜访，二人一见之下相谈甚为投契，于是结为至交好友。

于是华歆在管宁的家中住了下来，与管宁一起结伴读书，两人亲近道同，坐一条席子，共同在一个菜园子里面种菜。

有一天，两人在学习之余去菜园锄地，突然，管宁用锄头翻出了土里的一块金子，管宁对地里的金子视若无睹，仿佛那金子与其他的土块瓦砾无异，他神情如常地继续锄地。但是华歆却做不到像管宁一般,他面露惊讶的神色,将那块金子捡起来,仔细地观看,但是随即他看见管宁那毫不为所动的态度,只得将金子丢弃在了地上。

随后两人回到屋中坐在同一张席子上读书,忽然自外面传来一阵热闹的鼓乐之声,华歆顿时面露好奇,起身来到窗前细看究竟。原来窗外有一位达官显贵正途经此地,他的随行的人员奏响鼓乐之声,华歆一见之下再没有了读书的兴致,索性出门尾随着这位显贵的车队,津津有味地观看他精致的排场,与出行的威仪,心中羡慕不已。而此时管宁依旧不为所动,一如既往地坐在席子上看书。

管宁割席。

等华歆回来之后,管宁难以抑制对他的失望,忽然站起身,抽出刀子,将自己与华歆共同坐着的席子从中间割开道:"你我的志趣实在太不相同,从今以后,你与我便如同这割开的席子一样,不再是朋友了。"

自此后人便用"管宁割席",来形容与不志同道合的人绝交。

【原文】

仁慈隐恻①,造次弗离②。节义廉退③,颠沛匪亏④。

【导读】

仁义慈爱,对人的恻隐之心,在任何时候都不能失去;而气节正义、廉洁谦让这些高尚的品德,无论是颠沛流离还是穷困潦倒都不可或缺。

【注释】

①仁慈:仁爱慈善。隐恻:也写作"恻隐",看到人遭遇不幸感到不忍心,即同情、怜悯。②造次:慌忙,仓促。弗:不。③节:气节,操守。义:正义。廉:廉洁。退:谦让、谦逊。④颠沛:困顿挫折。匪亏:不缺少。匪,不;亏,欠缺、短少(应该有的而缺少)。

孔子因厄于陈蔡,依然咏诵不辍。

【译文】

无论多么慌乱紧急的情况,都不可丢失仁爱和同情之心。无论多么颠沛流离的生活,都不能缺少气节、正义、廉洁、谦逊这些美德。

【知识与典故】

"仁慈隐恻,节义廉退"这些高尚的品质,或许在环境优越、生活平稳的时候很容易能做到,但是若身处逆境、在危险与压力之下,又能否坚持?如果此时将这些品质抛弃了,那么我们就根本未曾真正拥有过它们。

文天祥像。

艰苦卓绝的环境往往能考验一个人的真实品德与本质，此时若还能一处既往地坚持，那么这个人就是一个真正的君子。

南宋末年，时逢乱世，蒙古军大举进攻，南宋朝廷软弱迂腐，廷中众臣大都主降，对元军一味地忍让。

文天祥是吉州庐陵人，自幼目睹少数民族入侵，百姓受难，很小便立志抗元救宋，于是发愤苦读，于理宗宝祐四年（1256）五月参加殿试，一举夺魁中了头名状元。

宋理宗开庆元年（1259）文天祥任承事郎起，咸淳十年（1274）七月，度宗病死。贾似道抑长立幼，扶4岁的赵□即位，是为宋恭帝。时年九月，二十万蒙古大军分两路进攻南宋，所经之地宋军将领纷纷叛变。

蒙古军攻陷鄂州后，京师震动，太后谢道清急传一道《哀痛诏》，内中说道：新帝年幼，刚刚即位便临国家危难，希望各地文臣武将此时能为新帝排忧解困，共赴国难，届时，朝廷将按功绩封侯赐爵。

然而，眼见蒙古大军声势浩大，军力威猛，文武群臣皆对《哀痛诏》置若罔闻，只有文天祥和张世杰两人接了《哀痛诏》，之后召集兵马，起兵勤王。

文天祥将家产全部捐出以充军饷，又将家人托付给弟弟照顾，以示毁家纾难，当地民众深受鼓舞，短短数天，屯兵竟至三万。

文天祥带兵入粤，在潮州、惠州一带抵抗元军。期间，恭宗向蒙古投降，但文天祥爱宋之心不减，凛然道："君降臣不降。"依旧率军抗元，但终因寡不敌众，于祥兴元年（1278）十二月二十日，在五坡岭被偷袭的蒙古铁骑俘获。

蒙古皇帝忽必烈久闻文天祥之名，知道其不但文武双全且忠肝义胆，意欲将文天祥收归麾下，于是不惜屈尊，亲自劝降，并许以高官厚禄，但是，文天祥丝毫不为所动。

忽必烈爱才心切，见文天祥执意不降，想用骨肉亲情感化他。文天祥的妻子欧阳夫人和两个女儿柳娘、环娘被蒙古军队俘虏后已经被送到大都。于是忽必烈令文天祥的女儿写信劝降，信中除了思念之情还写明了若是文天祥不降，母女三人面临如何非难。熟料文天祥看完信后虽然肝肠寸断，但是依旧不改初衷。

忽必烈大怒，不但下令对文天祥施用酷刑，还使其身戴重枷住在阴冷潮湿的土牢之中，文天祥坦然受之，并在狱中写下"人生自古谁无死，留取丹心照汗青"的千古名句。

最终忽必烈无奈之下，命文天祥在元朝丞相与死囚之间自择，文天祥淡然道："只求一死。"至元十九年（1282）十二月初九，文天祥向着南宋的方向叩拜之后，慨然就义，享年47岁。

文天祥在身处绝境之时，不惜以生命为代价来证明他高尚的气节，时至今日仍为世人称颂。

节义廉退，颠沛匪亏。

【原文】

性静情逸①，心动神疲②。守真志满③，逐物意移④。

【导读】

一个人的性情若是能够安静淡泊，那么他的神情心绪就会安逸自在；若是内心躁动不安，精神就会疲惫困顿，只要有定力守住真实的常性，心灵就会安稳满足，若是经受不住外界的干扰，一心追逐外物，那么意志和本质就容易受外物所操控而改变。

【注释】

①性静：心情宁静。性，性情。情逸：心性安逸。情，情绪、心情；逸，安闲、安适。②心动：心中浮躁动荡，不能安定。神疲：精神疲倦。神，精神。③守真：保持自己纯真的本性和操守。守，保持、卫护；真，这里指人的本性、本质。志满：志向得到实现。志，志气、意愿。④逐物：追求物质享受。逐，追求、追逐。意移：意志改变，这里指善良的本性发生变化。

性静情逸。

【译文】

心性淡泊宁静，情绪就自在安逸；内心浮躁动荡，精神就疲倦萎靡。保持纯真的本性和操守，志向就能得到实现；一心追逐物质享受，意志就会衰退，善良的本性也会改变。

【知识与典故】

这四句话中蕴含了很深的哲理，值得细细思索。诸葛亮在写给儿子诸葛瞻的《诫子书》中说的"非淡泊无以明志，非宁静无以致远"，与这四句的意思相同，凡是有德行的人都是能够保持内心平静的人，只有这样，意志力才能得到最大的发挥，才能高瞻远瞩，安贫乐道，不断地修缮自身，培养自己的品德。

若是内心躁动充满妄想，就会情不自禁追逐物欲，会因为无法满足自己而心生怨愤和抱怨，因而使得内心或消极怠慢，或狭隘偏激，最终忘记自己的梦想，在虚度了大好年华之后，无奈地看着自己的身心一起枯朽。

我们所处的社会有太多的纷扰与引诱，令人很容易就会迷失在对物质的过度渴求之中，但是过度的追求实际上有害无益，人生真正的幸福感并不来自于这些多余的负累，而是取决于内心的祥和与安宁。

家喻户晓的诸葛亮在中国是智慧的代表，他不但是足智多谋的军事家，也是一个杰出的教育家，在他54岁的时候，他曾经为自己的儿子诸葛瞻写过一篇言简意赅的《诫子书》，其中阐述了应当怎样修身养性、如何培养自己的操守与素养，内容深刻，发人深省。

这篇文章的大意是：一个德才兼备的人，必须依靠内心的平静来修养身心，必须依靠简朴的生活方式来培养自己的品德。

若想明确自己的志向，就不能看重名利，做不到心无旁骛就不能实现远大的理想。想增长自己的才智与心智,就必须专心致志刻苦学习。过度的享乐会消磨自己的意志,轻浮与急躁无法陶冶性情。等到年华老去,若如同枯枝败叶一般毫无价值,那时候守在一所破房子中悲伤叹息,就真的于事无补了。

【原文】

坚持雅操①,好爵自縻②。

【导读】

这两句话是总结性的阐述,一个人只要坚持高雅的操守、高尚的德行,那么上天自然会眷顾他,好运也会降临。

只有这些人才会得到世人的尊敬和爱戴,人们会自动地将信任与荣耀赠予他们,而这些并不是刻意追求的结果。

【注释】

①雅:高尚,美好。操:品行,节操。②好爵:代指高官厚禄。爵,古代饮酒的器皿,因贵族的等级不同使用的爵器也不同。后世把爵作为爵位、爵号、官位的总称。自縻:……跑来拴住自己,这里是好运自来的意思。縻,本义是拴牛的绳子,这里是拴住、牵系的意思。

坚持雅操。

【译文】

坚持高尚的节操,功名利禄自会降临。

【知识与典故】

"坚持雅操"中的"雅操"指的是高雅的操守与高尚的德行,一个人唯有能持"仁、义、礼、智、信"五常之德,能行"父子、兄弟、夫妇、君臣、朋友"五伦之道,才能被称作"坚持雅操"。

好爵自縻。

而"好爵自縻"出自《易经·中孚卦》中的"我有好爵,吾与尔縻之","爵"是古代以青铜制作的酒具,只有贵族才可使用,而且,贵族的等级不同使用的爵器也不相同,所以才将"爵"看做功名利禄的代表。

而"縻"的本义为拴牛的绳子,实为牵系的意思,"自縻"是自我束缚、自修己德、自求多福的意思。

中国人历来讲究求人不如求己,求己者贵,知足者富。《易经·乾卦》中的第一句话就是"天行健,君子以自强不息",人需自强之后方有外援,自立者才有天助,所以,中国的儒家讲求为人处世不可总找外因,而应当面对自己查找内因。

东汉时期有个人叫严子陵,他是东汉开国皇帝刘秀的幼时同窗,为人贤德又很有才干。但是当他听说刘秀登基称帝之后,却忽然改名换姓,背井离乡而去。刘秀因为惦念他特意命会稽太守去查找他的行踪,但是毫无结果,刘秀将搜寻的范围扩大到全国,依旧无果。焦急之下,刘秀命画工绘出了严子陵的肖像，四下张贴寻找。

不久有人前来禀报说齐国境内有个人，与画像上的严子陵很像，那个人经常披着蓑衣在河边垂钓。刘秀一听大喜，遂准备车马与礼物让人到会稽去请严子陵入朝为官。谁知，那人找到严子陵后讲明来意，竟被他当场拒绝，刘秀不死心连续派了三拨人去请都被拒绝，不得已令使臣将严子陵强行带回京城。

刘秀明白自己做事强硬有些理亏，于是特意派遣专人服侍严子陵，那些宫人知道严子陵是刘秀的至交好友，于是个个将他侍奉得衣来伸手饭来张口。

严子陵不慕荣禄，高风亮节。

大司徒侯霸与严子陵有故交，特地派部属侯子道前来问候。侯子道来时，见严子陵盘腿坐在床上，神情癫狂地胡言乱语。

侯霸心中忧虑随即将严子陵的情况禀告刘秀，刘秀于是亲自前去查看，去时严子陵躺在床上装睡，对刘秀毫不理睬，晚上刘秀与他同睡，严子陵竟假装熟睡，将脚压在刘秀的身上，半天都不移开。

刘秀见严子陵无规无距得太不像样，明白他不想入朝为官，只得封了他一个谏议大夫的虚职，令他自行归去。严子陵听到消息之后既不谢恩也不辞行，扬长而去，他回到富春山中一如既往地耕种垂钓，至建武十七年（41），光武帝刘秀曾再一次征召严子陵，严子陵也再一次地拒绝了，他索性回归故里隐居，最后寿享八十而终。

严子陵的这种不为功名富贵所干扰，平静清高的德行为世人所钦佩，北宋名臣范仲淹曾对他赞叹道："云山苍苍，江水泱泱。先生之风，山高水长。"

【原文】

都邑华夏①，东西二京②。背邙面洛③，浮渭据泾④。

【导读】

"都邑"是指天子所住的地方，"邑"为诸侯住的地方，相当于现在的首都和省会的概念。"华夏"指代中国。

而东西二京指的是中国最古老的两个都城，东京洛阳和西京长安。"背邙面洛，浮渭据泾"指的是这两个城市的地理位置。

【注释】

①都邑：京城。邑，城市、都城。华夏：原指我国中原地区，后包括我国全部领土，遂成为中国的古称。②东西二京：中国古代很重要的两座京城，即西汉的都城长安"西京"（现在的西安），东汉的都城洛阳"东京"。③背邙面洛：这里是描述洛阳的地理位置。背邙，背靠邙山。邙，山名，北邙山，位于河南洛阳的北面。面洛，面对洛水。④浮渭据泾：这里是描述长安的地理位置。西安的左面有渭水，右面有泾河。渭水发源于甘肃，泾水起源于宁夏，二水在西安汇合后流入黄河。在汇入黄河以前，泾水清，渭水浊，水质完全不一样，这就是成语"泾渭分明"的来历。浮，漂浮；据，凭着、依靠。

【译文】

中国古代的都城宏伟壮观，最古老的要数东京洛阳和西京长安。洛阳背靠北邙，面临洛水；长安左边是渭河，右边是泾河。

【知识与典故】

洛阳又称"九朝古都"，历史上前后共有九个朝代在此定都。而西京长安，因为处于中国的中心，更是成了"十一朝古都"。这两个地方在当时堪称世界上最大最繁华的城市。

背邙面洛。

长安城始建于隋朝，直至唐朝才更名为长安，由隋文帝君臣所建立的这座中国古代最宏伟的都城，在建筑最初采纳了天时、地利与人和的思想观念，"法天象地，帝王为尊，百僚拱侍"。此城由外郭城、宫城和皇城三部分组成，城内百业兴旺，最多时人口接近三百万。

待到唐王朝建立后，经过多方修缮与规整，使得这座城市的布局更为合理。龙首原上大明宫的建立，更显一代帝国一统天下的气度与无上的皇权。

唐朝末年迁都洛阳后，长安城被拆毁，其遗址位于今陕西省西安市的大片地带。1996年，隋大兴、唐长安城遗址被中华人民共和国国务院公布为第四批全国重点文物保护单位之一。

背邙面洛，浮渭据泾具体的描述了东西二京的地理位置与地形地貌，洛阳城背靠北邙山，南临洛水，整个城池面南背北。中国古代崇尚南方，认为面南背北是天子之位，因为面向南方就会受南方丙丁火（阳光）的直射，意为天子正大光明，广施仁政，一举一动都无须遮掩，城北的邙山海拔二百五十米，方圆两百公里水低土厚，气候温和，山上古代帝王的陵墓数不胜数。

"浮渭据泾"，讲的是西京长安，西安的左面是源于甘肃的渭水，右面是源于宁夏的泾河，两条水一清一浊水质完全不同，"泾渭分明"的成语就是来自于此。

【原文】

宫殿盘郁①，楼观飞惊②。图写禽兽③，画彩仙灵④。

【导读】

天子生活起居的地方被称为宫，天子商议处理事务的地方叫作殿，这几句话是在描绘都城中帝王宫殿的雄伟壮丽，"宫殿盘郁"说的是屋舍错落重叠数量很多，"楼观飞惊"是形容建筑物很高，有凌空之势。这是描述宫殿的外貌，后两句是描述宫殿的内观，宫殿里面雕梁画栋，梁柱、檐井与墙壁上画满了珍禽异兽、飞仙与神灵，绚丽多彩美轮美奂。

【注释】

①盘郁：曲折幽深的样子。盘，盘旋、回旋；郁，是繁盛的样子。②楼观：古代宫殿群里面最高的建筑，这里泛指楼殿等高大的建筑物。观，楼台。飞惊：（楼阁亭台之势）如鸟儿展翅高飞，令人触目惊心，形容楼殿非常高大。飞，飞檐，中国古代特有的建筑结构，像展翅欲飞的鸟儿；惊，令人触目惊心。③图写：图物写貌，绘画。写，这里是描摹、绘画的意思。禽兽：泛指飞禽走兽。④画彩：用彩色绘画。仙灵：天仙和神灵。

【译文】

　　雄伟的宫殿曲折盘旋,重叠幽深;高大的亭台楼阁凌空欲飞,触目惊心。宫殿里画着各种各样的飞禽走兽,还有彩绘的天仙神灵。

【知识与典故】

　　中国古代的建筑艺术,是中国文化的重要组成部分,中国古人的精妙设想与构思都糅合其中,很多的建筑细节与技术直至今日也没有哪个国家可以超越。

　　中国古代的帝王都住在宫殿里,这些宫殿不仅建筑得气势雄伟,而且还金碧辉煌,并且随着时间的推移,各朝代所建筑宫殿的规模不断加大。其特征为斗拱硕大,以金黄色的琉璃瓦铺顶,五彩绚丽的绘画,雕镂细腻的天花藻井,以及汉白玉台基、栏板、梁柱等,北京故宫的太和殿就是保留下来最完整与典型的宫殿式建筑。

宫殿盘郁,楼观飞惊。

　　楼指的是两层以上的房子,有的非常高,可以瞭望四方,还有亭台楼阁,样式各异,各有用处,这些都体现了我国古代建筑格局的多样化与兼顾性,理所当然帝王的宫殿融合了所有的建筑特质与种类,可谓包罗万象。

　　而且,为了体现至高无上的皇家权力,体现以皇权为核心的理念,宫殿的建筑都严格采用了中轴对称的布局方式。

　　这种布局方式的特点是,中轴线上的建筑全部高大华丽,而轴线两侧的建筑就相对低小简单。中国提倡孝道敬重祖先,所以通常在宫殿左边设祖庙,使帝王随时能够祭拜祖先,右前方设社稷坛供帝王祭祀土地神和粮食神,这种格局被称为"左祖右社"。

　　而宫殿本身也被分为两部分,"前殿"宫帝王治理国事,"后寝"是皇帝与后妃们的日常居住场所。

【原文】

丙舍傍启①,甲帐对楹②。肆筵设席③,鼓瑟吹笙④。

【导读】

　　丙舍是古代宫殿正殿两侧的偏殿,即正房旁边的耳房,因在两侧所以东西朝向,故称傍启。甲帐是帐子之中最长的幔帐,做工讲究,十分华丽。楹是堂屋前部的柱子,此处指宫殿中的第一排柱子,上面通常挂着木头镌刻的对联叫作楹联。

　　我国唐代之前是没有椅子的,所以筵席都铺设在地上,"肆筵设席"指的正是在宴前于席上排摆和陈设所做的准备。"鼓瑟吹笙"则是说席间有鼓乐助兴。

肆筵设席,鼓瑟吹笙。

【注释】

①丙舍：泛指正室两旁的别室、偏殿。傍启：从侧面开门。傍，通"旁"，侧面。②甲帐：汉武帝时所造的帐幕，用各种珍宝装饰，这里代指豪华的建筑。对楹：堂前对立的楹柱，这里指宫殿上第一排柱子。楹，厅堂前部的柱子。③肆筵设席：在宴会开始之前，进行桌椅的排摆和陈设的准备，这里就是摆设筵席的意思。肆，设，陈列，陈设。筵、席，古代的坐具，在唐朝以前，古人都是在地上铺席子，席地而坐，紧贴地面的那层长席叫筵，铺在筵上的短席叫席。④鼓瑟吹笙：宴会中助酒兴的音乐歌舞。鼓，敲击、弹奏；瑟，古代的一种弦乐器，形状像琴，这里代指弦乐；笙，古代的一种管乐器，这里代指管乐。

【译文】

正殿两旁的偏殿从侧面开启，豪华的幔帐对着高大的楹柱。宫殿里大摆筵席，弹瑟吹笙，一片歌舞升平的欢腾景象。

【知识与典故】

据《汉武故事》中记载，汉武帝所用的幔帐都极为精美奢华，第一等称为甲帐，上面缝缀着各色宝石翡翠，无数珍珠珊瑚，差一些的称为乙帐，做工与嵌工稍逊。

甲帐很长，与高大的宫殿十分相配，同楹联一样都是宫殿中不可或缺的配饰。

"肆筵设席，鼓瑟吹笙"这两句出自于《诗经》，筵与席都是古代的坐具，因为唐代之前没有椅子，只有从西域传过来的没有靠背的凳子，名为"胡凳"。

古人聚会设宴之时都是在地上铺设张席子，将美酒佳肴摆放在席子上面，铺在饭菜下的席子被称为筵，筵上除了酒菜还铺有供人跪坐的位置，称为座席，肆筵设席实际上描写的是宴会开始前，所做的铺设准备事宜。

我国古人行事讲求意境，连吃饭也不例外，在酒宴之中往往会设有鼓乐吹奏以助酒兴，《诗·小雅·鹿鸣》中就有"呦呦鹿鸣，食野之苹。我有嘉宾，鼓瑟吹笙"的诗句。其中的鼓并非敲击的鼓，而是弹奏的意思，古代琴为七弦，瑟为二十五弦，瑟在此代表弦乐，而笙代表管乐，意为管乐合鸣之意。

在这样讲究的陈设与铺垫之下，宫廷的御膳自然也是精美细致无可匹敌的，中国古代的御膳因各个朝代的民族特点而大相径庭，但是有一点毋庸置疑，历代君王都对宫廷御宴十分重视，因为凭借于此能将自己无上的皇权展现出来。

是以历代的君王都会无所不用其极地，搜寻天下的山珍海味、奇瓜异果，连香料与配料也是万中挑一的精品，随后又将各地的名厨搜罗在宫中，名厨们高超的厨艺加上各种难得的食材，烹制出只有帝王才能独享的珍馐美味。

经过千百年的传承与发展，宫廷烹饪已经不光代表了中国烹调的最高技艺，同时也代表了中国饮食文化的最高峰。

【原文】

升阶纳陛①，弁转疑星②。右通广内③，左达承明④。

【导读】

"阶"与"陛"意思相同，指的都是台阶，"升"与"纳"也同为上行的意思。在这里重复是为了使词句工整对称。"弁"指官帽，古代官帽上全部镶嵌着宝石，这两句话意为文武百官济济一堂，每人官帽上的宝石在灯光的照耀下，灿若星辰。

【注释】

①升阶纳陛：指官员们一步步拾阶而上，登堂入殿。升阶，走上台阶。升，登、上；纳陛，用脚蹬着台阶一步步走上去；纳，进入；陛，帝王宫殿的台阶。②弁：古代的一种官帽，缝合处常用玉石装饰。转：转动。疑：这里是疑

千字文

似的意思，类似、好像。③广内：汉代宫殿名，在长安的建章宫中，是西汉宫廷藏书的地方。④承明：汉代宫殿名，在长安的未央宫中，是西汉宫廷著述的地方。

【译文】

　　文武百官走上台阶，进入宫殿，装饰着玉石的帽子不停转动，疑似天上闪耀的繁星。建章宫右边通向藏书的广内殿，未央宫向左到达进行著述的承明殿。

右通广内。

【知识与典故】

　　中国古代的宫殿都要铺设很高的地基，所以门前有多级的台阶，官衙亦是如此，所以有"升堂"一说。宫殿前的台阶通常九阶为一组，皆用朱砂涂成红色称之为丹墀，北京紫禁城的太和殿前面就共有转圈的丹墀九层，意为九五之尊的帝王居于九重天上。臣子禀报事情一般站在台阶下面。"升阶纳陛"就是得到允许拾阶而上，可以登堂入殿。

　　帝王上朝时所戴的叫"冕"，"冠冕堂皇"便是来源于此，冕的前后都坠挂着很多玉石珠串，天子为12串，诸侯为10串。这些珠串垂在帝王的脸前，遮挡了少许的视线，其用意在于提醒帝王要宽容治世，世无完人，臣子难免会有错失，不必总是明察秋毫看得太过通透，能容则容，能过则过。

　　而"弁"则是指百官上朝时所戴的皮帽子，大多以白鹿皮缝制，在鹿皮拼缝之处，缀有一行行玉石，灯光的掩映下闪烁如星，成语"弁转移星"便是由此而来，《诗经·卫风·淇奥》中就有"瞻彼淇奥，绿竹青青，有匪君子，充耳琇莹，会弁如星"的诗句。

　　对于冠冕的区分如此严格，森严的尊卑之分也可见一斑，而君臣之间的礼仪也随着朝代的推移，从简到繁，从宽至严，逐步完善。

　　春秋战国时期，帝王与臣子讨论政事时还都是一同坐着说，若臣子因事下拜，那么帝王立时会还礼。到了秦汉时期，帝王接见丞相之时还要从御座上站起来。

　　唐朝时帝王的威严越加增长，凡臣子上殿都要搜身。当殿奏事，帝王将赐坐视为对这名臣子的恩宠。到了明朝，帝王上朝时殿庭增设了手执兵器的士兵随同保护。臣子在宫殿中可以坐着论国事的规矩，到了宋朝太祖皇帝赵匡胤之时被完全废除，他为了显示皇帝为一国之主，权威至高无上，下旨：大臣晋见，一律站立以示恭敬。

　　清朝之后殿庭制度演变得更为森严，文武百官不论官职大小上朝时一律跪见。官员尚且如此，若是平民百姓面圣，更是长跪不起，连头都不敢轻易抬起，否则便是犯了欺君罔上之罪。

【原文】

既集坟典①，亦聚群英②。杜稿钟隶③，漆书壁经④。

【导读】

　　建章宫的右侧能通往广内殿，左侧通往承明殿。"既集坟典"说的是广内殿，此殿收藏了古今各种各样的图书典籍。"亦聚群英"是指承明殿，皇帝在此殿接见文武百官。广内殿中除了图书典籍之外，还有各种古董珍玩，以及名人字画，其中著名的有杜稿、钟隶、漆书、壁经。

　　这几句意为这里既藏有名著典籍又汇聚着天下精英。

【注释】

①集：汇集,集中。坟典：《三坟》、《五典》的并称，后来转为古代典籍的通称。坟，《三坟》，传说是记载三皇

（伏羲、神农、黄帝）事迹的书；典，《五典》，传说是记载五帝（少昊、颛顼、帝喾、尧、舜）事迹的书，后来都已失传。②群英：众多贤能之士、英雄人物。③杜稿：汉朝杜度善写草书，是中国历史上写草书的第一人。杜度草书的手稿真迹，就是"杜稿"，被唐朝人称为"神品"。钟隶：三国时代的钟繇隶书天下第一，他的隶书真迹，就是"钟隶"。④漆书：上古时期还没有笔墨，古人通常用漆在竹简上书写文字。壁经：指在孔子旧宅墙壁中所藏的经书。秦始皇焚书坑儒，把所有的儒书都收缴上来。孔子的后代怕儒学从此失传，就把一部分经书藏在了夹壁墙里边。汉武帝的弟弟鲁恭王，想侵占孔子的旧宅修花园。在拆墙的时候发现了里边的竹简，内有《孝经》、《古文尚书》、《论语》等。

既集坟典，亦聚群英。

【译文】

官殿内既收藏了古今的名著典籍，又聚集了众多的文武英才。不但有书法家杜度的草书手稿和钟繇的隶书真迹，还有历史久远的漆书古籍，以及从孔府墙壁内发现的古文经书。

【知识与典故】

"既集坟典"中的坟指的是伏羲氏、神农氏、黄帝三皇的著作，五典是记载了少昊氏、颛顼氏、帝喾、尧、舜五位帝王生平事迹的书，这些都是中国史上最古老的书，可惜早已失传。

而除了这些之外还有杜稿、钟隶、漆书、壁经。杜稿指的是，我国写草书的第一人汉朝杜度的手稿；三国时的钟繇，擅写隶书，他的手稿被叫作钟隶。

上古时期没有笔墨纸砚，文字是用树上天然的树漆涂写在竹简上的，此种文字大头小尾形如蝌蚪，是以又被称为"蝌蚪文"。

元代吾丘衍曾经在《学古编》中说道："上古无笔墨，以竹梃点漆书竹上，竹硬漆腻，画不能行，故头粗尾细，似其形耳。"漆书可以被称作是中国最早的硬笔书法。

秦始皇三十四年（公元前213），官员淳于越因对当时实行的"郡县制"不认同，上奏秦皇要求根据古制分封子弟。这令丞相李斯大为不满，当廷驳斥，李斯当即上奏秦王说国内的儒生以古非今，以私学诽谤朝政，后患无穷，有损天威，应当将《秦记》之外的列国史记和儒学类所有书籍全部收缴。秦始皇准了李斯的奏请，下令全天下开始清缴儒书。

此时，孔子的第八世孙得到了消息，他害怕祖宗所创的儒学就此失传，于是冒死将一部分儒学的书籍藏在了花园的夹壁墙之中。

后来汉朝时，汉惠帝曾因找不到儒学的经典书籍而昭告天下，要百姓将家中私藏的儒书献出，竟没人敢收藏这类书籍，于是很多儒学者就将记忆中的儒书默写下来，也只是记得多少写多少而已。

当时一个名唤伏生的90岁老翁，出人意料地默写了整部《尚书》，但这本默写下的书一直没有佐证，谁也不知道其中有多少偏误，直至到了汉武帝时期，他的弟弟鲁恭王，侵占孔子家的老宅时，意外地发现了夹缝中所藏的竹简，内有保存完好的《孝经》、《尚书》、《论语》。此时将伏生所默写出的《尚书》与之对校发现竟一字不差，都不禁惊叹于当年这位老翁背书的功力。

中国是极为注重文化传承的国家，通常一个国家的文明标准在很大程度上体现在国民的阅读率上面，我国是有着五千年历史的文明古国，但是当年国民的阅读率远远低于西方发达国家，文化的复兴是民族复兴的关键所在，所以全社会培养良好的阅读习惯与读书观就显得尤为重要。

【原文】

府罗将相①，路侠槐卿②。户封八县③，家给千兵④。

【导读】

"府"在这里是聚集的意思，"槐卿"意为三公九卿，"府罗将相，路侠槐卿"的意思是殿里聚集着文武将相，殿外排列着三公九卿。

帝王会根据他们的功绩封受土地，配给兵卒以护卫，所以说户封八县，家给千兵，意为这里每个人的封地都有八个县那么大，每家的亲兵卫队都达千人，以显示皇恩浩荡。

家给千兵。

【注释】

①罗：搜罗，召集，聚集。将相：这里代指文武百官。武官最高级别的是"将"，文官最高级别的是"相"。②侠：同"夹"，处在两旁。槐卿：三槐九卿的简称。三槐就是三公，代表国家最尊贵的三个职位。《周礼》中记载，周代外朝种植槐树三棵，三公位列其下；左右各种植棘树九棵，九卿大夫位列其下，所以称公卿为"槐卿"。③封：分封土地，即帝王把爵位及土地赏赐给王室成员、诸侯及有功的大臣。④给：配给，供给。

【译文】

朝廷内聚集着将相百官，宫廷外分列着三公九卿。皇帝给每家都赏赐了八个县之广的封地，还供给他们上千名士兵。

【知识与典故】

中国古人对于槐树十分推崇，因槐树不仅长寿而且抗旱涝，敌寒暑，槐树浑身是宝，木质坚硬用途广泛，槐花既可食用又可以做染料，槐实可以入药，甚至槐树的皮也可以在灾年之时权充食物救人性命。所以古人又将槐树称为国槐，将三槐比作国家最尊贵的三公。

秦汉以前，三公是指太师、太傅、太保这三个官职，所任之人都是德高望重博学多闻的老者，虽然没有实际的权力，但是可以出言与皇帝的意见相抗衡。

而西汉时期的三公便大相径庭，分别是大司徒、大司马、大司空，此三公不同于彼三公，个个身为宰相手握重权，大司马掌管全国的兵马，大司徒专管内库和人员，大司空主管国家的规划与建设。

而九卿都是秦汉时代的行政长官，包括：奉常、郎中令、卫尉、太仆、廷尉、典客、宗政、治粟内史、少府。其中三卿主管国家的行政，剩下的六卿主管皇帝的私人事务。这些将相公卿都是国之栋梁，为皇帝所倚重，所以俸禄都极为优厚，可以封地赐兵。

除此之外皇帝还会赐予有功之臣与皇亲贵戚以爵位，来彰显身份的尊崇，爵位根据称号与等级的不同，用来区别贵族或功臣身份，有些爵位还可以传给后世子孙名为世袭。王是爵位中的最高等级，只会封给皇族。秦始皇称帝之后将众皇子皆封为王，而明朝中的贝勒、贝子的称呼也是皇封的爵位，意思为"天生的贵族"。

早在西周时候所封的公、侯等爵位与官职大有关联，虽然对周天子称臣，但是回到了所封受的疆土之内，自己就成了那里的君主，封国内的财政收入全归封爵者所有，他们只要为周天子承担镇守疆土之职，并交纳贡税定期回朝述职便可。

但是这种官爵合一、封地为王的弊端极为明显,西汉、西晋及明朝初期,有的宗室王在封国之内屯兵作乱,先后酿成"七国之乱"、"八王之乱"、"靖难之变"等,严重威胁了皇权。于是随着时间的演变,爵位渐渐变成了一种单纯的荣誉,与之同授的不再是土地而是一定数量的金银。

【原文】

高冠陪辇①,驱毂振缨②。世禄侈富③,车驾肥轻④。

【导读】

"冠"为男子头上束发所用之物,男子在成年之后才可加冠,随着年龄的增长、德行的增加,头上的冠会越来越高。"辇"是皇家御用车辆的总称,皇帝所乘称为龙辇,皇后所乘称为凤辇。

只有头戴高冠之人,方有资格陪在帝王的车辇旁边。"驱毂振缨"中的"驱毂"意为驾车,"振缨"是指驾车的臣子,随着行驶中车子的震动,头冠上的缨随之而摆。这些陪辇,驱毂的臣子因受皇帝的爱重,他们的子孙将世代领受朝廷的俸禄,生活富贵无忧,出门时马肥车轻。

峨冠博带。

【注释】

①冠:帽子。陪:伴随,陪伴。辇:古代用人拉着走的车子,后来专指帝王与后妃乘坐的车子。②驱毂:驾车的意思。驱,赶马,驱赶。毂,车轮中心的圆木,中有圆孔,可以插轴,借指车轮或车。振:抖动,摆动。缨:这里有两重意义:一是古代帽子上系在颔下的冠带。古人乘车都是站在车厢里,车马一跑起来,帽带就会随风摆动,所以叫作"振缨"。二是套马的革带,驾车用。因此抖动马的缰绳也叫"振缨"。③世禄:古代贵族世代享受国家俸禄。侈富:奢侈,富有。侈,奢侈,过分追求物质享受;富,富裕、富足,财产、财物多。④车驾:马拉的车。肥轻:肥

车驾肥轻。

马轻裘的简称,语出《论语·雍也》:"赤之适齐也,乘肥马衣轻裘。"形容富贵豪华的生活。肥,指肥壮的马。轻,指轻巧暖和的皮衣。

【译文】

大臣们戴着高高的官帽,陪伴皇家的车辇出行,车轮飞驰,缨带飘扬。子孙世代享受优厚的俸禄,过着奢侈豪华的生活,乘高大肥壮的马拉的车,穿轻巧暖和的皮衣。

千字文

【知识与典故】

古代的头冠虽然也有束发的用途，但是其最主要的功能不在于实用，而在于诠释礼仪。冠的高低含有不同的意义，屈原在《离骚》中就曾经说过："高余冠之岌岌兮，长余佩之陆离。"戴高冠，便意味着此人品德修养很高。高冠者才有资格陪侍君王的车辇，陪辇是君王对臣子表示信任与尊重的一种方式，臣子都会将之当作殊荣。

当时的车为全木质，车轮也不例外，车轮的边框就是"辋"，在车轮的中心，有洞可以插轴的部分被称为"毂"。之所以命大臣"驱毂"其实

石崇斗富。

并不全因为车辇上所载的是君王，而是因为君王代表了国家。这句话的真实意思是，驾车与治国道理相同，都需要熟知途径，技艺娴熟，使国家安定平稳地发展，身为人臣责任重大，应当如同陪辇、驱毂一般，"陪辇"的官员随从于君王之后，意为治国不可无礼，"驱毂"的官员奔驰在前，意为遇事身先士卒。

世禄侈富，车驾肥轻虽然代表了君王的恩宠，但事实上这种世禄世卿的制度对于国家有害无利。孔子认为应当消除这种制度，世卿世禄使卿大夫们的权势越来越大，其后代坐享其成，难免骄奢，最终会乱国害政，因此应当废除世卿制，代以选举制，选举贤举能的人来做官吏，更利于国家的长治久安。

李商隐曾经有诗写道："历览前贤国与家，成由勤俭败由奢。"骄奢淫逸的确是为人处世，治国平家的大忌。

晋武帝统一全国后，志得意满，极为忘形，一改当年勤俭的处事之道，整日不理世事，沉溺在奢华的生活之中，食不厌其精，脍不厌其细，服饰不厌其华贵，在他的带领下，晋国上下斗富成风。

在京都洛阳有三个著名的富豪，一是中护军羊琇；一是晋武帝的舅父后将军王恺；一是散骑常侍石崇，三人都自恃富有目空一切。

石崇个性乖张，听闻国戚王恺以家中富庶为傲，心中不服，坊间传闻王恺家中洗锅都要用糖水来洗，遂下令自家厨房做饭将蜡烛替代柴火，此事传开，街头巷尾议论纷纷，都道石崇富过王恺。

王恺听说此事后，心中明白石崇有意斗富，不禁大怒，当下将自家门前大路用紫丝做屏障遮挡了四十里长，这种奢华顿时震惊了洛阳。

石崇见后，毫不以为意，随即用比紫丝更加贵重的彩缎，在自己门前铺设了五十里路的屏障，此帐更为富丽华贵，洛阳城中百姓更为惊叹。

王恺自觉大失颜面，当即将此事禀告晋武帝，这样无聊之事晋武帝不但不加制止，反觉有趣，当即将宫中一株两尺高的珊瑚树赐给王恺，让他继续与石崇斗富。

这株珊瑚不止巨大而且毫无瑕疵，堪为当世的奇珍，王恺大喜谢恩，转身回家之后便邀请石崇与众官员来自己家赴宴。筵席之上，他得意地将御赐的珊瑚树取出给大家观看，珊瑚树端出之时，举座皆惊，众人齐声惊叹此物为难得之至宝，在众人的赞叹声中，石崇却面露冷笑，他突然起身上前，持起铁如意将珊瑚树打碎在地，石崇此举大出众人意料，众人惊叫连连，面面相觑。

王恺未料想石崇如此大胆，不禁又惊又怒，上前扯住石崇正要兴师问罪，石崇却毫不惊慌，微微一笑道："在下竟不知道将军如此喜欢此等寻常之物，我府中多的是，带来给将军随意挑选做赔就是。"

石崇当即让下人回府将府中的几十株巨大的珊瑚树尽数搬来，供王恺挑选。

石崇的这些珊瑚树，个个鲜红欲滴，纯净无瑕，三四尺高的有六七株，剩下的皆高有十多尺，放在屋中，交相辉映，满室熠熠生辉。

王恺与众人一见都是瞠目结舌，始知石崇已富可敌国，一齐哑口无言地看着石崇得意而归。但是不久，石崇这种骄奢攀比的处世之道，为他招来了杀身之祸，他引以为傲的万贯家财也化为乌有。

【原文】

策功茂实①，勒碑刻铭②。磻溪伊尹③，佐时阿衡④。

【导读】

勒碑刻铭。

古代的官员可分为文官与武将，"策"指的是为国家出谋划策的文官，"功"指的是为国家建立功勋的武将。文官若是所出的谋略超群，所献的计策出众，便是"策茂"；武将若能做到实心诚意，功勋卓著，便是"功实"。

"勒"指的是用凿子把字刻在碑面上；"刻铭"是把字铸刻在金属器物上，意为将一个人的功德事迹流传于后世。

为人臣者若是能做到策茂功实，自然会被勒碑刻铭，万世流芳。磻溪垂钓的姜子牙，借饮食之道向君王献治国良方的伊尹，都是这样的贤臣良将。

【注释】

①策：谋划、策划，出谋划策，指的是文治。功：武功，上阵杀敌，指的是武功。茂实：盛美的德业。茂，茂盛、盛大；实，真实不虚。②勒碑：在石碑上刻字。勒，刻、雕刻。刻铭：在金属上刻字。铭，铭文，一种用于歌颂和纪念的文体，多刻在金属器皿上。③磻溪：水名，在陕西省宝鸡市东南，这里代指姜太公。传说姜太公一直在这里垂钓，后周文王寻访到此，请他出山，辅佐周王平定天下。伊尹：商朝开国君主成汤的宰相，辅佐成汤灭夏，建立商朝。④佐时：应时而生辅佐当朝君王。阿衡：商朝官名，相当于宰相。

【译文】

这些将相大臣的文治武功卓越而真实，他们的丰功伟绩不但被载入史册，还被刻在金石上流传后世。周文王在磻溪寻访到了姜太公，尊他为太公望，周朝在他的辅佐下消灭商朝统一天下；伊尹辅佐成汤推翻夏朝建立商朝，成汤封他为阿衡，他们都是应时而生辅佐当朝君王成就大业的功臣。

【知识与典故】

将相公卿为国家栋梁，是君王治国所倚重之人。文官若是头脑昏庸，只会出些平庸而错误的谋略，无疑是贻误天下；但若是为了得到"策茂"的虚名而哗众取宠尽出些奇异偏颇的策略，就更是祸国殃民的罪人。所以，贤臣当给君王献以正策，以正治国，方为正道。

而武将要是贪生怕死，畏缩于阵前，将使国家时刻陷于险地，疆土为他国所觊觎。但若是为了强求"功实"；而毫不审时度势，置大局于不顾，至多不过是有勇无谋的莽夫。所以良将既不能因为害怕战败而临阵退缩，也不可为了虚名而强打无用之战。

文天祥曾说过："人生自古谁无死，留取丹心照汗青。"文臣武将最重要的就是要有一片丹心，那么何愁此生不能"照汗青"，定会有人将他的事迹"勒碑刻铭"传扬于后世。

商朝末年，纣王荒淫暴虐，朝政腐败，国家动荡，百姓人人恐慌。位于西边的周国在西伯姬昌所施行的仁政之下，社会安定，国势日强，姬昌渐为民心所向。

炎帝的后代姜子牙身怀治国之才，安邦之志，但一直未曾得遇明君，虽然已过古稀之年，却雄心不减，他听闻姬昌正在招贤纳士，于是离开商朝来到西周的渭水边，栖身于磻溪，终日在溪边垂钓，静观世态的变化。

姜子牙在溪边钓鱼所用的鱼钩不同于常人的弯钩，而是未挂鱼饵的直钩，并且不将鱼钩垂入水中，而是悬于离开水面约三尺的地方，口中喃喃道："愿者上钩。"

一个打柴的樵夫路过见到，不禁笑道："似您这般垂钓，纵使坐上百年，也无鱼咬钩的。"姜子牙微笑道："我想钓的并非是这水中的鱼。"很快这个言行举止怪异的姜太公就被姬昌所知，姬昌知道此人定有古怪，于是派人去请姜太公，让他前来见自己，但是姜太公却完全不理会来人，只是喃喃自语道："鱼儿不上钩，小虾跑来凑什么热闹。"来人只得回去向姬昌复命，姬昌颇为惊讶于是命一位大臣前去请姜子牙，谁知姜子牙一如既往地对来人不理不睬，口中又自语道："大鱼不来，小鱼来做什么？"大臣回去之后如实禀报，姬昌听后大惊道："此人必是贤才，须得我亲自去请，以礼相待。"于是姬昌虔诚地吃斋三日，沐浴更衣，带着重礼恭敬地前去邀请姜子牙，这次姜子牙见姬昌谦逊至诚，知道他就是自己所期待的明君，一番交谈之下，两人一见如故，大有相见恨晚之感。

姜子牙随同姬昌回到周之后，协助他兴邦建国，灭商伐纣，建功立业，流传千古。

【原文】

奄宅曲阜①，微旦孰营②？桓公匡合③，济弱扶倾④。

【导读】

"奄"为扩大延展之意，"宅"原意为居所，但此处所指是京城，"曲阜"是个地名，在今山东省境地，而"微"是假如没有的意思，"旦"是周公的名讳。"奄宅曲阜，微旦孰营"的意思是周公旦开阔京城，见识远大，若不是文策武功的周公旦，还有谁配得上受封、营建孔子之乡这样的神圣之地呢？

"匡"为匡正，"合"为会合，意为齐桓公匡扶正义，会合各国诸侯，救护弱小，扶助将要倾覆了的国家。

奄宅曲阜，微旦孰营？

【注释】

①奄宅曲阜：指曲阜，春秋时鲁国的都城，孔子的故乡，今山东省曲阜市。奄宅，奄宅之地，即曲阜一带。②微：要不是，如果没有。旦：指周公，周武王的弟弟，姓姬名旦，又称周公旦。孰营：谁来谋划治理。孰，谁；营，筹划、管理、建设。③桓公：指齐桓公，春秋时齐国国君，春秋五霸之一。匡合：纠合力量，匡定天下。匡，正、匡正；合，汇合。④济弱：帮助救济弱小的诸侯。济，帮助、救助。扶倾：扶持将要倾覆的周王室。扶，扶持、护持；倾，倒塌，这里是倾覆、颠覆的意思。

【译文】

鲁国的都城曲阜,如果没有周公旦,谁还能把它治理得那么好呢?春秋时期,齐桓公多次纠合诸侯,匡定天下,帮助救济弱小的诸侯,扶持将要倾覆的周王室。

【知识与典故】

周公姓姬名旦,是周武王之弟,当年商纣王残暴无道,武王与各路诸侯会盟于孟津,征伐商纣,周公一路辅佐武王灭商建国,功绩卓著。

武王建国后不久便驾崩,年幼的武成王登基,百废待兴,周公不得不顶着"意欲谋朝篡位"的流言代行天子职权。

当年武王灭纣之后,将纣王之子武庚封地于宋国,随后将文王的三个儿子管叔、蔡叔、霍叔派去监督殷的遗民,文王的三个

周公辅佐成王。

儿子因此被称作"三监"。如今周公监国,"三监"竟勾结武庚叛乱,并四下散布谣言说周公要谋害年幼的成王,打算自己登基称帝。此时有人奉劝周公道:"应当及早避开嫌疑,以免招致灾祸。"周公义正词严地道:"皇帝幼小,不足以治理天下,我若不摄政而导致天下大乱,日后无法告慰先王。"

他随后亲自带兵东征,两年之后平息了"三监"之乱,为了周国的安定,他又将亲族分封到各地去做周的屏藩,所封的诸侯国不止二十余国,这之后,国家才真正稳定下来。

但是年幼的成王却误信谗言,认为周公功高盖主,难免有觊觎皇位之心,因此生出要除去周公的想法,周公有所察觉之后,无奈地逃遁到楚地躲避。周公离开周之后,成王翻阅库府中收藏的文书时,偶然发现自己生病时周公的祝祷辞,其中写道:"成王年纪尚幼,若有过错惩罚,我愿以一己之身相替。"成王读后又惊又悲,始知周公一片忠心,他心中愧悔无极,当下派人去楚地将周公迎回。周公回朝之后不计前嫌,依旧忠心辅佐成王。

周公摄政七年之后,成王成年,他随即将政事归还给成王,并为成王广纳天下贤才,为了不怠慢一个贤人,只要有贤人来访,无论周公在洗发还是用餐,也绝不让来人等候自己,都会手握湿发或将口中的饭吐出,立即起身迎接,因为前来拜访的人多,所以周公竟至"一沐三握发,一饭三吐哺"。眼见周公如此求才若渴,天下贤德人士都心悦诚服地归附周国。因为周公对周朝立下如此的丰功伟绩,因此封周公于曲阜,曲阜方圆七百里,兵车一千乘,并在周公去世后下令,鲁国的国君要世代以天子之礼乐祭祀周公。

【原文】

绮回汉惠①,说感武丁②。俊乂密勿③,多士寔宁④。

【导读】

秦朝时有四位隐士:绮里季、东园公、夏黄公、甪里,他们为避战乱而隐居在商山,人称商山四皓,这里的"绮"是用绮里季代表商山四皓,"回"是挽回之意,汉惠帝继位之前,高祖刘邦曾经想除去他的太子之位,改立别的皇子,但最终因为商山四皓而改变主意。

"说"指的是商朝的丞相傅说,"武丁"是指商朝第二十二代君王,傅说选贤任能,治乱惩恶,

其一片至诚之心感动了武丁，使得殷商得以实施清正廉明的仁政，成就中兴盛世。

"俊乂"与"多士"同为众多贤能志士之意，"密勿"是指勤恳做事，"寔宁"为富强安宁。"俊乂密勿，多士寔宁"这两句话的意思是，国家正是因为有了众多德才兼备的贤士，勤恳努力国家才能富强安定。

【注释】

①绮：绮里季，商山四皓之一，这里代指商山四皓。秦朝末年，有四位高人贤士绮里季、东园公、夏黄公和甪里先生为避乱隐居商洛山，人称"商山四皓"。回：还，走向原来的地方，这里是挽回的意思。汉惠：指汉惠帝刘盈。当初，汉高祖刘邦想废掉太子刘盈，吕后非常着急，请张良出谋划策。张良替刘盈出主意，让他请商山四皓出山做老师。刘邦很仰慕这四位贤人，曾想请他们出山，却没请动，此时看到他们竟然愿意辅佐刘盈，很吃惊，认为刘盈羽翼已经丰满，于是打消了废掉太子的念头，刘盈才保住了太子的位子，后来继位当了皇帝。②说：傅说，商王武丁的宰相。感：感应。武丁：商朝的君主。③俊乂：人才。在古代"千人之英曰俊，百人之英曰乂，百里挑一的精英叫"乂"，千里挑一的精英叫"俊"。密勿：勤勉努力。④多士：众多贤才。寔宁：所以才安宁。寔，这里通"是"，代词，此、这；宁，安宁。

绮回汉惠。

多士寔宁。

【译文】

　　汉惠帝靠商山四皓才挽回了自己的太子地位，武丁通过梦境感应得到了贤相傅说使商朝兴盛。这些贤人们才能出众、勤勉努力，正是依靠了这些众多的贤士，天下才得以太平安宁。

【知识与典故】

　　古语道："千人之英曰俊，百人之英曰乂。"意思为千里挑一者为俊，百里挑一者为乂。若能网罗众多的贤人才俊，使他们勤勉诚恳地为国分忧，那么何愁不能治国平天下呢？可见能人志士对于君王来说是多么的重要。

　　秦始皇时曾经立了七十名博士官，其中有四位后来隐居于商山，分别是东园公唐秉、夏黄公崔广、绮里季吴实、甪里先生周术。他们博学广闻，来到商山之时都已经是须发皆白的耄耋老人，所以被人称为商山四皓，汉高祖刘邦因久慕四人的大名，曾经许以高官厚禄请他们出山，被他们婉拒，刘邦虽深感惋惜，却也不愿勉强他们，只得作罢。

　　当时刘邦已经立下吕后所生的长子刘盈为太子，但是发现刘盈性格懦弱、资质平平，反倒是幼子如意聪慧过人才华横溢，极得刘邦的欢心，于是便想废长立幼。刘盈之母听闻之后心急如焚，于是让自己的兄长吕释，去请足智多谋的开国大臣张良出面劝说刘邦。谁知张良为难地推辞道："此非国事乃是家事，我为人臣子怎能插言于君王的家事呢，断断难以从命。"

　　吕释心知张良多智并且跟随刘邦多年，对刘邦的性情极为清楚，必定有计策能化解这场废嫡风波，于是流连不走，苦苦哀求，张良最终无奈道："我知道圣上一直想要罗致四位贤人，但是却未能如愿，圣上因心中极为看重这四个人，是以深以此事为憾，对这四个人一直念念难忘。这四人如今隐居于商山上，人称商山四皓，你若是能说得动他们为太子助言，那么定有奇效。"

吕释听完颇为犹豫道："圣上是一国之君，尚且请不动他们，我如何能够做到？"

张良闻言笑道："那是因为圣上不知道这商山四皓是因为听说圣上一向藐视士人，这才不肯从命，你如今请太子亲自

商山四皓陪同太子觐见刘邦。

写一封言辞谦恭的书信，并且多带重礼备好车辆，派善言之人恭敬地前去邀请他们，他们便会答应。将这四人接来之后，请太子务必以贵宾之礼，谦恭之态相待，然后请他们每日陪同太子上朝，届时，只要圣上能够看见他们随从于太子，圣上必定会受震动。"

吕释听完大喜，当下回去按着张良所说的准备好礼物和人员，并请太子写好书信去商山邀请四位贤人，果然不出张良所料，商山四皓欣然而来，太子恭恭敬敬地将他们安顿于府邸之中。

某日刘邦设宴，太子随侍在侧，商山四皓静静站在太子身后，刘邦无意间瞥见这四人，见他们皆是须发皓白的老者，又都身穿奇异的服饰，于是好奇地询问，四人坦然地报上自己的名字，刘邦听完大惊道："我招纳众位多年，都被拒绝，怎么如今竟肯追随我的儿子？"

四人淡然道："太子仁厚忠孝，礼贤下士，天下人无不引颈以待，我等皆是自愿前来辅佐太子的。"刘邦大为惊讶，当下对太子刮目相看，宴会之后他对人道："太子已经成人，他能请得动这样的人才辅佐他，足见有过人之处，改立太子之事不提也罢。"这样刘盈终于保住了太子之位，继位后称汉惠帝。

【原文】

晋楚更霸①，赵魏困横②。假途灭虢③，践土会盟④。

【导读】

"晋楚更霸"是指历史上五位君主：齐桓公、晋文公、秦穆公、宋襄公、楚庄公。"更"是变更，接连的意思，意为这五位君王接连称霸于世。

"赵魏困横"是指战国时候著名的纵横术，指赵魏六国因使用连横之术，逐一与秦国结盟，结果使自己困顿其中，先后被秦灭国。

"假途灭虢"是指晋献公向虞国借道因此而灭掉了虢国，"践土会盟"中的践土在今河南开封，当年晋文公在此地结合诸侯结盟，而这种联合诸侯的盟会只有天子才有资格召集，周襄王因此而失去了天子的威严，晋文公称霸于诸国的野心，也在此时初露端倪。

【注释】

①晋：晋文公，春秋五霸之一。楚：楚庄王，春秋五霸之一。更霸：轮流当霸主。更，轮流；霸，称霸。②赵魏：赵国和魏国，战国七雄中的两个国家。困横：被"连横"政策所困扰。困，困扰，为人所阻遏；横，即连横，是战国时张仪所提出的主张，即破坏秦国以外六国的"合纵"关系，使秦国能够各个击破。连横成功后，秦国首先攻打的就是赵、魏二国，因为这两国距离秦国最近，所以说"赵魏困横"。③假途灭虢：春秋时晋国借口征伐虢国，向虞国借路，虞公被晋国丰厚的礼品和花言巧语所迷，遂不听大臣劝阻，就答应了。没想到晋国灭掉虢国后，在班师回来的路上趁其不备，发动突然袭击，把虞国也灭了。假，借；途，道路。④践土会盟：春秋时晋文公打败楚国

后，周襄王认为他立了大功，就亲自到践土（今河南省原阳县西南）慰劳晋军。晋文公趁此机会在践土召集诸侯会盟，约定共同效命周王朝，他成为继齐桓公之后的第二个霸主。盟，在神明面前发誓结盟。

【译文】

春秋时，晋文公和楚庄王等轮流称霸；战国时，赵、魏两国首先被"连横"政策所困扰。晋国向虞国借路出兵攻打虢国，得胜回来把虞国也一起消灭了。晋文公在践土会盟诸侯，成为新的霸主。

践土会盟。

【知识与典故】

春秋战国时期，各国战事纷扰，烽烟迭起，在这样的乱世之中，产生了很多称霸于世的英雄豪杰。其中最为著名的五个霸主为：齐桓公、晋文公、秦穆公、宋襄公、楚庄公。

其中晋文公的身世最为传奇，经历最为跌宕，晋文公名重耳，是晋献公之子。当年因为晋献公宠爱骊姬，因此听信谗言挑唆杀了太子申生，晋文公惊走他国，他离开之时正当壮年，等在外避难十九年后回国即位，已经成了62岁的老者。

晋文公身为一国皇子，却为躲避杀身之祸在外流浪，尝尽人世间心酸苦楚。

他的经历也决定了他的性格，晋文公逃难多年始终心怀惴惴，随时有性命之虞，所以为人处世事防御，谨小慎微。

他在位期间知人善用，勤于政事，国家日渐强盛，国中"政平民阜，财用不匮"。当周王室内乱之时，他兴兵护送出国避难的周襄王回国，因此而在诸侯中树立了威信。在晋文公的领导之下，晋国与强大的楚国在城濮大战并获得大胜，晋文公因此成了新的霸主。

"赵魏困横"说的是离秦国最近的赵国与魏国被纵横之术困顿，以至于亡国。连横术是战国七雄之间互相所施用的著名战略战术。当时秦国最强大，齐楚燕韩赵魏六个诸侯国都对秦国心怀忌惮，六国的国土是纵向排列成行的，而秦国与六国的国土之间是横向排列。纵横之术分为"连横术"，即六国与秦国结盟共同称霸于天下；与"合纵术"，即六国纵向联合在一起对抗秦国，然而诸国此时对于究竟是"连横"还是"合纵"意见并不统一。

当时有两个著名的说客分别叫苏秦与张仪，两人都曾在鬼谷子的门下受教，苏秦起先主张"连横"。他来到秦国献策，却遭到秦王的冷遇，苏秦沮丧归家之后遭受众人的耻笑，连他的家人也对他施以白眼，这令苏秦极为愤懑，遂将一腔怨恨都归在秦王身上，改而倾向于六国联合对秦的"合纵之术"。

他归家之后日夜攻读苦学，一年之后他开始去剩下的六国游说"合纵术"。苏秦渊博的学识与独特的见解再加上他卓越

赵魏困横。

的口才，使他很快得到了六国国君的信任，六国联手制敌，守望相助，果然很快就抑制住了秦国的攻势，但是不久苏秦在齐国被人刺死。此时张仪得到秦王的器重，他开始四下游说六国施行"连横之术"，六国在张仪所主张的"近交远攻、远交近攻"政策的劝说之下不再互相交好，打破了之前的联合状态，开始互相猜忌，随之纷纷与秦国签订了"连横"盟约，盟约签订不久，赵国与魏国就先为秦国所灭。

虞国国君贪小利而亡国。

其实在历史上诸如此类的事情不胜枚举，春秋时期，虞国与虢国的国土接壤，它们都与当时强盛的大国晋国相距不远。

晋献公当时意欲伐虢，但是伐虢必须要经过虞国，于是便派使臣去虞国借路，在这次之前晋国曾经向虞国借过一次路，并且由此攻陷了虢国的一部分领地。

虞国国君虞侯本想像之前一般照借不误，但是他的大夫宫之奇忧心忡忡地道："晋侯的欲望如蛇吞象，无法满足，我国与虢国国土接壤，如同唇齿相依，大国压境，一方有损怎会不危及另一方？"

虞公半信半疑道："我与晋侯同姓同宗，难道他会忍心害我？"宫之奇笑道："追根溯源晋、虞、虢三家皆姓姬，同为一个祖先，晋侯可以灭虢国，为什么不能灭虞？"

虞公又道："但是我每每在祭拜鬼神之时都无比虔诚，一定会得到庇佑的。"随即不再理会宫之奇的劝谏，宫之奇大失所望，叹息道："虞国不保了。"不久率领全族人离开了虞国。同年十二月，晋国向虞国借道之后灭了虢国，然后在得胜回来之后便灭了虞国。

【原文】

何遵约法①，韩弊烦刑②。起翦颇牧③，用军最精。

【导读】

"何遵约法"中的"何"说的是汉朝名相萧何，当年刘邦的大军入关，萧何帮助其制定了较为简单的律法，并与百姓约法三章，其内容为："杀人者死，伤人及盗抵罪，余悉除去。"刘邦因此而深得民心，顺利入关。"韩弊烦刑"是说战国时喜欢研究律法的韩非，一力主张严法苛刑治国，最终却死于严法之下。

"起翦颇牧"指的是秦国的白起与王翦，还有赵国的廉颇与李牧。这四人都是兵法精绝，指挥作战娴熟的名将。

【注释】

①何：指萧何，汉高祖丞相，他制定了汉朝的法律。约法：汉高祖刘邦攻破咸阳时，曾经与关中的老百姓约法三章：杀人者死，伤人及盗者抵罪。秦朝的其余法律一概废除，受到百姓的热烈拥护。②韩：指韩非，战国时期法家的代表人物，主张严刑峻法。弊：倒毙，死亡。烦刑：苛刻的刑罚。烦，繁多琐碎，又多又乱。③起翦颇牧：指战国时期的四大名将，秦国的白起、王翦和赵国的廉颇、李牧。

【译文】

萧何遵从"约法三章"制定了汉朝法律九章，韩非却死于自己所主张的严刑峻法之下。白起、王翦、廉颇、李牧，是战国时最精通用兵打仗的著名将领。

千字文

【知识与典故】

萧何的功绩不只是曾经随同刘邦出生入死，征战南北，建立了汉朝，更为重要的是他辅佐刘邦制定了稳定国之根本的律法。萧何制定的律法简单明确注重国情民意，深受百姓的拥戴。

当年刘邦带领大军浩浩荡荡开入关中，到达咸阳之后意气飞扬，志得意满，打算好好地行使君王的权力，显示天子的威严，正要住进奢华的秦皇宫中。此时身边包括萧何在内的一众良将苦苦规劝，阐明厉害，刘邦当即猛醒，不可步秦王之后尘，于是下令封闭王宫，还军霸上。

萧何明白关中百姓长期在秦朝的苛政下苦不堪言，秦朝之所以覆亡，其中一个难以回避的原因就是有失民心，但此时时间仓促，细致的律法还来不及制定，于是当即宣布首先废弃秦朝的严刑苛法，继而与百姓约法三章：杀人者要处死，伤人者要抵罪，盗窃者判刑！因此使刘邦得到了百姓的拥戴与支持，顺利入关。

韩非像。

这之后，他也一直秉持着宽厚待民的原则，制定了较为宽松和公正的律法，废除了之前的苛法严刑，以令百姓休养生息、安居乐业，因此而稳定了民心。

而韩非与萧何截然相反，他认为"人性本恶"，向民众弘扬礼仪德行毫无必要，偏颇地认为治民只需要施严法重刑便可。孟子曾经道："徒善不足以为政，徒法不能以自行。"意为治国必定要恩威并施。若天下掌权者只为自己私利谋虑，而完全不顾及百姓的利益与感受，势必要撼动国家的根基。

韩非本是韩国公子，秦国灭韩国之后，他被秦王关押在狱中，为求脱身囹圄向秦王献严刑峻法治国之策，秦王看后深以为意，正在思虑释放韩非。秦国宰相李斯因与韩非同为荀子的学生，此时生怕韩非得到秦王的器重，因而威胁到自己一人之下万人之上的地位，于是向秦王献言，说韩非为韩国皇亲对秦国难以效忠，最终导致韩非被毒杀于狱中。此后秦王采纳韩非的策略以苛政治国，致使秦朝在统一全国十五年之后灭亡。

"起翦颇牧"中的"起"为战国名将白起，一生历经大小七十余场战役，歼敌约一百六十万人，常胜而无败绩，立下了赫赫战功，人称白起为"战神"。

"翦"为王翦，曾经亲率大军破了邯郸城，后又灭了燕赵楚等国，秦王灭六国统一天下，王翦功不可没。

"颇"是指老将廉颇，有一出著名的京剧名为《将相和》说得便是廉颇的故事。他一生征战到老，攻城无数，歼敌数十万，司马光曾道："廉颇一生用与不用，实为赵国存亡所系。"可见廉颇之功。

"牧"为赵国名将李牧，他廉洁奉公兢兢业业，在驻守

白起一生历经大小七十余场战役，歼敌无数，常胜无败，人称"战神"。

雁门关期间秉持慎重防守的原则,使得匈奴多年无计可施,后等到时机成熟时设阵大破十万匈奴骑兵,在雁门关有个"靖边寺"便是为了纪念他而建造。

【原文】

宣威沙漠①,驰誉丹青②。九州禹迹③,百郡秦并④。

【导读】

唐代的诸多文献中都有"左相宣威沙漠,右相驰誉丹青"之说,"宣威沙漠"指的是唐朝的姜恪,他原是一名武将后因战功卓著而晋升为左相;"驰誉丹青"指的是唐朝贞观年间的阎立本,因擅长丹青而得到君王的爱重晋升为右相。

"九州禹迹,百郡秦并"这两句话的意思为九州都留下了大禹治水的足迹,而秦始皇横扫六国百郡统一了天下。

宣威沙漠。

【注释】

①宣威:威名远扬。宣,宣扬,广泛传播。沙漠:这里代指边疆少数民族地区。②驰誉丹青:他们的肖像被画师用丹青妙笔画下来,永垂青史。丹青,朱红色、青色,本是作画时常用的两种颜色,代指画像,这里指史籍,有载入史册、流芳百世的意思。③九州:传说上古时,中国分为兖、冀、青、徐、扬、荆、豫、梁、雍九个州,后用来代指中国。禹迹:相传大禹治水时,足迹遍布九州,后世因此称中国的疆域为"禹迹"。禹,大禹,是与尧舜并称的贤明君王,相传禹治黄河水患有功,舜将帝位禅让给他,成为夏朝的开国君王,又称夏禹。④百郡秦并:秦始皇统一中国以后,废除封建制,设立郡县制,将天下分为三十六郡,

秦始皇横扫六国百郡统一天下。

汉朝的"百郡"是在秦吞并六国的基础上而来,所以叫作"百郡秦并"。百郡,刘邦建立汉朝以后,将行政区域重新划分为一百零三郡,取整数称为"百郡"。郡,古代行政单位;并,合并、吞并。

【译文】

他们的威名远播至边塞地区,他们的光辉形象将永垂青史、流芳百世。大禹治水的足迹遍布九州之地,天下数以百计的郡县,都是秦始皇统一中国的成果。

【知识与典故】

唐朝高宗年间,北方一个名唤铁勒的少数民族部落,举兵进犯,这个部落自隋代起就由九个部落组成,因此又被称为九姓铁勒。姜恪因参与平定铁勒之乱而被封为左相,他戎马一生,后来在出征新

疆的途中病亡。

而唐朝贞观年间的阎立本原为秦王李世民府中的画师，曾经为秦王画《秦府十八学士图》而深得秦王的赏识，之后李世民登基，发现阎立本不但有过人的丹青技艺，并且对于治国也有很高的才能，遂将他升为右相。阎立本在职期间，任人唯贤，恪尽宰相之职为李世民选贤举能，著名的清官狄仁杰便是凭借阎立本的保荐，洗脱罪名，步步升迁。可以说阎立本在为国家选举人才方面，功绩与能力超越历代的宰相。

据《禹贡》记载，大禹治水之时将中国划分为"冀州、兖州、青州、徐州、扬州、荆州、梁州、雍州和豫州"共九个州，自此"九州"便成了中国的代称。

四千多年前的尧帝时期，我国多条河流频发水灾，其中黄河流域水患尤为严重，周边田地被淹，屋舍倒塌，百姓淹死饿死者不计其数，幸存下来的人纷纷上山躲避。

大禹的父亲鲧奉尧帝之命治水，他一直采用祖先传下来的"水来土掩"的方法建筑堤坝，堵塞漏洞不断加高加厚土层治水，但是鲧治水九年，劳民伤财不说，水患反而越治越重。尧帝去世后，舜帝继位，他任命大禹接替父亲的职务治理洪患。

大禹领命之后，亲率二十多万百姓前去治水，他放弃了父亲一直沿用的以堵治水的老方法，变"堵"为"疏"，采用挖取河道疏导洪水入海，来治理顽固的水患。大禹身先士卒，不辞辛苦，每日栉风沐雨，废寝忘餐，曾经三次经过自己的家门而没有进去，历时十多年终于率领百姓疏通了九条大河，洪水终于如期沿着大禹所挖的河道，顺利入海，大禹因此而备受百姓的爱戴，十七年之后舜帝驾崩，大禹被推举为新的首领。

秦始皇统一天下时，将中国分成了三十六个郡而并非百郡，是汉朝建立之后才细分为一百零三个郡，因这一百个郡是因为秦始皇灭六国统一天下而得来的，故而称之为"百郡秦并"。

【原文】

岳宗泰岱①，禅主云亭②。雁门紫塞③，鸡田赤城④。

【导读】

"岳"指的是五岳之山，"宗"意为宗主，"泰岱"即指泰山，"禅"指朝代更替，新君登基，"云亭"指的是云山与亭山。"岳宗泰岱，禅主云亭"意为五岳群山以泰山为首，帝王的封禅大典在云山与亭山举行。

"雁门"指的是北疆的雁门关，"紫塞"指的是万里长城，"鸡田"是我国西北最古老的驿站鸡田，《全唐诗·萧至忠》中就有"凉风过雁苑，杀气下鸡田"的诗句。而"赤城"指的是天台山奇峰之一赤城山。这些地方都是我国古代君王防范少数民族入侵的边防要塞。

岳宗泰岱。

【注释】

①岳宗：五岳的宗主。岳，这里指五岳，分别是东岳泰山、西岳华山、北岳恒山、南岳衡山、中岳嵩山。宗，尊崇、尊敬。泰岱：泰山。岱，泰山的别称，叫岱山，也叫岱宗，因为它位于山东泰安市，所以称为"泰岱"，又称泰山。②禅：即封禅，中国古代帝王为祭拜天地而举行的活动。举行封禅大典的地方就在泰山、云山和亭山。

"封"是祭天的仪式,在泰山举行;"禅"是祭地的仪式,在泰山脚下的云山和亭山举行。云亭:云山和亭山,都在泰山附近,山很小,都是举行封禅大典的地方。③雁门:山的名字,位于山西代县北境,山上有著名的雁门关。紫塞:指长城。《古今注》:"秦筑长城,土色皆紫,故称紫塞。"秦朝修长城,下面土的颜色都是紫的,所以叫"紫塞"。④鸡田:古代西北塞外的地名,那里有中国最偏远的古驿站,在今宁夏回族自治区灵武县一带。赤城:古驿站,在今河北省西北部。

【译文】

五岳以泰山为尊,古代帝王就在泰山祭天,在泰山脚下的云山、亭山祭地。中国名胜繁多,有地势险要的雁门关和雄伟的长城,还有古驿站鸡田和赤城。

【知识与典故】

中国古代君王在将要登基之时,为了表示自己是受命于天,天命所归的人皇,都要来到众所认为最高的山——泰山,举行一场封禅大典。此典分为"封"与"禅"两个部分,但是"封"要重于"禅",因为"封"典意在祭天,所以必须要在离天最近的泰山上举行,而"禅"典意在祭地,在泰山脚下的云山和亭山举行即可。

古代的科技并不发达,所以古人对于身边的种种自然现象,无法进行详尽合理的解释,并逐渐对于这些无法解释的现象产生了崇拜,日月星辰的交替、雷雨风雪的降临,人们因其不可捉摸而心生敬畏。这种情感长期积累无法表达,于是就衍生出了"祭天告地",这种人们自认为可以与天地沟通的方式。

祭天地的最初是在荒郊野外举行,随着时间的推移,地点逐渐改换到名山大川,祭典的仪式也越来越烦琐复杂,最终演变成了皇帝登基时,必须要举行的封禅大典。

封禅的仪式最初并不很固定,在五岳之一的嵩山也曾经举行过,但是以五岳之首的泰山举行的次数最多,自秦始皇开始直至宋真宗为止,一共有六位皇帝共十次在泰山举行封禅大典。

我国历史上第一个举行封禅大典的君王是秦始皇,秦始皇一统天下之后,认为自己受命于天,此时应当祭天地以告知。

于是很快便带着七十余儒生博士,来到泰山举行封禅典仪,上山之时,随王伴驾的儒生与博士纷纷进言道:"以往的天子在来泰山进行封禅大典之时,为了避免车马伤及山上的草木土石,会在祭拜之时先将地清扫干净,并且还要铺上草席,甚至连将天子所坐车子的车轮都会用蒲草缠裹好。"这些人所考据的封禅典仪各不相同,所以众说纷纭,互相争论不休。

秦始皇不禁大怒,将这帮儒生博士全部斥退,他当即整山修道,自订礼仪,随后乘车登上泰山,并且在山上刻下为自己歌功颂德的石碑。在泰山上举行完封禅大典礼毕之后,他又自泰山的北边下来,来到梁父山行了祭地之礼,秦始皇这次使用的封禅礼仪,是在原有的战国礼仪的基础上改造与完善而成,他将祭天地的祭文视作自己与天地间的私语,是以下令密不可传。

到了西汉时期,汉武帝精于治国之道,将国家治理得国富民强、四夷宾服,他封禅时的礼仪更为完善,祭天时盖了一座三层的祭坛,祭坛的四周又设有青、赤、白、黑、黄五帝坛,将白鹿、猪、白牦牛等牲畜作为祭品,又将四处搜寻而来的奇珍异兽放在山上,以示吉祥,随后汉武帝身穿黄衣,在礼乐声中虔诚跪拜祭天地。

进行泰山封禅这个礼仪的最后的一位皇帝是宋真宗,当时,他为了假

泰山封禅。

借"天意"之说震慑外敌,竟编演了"天降天书"的闹剧。南宋之后,我国长江以北被金人所占,泰山封禅无法进行,于是后来君王在北京南北各造一个祭坛,南边祭坛祭天是为天坛,北边祭坛祭地是为地坛。

【原文】

昆池碣石①,巨野洞庭②。旷远绵邈③,岩岫杳冥④。

【导读】

"昆池"指的是我国云南昆明著名的滇池,"碣石"是指我国河北的碣石山。

"巨野"是位于山东巨野县的一处水泽,而"洞庭"便是号称"八百里洞庭"的洞庭湖。"旷远"意为无边无际,"绵邈"意为连绵不绝,"岩岫"则分指高山与岩洞,"杳冥"意为幽暗深远,神秘莫测。

这几句话的意思是我华夏之地,历史悠久幅员辽阔,大山大水地貌多变,景致奇异蔚为壮观。

旷远绵邈,岩岫杳冥。

【注释】

①昆池:即滇池,位于云南省昆明市西南部。碣石:河北碣石山。②巨野:古代著名的水泊,在山东巨野县,今已干涸。洞庭:指洞庭湖,古称"云梦泽",中国第二大淡水湖,位于湖南省北部。③旷远:广阔辽远,幅员辽阔,没有边际。旷,宽广、宽阔。绵邈:连绵遥远的样子。绵,接连不断;邈,距离遥远。④岩:高峻的山崖。岫:山洞。杳冥:昏暗幽深。

【译文】

从西南的滇池到河北的碣石山,从北方的巨野泽到南方的洞庭湖,在中国这片幅员辽阔、连绵遥远的土地上,险峻的高山和幽深的洞穴密布其间。

【知识与典故】

滇池位于云南的西南方,古称滇南泽,滇池是一个因地震断层陷落而形成的湖泊,似似新月,四周环山,湖光山色景色十分秀丽。滇池之名的由来,于晋人常璩的《华阳国志·南中志》一书中有解:"所出深广,下流浅狭,如倒流,故曰滇池。"

河北的碣石山位于昌黎县城的北方,主峰名唤仙台顶,上面建有一座古刹水岩寺,因为碣石山声名远扬,风景壮丽,自古有诸多的名人志士,君王将相来此观海,是以名胜古迹,典故传闻,数不胜数。秦始皇曾在这里入海求仙,汉武帝亦曾巡游此地,流传千古的《观沧海》也是曹操在征战回军的途中,东临碣石之时写就的。

山东的巨野水泽在古时,水草丰茂,鱼虾遍布,可惜如今早已成为干旱之地,其名字也只能出现在历史典故之中了。

洞庭湖古称"云梦泽",它的面积接近三千平方公里,浩浩荡荡,浑天际崖,现今的洞庭湖因为受各种原因的影响,面积已经缩小了一大半,但依旧是我国第二大的淡水湖。这里浩瀚迂回,山峦突兀,山湖相连,水天一色,不仅一年四季景色各异,甚至在一日之间风景就变化万千。在古人所描述的"潇湘八景"中"洞庭秋月"、"远浦归帆"、"平沙落雁"、"渔村夕照"等皆是出自于洞庭湖畔。

洞庭湖不止风景优美,而且物产丰富,滋养四方,滨湖的稻谷自古有名,湖中的水产更是种类繁多味道鲜美,不止有鲤、鲫、鳙、鳊、鳜、虾、蟹、龟、鳖、鳝、鳗、鳅、蚌等上百个种类,还生长着被称为"水中大熊猫"的白鳍豚和有"水中活化石"之称的鲟鱼。

在湖中还有一座名为洞庭山的地方,又名君山,君山不止出现在诸多的神话故事与历史典故中,而且还盛产远近闻名的"君山茶",其中以"君山毛尖"与"君山银针"最为著名。

"君山毛尖"制作工艺讲究,选料精细,需采清明前后的嫩叶,经杀青、摊凉、揉捻、炒二青、摊凉、做条、提毫、足火等工序后,用桑皮纸包封放在坛中密封。饮用时茶汤清亮,滋味鲜醇,茶叶在杯中犹如盛放的菊花。

"君山银针"形如细针,茶芽的里面是金黄色,外面裹着白毫,又称"金镶玉"。冲泡后堆绿叠翠根根立于杯中,入口清香宜人,满口留香。

洞庭湖由于其得天独厚的地理环境,丰厚富饶的自然资源,为人们提供了优越的物产与文化,对于中国湖南及长江流域的社会发展,起到了极大的推动作用。

【原文】

治本于农①,务兹稼穑②。俶载南亩③,我艺黍稷④。税熟贡新⑤,劝赏黜陟。

【导读】

"治本于农"的意思是中国为农业大国,治理农业为国之根本。"务"为从事的意思,"稼"原意为禾苗的穗子,在这里指春耕,"穑"指秋收。"务资稼穑"意为从事农业的过程便是春耕秋收。

"俶"是开始之意,而"载"与"务"的意思相同,"南"所指为朝阳之地,"亩"便是土地。"俶载南亩"意为,在朝阳的田地上开始农耕。

"我"是自己的意思,"艺"是种植的意思。黍为黄米,稷为小米,"我艺黍稷"是说,我打算种植黄米与小米。

治本于农。

而"税熟贡新"是指收获之后向国家上缴部分粮食,"劝赏黜陟"是说国家会根据农户上缴粮食的多少来进行奖励与惩罚。

【注释】

①治本:治理国家的根本措施。于:在。②务:致力于,从事。兹:代词,此、这,代指下文的"稼穑"。稼穑:代指农业劳动。稼,播种;穑,收割。③俶载:开始从事。俶,开始;载,从事、施行。南亩:南坡向阳,利于农作物生长,古人多向南开辟田地,故称农田为"南亩"。亩,农田,田地。④艺:种植。黍稷:同类异种的谷物,有黏性的是黍,又称黄米,没有黏性的是稷,泛指五谷。⑤税熟:庄稼成熟后,国家向农民征收新打下来的粮食作为税收。税,征收赋税;熟,庄稼成熟。贡新:进贡新粮。贡,上交,献东西给上级;新,新收获的粮食。劝赏黜陟:泛指奖罚措施。劝,劝勉,劝导勉励;赏,奖赏;黜,降职或罢免;陟,晋升。

【译文】

农业是治理国家的根本，一定要做好播种与收割的工作。耕种的季节到来，就要平整土地、种植庄稼。庄稼一成熟，就要进贡给国家当作租税。官府要按照农户的贡献予以奖惩，而国家则根据官吏的政绩进行升迁或罢免。

【知识与典故】

自古至今，我国便将农业作为基本国策，中国的起源之地黄河流域，土质疏松不容易板结，地下水回渗的情况良好，即便是遇到短期的干旱，也不至于对庄稼产生太大的影响，这些自然条件都非常利于原始农作物的耕种。

《孟子》一书中提到因灾年粮食歉收而造成的饥荒，大小共有十七次之多。

中国古代农业浇灌技术并不发达，农业灌溉主要依靠降雨，而主要产区的降雨又都集中在夏天三个月里，并且还会受到季风与气流的影响，所以大旱时有发生。一旦遇到旱情，诸国之间便会因为争抢有限的水资源而发生战争，期间水位高的国家会建起堤坝拦住水流，那些下游的国家为此深受其害。

在《孟子》一书中就提到因灾年粮食歉收而造成的饥荒，大小共有十七次之多，在这种各国营私，不肯共享资源的情况下，农业发展受到了很大的限制，所以秦始皇在之后消灭六国，统一中国也是大势所趋。

国家统一之后，君主会系统地调配国土中的资源，受灾的地区也能得到赈济，对于百姓的生活有一定程度的保障，但与此同时，百姓也要将自己所收获粮食的一部分上缴国库作为税赋。

赋税包含两个方面，以现金形式缴纳的被称为赋，而以农作物形式缴纳的被称为税，国家对于百姓的赋税缴纳会按着其收获的数量而进行奖惩，当地官员的升迁与降职也与赋税的数量有很大关联。

在西汉初期，因为常年征战，百姓的人口大幅减少，农业生产受到重创，举国上下一片萧条，元气大伤。刘邦登基之后，为了尽快恢复国家的生产力，下令颁布了一系列利农的政策，他减轻田地的租税，释放大批奴隶，遣散士兵，又取消了徭役，才使国家的农业逐渐好转起来。

这之后的汉文帝也非常的贤明有道，他比之前的皇帝更加注重农业，自继位起就多次下诏劝课农桑，还设立了很多的奖励制度，借以鼓励农耕，并且为了减轻农民的负担，他经常下令减租减赋。不到十年的时间就将租率从十五税一减至三十税一，不久之后又下令尽免民田租税。

此后汉文帝又下旨"弛山泽之禁"，将原本被皇家控制的土地与山林资源向人民开放，任由百姓耕种开垦，并且开放金融，于是没过多少年，因交易之物的自由流通，商品业迅速发展起来，无数人富甲一方，随着农、工、商、畜牧业的共同发展，国家的人口量渐渐增长起来，国库满盈，天下百姓人人富足，海内繁荣昌盛，歌舞升平。

【原文】

孟轲敦素①，史鱼秉直②。庶几中庸③，劳谦谨敕④。

【导读】

孟子名轲，是我国著名的儒家学者，"敦"是推崇之意，"素"为一尘不染，毫无修饰之意。"孟轲敦素"是说孟子崇尚本真质朴，倡导安守本分。史鱼是卫国的大夫，一生忠言直谏，"秉"为秉承之意，"史鱼秉直"的意思是说，史鱼一直秉承着忠直的品德。

"庶几"意为相差无几,"庶几中庸",是接近中庸之意。"劳"是勤劳,"谦"是谦逊,"谨"为严谨,"敕"为检点。

这四句话的意思是,若能如孟子般注重本真,如史鱼般忠正,再加上勤劳谦逊,严谨检点,便是不折不扣的中庸之道。

【注释】

①孟轲:即孟子,名轲,字子舆,战国时山东邹县人,中国古代著名的思想家、教育家,是儒家的"亚圣"。敦素:崇尚质朴的本色。敦,推崇、崇尚;素,本义是没有染色的丝绸,后引申为质朴,不加装饰。②史鱼:也称史鳅,字子鱼,春秋时卫国大夫、著名史官,以正直敢谏著称。秉直:坚持正直的品德。秉,保持、坚持。③庶几:接近、近似,差不多。中庸:儒家最重要的思想之一,主张待人处世不偏不倚、不过不失,折中调和,不走极端。④劳:勤劳。谦:谦虚,谦逊。谨:谨慎,严谨。敕:本义是告诫、嘱咐,这里是检点,不随便的意思。

【译文】

孟子崇尚质朴的本色,史鱼坚持正直的品德,他们差不多达到中庸的高妙境界了。此外,还要做到勤劳、谦逊、严谨、检点。

【知识与典故】

孟子名柯,是我国战国时期的著名儒学家,被天下的儒生视为"圣贤",他一生崇尚人性的本真,倡导人应当如同未染过颜色的生丝一般,唯我本色。"孟轲敦素"正是指孟子所宣扬的恪守伦常,素位做人,人生在世恪守本分为重,若是急功近利,越位而行,便是过犹不及,为智者所不取。

孟子崇尚人性的本真,倡导人应当如同未染过颜色的生丝一般,唯我本色。

史鱼以忠心耿耿、直言敢谏而闻名,但可惜的是他所侍奉的君王卫灵公,并不是一个贤明之人。卫灵公滥用妄言献媚者,令朝纲的风气混乱,国家缺少真正的栋梁之材。史鱼知道卫国中有位叫作蘧伯玉贤人,不仅人品正直而且德行兼备,他接连数次向卫灵公举荐,但是卫灵公却充耳不闻,反而重用行为不端的弥子瑕。

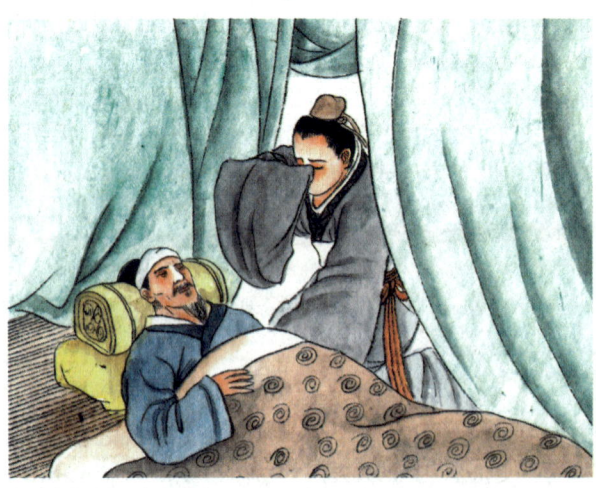

史鱼进谏无果,抑郁成疾。

史鱼眼见此情此景,不禁忧心忡忡,锲而不舍地向卫灵公进谏,要他罢黜佞臣,任用贤臣。但是始终无果,史鱼因此抑郁成疾,病入膏肓,临终之际他将儿子唤至病榻前叮嘱道:"我身为卫国的臣子,没有能力说服君王任用贤德的蘧伯玉,罢免奸佞的弥子瑕,实为失职。既然我生前无法以谏言正君,那么无颜以大臣之礼行丧,待我死后,你要将我的尸身放在窗下,不可下葬。"

史鱼的儿子听完大悲,却不敢违逆父命,在史鱼去世后,果然依照他的嘱托,将其尸身暴露在窗外。卫灵公赶来吊唁史鱼之时见此情景,大为惊讶,于是向其子询问缘由,史鱼之子答道:"臣父临终之际一再懊悔,未能成功劝谏君主,匡正朝纲,未尽到做臣子的本分,所以让我不可按照臣子的礼仪安葬他。"卫灵公听完大惊,终于领会了史鱼让自己暴尸窗下的深意,他幡然悔悟,疏远了弥子瑕,并且任人唯贤,成了一代贤君。

孔子听闻此事后,曾赞叹道:"直哉!史鱼。邦有道如矢,邦无道如矢。"自古至今,不乏直言相谏的忠臣,但是却从未有一个人如史鱼这般,不仅生前直谏不断,就连死后也要尸谏君王,最终劝谏成功的。

中庸之道是儒家学说中很重要的理论,所谓中庸的处世之道,并非"事事说好,人人听从",而是博采众长,集思广益,最终找到一个切实可行的方法,行事处事不偏不倚,不过也不可不及,才是中庸。行中庸之道的人,要内心方正,处事圆通,善于把握分寸,不但要秉持操守,维持本真,也要将智慧运用到行事做人之中去。

【原文】

聆音察理①,鉴貌辨色②。贻厥嘉猷③,勉其祗植④。

【导读】

"聆"是聆听之意,"察理"是考察话中道理之意。"鉴貌辨色"的意思为,通过一个人的表情举止,来猜度他的内心。"贻"原意为赠送,此处是遗留之意,而"厥"在此是代词意为"什么","嘉"是美好之意,"猷"为谋略之意。"勉"是勉励,"其"在此代指子孙后辈,"祗"是恭敬,"植"是树立。

这四句话的意思是听人说话的时候,要悉心聆听,辨别其中的是非道理,与人交往要能够通过他的外貌举止神情,来辨别他的内心是正是邪。

中国自古便重视家训,所谓家训便是前

聆音察理,鉴貌辨色。

辈祖先人生经历中,最宝贵的经验与谋略、智慧与德行,以此教导后世子女安身立命处世为人,相比金银珠宝,这些智慧的结晶更能保护子孙,辅助他们成才成器。"贻厥嘉猷,勉其祗植"就是这个意思。

【注释】

①聆:侧耳细听。音:这里指人说话的声音。察:观察,仔细看。②鉴:观察,鉴别。貌:指一个人的容貌和外表,包括言谈举止、动作表情。辨色:辨别脸色。③贻:遗留,留下。厥:代词,其,他(们)的。嘉猷:好的计策。嘉,美好;猷,计谋、计策。④勉:勉励。其:代词,这里代指子孙。祗:敬,恭敬。植:立,树立。

【译文】

听人说话要辨别其中的是非曲直,看人外貌要辨别其善恶正邪。要把最好的忠告留给子孙,勉励他们小心谨慎地立身处世。

【知识与典故】

聆听与听的区别在于,聆听是用心仔细地去听,"聆音察理"是一个接收信息与内在思索的过程。在与人交往中最重要的是良好的沟通,每个人说话表达的方式不同,有的人言谈中过为婉转,喜欢说些模糊不清的看法，此时便要聆音察理，考察出他话中真实的意思，避免误读。

"鉴貌辨色"中的貌，所指不单单是一个人的容貌，其中还包括了他的神情、言语、举动等。

晚清名臣，官至两江总督、武英殿大学士的曾国藩，就深谙此道。曾国藩不仅有治国之才，而且还有识人之智。

一日，他的学生李鸿章带着三个人去曾府面见曾国藩，希望曾国藩能够接纳这三人，恰巧曾国藩外出未归。于是，李鸿章自己在客厅中等候，那三人信步在园中散步，待曾国藩归来，李鸿章向他说明来意。

曾国藩不置可否，转而开始观察室外的三人，只见一人环顾四周，若有所思；一人规规矩矩，垂手而立；一人器宇轩昂，仰头看云。少顷，三人被曾国藩招至屋中详谈。环顾四周的那人似乎对曾国藩的喜好极为熟悉，与其相谈甚为投机；另两个人一比之下口才相形见绌，垂手而立的那人唯唯诺诺，抬头看云的那人说话直接，有时甚至会出言顶撞。

李鸿章见第一个人表现出众，以为他定会被委以重任，谁知，曾国藩只是让他挂了个有名无权的虚职，垂手而立的那人被派遣管理钱粮马草，这倒是意料之中，但是令人费解的是曾国藩竟然将那个出言顶撞自己的人派为要职，并且叮嘱手下，要悉心培养教导。

李鸿章大惑不解于是向曾国藩请教，曾国藩笑道："第一个人心思细密，在园中闲逛时留心我家中的陈设布置，借以揣摩我的喜好，说话时刻意附和讨好于我，可见此人善于钻营，工于心计，但是言语华而不实，可见没有真材实料只是小聪明而已，这样的人不足以托付大事；第二个人老实懦弱，沉稳有余毫无魄力，只能做个刀笔吏；只有第三个人，在能决定自己前程大事的人面前还可以做到不卑不亢，敢于说出自己独到的见解，并且在等待的时候从容淡定，这是大将之风，怎能不好好栽培？"

李鸿章听完连连称赞点头称是，但是忽然面露忧色道："此人好是好，但可惜性情过于耿直，只怕日后这个性格会为他惹祸上身啊。"曾国藩听完也频频点头轻声叹息。

那个被曾国藩慧眼识才的年轻人，就是台湾首任巡抚刘铭传。他后来在征战中屡建战功，并且因为功勋卓越而被封了爵位，直至垂暮之年还亲自率领台湾居民重创法国侵略军，并因此而扬名海外。但是当年李鸿章的担心也被印证，刘铭传因为性情过于耿直而得罪了小人，被人恶意中伤之后，无奈黯然离开台湾。

【原文】

省躬讥诫①，宠增抗极②。殆辱近耻③，林皋幸即④。

【导读】

"省躬"是指反省自身，"讥"是讥讽，"诫"是告诫；"省躬讥诫"意为无论遇到别人的嘲笑讽刺或是劝诫批评，都不要心生抵触，要虚心地自我反省。

"宠"意为荣宠，"极"是极限的意思，"殆"是临近的意思，"宠增抗极，殆辱近耻"的意思是若是荣宠升到了极限，还在拼命追名逐利，那么物极必反，宠很快就要变成辱。

历史上这种例子极多，往往在位高权重、富贵之极的时候一跤跌倒，因为人在此时最容易失去理智与自我的判断力。但宠极生辱也并不是不可避免的，那便是能审时度势，在必要时做到"林皋幸即"。"林"意为山林，"皋"是水边之地，"幸即"意为临近幸运，吉而免灾，这句话的意思是，为人处世要懂得进退之道，必要时应急流勇退。

【注释】

①省躬：反省自己。省，检查，反省；躬，自身、亲自。讥：讥讽，嘲笑。诫：告诫,劝告。②宠：荣宠,荣耀。抗

极：到达顶点。抗，通"亢"，高；极，极限、顶点。③殆辱：将要受到侮辱。殆，将，将要。近耻：接近了耻辱。"耻"与"辱"的意义有区别，内心的羞愧为"耻"，外来的欺凌为"辱"。④林：山林，指隐居之地。皋：水边的高地。幸：意外地得到成功或免去灾害，侥幸、幸免。即：接近，靠近。

【译文】

听到别人的讥讽和劝告，一定要认真反省自己，荣宠如果达到极点，就一定要警惕。地位越高越有可能招致灾祸，离耻辱也会越来越近，及时退隐山林或许可以幸免。

【知识与典故】

中国人自古注重自省，曾子曾经说过"吾日三省吾身"。孔子的高足子路也说过"闻过则喜"。

人生在世谁也不会始终生活在风平浪静之中，起伏于世难免遭遇"荣辱"，"荣"是众生所盼望和追求的东西，"辱"是世人都想规避的苦难。但事实上"荣"与"辱"向来犹如双生，相依相伴。最根本的问题在于注重分寸尺度，若不想"殆辱近耻"就不可"宠增抗极"。

只有时刻反省自己，修正自己的言行，对于名利之争不追求过度，才能在荣辱之间保持稳定。不可一听到对自己否定的声音，就恼羞成怒大加排斥，应当悉心聆听，慎重思考，因为这些都是可以明鉴自身言行的东西。

省躬讥诫。

林皋幸即。

古人曾说："身在天堂之人闻过则喜，身处苦海之人文过饰非，身处地狱之人闻过则怒。"这其中的分别一目了然。

古代官场犹如战场，君王喜怒无常，所以为人臣子日日如临深渊，一个失神，不但由荣变辱，甚至一家老小都有性命之虞，所以古代很多智者都不会让自己站在功名利禄的顶尖处，而是心怀淡薄，看轻名利，甘心隐身于山林之中。

当然，"林皋幸即"这种决策是受当时的历史环境所限，若是放在现今的社会中，无疑是一种消极的观点，但是我们不妨将其理解成一种，可以抑制自己过度膨胀的欲望的处世之道。

陶渊明是东晋时期著名的诗人，被尊称为隐逸派诗人的宗师，出身显赫，年轻时勤学入仕，但是苦于空有大济苍生之志，而与贪腐的官场风气格格不入。

陶渊明的叔父陶逵曾经举荐他前去彭泽县任县令，陶渊明到任刚八十一天，恰巧浔阳郡督邮来检查公务，命令陶渊明准备美酒佳肴，当时身边的属吏道："您还应当整理衣冠束带亲往相迎。"

陶渊明当即道："我岂能为五斗米折腰向乡里小儿。"于是愤而授印去职，辞官而走，并写下《归去来兮辞》，表明不愿被官场污流所染的心意。

陶渊明自此之后抛却功名利禄，隐居山林，写下了诸多流传于世的千古名篇。

【原文】

两疏见机①，解组谁逼②？索居闲处③，沉默寂寥④。

【导读】

"两疏"是西汉时的疏广与疏受，他们是西汉时期的两位大臣，两人既是叔侄又同殿称臣，先后成为两任皇帝的老师，位高名重。

"机"先兆的意思，"两疏见机"意为疏广与疏受二人在事情尚未发生之际就可以预先感知。"解"为解除之意，"组"是指古代拴在印纽上的丝带，窄为组，宽为绶，将组绶解除下来意为辞官，"解组谁逼"的意思是，自愿辞官是被什么逼迫的。

"索居"是远离人群独自居住的意思，"索居闲处，沉默寂寥"意为远离尘嚣，一个人隐居于清静悠闲之处，整日沉静心中无杂念。

两疏见机，解组谁逼？

【注释】

①两疏：西汉宣帝时疏广、疏受叔侄二人，疏广任太子太傅，疏受任太子少傅。两人同时辞官回家，受人推崇。见机：看准时机。机，机会、时机。②解组：解下印绶，指辞官。解，解下、解除；组，即组绶，系官印的绳带。逼：逼迫。③索居：孤身独居。索，独自、孤单。闲处：在家闲居，悠闲地生活。处，居住。④寂寥：恬静淡泊。

【译文】

西汉的疏广、疏受身居高位，却能看准时机，急流勇退。有谁逼迫他们呢？完全是他们自愿辞官还乡，过着悠闲的独居生活，沉默寡言，宁静淡泊。

【知识与典故】

疏广少年时勤奋好学，精读《春秋》，声名远扬，很多人从各地慕名而来，拜在他的门下。汉宣帝对疏广闻名已久极为赏识，于是任命其为太中大夫与太子太傅，辅导太子的学业，对他十分的爱重。疏广的侄子名唤疏受，贤德有才干，不久也被推荐为太子家令。

疏受为人谦和有礼，一日，汉宣帝驾临太子宫，疏受上前见驾迎接，酒席宴上因是汉宣帝寿辰，他持杯上前恭敬地敬酒祝寿，言谈举止极为得体，汉宣帝龙颜大悦于是任命他为太子少傅，与其叔叔疏广共同辅导太子。

之后，疏广更为汉宣帝所器重，得到的赏赐不计其数，并且每次太子上朝，都特许疏广、疏受随行伴驾，叔侄两人同殿称臣同为太子的老师，一时人人传赞。

五年后，太子年满十二，在两人的教导下通晓《论语》、《孝经》。此时，疏广若有所思地对疏受道："人若安分知足，便不会遭受屈辱；若懂得适可而止，便会远离危险；若能做到功成身退，便合乎天道。你我如今的年俸已经高达二千石谷，在朝廷中权高位重，可谓已经功成名就。但是你我何德何能当得如此的恩宠，我看已经到了适可而止的时候了，此时若还居于高位，恐有变故发生，不如及早告老还乡，安享天年。"疏受点头赞同，于是两人一起推脱年老多病，请求辞官，三个月后，汉宣帝准奏赏他二人黄金二十斤，太子又加赠黄金五十斤，令他二人回家养老。

疏广与疏受回到家乡萝藤之后，将皇上与太子所赠的黄金分赠给四乡八里，安然终老一生。在他们去世之后，乡人因为感激二人的散金之德，在其旧宅处建了一座土城，取名为"二疏城"，并在旁立一碑，上写"散金台"三字，二疏城内建有二疏祠，世代香火祭拜不绝，人人称二疏为贤德之人。

大凡人在高处之时，只想登得更高，在春风得意之时很难想到给自己留转圜的余地，疏广与疏受恰在高官得坐，骏马得骑之时辞官解组，这是一种难得的人生智慧。老子道："祸兮福之所倚，福兮祸之所伏。"疏广与疏受深明此中道理，所以在没有将自己的运气与福气使尽的时候，急流勇退，得以安享世间的清静之福。

这样的举措，只有将内心已经修炼得安静平和，可以控制自己欲望的贤人才可以做得到。

【原文】

求古寻论^①，散虑逍遥^②。欣奏累遣^③，戚谢欢招^④。

【导读】

"求古寻论"意为探寻古人的事迹著作，从先贤的至理名言与做法中得到启迪与教诲。"散虑逍遥"是用古人的德行与智慧洗涤自己的身心，当自身的修养到达了一定的程度之后，就可以排除一切世间的杂念而做到身心自在，逍遥于天地之间。

"欣"为欢欣之意，"奏"意为臣子呈给皇帝的奏章，"累"指的是心中的负累牵挂，"遣"是排遣之意，"戚"在此处指悲忧，"谢"是分离之意，"招"是招致。"欣奏累遣，戚谢欢招"的意思是，为人处世要心中时常记着令自己欢欣鼓舞的事情，将烦扰自己的那些事情抛开，只有将一切令自己忧虑悲伤的事情忘记，内心才能得到真正的快乐。

求古寻论，散虑逍遥。

【注释】

①求：探索、寻求。寻：搜寻、研究。②散虑：排遣忧虑、忧愁。散，排遣、驱散。逍遥：自由自在，不受拘束。
③欣：欣喜、高兴。奏：本义是奉献、送上，引申为进、进入。累：这里是指心中的牵挂、烦恼。遣：排遣、驱除。
④戚：忧愁。谢：用言辞委婉地推辞拒绝，谢绝。欢：欢乐。招：招来，聚集。

【译文】

探求古人古事，阅读至理名言。排遣忧虑，自由自在。喜悦放进来，烦恼就被排出了，忧愁一抛开，欢乐就聚集了。

【知识与典故】

古语道："不如意事常八九，可与人言无二三。"人心中的烦忧苦闷，能凭借外力排遣的甚少，大部分都要靠自己来化解。但是话说回来，这其中大部分的忧虑都是自寻烦恼，或是因为无法满足内心对欲望的追逐，或是过多吸收了外界传来的负面信息。

春秋时期，有一个杞国人十分胆小，整日思虑些不会发生的事情，并因此而时常惴惴不安。一次，他仰头看着浩瀚的天空，心中生出天塌地陷的想法，联想到自己会被塌下来的天压死或是被陷落的地埋葬而死，悲伤恐惧得无以复加，整日睡不安寝，食之无味。

他的一位朋友见他对于这样的无稽之事，忧虑至此，担心长此以往会危害他的健康，于是特意来到他的家中劝说他。

当杞人满面愁容地向朋友诉说了自己的担心之后，朋友道："头顶的天不过是无数气体上升积聚而成，你身边的气体无处不在，你举手投足，每时每刻都生活在气体之间，气体没有重量怎么会掉下来砸死人，何惧之有？"

杞人听了略微心宽些，但是随后又惊慌地问道："若是天由气体积聚而成，那天上的日月星辰毫无依托，岂不是要掉下来了。"

朋友继续道："日月星辰也都是些会发光的气团，掉下来也伤不了人的。"

杞人又思索着道："纵然天不会塌下来，那么万一我们脚下的大地陷落了怎么办啊？"

他的朋友只得又解释道："大地是由无数的大石堆积而成的，它们慢慢地塞在东西南北，四面八方，没有任何一处没有石头的，你整日平稳地在上面行走，为什么会担心大地会陷落呢？"

杞人听完朋友的讲解，放下心来，大喜过望，那位朋友见他终于恢复如常，亦十分欣慰。

"天下本无事，庸人自扰之。"这则故事中的杞人，正是一个典型的自扰之人，所以人若想真正做到"散虑逍遥"，必得提升自己的内心，使自己成为一个智者，这样才可以将不必要的忧思抛开，身心得到自在。

【原文】

渠荷的历①，园莽抽条②。枇杷晚翠③，梧桐蚤凋④。

【导读】

"的历"是形容花开得十分灿烂，"莽"是指草木生长繁茂的样子，"蚤凋"意为凋零，这四句话是在描写一年四季的景致，春天，园林苗圃中的树木抽枝长叶，萌发出鲜嫩的幼芽；夏天水中的荷花开得鲜艳灿烂，秋天一到梧桐树的叶子早早凋零，只有枇杷树四季常青，即便是冬天来了，叶子还保留着青翠的颜色。

【注释】

①渠：水塘，池塘。的历：光明、鲜亮的样子。②莽：草木茂盛的样子。抽条：草木长出嫩芽新枝。③枇杷：即枇杷树，植物学上属于常绿小乔木，果和叶可食用。晚翠：时令已经到了冬天，枇杷叶还是那么青绿，更显得苍翠宜人。④蚤：通"早"，早早地。凋：凋谢,凋落。

【译文】

池塘里的荷花开得光艳动人，园里的草木抽出了嫩绿的枝条。到了冬天，枇杷叶子还是那么青翠欲滴，一入秋天，梧桐树叶就早早地凋落了。

【知识与典故】

春天是万物复苏的季节，此时大地间充满了生发之气，小草萌芽，树枝抽青，沉寂了整个冬天的大自然，在此时

渠荷的历。

重新开始焕发生机。触目而来满眼是鲜嫩的绿色,将一冬天的肃杀尽扫而光,春天在人的眼中象征着希望与生机,象征着新的一轮循环的初始,此时植物的生长最为迅速,在田间静下心来甚至可以听到农作物生长的声音。

夏天是姹紫嫣红的季节,百花盛开,群芳吐艳,但是最能代表夏天的花,无疑是荷花,我国自古一向将荷花视为祥瑞的植物,因其生于淤泥之中却纤毫不染其污浊,而被誉为花中的君子。元朝有个著名的画家名为王冕,年幼时,每每见到雨后荷花的美丽姿态,便情难自禁地想将其生动地描绘下来,于是长年累月地守在荷塘边观察临摹,最终成了绘画大师。

古今的圣贤之人,无一例外生逢乱世,却不为所处的环境所浸染,而始终心怀高洁。这与荷花的品性何其相似,正因为如此,荷花一直备受文人贤士的推崇,北宋学者周敦颐就曾经写下传扬天下的《爱莲说》,其中赞叹道:"予独爱莲之出淤泥而不染,濯清涟而不妖,中通外直,不蔓不枝,香远益清,亭亭净植,可远观而不可亵玩焉。"文中将莲花的风骨悠姿尽述而足。

秋天是收获的季节,梧桐树极为应秋,刚进入秋天,树上的叶子便开始落,"落叶知秋"的成语便是来自于此,但事实上此时的气温还很热,所有的植物都还郁郁葱葱,只有梧桐开始落叶,是以说它早凋。

冬天万物凋零,动物植物都开始休养生息,蓄势以待来年春天,花落草枯,树上的叶子也早已落光了,只有耐寒的枇杷一如既往的苍翠欲滴,既不会落叶也不会枯萎,所以说"枇杷晚翠"。

【原文】

陈根委翳①,落叶飘摇。游鹍独运②,凌摩绛霄③。

【导读】

"陈根"指的是老树陈旧的树根,"委"是枯萎之意,"翳"是荒芜暗昧之意,"陈根委翳,落叶飘摇"是说树根蜿蜒的老树枯萎倒地,它原本茂盛得能将阳光都遮蔽掉的叶子,也掉落枝头,随风飘零。

"游鹍独运"说的是远游的鹍鸟独自翱翔于空中,"凌"是向上高升,"摩"是迫近,"绛霄"说的是高空紫红色的云彩,"凌摩绛霄"意为凌天而上,高飞直冲九霄。

游鹍独运,凌摩绛霄。

【注释】

①陈根:老树根。陈,旧的、时间久的。委翳:萎谢,枯萎衰败的样子。委,通"萎",枯萎、衰败;翳,古同"殪",树木枯死,倒伏于地。②游:飞行。鹍:古代指一种长得像鹤的大鸟,可以飞得很高。独运:独自飞翔。运,本义是运动,这里是飞翔的意思。③凌:向上升。摩:迫近,接近。绛霄:红色的云气,又叫"紫霄",指天空极高处。绛,大红色。

【译文】

陈年老树枯萎衰败、倒伏在地,落叶随风飘荡飞扬。鹍鸟独自在天空中翱翔,盘旋上升,直冲九霄。

【知识与典故】

研究学问,不可整日将自己关在房中坐而论道,求古而寻论,只将知识死记硬背下来无济于事,还要将学到的东西与自己的内心感受相融合,那样才是真正的学识。人世间的万物生灵,四季更替变化,往往会引发人内心的情感与更深层次的思考,应当多去观察感受。

一棵多年的老树枯萎倒在地上,它蜿蜒的树根是很多年才长成的,谁还会记得它鼎盛之时令人惊叹的茂盛,它的树冠曾经如同一把巨大的伞遮天蔽日,但是如今这一切都不复存在了,这的确令人伤感。但是此时抬头,忽然看见一只雄健的鹍鸟自由自在翱翔于天际之间,它是一只远道而来的鸟,一路上经历过多少的风霜雨雪、电闪雷鸣,但是这些丝毫没有阻挡它想飞得更高的心意,它在空中略作盘旋之后,猛地凌空而上,直冲最高的九霄而去。

这里鹍鸟指的是一种如同形如大鹤的鸟,最喜爱高飞,每到秋天的时候会陡然变成大鹏鸟,飞上九霄天外。古语中曾有"鹍鸟化鹏,诸禽不能"的说法,意为只有鹍鸟才能化为大鹏鸟,其他任何鸟类都没有这种能力。

而大鹏鸟的出处,我国古代战国时期著名的哲学家庄子,曾经在他的《庄子》一书中有解释,在远古时期,北边的大海中生长着一条叫鲲的大鱼,此鱼身形巨大,有数千里之长,游动时犹如移动的岛屿,鲲不仅能待于水中,而且还可以幻化成巨大的鸟跃水而出,鲲所变化成的鸟,便是大鹏鸟,此鸟的脊背有数千里长,当它振翅而飞的时候,犹如一座山腾空而起,伸展开的巨大双翼犹如天边的云彩,蔚为壮观。当六月海面上刮起大风,就是大鹏鸟迁徙到南方去的时候。

此时,它开始用力扇动翅膀,当它的翅膀拍击到海面之时,激起的浪花能飞溅到三千里之外,鹏鸟凭借巨大羽翼扇动出的旋风而上高空,它会一直飞到九万里之上,背靠青天,抵达风的最上方,借着风力向南方飞。

蜩与学鸠看到此情此景不禁讥笑大鹏鸟道:"它这是想知道自己飞翔的极限才会飞得那么高,何必如此呢?你看我们从地上起飞一碰到树枝就不得不停下来,因为那就是极限了,甚至有的时候还飞不到树上去,我们就不必像它那样费力才知道自己的极限是什么。"斥鴳也随声附和道:"说得没错,像我奋力跳起来也不过就飞几丈高,我能在蒿草上盘旋就是极限了,哪里像大鹏一样为了寻找自己的极限也不知道要飞去哪里呢。"

"蜩"是寒蝉,"学鸠"是一种小灰雀,"斥鴳"也是一种很小的鸟,这些胸无大志、自身微小的蝉与鸟根本无法理解大鹏要遨游于天际的志向,所以一个人的志向与能力有多大,那么他的眼界与成就就有多大。

【原文】

耽读玩市①,寓目囊箱②。易輶攸畏③,属耳垣墙④。

【导读】

"耽"是沉浸其中之意,"玩市"是古代热闹的集市,"耽读玩市"意思为身处热闹嘈杂的集市之中也能够潜心读书,丝毫不受影响。"寓"为寄托之意,"寓目囊箱"的意思与前一句相近,指眼中除了书囊与书箱之外别无他物,意为专心寄情于读书,对读书之外的事情一切都视而不见,充耳不闻。

"易"是疏忽之意,"輶"原指很轻巧的车辆,此处"易輶"连在一起意为,对于某些事情的轻视而导致的疏忽,"攸畏"意为有所畏惧,"易輶攸畏"的全意为要警惕那些自己所忽视的小事,很多成败往往决定于小事,所以不可掉以轻心。

"属"原为有所关联之意,"耳"指耳朵,"垣"指的是用土坯所垒就的矮墙,"属耳垣墙"是说有耳朵贴在墙上,意为行事须谨慎,提防隔墙有耳。

【注释】

①耽:沉溺,沉迷。玩市:这里是指在集市上游逛。②寓目:过目,看一下。寓,观看。囊箱:书袋和书箱。③易:轻慢、轻视。輶:本义是古代一种很轻便的车子,有轻视、轻忽的意思。攸畏:所畏,有所畏惧。攸,所。④属耳

垣墙：把耳朵附在墙上窃听。属，连接；垣，矮墙。

【译文】

东汉王充沉醉于读书，因家贫无书，便常常在街市上游览，但眼中只看得到书袋和书箱。对于容易轻视的小事更要警惕，说话小心谨慎，防止隔墙有耳。

【知识与典故】

"耽读玩市，寓目囊箱"。这两句说的都是东汉著名的思想家王允，他幼失怙恃，孤身一人，但是聪明过人勤于读书，自6岁识字起便开始阅读，记忆惊人，有过目成诵之能，在家乡备受乡邻的称赞。

耽读玩市。

少年时，王允去京师洛阳的太学求学，太学是当时的最高学府，其中名流学者云集，书籍典藏丰富，只有各方郡县推选出的杰出学子，才有权利进入太学进修，王允因为成绩优异、才学出众被选送而来。

在此期间，王允师从扶风县的班彪进行学习。他酷爱读书，曾经身在闹市之中手捧书册，如入无人之境，眼中除了书囊、书箱之外再无旁骛。

当太学之中的藏书被王允看遍之后，他心中求知之欲仍然难以满足，当时洛阳街上书店林立，书籍种类庞杂，王允每每经过书店，便心生向往，但苦于家境贫寒，除了日常开销之外再没闲钱买书。

无奈之下，王允生出一个主意，他每日在各家书店中流连，装作随手翻看的样子，实则凭着过人的记忆力将书中浏览过的内容硬记下来，回家之后再细细回想，因为王允自幼便有过目成诵的本事，所以这对于他来说并非难事。

于是，王允终于又能读上新书了，他用这种艰苦的学习方法，为自己积累着学识，随着时间的推移，王允的才学越来越高，对各个学派的学说渐渐如数家珍。这之后，王允入仕为官，曾经担任过几任的州、县官吏，但是他生性秉直，与腐败的官场格格不入，最终因为得罪了显贵，不得不辞官而去，以至于后来终身仕路隔绝，难以通显。

王允辞官后倾心研究学问，撰写著述，他倾尽一生心血撰写了四部哲学巨著，分别为：《讥俗》、《政务》、《养生》、《论衡》，但可惜最终保留下来的唯有《论衡》一部。这部《论衡》足足耗费了王允三十年的时间。

但是最初，这本书并无人问津，直至当时著名的学者蔡邕来到浙江，偶然见到此书，当即大惊，如获至宝地携书而返。之后，蔡邕的友人发现他自浙江回来之后，学识谈吐突有大进，揣测他或许搜寻到了奇书，于是便去他房中寻找，果不其然在蔡邕的床榻间发现了王允的这本《论衡》，那人翻看几页之后亦觉惊奇，当下抢了几卷转身就走，蔡邕一见连忙上前叮嘱道："此书只能你我共读，万万不可外传。"友人回家之后细读，不由得惊叹道："真乃奇书也。"

这之后不久，《论衡》为人所知，当即被称为"疾虚妄古之实论，讥世俗汉之异书"。王允名扬四方，最终成了众所周知的大学者。

王允对读书的专注与热爱最终令他功成名就，他在读书时遇到阻碍不会退缩，而是知难而上，以另辟蹊径的方法继续进行学习，这也是他日后能有所成就的关键原因之一，正如"易輶攸畏"的含义一样，决定事情成败的往往并非大事而是微小的细节，只有让自己具备不忽视任何细节的品质，才不会错失任何机会，离成功才会更近。

【原文】

具膳餐饭①，适口充肠②。饱饫烹宰③，饥厌糟糠④。

【导读】

"具"在此是动词，意为料理，"餐"在这里也是动词，意为进食。"膳"与"饭"都是饮食的意思，不同的是"膳"代表肉食，而"饭"代表五谷。"适口"意为适合口味，"充肠"意为吃饱。"具膳餐饭，适口充肠"的意思是料理饮食，食用餐饭，只要符合自己的口味并能够吃饱即可。

"饫"是厌恶之意，"烹宰"是杀宰烹煮之意，"饱饫烹宰"的意思是如果已经吃饱了，那么吃什么都会厌烦了，何必还要继续杀宰烹煮呢？

"饥"是饥饿之意，"厌"是满足的意思，"糟"是酿酒后剩下的渣滓，"饥厌糟糠"意为若是在饥饿的时候，有酒渣米糠果腹也就满足了。

具膳餐饭。

【注释】

①具：准备,备办。膳：饭食。餐：吃。②适口：适合口味。充肠：充饥，填饱肚子。③饱饫：吃饱。饫，饱食。烹宰：指准备鱼肉之类的荤食。烹，水煮；宰，宰杀。④厌：满足，后作"餍"。糟糠：酒渣、谷皮等粗劣食物，贫者用来充饥。糟，酒渣，酿酒剩下的渣子；糠是谷子的外壳，用作饲料。

【译文】

准备饭菜，只要口味合适、能填饱肚子就行。饱的时候大鱼大肉都会生厌，饿的时候吃糠咽菜也能满足。

【知识与典故】

中国的饮食文化四海闻名，各地所烹制菜肴的风味，选料大相径庭，俗语说，"百里不同风，千里不同俗"。中华古国民族众多，泱泱华夏幅员辽阔，不同的地域文化和民族传承形成了东西迥异，南北殊同的繁复庞杂的菜系。

我国是世界上的饮食文化大国，经过多年的演变形成了分门别类各不相同的"十大菜系"：鲁、川、粤、闽、苏、浙、湘、徽、京、粤。

苏菜，重视调配汤汁，口味适中，以炖焖、烩为主要烹调方式，适应面广；川菜，重视口味多变性，以麻辣、酸辣等厚实的烹调口味见长；鲁菜，以烹制各种海鲜著称，口味清、鲜、脆、嫩；粤菜，选料广泛，菜品奇特，味道注重鲜嫩；闽菜，清鲜、淡爽，偏于甜酸，菜品清香不腻，尤其以汤最具特色，素有"一汤十变"之称；湘菜，重酸辣咸香，《史记》中曾记载了楚地"地势饶食，无饥馑之患"。徽菜，又名皖菜，烹调上擅长烧、炖、蒸，注重油色，尤重火功；闽菜，以讲究作料，善用甜辣著称；京菜，源于宫廷，御用佳肴，气派不凡，做工精细；沪菜，浓油赤酱，讲究鲜嫩、鲜甜可口。

"具膳餐饭，适口充肠。"这两句话讲的是饮食的真谛，从准备食物到烹制好用餐，最重要的是适合口味和能够吃饱,适口之物因人而异,天南地北之人喜好不同,酸甜苦辣众口难调。蜀地湿气重,辣椒可以除湿,所以,四川人自小便吃辣,将辣椒视为人间至美之物,但若是将这样浓香麻辣的菜,做给喜欢鲜甜清淡的苏州人吃,就不大合时宜了。

"饱饫烹宰,饥厌糟糠。"这两句话更是词浅而意深,古语道:"过犹不及。"凡事都要适度,掌握好分寸尺度,若是做得太过,如同没有达到事情的标准一般,多做的那一部分都是画蛇添足的无用之功。日常饮食与此理相同,再好的珍馐美味若是端在已经饱食的人面前,他会完全忽视其色香味美,而只是心生厌恶,因为这些美食对他没有用处,所以如同废物;而喂猪用的糟糠,毫无口感令人难以下咽,若是端在一个饿得将死的人面前,他便会视为天下第一的美味。事实上,这一切的结果与食物的本身毫无关系,最重要的是自身的需要。

所以,无论是山珍海味还是粗茶淡饭,只要适合自己的口味,吃得刚刚饱足,便是最好。

【原文】

亲戚故旧①,老少异粮②。妾御绩纺③,侍巾帷房④。

【导读】

"故旧"是指老友或昔日的相识,"异"在这里是迥异、不同的意思,"亲戚故旧,老少异粮"的意思是无论是亲戚朋友还是老友故交,无论多么亲厚的交情,在饮食上都要注意老人和孩子的饮食要与常人区别对待,不可马虎。

"御"是管理的意思,"绩"是将麻搓成线,而"纺"是将丝纺成纱,"侍巾帷房",是指服侍起居装扮之意。"帷房"是指寝室,古时房中都挂有帷幕,床上也有幔帐遮挡,布幔在两旁的称为帷,挂在上的称作幕。"妾御绩纺,侍巾帷房"意思是身为妾侍平日里不但要负责家中织麻纺纱等女工活,还要服侍好男人的日常起居、着衣穿戴。

老少异粮。

【注释】

①亲戚:现代汉语重叠使用,但古文中"亲"和"戚"含义有区别,所谓"内亲外戚",父亲一脉同姓的为"亲",母亲、妻子一脉不同姓的为"戚",在血缘关系上不一样。故旧:旧友,老朋友。②异粮:不同的粮食,指年长者吃细粮,年幼者吃粗粮。异,差异、不同。③御:治理。绩纺:纺织。绩,把麻纤维披开接续起来搓成线或绳;纺,把丝棉、麻、毛等做成线或纱。④侍:服侍,侍奉。巾:指佩巾、手巾、头巾等。帷房:内室,卧室。

侍巾帷房。

【译文】

亲戚朋友来做客要以礼相待,招待老人和孩子的食物应该有所不同。妻妾婢女在家不但要纺纱织布,还要侍奉丈夫的日常起居。

【知识与典故】

中国人十分看重逢年过节时与亲戚故交的聚会,每每此时,主人家会尽全力精心准备一席美酒佳肴,但此时需要特别注意的是,客人中要是有老人或者小孩,就必须为他们单独准备食物,不可与一般客人一概而论,此为最重要的待客之道,也是最基本的人之常情。

老人身体虚弱,牙口不好,肠胃的功能较弱,而且身上多半带着些慢性疾病,必须得准备些温热、柔软、好消化的食物,口味也要清淡,这样才可以避免引发身体的疾病。孩子的年纪幼小正在发育,要为他们准备些高营养、高蛋白的食物,不可让他们食用那些注重麻辣香鲜口感的成人饮食,避免引发胃火而生病。

古语道:"七十不留饭,八十不留宿。"意为七十以上的老者不可留他吃饭,八十岁以上的老者不可留他住宿,年纪大的老人平时在家有子女照料,子女熟知他们饮食起居的禁忌,若贸然将老者留在家中万一照顾不周引发疾病,难以向其子女交代,届时,无论再好的朋友或故人都难免反目。

中国古代是一夫多妻制,成年男子可以娶若干侍妾,但正妻只有一人。若是一个男子明媒正娶的正妻亡故,即便收纳再多的侍妾,他也是无妻的鳏夫,《唐律疏议》中有"妾乃贱流,可通买卖"之语。意为侍妾身份卑微,一旦男人不喜欢了,不必像休妻一样非要犯了"七出之条"才能分开,随时可以将其逐出家门,甚至如同物品一般转卖或者当作礼物转赠于他人,侍妾的地位之低由此可见一斑。

《礼记·内则篇》一书中为妻妾所下的定义是"聘则为妻,奔则为妾",所谓的"聘"是指通过三媒六聘六证,正式迎娶进门的女子,男女双方家长各请一位媒人,再加上中间人是为三媒;经过"纳采、问名、纳吉、纳徵、请期、亲迎"这六道程序,是为六聘;拜天地时天地桌上摆放的"斗、尺、秤、剪、镜、算盘"是为六证,三媒六聘代表了男人对迎娶进门的妻子的尊重与认可,古代大户人家都有宗祠,只有正妻死后,其牌位才有资格进入丈夫家的宗祠,接受后世子孙的祭拜。而妾无论多么受宠爱都是没有资格的。

娶妾进门并不需要什么特殊的礼仪,因她的身份只是一个地位卑微的妾侍,不必讲究门当户对或是贤德才学,只要身体健康、相貌俊秀即可,就如古语讲的:"娶妻重德行,纳妾看容貌。"男人的正妻有权处罚与管教丈夫的妾侍,一般侍妾在家中不但要负责照顾男人的饮食起居,还会有一定的家庭劳作、纺纱织布或是制鞋缝衣等女红都要侍妾来做。

正妻所生的孩子称为嫡出,而侍妾生下的孩子叫作庶出,比妻子所生的孩子地位低,一般不会成为主要的家业继承人。同时侍妾的孩子只能称呼自己的母亲为庶母,反而要将父亲的正妻称为母亲。总之虽然嫁给了同一个男人,但是侍妾并不被视为男人的配偶,无论是生前还是死后,其得到的待遇与尊重程度都与正妻有云泥之别。这也是古代那些有骨气的穷苦女子宁可嫁给穷人为妻,也不嫁入豪门为妾的原因。

中国古代婚聘之礼烦琐隆重,表达了男子对迎娶进门的妻子的尊重与认可。

【原文】

纨扇圆挈①，银烛炜煌②。昼眠夕寐③，蓝笋象床④。

【导读】

"纨"为齐地出产的优质白绢，"纨扇"即指古时女子所用的白绢绷面的圆形扇子。"挈"在这里是洁白之意，"纨扇圆挈"意为圆形的绢扇洁白素雅。

"炜"是明亮之意，"煌"意为辉煌，"银烛炜煌"的意思是银色的蜡烛燃烧的时候，明亮辉煌。"寐"是睡觉的意思，"眠"在这里指短暂的休息，"昼眠夕寐"意为白天小憩晚上安睡，"蓝笋"是指用嫩竹编成的竹席又用蓝草染成了蓝色，样子精美，价格贵重。"象床"是古代一种价格不菲的床，以镂空雕花的硬木作为床架，其间镶嵌着象牙贝壳等装饰之物，不是寻常百姓能用得起的。

昼眠夕寐，蓝笋象床。

"昼眠夕寐，蓝笋象床"意为，无论是白天小憩还是夜晚安睡，都躺在铺着柔软精美的蓝色竹席的象牙床之上。

【注释】

①纨扇：用细绢制成的团扇。纨，细致洁白的薄绸。挈：洁白。②银烛：银白色的火光。烛，本义是古代照明用的火炬，直到唐代才有了蜡烛。炜煌：辉煌，光辉灿烂。③昼眠：白天睡午觉。昼，白天；眠，本义是闭上眼睛，引申为睡觉。夕寐：晚上睡觉。夕，泛指晚上；寐，睡、睡着。④蓝笋：青篾编成的竹席。蓝，蓼蓝，晒干后变成暗蓝色，用作染料，可以提取出青色，也可泛指古代用来染青色的草。笋，嫩竹的青皮，柔韧性好，可用来制席，这里指笋席，嫩竹青编成的席子。象床：装饰精美的象牙床。

【译文】

圆形的绢扇洁白素雅，银色的火光明亮辉煌。白天午休，晚上睡觉，青色的竹席铺在装饰精美的象牙床上。

【知识与典故】

纨扇又被称为团扇，宫扇，因为其形状圆满寓意吉祥，所以宫中广为使用。

西汉成帝的妃嫔班婕妤，聪慧多才，曾经写下脍炙人口的《团扇歌》，其中道："新制齐纨素，皎洁如霜雪。裁为合欢扇，团团似明月。出入君怀袖，动摇微风发。常恐秋节至，凉飙夺炎热。弃捐箧笥中，恩情中道绝。"当时赵飞燕正得君王宠爱，班婕妤借团扇暗喻自己的处境与心情。

纨扇上大都有题字和绘画，《训蒙骈句》中就有"含愁班女题纨扇，行乐王维赴鹿柴"的诗句，纨扇不但有扇凉的作用，因扇子上的绘画样式不一，还具有一定的装饰作用，并且古代的女子行走做派礼仪颇多，其中有笑不露齿一说，所以女子在笑的时候多用纨扇掩面，既不失礼仪又显娇羞，纨扇因此成为古代女子必不可少的日常用品。

"蓝"又称靛青，是我国古代一种提取自蓝草的染料，蓝草的采集十分讲究，一年之中只有两个时期可以采集，一是小暑前后，二是白露前后。贵州种植蓝草并采集提取蓝靛，有着十分悠久的历史，在《贵阳府志》中详细记载着,当蓝草采集好了之后要摘取干净的叶子二十八斤,在水浸泡三日,待蓝色尽出之时,与十二斤的石灰共同搅拌,这样所有的颜色尽收在石灰之上,这些可以制成一料,要四料才能做成一担的蓝靛。所以在《诗经·小雅·采蓝》中有这样的记载:"终朝采蓝,不盈一詹。"

靛蓝的颜色亮丽不俗媚,色泽鲜艳自然,数千年来一直深受人们的喜爱,被广泛地运用到各种工艺品与丝织品的染色中。"蓝笋"即是用靛蓝染过的竹席,因染料价高,此席自然价格贵。

象牙床是一种样式古老的架子床,对于它最早的记载是在《战国策·齐策》中,"孟尝君出行国,至楚,献象牙床"。象牙床做工精美考究,床的四角有柱,前后左右都装有围栏,床的上端装有楣板,俗谓"承尘",顾名思义是阻挡尘土之用。床的围栏一般会用小木条拼成各种装饰图案,其床屉是用棕绳和藤皮编结而成,结实而且富于弹性,睡在上面感觉很舒适,而底部又可透气,便于挥发被褥的潮气。

早期的象牙床上会镶嵌大小各异数量不等的象牙饰品,以彰显其贵重,多为家中富庶的权贵娶亲时使用,穷苦人家则对其望洋兴叹,至今某些地方"撒喜床"的唱词中还有这样的词句:"掀开门帘往里望,新人房里放毫光。左边放的油漆柜,右边又放百宝箱。上沿放的象牙床,做工精细又漂亮。象牙床,造得美,四只金砖支床腿。象牙床上红罗帐,帐子挂在金钩上。象牙床上红绫被,搁在床的正中央。还有一对鸳鸯枕,搁在两头靠床帮。"这段唱词很详细地描述了象牙床的精美与考究,令人对象牙床的全貌有了很形象的理解。

【原文】

弦歌酒宴①,接杯举觞②。矫手顿足③,悦豫且康④。

【导读】

弦歌出自《论语·阳货篇》:"子之武城,闻弦歌之声。""弦歌酒宴"意为,歌舞升平,排场盛大的酒席筵宴。"觞"是盛酒的器皿,"接杯举觞"形容在酒席宴上宾客开怀畅饮的热烈场面。

"矫"意为高举,"矫手顿足"是形容酒宴上的人们,因为歌舞弹唱而更助酒兴,身心愉悦情不自禁地随着歌舞而挥动手臂,随着音乐的节拍顿足以和。"悦"指喜悦,"豫"指心中康乐。"悦豫且康"的意思是说人们心中的喜悦和安乐。

【注释】

①弦歌:依琴瑟而咏歌。弦,这里指琴瑟一类的弦乐器。②接:托,手掌向上承受。觞:古代的盛酒器皿。③矫:举起,抬起来。顿足:以脚跺地,多形容情绪激昂或极其悲伤、着急。顿,用脚(底)使劲往下踩。④悦豫:愉快,高兴。悦,喜悦;豫,快乐、安闲。

弦歌酒宴。

【译文】

酒宴上有歌舞弹唱,大家高举酒杯,开怀畅饮,随着音乐节拍手舞足蹈,身心既快乐又健康。

【知识与典故】

自古,中国的筵席就不只是饮食和聚会这么简单,而是带有一定的社交性,所以非常注重礼仪,并且随着时间的推移,逐渐演变出了一套完整而严格的酒席礼仪与等级规定。

菜品的规格，宾客座位的座次，甚至所上菜的顺序，上酒与上饭的时间都有着严格的规定，若是出现了偏差，即为失礼。在《诗经》中的《鹿鸣》与《宾之初筵》就将这种古代宫廷与贵族的家庭宴饮，细致而生动地描绘过。在《礼记·王制》中还有"诸侯无故不杀牛，大夫无故不杀羊，士无故不杀犬豕，庶人无故不食珍"的句子，筵席之上，等级不同的区别可见一斑。

中国筵席素来就有"以乐侑食"的传统，以声乐舞蹈助兴，借以推动人们情绪与宴会气氛的方式，一直为古人所喜爱。在声乐之中，人的情感更容易得到释放，情绪会更为放松。尤其，这种以歌舞为酒宴助兴的方式演变到了宋代，更为丰富多彩，宋朝皇帝的寿宴规模之庞大、礼仪之隆重、节目演出之庞杂，无不令人惊叹。从始至终在寿宴上，都不断地穿插着各种各样的歌舞、戏剧、蹴鞠、摔跤、杂技等娱乐节目，参加演出的人数竟达近两千人。

从古至今，酒在中国人的筵席上，都是非常重要的一个组成部分，甚至可以说，其重要性高于菜品，酒是人们交流与了解的媒介之物，众人在推杯换盏的同时，共同形成了一种和谐的社交氛围，更利于沟通思想与达成共识，所以古语有"无酒不成席"的说法，既然古代筵席上的礼仪与菜品和器皿都极为讲究，那么酒具自然也不例外。古语道："非酒器无以饮酒，饮酒之器大小有度。"中国古代的酒器品种众多，分别用来贮酒、盛酒、温酒与饮酒，林林总总极为繁复。

所谓"盛酒器"就是将酒盛放于筵席上备饮的容器。其类型主要有：尊、壶、区、卮、皿、鉴、斛、觥、瓮、瓿、彝等。这些盛酒之器，不光是在样式上有细致的区分，而且在外形上也各不相同，以尊为例，在尊中分别，有象尊、犀尊、牛尊、羊尊、虎尊等不同的造型。

而饮酒器的种类分有：觚、觯、角、爵、杯、舟等。在《礼记·礼器》中就曾写道："宗庙之祭，尊者举觯，卑者举角。"此处"接杯举觞"中的"觞"形如浅碗，也是饮酒器中的一种。

而温酒器是指在饮酒前用来将酒加热的器皿，古人十分注重养生，在冬日酒水冰冷刺激肠胃，于是便有了这种可以将酒加热饮用的器皿，其材质共分有铜、铁、锡、陶瓷等种类，到了唐宋之后主要以陶瓷为主，在温酒器的外壁上描绘有花鸟人物的图案，并且还出现了一种十分有趣的温酒器名唤"自温壶"，是锡制的扁形酒壶，内中可以盛放半斤酒，一般是冬季远行的人将之随身携带，放在怀中，以自身的体温维持酒的温度，此壶在当时非常流行。

贮酒器顾名思义是用来贮存酒的器皿，其中最为著名的当属"渎山大玉海"了，"渎山大玉海"原被放置于北海的琼华岛广寒殿中，它曾经是元世祖忽必烈大宴群臣时的贮酒器。意大利旅行家鄂多立克曾经到过北海，于是在他的《东游录》中将所见的"渎山大玉海"记载了下来，文中写道："宫中央有一大瓮，两步多高，纯用一种称作密尔答哈的宝石制成，而且是那样精美，以致我听说它的价值超过四座大城。瓮的四周悉绕金，每角有一龙，作凶猛搏击状。此瓮尚有上垂的以大珠缀成的网缒，而这缒宽为一扎。瓮里的酒是从宫廷用管子输送进去，瓮旁有很多金酒杯，随意饮用。"通过鄂多立克的描述，"渎山大玉海"精美的做工与精巧的构造跃然眼前，令人叹为观止。

【原文】

嫡后嗣续①，祭祀烝尝②。稽颡再拜③，悚惧恐惶④。

【导读】

"嫡"是指正妻所生之子，"祭祀"是祭奠天、地、祖先的重大礼仪，"烝尝"是"礿禘尝烝，四时之祭祀"的简称，"嫡后嗣续，祭祀烝尝"意为要娶妻生子，将祖先的血脉传承下去，一年四季四时的祭祀不可缺失忘记。

"稽颡"是指下跪之后，以额头触地的跪拜大礼，"稽颡再拜"出自《礼记·射义》，"再"是再一次、多次的意思，意为一次次地行跪拜叩头的大礼。"悚惧恐惶"同为描述心中的敬畏，这四个字正好显示了敬畏的四种不同的程度，一字比一字递增地加深敬畏的意思。

"稽颡再拜，悚惧恐惶"意为，心中的虔诚到了诚惶诚恐的地步，以这种无与伦比的虔诚之心在天地与祖宗的灵位面前，一而再、再而三地叩拜自省。

【注释】

①嫡后：长房子孙。嫡，正妻所生的孩子，非正妻所生的叫庶子。古代只有嫡子才有继承家业的权利。后，后代，子孙。嗣：本义是诸侯传位给嫡子，引申为继续，承接。续：继续。②祭祀：以手持肉祭神、祭祖，根据宗教或者社会习俗的要求进行的具有象征意义的一系列行动或仪式。祭，祭祀天神；祀，祭祀地神。烝尝：本指秋冬二祭，后亦泛称祭祀，这里代指四时祭祀。烝，冬天祭祀；尝，秋天祭祀。③稽颡：古代跪拜礼中最隆重的一种，屈膝下跪，以额触地，表示极度的虔诚。稽，叩头至地；颡，额头。再：表示又一次，有时专指第二次，有时又指多次。④悚惧：恐惧、戒惧，这里指（对神明）敬畏，既尊敬又害怕。悚，恐惧，害怕。恐惶：恐惧不安。惶，恐惧，惊慌。

嫡后嗣续。

【译文】

嫡长子继承家业，负责主持一年四季的祭祀仪式，要磕头作揖，一拜再拜，心怀敬畏，诚惶诚恐。

【知识与典故】

中国的古代是一夫多妻的制度，但是只有正妻所生之子才能称为嫡嗣，是家中名正言顺继承祖业的后人，而妾侍所生的孩子称为庶出，庶出的孩子再多，也无法撼动嫡子在家中的地位。古往今来，无论是平民百姓还是将相君王，嫡庶之间的明争暗斗都在所难免，历来是家族动乱、朝廷政变的最大根源。

在中国的周朝，开始在王位的继承上有明确的规定，王位的传承只传给长子，号称"传嫡不传庶，传长不传贤"。只有嫡出的长子才是王位或爵位的合法继承者，即便是庶子比嫡长子年长或更有才能，也无权继承。这就是"宗法制度"。"宗法制度"是以父系嫡系血缘关系为首位的继承法则，自西周开始为历代王朝的君王所沿用，其历史意义深远，影响重大。

当年，西周君王之位传给了嫡长子之后，其他庶出的皇子被分封到全国各个重要的军事战略重地。

继承王位的嫡皇子称为大宗，而分封各地的庶子相对大宗来说，被称为小宗，无论大宗还是小宗，其继承者也必须是嫡长子。"宗法制度"的产生意义在于解决权位和财产的继承与分配。

"宗法制度"所维护的嫡长子继承法，是针对中国古代一夫一妻多妾制度而产生的一种特有的继承法则，让嫡长子始终处于优势地位，但在当时多妾多子的大环境下，很大程度上避免了在财产分割王位爵位继承中，有可能产生的矛盾冲突。

传嫡不传庶。

千字文

稽颡再拜。

古代祭祀场面宏大。

中国的祭祀活动可以追溯到远古时期，最先是一种人们向神和祖先祈祷的祭奠仪式，那时便开始以宰杀好的牲畜作为祭奠的物品，祭祀已经有所区分，没有宰杀牲畜的祭奠活动叫作"荐"，杀牲祭奠的称为"祭"，而在放置好神位的庙宇中举行的仪式叫作"祀"。这种礼法持续演变之后，确定了将祭天之时的仪式称为"祭"，将祭地时的仪式叫作"祀"，而祭祖时的仪式称作"享"，并且根据所祭祀的对象不同，需要准备的祭祀物品也有分别。

古人在祭祀之前，为了表示自己内心的虔诚，都会沐浴更衣，戒酒色，戒吃荤腥，甚至于葱蒜韭姜这些味道浓烈的食物，都要禁食，因为怕口中散发出难闻的气味而对祖先或神明不敬，这个祭祀前的准备程序被称为"斋戒"。

食物是人类生存的根本，是最宝贵的东西，所以，祭祀以奉献食物为主要的祭祀手段。在《礼记·礼运》中就有"夫礼之初，始诸饮食。其燔黍捭豚，污尊而抔饮，蒉桴而土鼓，犹可以致其敬于鬼神"这样的记载。这段话正是在讲解祭祀的过程，物品与意义。

在祭祀中奉献的食物一般以宰杀的牲畜为主，这些祭祀用的牲畜被称为"牺牲"。主要是"马、牛、羊、鸡、犬、豕"六畜，而其他的诸如鱼虾，兔等虽然也可用于祭祀，却不属于"牺牲"之列。除了六畜之外，祭祀之物中还包括五谷杂粮，这些粮食被称为"粢盛"，新鲜的蔬菜水果也在祭祀之列，尤其是当佛教传入中国之后，祭祀中的果品日渐丰富，另外，美酒在祭祀物品中也是不可或缺的。

祭祀的时间也很有讲究，称为四时之祭，在《礼记·王制》中便有这样的规定："天子诸侯宗庙之祭，春曰礿，夏曰禘，秋曰尝，冬曰烝。"意为在一年中有春分、秋分、夏至、冬至四个时辰作为祭祀之时。"烝尝"两个字正是代指这四时。

祭祀时所用的礼仪是最为庄重的大礼，即屈膝跪拜，双手着地，再以头叩地。

按照古制，一拜之后三叩首，三拜九叩首即被视作最高礼仪。祭拜祖先与神明时诚敬恭谨地施重礼，是理所当然的事情，但是这里的所说的"悚惧恐惶"又是为什么呢？并且"惊"为惊惧、惊慌失措之意，而"悚"字更甚，意为毛骨悚然，"恐惶"二字更为严重，意为惶恐难安、不可终日之意，为何祭奠自己的祖先与天地神灵要如此惶恐，其实本意是说，在祭祀的时候，人不但会反省自己曾经犯下的过失，连带自己曾经生出的恶劣的念头也要扪心自问地愧悔。

持着"暗室欺心，神目如电"的想法，凭借自己对祖先与天地神明的敬畏之心，净化自己的内心，这才是祭祀的真正意义与作用。

【原文】

笺牒简要①，顾答审详②。骸垢想浴③，执热愿凉④。

【导读】

"笺牒"是书信的意思，"笺牒简要"意为，写书信的时候应当简明扼要，不可赘述啰唆。"顾"是答复的意思，"顾答审详"意为在解答别人问题的时候应当谨慎详尽。"笺牒简要，顾答审详"意为写书信重在简单明要地将事件阐述清楚，而回答别人的问题应当尽量详尽，不可言无实据或有遗漏。

"骸"是骨骸的意思，此处的骸是代指四肢百骸，意为人的身体，"骸垢想浴"意为身体脏了自然希望沐浴清洁。而"执热愿凉"意为，人手持着热物就希望它尽快凉下来，这两句所说的皆是人之常情。

笺牒简要。

【注释】

①笺牒：书信的代称。笺，供写信、题词用的纸张，引申为书信；牒，本义是古代书写用的木片或竹片，后引申为文书、证件。简要：简明扼要。
②顾答：回答问题。顾，回头看，回顾；答，回答，答复。审详：审慎周详。审，详细周密；详，细密完备。
③骸：身体。垢：污秽，脏东西。浴：洗澡。④执：拿着。

顾答审详。

【译文】

给人的书信要简明扼要，回答别人的问题，却要审慎周详。身上脏了就想洗澡，拿着热东西就希望它快点凉。

【知识与典故】

古时将小巧而做工精致的纸张称为笺，笺分为很多的种类，用作书信往来的被称为"信笺"，用以题诗写字的被称为"诗笺"。古代的文人学士不愿与井市之人使用相同的"笺"，于是很多文人会特制专供自己私用的信笺，这些私用笺大都设计精美、颜色艳丽，被统称为"彩笺"，曾有人专门收集这些私用的"彩笺"，将其结集成册，称为"笺谱"。

到了唐朝，造纸业有了很大的发展，纸品的类别分出玉版、经屑、表光、鱼子、硬黄等诸多的种类，而制纸工艺最为精良的当属蜀中，蜀中最为著名的"彩笺"便是极负盛名的"薛涛笺"。

薛涛是唐朝著名的女诗人，她父亲本为朝廷的乐官，因为躲避安史之乱来到蜀地成都，薛涛自幼丧父，因生活所迫而入娼籍。她姿容秀美，才华出众，8岁就能成诗，并因此而才名远扬，众多的文人墨客争相前来与其结交。薛涛成年之后脱了娼籍，定居在成都的浣花溪边，她的心思纤细，觉得每日将诗写在粗丑的普通诗笺上面，会扫了诗性，于是便自制了许多桃红色的精巧彩笺，这种笺后来被人称为"薛涛笺"。

"薛涛笺"的做工十分讲究，乃是用木芙蓉的皮作为纸的原料，在制作过程中还要加入新鲜压榨好的芙蓉花汁，所以此笺做成之后呈鲜艳桃红色。"薛涛笺"因其颜色可爱、小巧精致，兼之是著名女诗人薛涛所制作私用的，一时人人争抢，都以能得到"薛涛笺"为幸事。

历史上信笺以人名而命名的共有两种，一是上文所说的"薛涛笺"，另一个便是北宋时期，由谢景初制作的，分为深红、粉红、杏红、明黄、深青、浅青、深绿、浅绿、铜绿、浅云十种颜色的"十色笺"，又被称为"谢公笺"。

薛涛制作薛涛笺。

这两种彩笺都因为设计精美、小巧而为人所喜爱，可见信笺上的沟通以言简意赅为好，长篇赘述不合时宜。这里的"笺牒简要"所说的便是这个意思。

【原文】

驴骡犊特①，骇跃超骧②。诛斩贼盗③，捕获叛亡④。

【导读】

"犊"指的是小牛，"特"指的是公牛，"驴骡犊特"的意思是，家中大大小小的牲畜。"骇"是惊骇的意思，"跃"是跳跃，"超"是超越，一个跑到另一个的前面去，"骧"是奔腾跳跃不止。"骇跃超骧"指的是家中的大小牲畜忽然反常地吵闹跳跃，惊慌地东奔西走，意为家中若是出现了异常的现象，那么一定将有异常的事情发生。

"诛斩贼盗，捕获叛亡"意为要将强盗与乱臣贼子都诛灭剪除，将叛乱的亡命之徒都缉拿归案。

【注释】

①犊：小牛。特：公牛。"驴骡犊特"泛指大小家畜。②骇：本义是马受惊，引申为惊骇、惊动，受到惊吓。跃：跳起来。超骧：腾跃而前的样子。超，跳过、越过；骧，腾跃，昂首奔驰。③诛：本义是声讨、谴责，引申为杀戮，夺去生命。斩：杀，古代死刑的一种，斩首或腰斩。但"诛"偏重于诛心，意即揭露、指责人的思想、用心，"斩"则是杀身，二者的含义是不同的。贼：先秦两汉时期，专指作乱叛国危害人民的人，如乱臣贼子。盗：偷盗财物的人。先秦两汉时期，"盗"多指偷窃者，很少指抢劫者；"贼"多指抢劫财物者，后来才指偷窃者。④捕获：缉拿，捉住。叛：叛乱的人。亡：逃亡的人。

【译文】

驴、骡、牛等家畜一旦受惊就会狂奔乱跳。要严厉惩罚盗贼，捉拿叛乱和逃亡的人。

【知识与典故】

"驴骡犊特，骇跃超骧"说的是动物的反常举动。

"诛斩贼盗，捕获叛亡。"在秦汉以前，贼不是指窃贼，而是指犯上作乱、叛国通敌、危害国家利益的乱臣贼子，而诛在这里也并不是诛杀之意，而是指口诛笔伐，意为令天下知道叛逆者的丑行，让他受千夫所指，受万人唾骂，这种惩罚与简单的处死相比，一个是诛心，一个是诛身，某种角度讲，诛心更胜于诛身。

"叛亡"在这里特指对主人不忠诚的奴仆。古代大户人家都有很多仆从，这些奴仆并非自由之身，从法律上讲主

捕获叛亡。

人对奴仆拥有完整的所有权，奴仆如果不经主人同意私自离开自行生活，便是叛逃，而叛逃之后的奴仆因为未脱离奴籍，所以根本无法享有普通的人权利，处境会十分艰难。在社会压力之下，有些品行不好的奴仆会去官府诬告自己的主人，借以解脱奴籍，有的则铤而走险成为强盗与劫匪。当然，家中奴仆背主叛逃大多源于难以忍受主人过分的苛责与体罚。

所以于国于家，领导者都应当以宽容之心对待下属，以免失去人心，而所有叛逃的人，皆属于祸端之根源，必须追捕清缴。

【原文】

布射僚丸①，嵇琴阮啸②。恬笔伦纸③，钧巧任钓④。

【导读】

"布射"指的是吕布辕门射戟，"僚丸"指的是宜僚抛丸，"嵇琴"指的是嵇康抚琴，"阮啸"指的是阮籍长啸，"恬笔"指的是蒙恬造笔，"伦纸"指的是蔡伦造纸，"钧巧"指的是著名巧匠马钧，"任钓"指的是任公子垂钓巨鱼。

这八个人，或是用自己的技艺为人民造福，或是以高超的武功保家卫国，或是以自己的智慧为人排解纷争。他们都是手段高明、构思巧妙、造福于世的高人，所以为世人所称道，更成为世人所效法的对象。

【注释】

①布射：典出《三国志·吕布传》，说的是三国时吕布曾用"辕门射戟"的方法替刘备解围。布，指吕布，是东汉末年著名的猛将。僚丸：典出《庄子·徐无鬼》，春秋时楚国勇士熊宜僚擅长耍弄弹丸。②嵇琴：典出《晋书·嵇康传》，西晋名士嵇康善于弹琴，司马氏当政时他坚决不肯出仕，最终被杀害，他临行前弹奏的《广陵散》，成为千古绝响。嵇，嵇康，字叔夜，谯郡（今安徽宿县西南）人，精通音乐，善弹琴赋诗，官居中散大夫，亦称嵇中散，著名的"竹林七贤"（嵇康、阮籍、山涛、刘伶、阮

吕布辕门射戟。

366

咸、向秀和王戎）之一。阮啸：典出《晋书·阮籍传》，与嵇康齐名的名士，阮籍善于长啸。阮，阮籍，字嗣宗，陈留郡（今河南开封陈留县）人，曾官步兵校尉，世称阮步兵，"竹林七贤"的领袖人物。③恬笔：典出晋朝崔豹的《古今注》，秦始皇的大将蒙恬发明了毛笔。伦纸：东汉蔡伦发明了纸，人称"蔡侯纸"。④钧巧：三国时魏国的发明家马钧心灵手巧，曾改进织绫机、发明翻车，还复原了已经失传的黄帝时的指南车。任钓：典出《庄子·外物》篇，任公子善于钓鱼。

【译文】

吕布精于射箭，宜僚善玩弹丸，嵇康长于弹琴，阮籍长于长啸，蒙恬制造了毛笔，蔡伦发明了纸张，马钧心灵手巧善发明，任公子擅长钓鱼。

蒙恬造笔。

【知识与典故】

"辕门射戟"讲的是三国时期，袁术派大将纪灵率领三万大军前去讨伐刘备，刘备难以抵挡，无奈只得向吕布求助。当年陶公祖曾经三次将徐州让给刘备，但是徐州最终被吕布所占领，吕布因为有当年的这段渊源在，所以对刘备的请求慨然应允。他随即将大将纪灵请到自己的营中，对他言道："刘备与我来往相交情厚，他若有事，我定不会置之不理，尤其是这样无端就兴起的厮杀，非我所愿。今日特意请将军来，是因为我想劝和你与刘备之间的厮杀。"

纪灵是受命而来的大将军怎会因为吕布寥寥数语就草草退兵？自然不肯听从。此时吕布忽然命人将自己的兵器方天画戟远远地插在辕门之上，随后对纪灵道："纪将军你看这样如何，我在此处搭弓射箭，若是能射上我画戟上的月牙支，你们双方就和好如初，谁不肯罢手，谁就是安心与我吕布为敌，若是我射不中，那我便收手不再过问此事。如何？"

纪灵见辕门如此遥远，画戟上的月牙支看起来模糊不清，欣然同意，吕布当即拉弓搭箭，远远瞄准辕门上的画戟，一箭脱弦而出，正中画戟的月牙支，营中的将士欢声雷动。纪灵大惊失色，没想到吕布有这样的功力，无奈之下只得退兵。吕布一箭替刘备解围的故事被称为"辕门射戟"。

"宜僚抛丸"讲的是楚国熊宜僚的故事，熊宜僚身怀绝技，能够将球自在地抛耍于空中，最多的时候可以同时抛耍八个球，并且还是单手就可以做到。在《丸经·序》里面曾经这样描述熊宜僚道："昔者，楚庄王僵兵宋都，得市南勇士熊宜僚者，工于丸，士众称之。"

一日，楚庄王的军队兵临宋国的都城之下，宋国拼死抵抗，双方相持不下。势均力敌，正在苦缠斗之际，熊宜僚忽然孤身一人来到两军阵前，神情从容地施展自己抛球的绝技，宋军的将士顿时被熊宜僚精彩的表演惊呆了，一起停战观看。正在此时楚军军队以迅雷不及掩耳之势掩杀过来，宋军当即不战而败。

"嵇康抚琴"讲的是西晋时期的名士嵇康的故事，嵇康是当时著名的"竹林七贤"之一，擅长弹琴赋诗，尤其精于音律，曾经著过《琴赋》，并且善于弹奏《广陵散》。司马昭当时权倾朝野，"竹林七贤"因为看不惯其所作所为，是以，经常出言讥讽。司马昭恼怒之极，但其城府颇深，并不发作，反而开始拉拢"竹林七贤"为自己所用。七贤中的山涛等人，不久都跟随司马昭入仕，但嵇康却一如既往，不肯苟同。

司马昭认为嵇康不识时务、冥顽不灵，无奈之下决意将嵇康杀死。

嵇康闻讯之后，面不更色，只要求临死之前再弹奏一次《广陵散》。当时约有三千的太学生上书要求跟嵇康学习这首名曲，但是被拒。嵇康最终从容容地弹奏了一遍《广陵散》，临终前只是叹息道："当年袁孝尼曾经向我求学此曲，可惜我没有传授于他，如今此曲绝矣！"嵇康临行奏乐的情形，后来在《世说新语·雅量》中被这样描写："嵇中散临刑东市，神气不变，索琴弹之，奏《广陵》。"

"广陵一曲终遗世,三尺瑶琴不复弹。"嵇康为保持自己的清白而不肯向权贵屈服,最终不惜一死,这样坚贞的品质,令人敬叹。

"阮籍长啸"讲的是名士阮籍的故事,阮籍也是"竹林七贤"之一,常借诗歌嘲讽司马昭,针砭时弊。据说阮籍曾经在苏门山学得一门绝技,名曰"啸法"。当时苏门山有一著名的道人,人人盛传此人已经得道,阮籍听闻之后前往拜会,但道人此时正在打坐入定,对来访的阮籍毫不理睬,阮籍苦求之下无果,只得打道回府。谁知下山刚行至山腰,忽然,听见山上传来一声长啸,声震山谷,阮籍抬头,见发出啸音之人正是那个道人,听到啸音,阮籍忽然间如同醍醐灌顶一般,忽然悟道了,阮籍当即以长啸附和道人的啸声,后人将这个故事誉为"阮籍长啸"。

"蒙恬造笔"讲的是秦始皇的将军蒙恬驻守边疆督造长城,边塞空旷荒凉,时常有野狼出没,蒙恬经常率众前去打狼,后来他发现狼毛柔软又有韧性,相对于其他动物的毛更适合做毛笔,于是发明了狼毫笔。

"蔡伦造纸"说的是东汉时期,和帝的常侍蔡伦因为看见往来的信笺都要写在厚重的竹简和昂贵的锦帛上,觉得推行不便,无法为天下百姓所用,于是便苦思冥想,深入观察研究,终于找到一种方法,将树皮、麻头、破布、旧渔网作为原料,制作携带方便、价格低廉的纸张。这件事情被记录在《后汉书》中,蔡伦造纸为之后的文化发展起到了决定性的作用。

"名巧马钧"说的是三国时期的能工巧匠马钧,他自幼心灵手巧勤于思考,少年的时候改良了织绫机,使织丝的工作效率提高了足足五倍之多。这之后,他见百姓因无力浇灌高坡上的良田,被迫弃之不用,而受触动,在冥思苦想之后他终于发明了龙骨水车。龙骨水车不但操作简单省工省力,并且可以连续不断地将低地的水抽取到高地上进行灌溉,从而大大减少了农民的劳作强度,龙骨水车的发明利民利农,意义重大,马钧因此被世人称"为天下第一巧匠"。

任公子垂钓说的是周代任国的公子的故事。一日,任公子命人做了巨大的鱼钩和很粗的绳子,又带着五十头肥壮的牛来到会稽山上,以整头牛作为鱼饵,要钓上巨大的鱼来,这样足足钓了一年的时间,竟然真的钓上了一条大鱼,那条鱼咬钩时将海浪翻腾得如同山一般高,发出的声音声震千里。任公子将此鱼切成小条制成鱼干,从制河以东,到苍梧以北,人人饱餐这条大鱼。后来众人纷纷来到任公子钓到大鱼的地方,希望也能钓到如此的大鱼,却再无一人能够如愿。皆因没有一人能够做到如任公子一般心无杂念,沉静入定,常年如一日,其志不懈。

以上的这些贤者高人都将自己的过人技艺和智慧用于施利于人,所以一直为后世人所传诵。

【原文】

释纷利俗①,并皆佳妙②。毛施淑姿③,工颦妍笑④。

【导读】

"毛施"指的是中国古代两位绝世美女毛嫱与西施。"淑"是善良美丽之意,"姿"是气质与仪态。"毛施淑姿"意为毛嫱与西施声音容貌,气质姿容从内至外没有一处不美。"工"是善于去做的意思,"颦"是皱眉之意,"妍"是美丽,"笑"是笑容,"工颦妍笑"是说美人无论是愁眉不展还是开怀而笑都一样娇俏动人。

【注释】

①释纷:解决纷争。释,解除、消除;纷,争执、纠纷。利俗:便利了老百姓。利,使有利;俗,一般人、百姓。②皆

毛施淑姿。

全、都。佳妙：美妙。佳，美、美好。③毛施：指春秋时两个著名的美女毛嫱和西施。毛，毛嫱，春秋时期越国绝色美女，与西施时代相当，相传为越王爱姬。最初人们对她的称道远远超过西施，当是"沉鱼"的原始形象。施，西施，越国人，原名夷光，春秋末期出生于浙江诸暨苎萝村，为中国古代四大美女之首。淑姿：优美的姿容体态。淑，美丽；姿，容貌姿态。④工：善于。颦：皱眉。妍：美丽。

【译文】

他们的技艺或解决纠纷，或造福百姓，都高明巧妙，为人称道。毛嫱和西施都姿容优美，皱眉时都无比俏丽，笑起来更是美艳动人。

【知识与典故】

毛嫱是春秋时代越国的绝色美女，传为越王勾践所宠爱，西施是中国四大美人之一，与毛嫱同为春秋时期的越国人。

形容女子之美，经常用"倾城倾国"四字来形容，这四个字用在西施的身上却是实至名归，她的美貌果真迷惑了不可一世的夫差，最终夫差终日沉迷享乐，无心政事，以至亡国。

西施原名唤作施夷光，生于越国的苎萝，原为江边的浣纱女，歌舞曼妙，步履娇娆，仪态万方，明艳不可方物。

西施之美天下难寻，喜怒悲愁皆动人心，她当年在溪边浣纱之时有个旧疾，时常会犯心口疼，每每此时，便疼得皱起双眉。而此时看见她的人不但丝毫不觉她的容貌有损，反而觉得病中的西施，增添了一种娇弱的姿态，更加惹人怜爱。

病西施别具风情，更加惹人怜爱。

当年西施家旁边还住着一个名唤东施的丑陋女子，她看见西施犯病时比平日得到的赞美之声更多，误认为皱眉捧胸的姿态很美，于是效仿西施的样子，希望别人看见她时会像称赞西施一样地称赞她，然而，村民见到东施的做作之态后，都发出哄笑之声，对着装腔作势的东施指指点点，都道她比平日里更加令人厌烦。

美女，无论是皱眉还是微笑都是美丽动人的，丑女并不能因为模仿其单纯的姿势而美化自己，后来人们便用"东施效颦"这个成语来形容那些不认清自身条件就胡乱模仿，反而带来相反效果的人。

【原文】

年矢每催①，曦晖朗曜②。璇玑悬斡③，晦魄环照④。

【导读】

"矢"原是箭矢之意，但是在此句话中是指漏矢，是古代的一种计时工具，在《汉书》中曾有"孔壶为漏，浮箭为刻"的记载。"曦"是晨光的意思，"晖"是指层层的光晕，"朗"意为明朗，"曜"意为照耀。"年矢每催，曦晖朗曜"意为时间飞逝，人的青春时光很快便会过去，只有阳光的光辉永远明朗耀眼。

"璇玑"是北斗七星其中的两颗星，"悬"是悬挂之意，"斡"是旋转之意。

"晦魄"特指月亮，按阴历算，每个月最后的一天便是"晦"，而每个月起始的那一天被称为"朔"，每月最初见到的月光即为"魄"。月亮由"朔"至"望"再至"晦"，周而复始，循环往复。

【注释】

①矢：箭。每：常常、经常。②曦晖：日光。曦，多指早晨的阳光；晖，侧重指太阳周围的光圈。朗：明朗。曜：

照耀。③璇玑：北斗七星的前四颗星，即天枢、天璇、天玑、天权的简称，也叫魁，这里代指北斗七星。悬：挂，吊在空中。斡：旋转。④晦：农历每月的最后一天。魄：月亮刚出现或即将隐没时的微光。环：循环，周而复始。照：照射，照耀。

【译文】

　　岁月如箭飞逝，不断催人向老。日光朗照，斗转星移，月光由暗到明，循环照耀，月盈月缺，永无止息。

【知识与典故】

　　北斗七星状如酒斗，是一个广为人知的星座，我国的古人很早便总结出了其运行规律与季节变化的联系：斗柄指东，天下皆春；斗柄指南，天下皆夏；斗柄指西，天下皆秋；斗柄指北，天下皆冬。北斗七星随着季节的变换而转动斗柄，便是"璇玑悬斡"。古籍《尚书·尧典》中有对璇玑星最早的记载："在璇玑玉衡，以齐七政。"北斗七星四季转换，因此古文诗词中经常用其形容时间的推移，时间难以把握，稍纵即逝，自古以来成功人士无不珍惜时间。

　　北宋著名的政治家与史学家司马光，自幼就非常勤学刻苦，从不浪费时间，在与兄

司马光枕圆木休息，日夜苦读。

弟们共同学习期间，司马光发现自己的记忆力较差，别的兄弟几遍就能背诵下来的诗文，自己往往背诵良久，这让小司马光十分焦急，他认为自己差强人意的记忆力浪费了宝贵的时间，因此就必须比别人付出更多的努力来弥补。

　　他将别的孩子用来玩耍的时间全部用来背书学习，甚至为了得到更多学习的时间，他还别出心裁地让人帮他做了一个圆木头，每当读书太过困倦的时候，他便枕着这圆圆的木枕休息，这圆木枕头无法固定，极其容易滚动，当司马光睡着之后只要稍微动一下身子，圆木枕便会滚走，司马光的头便会落在硬木床上，就此惊醒，这样便避免了一觉睡过去的情况发生。

　　司马光为此枕取名"警枕"，在"警枕"的陪伴下，司马光为自己争取了比别人更多的学习时光，最终成了著名的学者。

　　事实上，自古至今，凡是能够成就一番大事业的人，无不惜时如金，晋朝的大诗人陶渊明就曾经说过："盛年不重来，一日难再晨，及时当勉励，岁月不待人。"一天里每个人得到的时间都是相同的，不同的是有的人善待时间，在有限的时间里做尽量多的事情，学尽量多的知识，这样的人虽然无法增加时间的长度，却无形中增加了时间的宽度，反之，有的人漠视时间，将大好的光阴白白荒废，最终一无所有、一事无成，其荒废的不只是时间，也是自己的生命。

【原文】

　　指薪修祜①，永绥吉劭②。矩步引领③，俯仰廊庙④。

【导读】

　　"指"在此为"脂"的通假字，"薪"指柴草，"祜"在这里是福德的意思，"修祜"意为修德积福。"指薪修祜"意思是人一生之中要多修福德，他的肉体虽然会如同燃烧的油脂与柴草一般消失，但是他的精神却会如同火的光芒长久地延续下去。

"永"是永久之意,"绥"是安定之意,"吉"是吉祥,"劭"是高尚、美好,"永绥吉劭"是指后世子孙而言,意为多积德修福,子孙才能平安吉祥幸福地延续发展下去,那将是多么美好的事情。

"矩步"是指迈着规矩的方步前行,"引领"意为挺胸抬头,"矩步引领"就是迈着稳健的步伐,昂首阔步向前而行,"俯仰廊庙"的意思是,平日的言行都应当妥当谨慎,要时刻如同上殿面君或者身临祖庙一般恭谨敬畏。

指薪修祜。

【注释】

①指:通"脂",动植物所含的油脂。油脂燃烧的时间比柴草要长得多,所以古代点油灯多用动物脂肪点灯。薪:就是柴火。修祜:修福,行善积德,以求来世及子孙之福。修,修行,培养;祜,福,大福。②绥:平安,安好。劭:美好,高尚。③矩步:端方合度的行步姿态。形容举动合乎规矩,一丝不苟。矩,本义是矩尺,画直角或方形的工具,后引申为法度。引领:伸直脖子。引,拉、伸;领,颈、脖子。④俯仰:低头和抬头。俯,向下,低头;仰,抬头,脸朝上。廊庙:殿下屋和太庙,指朝廷。廊,厅堂周围的屋子;庙,这里指宗庙,供奉祭祀祖先的处所。

【译文】

人的一生只有行善积德,才能求自己及后世之福泽,像薪尽火传那样永久长存,子孙后代平安幸福、吉祥如意。走路姿势端方合度,昂首阔步,心地光明正大、举动严肃庄重。

【知识与典故】

"指薪修祜"原出自《庄子·养生主》:"指穷于为薪,火传也,不知其尽也。"古代取暖照明的只有两样东西,一是油脂,二是柴草。点灯多用提取加工的动物脂肪,在《楚辞·招魂》中曾经提到过"兰膏明烛",便是用加了香料的油脂做成的灯烛。

自古至今,世人终其一生所追求的,不外乎是"福禄寿"三件事,"福"代表幸运,也是能够承受禄与寿的能力,"禄"自然是指功名利禄,钱财富贵,"寿"指的是健康长寿。从更深层的意义上来说,除了寿命之外,福与禄都是可以传承继续的东西。一个人若是一味利己奸诈自私,人人唯恐避之不及,那么谈何福气?怀有害人之心,行害人之事,最终必会自受其害,所以人的德行与福气是相辅相成的,人只有多积累福德才能驱灾避难,才有机会将自己的利禄财富安稳地传给后世的子孙。

福德深厚的人,造福因得善果,他的思想与德行会像薪火一样传承不灭。

后世子孙会在他所缔造的福因善果之下"永绥吉劭",这是最令人欣慰的事情。

为人处世对于利益的需求应当适可而止,这样才能滋养德行福气,所传承的精神才有意义。俗语道:"相由心生。"一个人若是整日心怀戚戚,患得患失,自然神情言语上会畏畏缩缩,只有胸怀坦荡、光明磊落之人才能做到,走路昂首阔步,器宇轩昂。所以,"矩步引领"既是一种仪态,也是一种心境。

此处的"廊庙"中的"廊"代表国家,朝廷。古代天子上朝,金殿之上百官肃穆,个个手持笏板低头而立,若是随意四顾,或是无奏便仰头面君,都属于大不敬的行为。"庙"则指的是家中专门供放祖宗灵位的宗祠,当祭奠先人祖宗之时,应当神情肃穆心怀敬畏,不可有任何的轻佻失礼的言行,否则便是对先人的不恭。

若是平日里说话行事都如同身在金殿或宗祠之中一般,谨慎谦恭,那么就不会有行差言错的事情发生了。

【原文】

束带矜庄①，徘徊瞻眺②。孤陋寡闻③，愚蒙等诮④。

【导读】

"束"原本是束缚之意，在此为整理端正衣冠的意思，"带"为"绅带"，古人在大衣外面加束一条带子，根据身份的不同，带子的长短也不同，士大夫系的称为"绅带"，"矜"为端庄持重之意，"束带矜庄"的意思为衣冠整齐，神情庄重，举止得体。"徘徊"是犹豫谨慎、反复思虑之意，"瞻"是仰视之意，"眺"为远望。"徘徊瞻眺"的意思是，行为谨慎，思虑慎重，能够高瞻远瞩。

"陋"本意为简陋，在此指没有学识，"寡"是缺少的意思，"闻"是见闻见识之意，意为缺少学识，没有见闻。"愚蒙"指的是愚蠢而未开心窍、蒙昧无知的人，"等诮"意为等待着嘲笑讥讽。"孤陋寡闻，愚蒙等诮"的意思是如果一个人缺少学识没有见闻，那么就不会懂得这些道理，如此愚蠢蒙昧的人，只会遭到讥讽与嘲笑。

【注释】

①束带：整饰衣冠，表示端庄。束，系，捆绑。矜庄：严肃庄重。矜，端庄，庄重；庄，谨严持重，表情严肃、容貌端正。②徘徊：欲进又止、小心谨慎的样子。瞻眺：这里是高瞻远瞩的意思，站得高，看得远，比喻眼光远大。瞻，向高处看，即"高瞻"；眺，往远处看，远眺，即"远瞩"。③孤陋寡闻：形容学识浅陋，闻见不广。陋，浅陋，知识浅薄；寡，少。④愚蒙：愚昧不明。愚，天性愚昧、愚蠢；蒙，蒙昧，没有知识。等：等同。诮：讥讽，嘲笑。

【译文】

衣冠端正，矜持庄重，小心谨慎，高瞻远瞩。学识浅陋、见识狭窄的人，与那些愚昧无知的人都是要受人嘲笑的。

【知识与典故】

古人向来注重仪表，对于衣冠服饰都有很严格的要求，并且衣物内外有别，居家服饰以舒适宽松为主，外出的服饰以合乎礼仪为主，衣冠整洁是对旁人的尊重，仪表从容是对自身的尊重。

这里的"束带"所指是古人在外衣外面所系的带子，根据地位身份，所系的带子的长度与称呼也不尽相同，在《礼记·玉藻》中所记载，"绅长制士三尺，有司二尺有五寸"，而平常人所系的便称为带。

徘徊瞻眺。

春秋时期的子路，是孔子的高足，他后来在卫国大夫孔悝家中做蒲邑宰，当时卫国发生动乱，子路被乱军所俘，自知必死。在被害前，子路整理衣冠，从容地道："君子死，冠不免。"子路临死之前的言行维护了自己的尊严，古人面对死亡尚且如此，生时对自己的要求自然更为严格。

论语中所说的"君子矜而不争"与此句中的"束带矜庄"意义相同，意为君子应当衣冠严整，神情肃穆，言行从容。若妄说妄动便是有失仪态了。

世间有真才实学成大事的人，往往谦和谨慎；孤陋寡闻不学无术的人，往往目空一切，正如大海有容天下水流之量，才会浩瀚无垠。

在《庄子·秋水》中记载了这样一则故事：远古时期，在黄河中住着一位河神，人称河伯，他统管黄河八方水系，每每站在黄河岸上，望着汹涌滔滔的黄河之水向东流去奔腾不息之时，心中便得意之极，时常赞叹自语道："天下之水在没有能与滂沱的黄河相媲美的了，我当之无愧是天下最大的水神。"

此时有人对黄河河伯道："你这样说实在是太过夸口了，在黄河的东面有一大片的水，名为北海，北海之大才堪称天下第一。"

河伯与海若。

黄河河伯摇头道："我不信北海能大过黄河。"那人轻笑道："莫说一条黄河，只怕十条八条的黄河流进北海，也难以将其填满，你若不信，亲自去看便知。"

自以为是的黄河河伯将那人的话完全未放在心里，转眼秋天来到，下起了连日不断的大暴雨，大大小小的水系都因为满涨而流入黄河，黄河的河道骤然加宽，更为宏大壮丽，隔着黄河连对岸的牛马风景都变得模糊起来，黄河河伯得意之余忽然想起那日路人向自己提到过的北海，心中更加自信，于是志得意满地按着路人所说方向前行。

当河伯满心欢喜地顺流来到黄河的入海之处时，被眼前的情景惊得目瞪口呆，他只觉眼前一亮，豁然开朗，浩瀚的北海水天相接汪洋一片，毫无边际，河伯站在入海口讪讪无语，只见不远处的海神北海若正对着谦和地微笑。

黄河河伯此时不禁惭愧地道："俗语所说的目光短浅之人，正是我，今日若不是亲眼得见大海的浩瀚无边，我还自以为黄河之大便是天下第一呢，实在是令人耻笑啊。"

【原文】

谓语助者^①，焉哉乎也。

【导读】

"焉、哉、乎、也"皆是谓语虚词，作用是辅助主语，也是古代汉语里最为常用的字。这句话的意思是，《千字文》一书至此收尾，只剩下几个常用的谓语助词了。

【注释】

①谓：称为，叫作。语助：即语助词，表示语气的助词，位于句中或句尾，表示停顿，属于虚词。

【译文】

最后，还有焉、哉、乎、也这些所谓的语助词。

【知识与典故】

古文中的虚词没有实际的意思，但是在文章中却是不可或缺的，除了可以串联词句、工整文意之外，还可加重语气，令文章生动灵活。清代的刘淇曾经写过一本专门研究古籍虚词的书，名为《助字辨略》。书中道："构文之道，不过是实字虚字两端，实字是为体骨，虚字是为性情。"

坊间曾有谚语道："之乎者也已焉哉，用得成章好秀才。"可见虚词之重要。